HR大律师

劳动争议仲裁诉讼实战

游本春　林　燕　卓家鹏 / 主编

法律出版社 | LAW PRESS
北京

图书在版编目(CIP)数据

HR大律师：劳动争议仲裁诉讼实战／游本春，林燕，卓家鹏主编. --北京：法律出版社，2022
ISBN 978-7-5197-6893-5

Ⅰ. ①H… Ⅱ. ①游… ②林… ③卓… Ⅲ. ①劳动争议-仲裁-中国②劳动争议-诉讼-中国 Ⅳ. ①D922.591

中国版本图书馆CIP数据核字(2022)第122955号

HR大律师:劳动争议仲裁诉讼实战
HR DALÜSHI: LAODONG ZHENGYI ZHONGCAI SUSONG SHIZHAN

游本春 林 燕 卓家鹏 主编

责任编辑 冯雨春 张 颖
装帧设计 汪奇峰 鲍龙卉

出版发行 法律出版社
编辑统筹 法律应用出版分社
责任校对 王晓萍
责任印制 刘晓伟
经　　销 新华书店

开本 710毫米×1000毫米 1/16
印张 20 **字数** 336千
版本 2022年8月第1版
印次 2022年8月第1次印刷
印刷 天津嘉恒印务有限公司

地址:北京市丰台区莲花池西里7号(100073)
网址:www. lawpress. com. cn
投稿邮箱:info@ lawpress. com. cn
举报盗版邮箱:jbwq@ lawpress. com. cn
销售电话:010-83938349
客服电话:010-83938350
咨询电话:010-63939796

书号:ISBN 978-7-5197-6893-5
定价:79.00元

序　言

处理劳动争议案件简单吗？

实践中，申请劳动仲裁的一方一般是劳动者。有人认为，裁判者会倾斜保护劳动者，所以代理劳动者的案件是所有民事案件中最简单的。其实不然，或是对法律适用理解有误，或是不能完成举证责任，或是对仲裁、诉讼程序的不重视，劳动者败诉的案件比比皆是。

当然也有用人单位作为申请人的情形。比如主张劳动者赔偿损失、支付违反服务期约定的违约金、支付违反竞业限制义务的违约金等。

产生劳动纠纷以后，申请劳动仲裁一定是最好的选择吗？当然不是，如果通过申请劳动仲裁解决纠纷的成本高于收益，那么申请劳动仲裁是不经济的。所以，在申请劳动仲裁以前，全面评估仲裁、诉讼成本，案件风险与收益是很有必要的。

那仲裁、诉讼的成本有什么呢？首先，是支付给人民法院的案件受理费，一般是10元，甚至不收费，可以忽略不计。其次，是支付给律师的律师费。如果不委托律师代理，则要考虑自行参加仲裁、诉讼活动的成本，主要包括时间成本以及差旅成本。影响时间成本的因素包括仲裁、诉讼程序以及掌握专业知识的效率；影响差旅成本的因素主要是受理案件的仲裁院、法院，确定管辖仲裁院、法院后才能更准确地评估差旅成本。而有的案件中，有管辖权的仲裁院、法院不止一个，于是就出现了用人单位一方与劳动者一方“抢管辖”的情形。

如何评估案件风险与收益呢？

首先是收益。要评估收益，就需要我们根据案件具体情况，确定己方可以提出哪些权利主张，以及这些权利体现为赔偿或补偿时，金额如何计算。劳动争议案件不同于其他民事案件，其他民事案件事实尽管复杂，但一个案件中，法律关系一般比较明显，权利义务关系相对简单，诉讼请求数量不多，不容易被遗漏。而在劳动争议案件中，权利义务关系内容比较多，如订立书面劳动合同、试用期、劳动报酬、社会保险、休息休假、劳动合同的解除与终止等，劳动者可以提出的请求自然也多，且不同请求之间的关联性不大，故处理劳动争议案件容易遗漏请求。

其次是风险。确定请求时,我们要考虑法律依据、事实依据,检索风险点以及对方可能提出的抗辩。抗辩分为没有法律依据的抗辩,没有事实依据的抗辩,仲裁时效期间经过的抗辩以及其他抗辩。这些都是仲裁或诉讼的风险。

此外,劳动争议案件在司法实务中争议点多,地域性强;同一案件事实,不同的观点会得出不同的结论。比如,因劳动者拒绝订立书面劳动合同导致双方未订立书面劳动合同,用人单位是否应当按照《劳动合同法》第八十二条第一款的规定支付二倍工资?又如,人事经理等负责代表用人单位的劳动者未与用人单位订立书面劳动合同,用人单位是否应当按照《劳动合同法》第八十二条第一款的规定支付二倍工资?只有掌握司法实务中对适用法律的不同观点,才不至于遗漏案件风险点。

"打官司就是打证据",举证不能是所有案件都不能忽略的风险点。一方请求所依据的案件事实能不能有证据加以证明,举证责任如何分配,证据是否具有证据能力,证据的证明力大小都是影响案件结果的因素。

编写本书的初衷是帮助读者更好地处理劳动争议案件。劳动争议案件的程序,劳动争议案件中的请求,请求的计算,针对请求的抗辩以及举证等问题都在本书中有详细的介绍。从案件评估到申请劳动仲裁,再到诉讼;从请求到抗辩,一步一步教你处理劳动争议案件。

本书分为程序篇和实体篇两个部分。程序篇介绍处理劳动争议案件的程序问题,内容包括申请劳动仲裁前的准备工作、仲裁立案、仲裁管辖、仲裁处理程序、仲裁结果、诉讼程序以及仲裁与诉讼之间的衔接。实体篇介绍处理劳动争议案件的实体问题,又分为总论和分论:总论对处理实体问题的逻辑结构进行介绍;分论针对具体的请求,按照总论的逻辑结构,对请求的构成要件、计算、抗辩以及举证等分别进行介绍。

另外,本书还有案例部分。针对每个请求,作者通过裁判文书网寻找了至少一个密切相关的案例供读者参考,并在案例后做了案例分析。

相信读者通过阅读本书,可以学习到处理劳动争议案件的思路和方法,对如何处理劳动争议案件也会有一个系统的认识。

目录

程序篇

实体篇

总　论

分　论

程序篇

第一章 劳动争议的处理方式

发生劳动争议以后，解决劳动争议的方式主要包括自行和解、第三方调解、劳动保障监察以及劳动仲裁四种。

一、自行和解

《劳动争议调解仲裁法》第四条规定，发生劳动争议，劳动者可以与用人单位协商，也可以请工会或者第三方共同与用人单位协商，达成和解协议。和解是指用人单位与劳动者双方在平等、自愿的基础上就解决双方之间的纠纷达成一致意见，自行解决争议的一种方式。相较其他处理办法，和解更加和谐，成本也更低。

二、第三方调解

《劳动争议调解仲裁法》第五条规定，发生劳动争议，当事人不愿协商、协商不成或者达成和解协议后不履行的，可以向调解组织申请调解。调解是指在第三方的主持下，双方当事人通过自愿协商，达成协议以解决争议的一种方式。调解与和解均需要当事人双方自愿达成一致意见，如不能达成一致意见，则争议只能通过其他方式解决。

三、劳动保障监察

《劳动保障监察条例》第九条规定，任何组织或者个人对违反劳动保障法律、法规或者规章的行为，有权向劳动保障行政部门举报。劳动者认为用人单位侵犯其劳动保障合法权益的，有权向劳动保障行政部门投诉。劳动保障监察是劳动保障行政机关依法对有劳动关系的用人单位、劳动者或其他社会组织遵守劳动保障法律法规的情况进行监督检查，发现和纠正违法行为，并对违法行为依法进行行政处理或行政处罚的行政执法活动。劳动保障监察属于行政执法活动，对用人单位存在的违法行为依法进行处罚，一般不处理用人单位与劳动者之间的纠纷。但劳动者可以通过向劳动保障行政部门举报、投诉的方式，促使用人单位与劳动者达成和解或者帮助劳动者收集、固定对劳动者有利的证据。需要注意的是，劳动者的一些权利主张有必要先向劳动保障行政部门举报、投诉，如劳动者主张用人单位支付加付赔偿金的，前提条件是劳动行政部门责令用人单位限期支付劳动报酬、加班费或者经济补偿；又如，劳动者主张用人单位赔偿社会保险待遇损失的，需要提供证据证明社会保险经办机构不能补办相关的社会保险手续。

四、劳动仲裁

《劳动争议调解仲裁法》第五条规定，发生劳动争议，当事人不愿协商、协商不成或者达成和解协议后不履行的，可以向调解组织申请调解；不愿调解、调解不成或者达成调解协议后不履行的，可以向劳动争议仲裁委员会申请仲裁；对仲裁裁决不服的，除《劳动争议调解仲裁法》另有规定的外，可以向人民法院提起诉讼。劳动仲裁是劳动人事争议仲裁院依用人单位或劳动者的申请，对双方的劳动争议依法进行调解、裁决的活动。劳动仲裁与自行和解、第三方调解不同，劳动仲裁是司法活动，申请劳动仲裁以后，双方当事人如不能就解决争议达成一致意见的，劳动人事争议仲裁院必须依法对相关事项进行裁决，但通过申请劳动仲裁解决争议的成本更高。

本书主要讲解当事人不能就解决争议达成一致意见的情形，故之后的内容不再对自行和解、第三方调解以及劳动保障监察进行讲解。

作者简介

游本春

硕士研究生导师，盈科全国劳动与社会保障专业委员会副主任，北京盈科（昆明）律师事务所高级合伙人、劳动人事部主任，风控猫劳动用工法律体检平台、风控狮劳动用工法律管控平台、正胜法律讲堂、法叮律师智慧办案平台创始人。

专业领域：劳动争议、劳动用工法律风险与合规管理专项。

第二章 劳动仲裁

本书所称“劳动争议案件”是指发生劳动纠纷以后，用人单位与劳动者不能协商一致解决纠纷，一方提起仲裁或诉讼的情形。

一、申请劳动仲裁前的准备工作

申请劳动仲裁前的工作主要包括两个方面的内容：一方面，确定是否要申请劳动仲裁；另一方面，确定申请劳动仲裁以后，提前收集、固定证据。

（一）确定是否要申请劳动仲裁

确定是否要申请劳动仲裁主要看劳动仲裁的结果：一是通过仲裁、诉讼程序能够获得的收益；二是仲裁、诉讼的成本。当然，也可能存在其他的考量因素，如有的用人单位或者是劳动者仅仅是要讨个说法。

确定通过仲裁、诉讼程序能够获得的收益，需要对案件进行评估。案件评估即根据具体案件的实际情况，确定用人单位或者劳动者申请劳动仲裁可以提出的仲裁请求，并对具体仲裁请求所能主张的金额以及该仲裁请求是否能够得到仲裁机构、法院的支持等进行评估。

若用人单位未与劳动者订立书面劳动合同，劳动者欲申请劳动仲裁，对该案件进行评估应注意以下几点：

首先，根据用人单位未与劳动者订立书面劳动合同这一案件事实初步确定劳动者可以请求用人单位支付因未订立书面劳动合同的二倍工资差额。

其次，对可以主张的二倍工资差额的金额进行计算。那就需要确定用人单位应当支付二倍工资的时间段以及计算二倍工资差额的工资基数。

最后，对二倍工资的请求是否能够得到支持或者是否能够得到完全支持进行风险评估，主要从两个方面进行评估。一方面，是否有证据证明满足用人单位应当支付二倍工资的构成要件；另一方面，用人单位是否能够进行有效抗辩，抗辩主要包括没有法律依据的抗辩、没有事实依据的抗辩、仲裁时效期间经过的抗辩以及主张金额计算错误的抗辩等。

关于仲裁、诉讼的成本,一个是时间、精力成本,另一个是经济成本。时间、精力成本难以评估,故本书主要讨论如何对经济成本进行评估。经济成本主要包括案件受理费、律师费、差旅费以及其他费用等。

1. 案件受理费,劳动仲裁不收取案件受理费。诉讼阶段,一审、二审按件收取案件受理费,标准为人民币10元,有的法院甚至不收取案件受理费。因此,案件受理费成本可以忽略不计。

2. 律师费,委托律师作为代理人申请劳动仲裁、参加诉讼,可以节约很多时间、精力成本,但需要支付律师费,律师费由双方协商确定。需要注意的是,律师费的收费标准与案件的难易程度以及代理程序的多少有关,一般是按阶段收费,劳动仲裁、一审、二审分别收取律师费。在对律师费成本进行评估时,结合案件请求,评估案件是否属于一裁终局的情形,仲裁裁决有三种可能性:(1)全部属于终局裁决;(2)全部属于非终局裁决;(3)部分属于终局裁决,部分属于非终局裁决。

关于终局裁决的内容见本书的第三章。

3. 差旅费,在确定差旅费时要着重考虑管辖的问题。劳动争议案件可能涉及仲裁和诉讼两个阶段,仲裁有关于仲裁管辖的规定,诉讼有关于诉讼管辖的规定,二者都要考虑。

关于仲裁管辖,根据《劳动争议调解仲裁法》第二十一条的规定,劳动争议由劳动合同履行地或者用人单位所在地的劳动争议仲裁委员会管辖。双方当事人分别向劳动合同履行地和用人单位所在地的劳动争议仲裁委员会申请仲裁的,由劳动合同履行地的劳动争议仲裁委员会管辖。但《劳动人事争议仲裁办案规则》对此进行了不同的规定,即双方当事人分别向劳动合同履行地和用人单位所在地的仲裁委员会申请仲裁的,由劳动合同履行地的仲裁委员会管辖。有多个劳动合同履行地的,由最先受理的仲裁委员会管辖。劳动合同履行地不明确的,由用人单位所在地的仲裁委员会管辖。另外,有的地方的仲裁院还有级别管辖。如昆明市劳动人事争议仲裁院管辖十人以上的集体仲裁案件;云南省劳动人事争议仲裁院管辖以下案件:(1)中直、省直驻昆实施公务员法的机关与聘任制公务员、参照公务员法管理的机关(单位)与聘任工作人员之间因履行聘任合同发生的争议,以及与劳动者之间发生的劳动争议;(2)中央、省直驻昆的事业单位、社会团体与劳动者(工作人员)之间发生的劳动人事争议;(3)军队驻滇军级以上聘用单位与文职人员之间发生的人事争议;(4)中央驻昆的企业与劳动者之间发生的劳动争议;(5)在云南省工商行政管理局登记注册且注册资本在1000万元人民币(或200万美元)及以上的驻昆企业等组织与劳动者之间发生的劳动争议；(6)在云南省民政厅登记注册的驻昆社会组织(社会团体、民办非企业单位和基金会)与劳动者之间发生的劳动争议；(7)外省企业等组织在昆与劳动者之间发生的劳动争议；(8)省人力资源和社会保障厅认为应当受理的其他相关案件。

关于诉讼管辖，《民事诉讼法》及相关的司法解释没有明确劳动争议案件的地域管辖，但最高人民法院《关于审理劳动争议案件适用法律问题的解释(一)》(法释〔2020〕26号)对此进行了规定，即劳动争议案件由用人单位所在地或者劳动合同履行地的基层人民法院管辖。另外，《2015年全国民事审判工作会议纪要》第五十六条还对劳动争议案件的管辖问题进行了补充说明，即劳动争议由劳动合同履行地或者用人单位或者用工单位所在地的基层人民法院管辖。劳动人事仲裁机构作出裁决后，当事人双方分别向劳动合同履行地和用人单位或者用工单位所在地基层人民法院起诉，一同受理立案的，由劳动合同履行地的基层人民法院管辖，先后分别受理立案的，由后受理立案的基层人民法院将案件移送到先受理立案的基层人民法院。

关于诉讼管辖的问题，当劳动合同履行地与用人单位所在地不一致时，一定要注意以下几个问题：

(1)欲在劳动合同履行地仲裁、诉讼的，是否有证据证明劳动合同履行地在某一个县、区。实践中常出现的情形是仲裁以后到法院立案时，因不能证明劳动合同履行地在某一个具体的县、区，导致法院以不属于本院管辖为由不予受理。

(2)无论仲裁结果是否理想，一定要第一时间到法院立案。如果对仲裁裁决结果满意，且对方未在法定期限内起诉，再撤回起诉。劳动合同履行地与用人单位所在地不一致时，享有管辖权的法院不止一个，申请人和被申请人都会选择向对己方有利的法院起诉。如考虑到诉讼成本，法院对争议问题的处理观点不同等。这就要求当事人事先做好准备，包括起诉的材料、起诉的理由等。起诉的材料如仲裁裁决书的送达回证等要第一时间准备好；起诉的理由是对仲裁结果不服，因此得有不服的理由。若申请人的所有请求都得到了支持，再去起诉难免尴尬，申请仲裁时不妨将仲裁请求中主张的金额定高一些。

4.其他费用，如调查取证费等费用主要是公证费等。

(二)收集、固定证据

打官司主要是打证据，收集、固定证据需要注意一定的时机。在确定要申请劳动仲裁之前要对申请人能够提供的证据进行评估，证据充分的，组织证据；证据不充分的,及时收集、固定证据补强。可以采取录音、录像、公证、书面通知、向劳动监察投诉等方式。

例如,用人单位存在《劳动合同法》第三十八条规定的行为,劳动者欲主张因解除劳动合同的经济补偿。用人单位支付经济补偿的前提是劳动合同已经解除,因此在申请劳动仲裁之前,劳动者应当向用人单位作出解除劳动合同的意思表示。

二、申请劳动仲裁

(一)准备仲裁申请书

根据《劳动争议调解仲裁法》第二十八条的规定,申请人申请仲裁应当提交书面仲裁申请,并按照被申请人人数提交副本。仲裁申请书应当载明下列事项:第一,劳动者的姓名、性别、年龄、职业、工作单位和住所,用人单位的名称、住所和法定代表人或者主要负责人的姓名、职务;第二,仲裁请求和所根据的事实、理由;第三,证据和证据来源、证人姓名和住所。实际上,仲裁申请书中只要列明申请人、被申请人的身份信息,仲裁请求以及事实与理由即可,证据和证据来源、证人姓名和住所,可单独制作证据清单。仲裁院受理案件以后会将仲裁申请书副本送达被申请人,在仲裁申请书中列明证据和证据来源、证人姓名和住所的,可能对申请人不利。另外,《劳动人事争议仲裁办案规则》第二十九条规定,书写仲裁申请确有困难的,可以口头申请,由仲裁委员会记入笔录,经申请人签名、盖章或者捺印确认。

1. 关于当事人信息,除了一定要填写准确以外,还要注意的问题是选择“谁”作为当事人。

用人单位作为申请人申请仲裁时,一般情况下将劳动者作为被申请人即可,如存在其他单位共同侵权的情形的,可以将其他单位作为共同被申请人。如《劳动合同法》第九十一条规定的情形,用人单位发现劳动者被其他单位招用,给本单位造成损失的,可以将劳动者和招用该劳动者的用人单位作为共同的被申请人,要求承担连带赔偿责任。

劳动者作为被申请人时,如不存在用人单位或者存在多家用人单位,就要特别注意选择被申请人了。

(1)不存在用人单位的情形。《劳动人事争议仲裁办案规则》第六条规定,发生争议的用人单位未办理营业执照、被吊销营业执照、营业执照到期继续经营、被责令关闭、被撤销以及用人单位解散、歇业,不能承担相关责任的,应当将用人单位和其出资人、开办单位或者主管部门作为共同当事人。最高人民法院《关于审理劳动争议案件适用法律问题的解释(一)》第二十九条也规定,劳动者与未办理营业执照、营业执照被吊销或者营业期限届满仍继续经营的用人单位发生争议的，应当将用人单位或者其出资人列为当事人。

（2）存在多家用人单位的情形。多家用人单位的情形比较多，常见的情形如下：

①劳务派遣用工。劳务派遣用工中，劳动者可以明确由派遣单位或者是用工单位承担责任的，直接将派遣单位或者是用工单位作为被申请人即可；不能确定的，可以将派遣单位和用工单位作为共同被申请人，要求承担连带责任。

②共同用工。多家用人单位共同用工的，若多家用人单位之间不存在关联，劳动者可以直接将产生争议的用人单位作为被申请人；若多家单位之间具有关联，劳动者不能确定与哪家单位存在劳动关系，可以将有用工行为的用人单位全部列为被申请人。

③轮换用工。轮换用工是指多家用人单位轮换与用人单位签订劳动合同，但实际用工并未间断的情形。用人单位轮换用工主要是基于以下三个方面的考虑：第一，规避签订无固定期限劳动合同的情形；第二，中断劳动者的工作年限；第三，中断劳动关系以达到仲裁时效、监察时效期间经过的目的。对于关联企业轮换用工的情形，劳动者可以将多家用人单位作为共同被申请人。

④劳务外包。劳务外包是指一家单位将部分业务交由另外一家单位承包完成并支付外包费用的情形。一般情况下，实际工作的劳动者与承包单位建立劳动关系，将承包单位作为被申请人即可；但在劳务外包不规范的情况下，可以将发包单位和承包单位作为共同被申请人，如用人单位以外包名义，按劳务派遣用工使用劳动者的情形。

（3）存在用人单位与自然人的情形。常见的情形如下：

①个人承包。个人承包是用人单位将业务交由个人承包的情形。《劳动合同法》第九十四条规定，个人承包经营违反《劳动合同法》规定招用劳动者，给劳动者造成损害的，发包的组织与个人承包经营者承担连带赔偿责任。《劳动人事争议仲裁办案规则》第七条规定，劳动者与个人承包经营者发生争议，依法向仲裁委员会申请仲裁的，应当将发包的组织和个人承包经营者作为共同当事人。

②挂靠人用工。挂靠关系中，挂靠人利用被挂靠人的名义从事经营活动并招用劳动者的，可能会认定挂靠人招用的劳动者与被挂靠单位之间存在劳动关系。具体要看挂靠人招用的劳动者的诉求，若要求确认劳动关系或者主张基于劳动关系的其他权利，可将被挂靠单位作为被申请人；若诉求与劳动关系无关，可直接提起民事诉讼向挂靠人主张权利。

2. 关于仲裁请求，在申请立案时要注意仲裁请求的书写规范。

（1）劳动者作为申请人。劳动者作为申请人时仲裁请求主要包括：确认劳动关系;请求支付劳动报酬;请求支付经济补偿;请求支付赔偿金;请求支付二倍工资;请求支付社会保险待遇;请求赔偿社会保险待遇损失;请求继续履行劳动合同;请求确认处理决定无效;请求赔偿损失等。仲裁申请书中填写上述请求时要注意:

①请求确认劳动关系时应明确与具体的被申请人在具体的时间段内存在劳动关系。如请求确认申请人与第一被申请人自2008年1月1日起存在劳动关系。

②请求支付劳动报酬时应明确劳动报酬的种类以及对应的时间段。如请求裁决被申请人支付申请人2018年1月1日至5月1日的工资30,000元;请求裁决被申请人支付申请人2018年1月1日至5月1日的工作日加班费30,000元;请求裁决被申请人支付申请人2018年1月1日至5月1日的休息日加班费30,000元;请求裁决被申请人支付申请人2008年1月1日至5月1日的应休未休年休假报酬30,000元;请求裁决被申请人支付申请人2018年1月1日至5月1日的提成工资30,000元等。

③请求支付经济补偿时应注意经济补偿的种类。常见的主要是解除或终止劳动合同的经济补偿以及竞业限制经济补偿两种。如请求裁决被申请人支付申请人因解除劳动合同的经济补偿50,000元;请求裁决被申请人支付申请人竞业限制经济补偿共计20,000元等。

④请求支付赔偿金时要注意赔偿金的种类。常见的赔偿金包括违法解除或终止劳动合同的赔偿金、因违法约定试用期的赔偿金、加付赔偿金等。如请求裁决被申请人支付申请人违法解除劳动合同的赔偿金50,000元;请求裁决被申请人支付申请人因违法约定试用期的赔偿金50,000元;请求裁决被申请人支付申请人未及时支付经济补偿的加付赔偿金50,000元等。

⑤请求支付二倍工资时要注意二倍工资的种类以及二倍工资对应的期限,二倍工资包括未订立书面劳动合同的二倍工资和因未订立无固定期限劳动合同的二倍工资。如请求裁决被申请人支付申请人2018年1月1日至9月1日因未订立书面劳动合同的二倍工资差额50,000元;请求裁决被申请人支付申请人2018年1月1日至9月1日因未订立无固定期限劳动合同的二倍工资差额50,000元。

⑥请求支付社会保险待遇时要注意注明社会保险待遇的具体项目。常见的是请求支付工伤保险待遇的情形。如请求裁决被申请人支付申请人一次性伤残就业补助金50,000元。

⑦请求赔偿社会保险待遇损失时要注意注明具体的损失名称。如请求裁决被申请人支付申请人失业金损失20,000元;请求裁决被申请人支付申请人医疗保险

待遇损失 20,000 元。

⑧请求继续履行劳动合同直接填写为请求裁决被申请人继续履行与申请人签订的劳动合同即可。

⑨请求确认处理决定无效直接填写为请求确认被申请人作出的具体的处理决定无效即可。如请求确认被申请人作出的调岗决定书无效。

⑩请求赔偿损失时要注意注明具体的损失名称。如请求裁决被申请人赔偿申请人工资损失 50,000 元。

(2)申请人是用人单位。用人单位作为申请人时仲裁请求主要包括:请求支付违约金;请求赔偿损失;请求继续履行劳动合同;请求继续履行保密义务;请求继续履行竞业限制义务等。仲裁申请书中填写上述请求时要注意:

①请求支付违约金时既可以直接填写请求裁决被申请人支付违约金,也可以注明系何种违约金。如请求被申请人支付申请人违反竞业限制义务的违约金200,000元。

②请求赔偿损失时要注意注明具体的损失名称。如请求裁决被申请人赔偿申请人违法解除劳动合同造成的损失 50,000 元。

③请求继续履行劳动合同直接填写请求裁决被申请人继续履行与申请人签订的劳动合同即可。

④请求继续履行保密义务直接填写请求裁决被申请人继续履行约定保密义务的协议即可。如请求裁决被申请人继续履行保密协议。

⑤请求继续履行保密义务直接填写请求裁决被申请人继续履行约定竞业限制义务的协议即可。如请求裁决被申请人继续履行竞业限制协议。

(3)请求多个被申请人承担连带责任的情形。若存在请求多个被申请人承担连带责任的情形,仲裁请求可填写请求具体的被申请人承担责任,然后补充具体的被申请人承担连带责任即可。如请求第一被申请人支付申请人经济补偿50,000元,第二被申请人承担连带责任。

3. 关于事实与理由,不用写得特别详细,简明扼要陈述案件事实即可。主要是入职时间、工作岗位、劳动合同解除的原因及时间等。

(二)准备立案所需其他材料

申请劳动仲裁时,除了要提交书面的仲裁申请书外,还需要提交其他的证据材料,立案所需的证据材料只要求提供基础的证明材料,其他的证据材料可在立案后举证期限内提交。立案必需的证据材料包括证明申请人身份信息的材料和证明存在劳动关系的证明材料。申请人为劳动者时必须提供本人身份证复印件以及用人单位的主体信息,如工商登记信息等,单位性质比较特殊不能提交的可以不提供;申请人为用人单位时必须提供证明主体信息的材料以及委托受托人办理立案事宜的委托手续,包括营业执照或其他证明材料、法定代表人身份证明、法定代表人身份证复印件、授权委托书、受托人身份证明材料等。

(三)立案材料的份数

根据《劳动争议调解仲裁法》以及《劳动人事争议仲裁办案规则》的规定,申请人的申请书应当按照被申请人的数量提交副本,假设被申请人的数量为 n,需要提交的申请书的份数为 n+1 份。立案所需的其他材料提交一份即可。需要注意的是,申请人要自己保留一份备用。

三、劳动仲裁程序

(一)申请与受理

劳动仲裁的程序从申请人提交立案材料开始,申请人提交仲裁申请书等立案材料以后可能存在仲裁申请书不规范或者材料不齐备的情形。此时,仲裁委员会应当当场或者在五个工作日内一次性告知申请人需要补正的全部材料。仲裁委员会收取申请人提交的材料后应当出具收件回执。

仲裁委员会受理劳动争议案件的条件包括:第一,属于《劳动人事争议仲裁办案规则》第二条规定的争议范围;第二,有明确的仲裁请求和事实理由;第三,申请人是与本案有直接利害关系的自然人、法人或者其他组织,有明确的被申请人;第四,属于本仲裁委员会管辖范围;第五,不违反一事不再理原则,即申请人基于同一事实就相同仲裁请求再次申请仲裁的,仲裁委员会不予受理。从仲裁委员会收取申请人提交的材料后,可能出现以下几种情况:

1. 符合受理条件的,仲裁委员会立案受理。

2. 争议不属于仲裁委员会的受案范围的,仲裁委员会不予受理,并在收到仲裁申请之日起五日内向申请人出具不予受理通知书。

3. 没有明确的仲裁请求和事实理由,申请人没有补正的,仲裁委员会不予受理,并在收到仲裁申请之日起五日内向申请人出具不予受理通知书。

4. 没有明确的被申请人,申请人没有补正的,仲裁委员会不予受理,并在收到仲裁申请之日起五日内向申请人出具不予受理通知书。

5. 违反一事不再理原则的,不予受理;一事不再理是指仲裁委员会已经依法出具不予受理通知书或者案件已在仲裁、诉讼过程中或者调解书、裁决书、判决书已经发生法律效力，申请人基于同一事实就相同仲裁请求再次申请仲裁的，仲裁委员会不予受理。

6. 不属于该仲裁委员会的管辖范围的，仲裁委员会在收到仲裁申请之日起五个工作日内，向申请人作出书面说明并告知申请人向有管辖权的仲裁委员会申请仲裁。

7. 对仲裁委员会逾期未作出决定或者决定不予受理的，申请人可以就该争议事项向人民法院提起诉讼；对于因不属于该仲裁委员会的管辖范围而没有受理的，申请人可以向有管辖权的仲裁院申请劳动仲裁。对于受理的，仲裁委员会在收到仲裁申请之日起五个工作日内向申请人出具受理通知书，劳动仲裁程序正常进行。

需要注意的是，仲裁委员会也可能存在错误受理的情形，仲裁委员会受理案件后，发现不应当受理的，除不属于其管辖范围的情形外，应当撤销案件，并以决定书的形式通知当事人。如仲裁委员会发现已受理案件不属于其管辖范围，应当移送至有管辖权的仲裁委员会，并书面通知当事人。受移送的仲裁委员会应当依法受理，若受移送的仲裁委员会认为移送的案件按照规定不属于其管辖，或者仲裁委员会之间因管辖争议协商不成，应当报请共同的上一级仲裁委员会主管部门指定管辖。

（二）答辩期限与举证期限

仲裁委员会受理仲裁申请后，应当在五个工作日内将仲裁申请书副本送达被申请人，被申请人收到仲裁申请书副本后，应当在十个工作日内向仲裁委员会提交答辩书。需要注意的是，提交答辩书并不是必需的，被申请人可以不提交答辩书，在开庭时进行答辩。被申请人提交答辩书的，仲裁委员会收到答辩书后，应当在五个工作日内将答辩书副本送达申请人。

另外，下列事项也应当在答辩期内提出：

1. 被申请人提出反申请。仲裁委员会应当自收到被申请人反申请之日起五日内决定是否受理并通知被申请人。决定受理的，仲裁委员会可以将反申请和申请合并处理；反申请应当另行申请仲裁的，如出现被申请人逾期提出反申请的情形，仲裁委员会应当书面告知被申请人另行申请仲裁；反申请不符合受理条件的，仲裁委员会应当向被申请人出具不予受理通知书。

2. 提出管辖异议。需要注意的是，管辖异议应当以书面形式提出。仲裁委员会应当审查当事人提出的管辖异议，异议成立的，将案件移送至有管辖权的仲裁委员会并书面通知当事人；异议不成立的，应当书面决定驳回。被申请人逾期提出管辖异议的,不影响仲裁程序的进行。

举证期限由仲裁委员会指定,实践中很多仲裁委员会确定的举证期限与答辩期限相差不大。当事人应当在仲裁委员会指定的举证期限内提交证据,在举证期限内提供证据确有困难的,可以向仲裁委员会申请延长期限,仲裁委员会根据当事人的申请适当延长。当事人逾期提供证据的,仲裁委员会应当责令其说明理由;拒不说明理由或者理由不成立的,仲裁委员会可以根据不同情形不予采纳该证据,或者采纳该证据但予以训诫。

关于证据的提供,当事人因客观原因不能自行收集的证据,仲裁委员会可以根据当事人的申请,参照民事诉讼有关规定予以收集。

另外,申请人增加或者变更仲裁请求应当在举证期限内提出,仲裁庭对申请人增加或者变更的仲裁请求进行审查后认为应当受理的,应当通知被申请人并给予其答辩期,被申请人可以放弃答辩期。申请人在举证期限届满后提出增加或者变更仲裁请求的,应当另行申请仲裁。

(三)开庭

仲裁委员会应当在受理仲裁申请之日起五个工作日内组成仲裁庭并将仲裁庭的组成情况书面通知当事人。仲裁庭应当在开庭五日前,将开庭日期、地点书面通知双方当事人。当事人有正当理由的,可以在开庭三日前请求延期开庭。是否延期,由仲裁委员会根据实际情况决定。

开庭审理前,记录人员应当查明当事人和其他仲裁参与人是否到庭,宣布仲裁庭纪律。仲裁参与人和其他人应当遵守仲裁庭纪律,不得有下列行为:(1)未经准许进行录音、录像、摄影;(2)未经准许以移动通信等方式现场转播庭审活动;(3)其他扰乱仲裁庭秩序、妨害审理活动进行的行为。

仲裁参与人或者其他人有上述情形之一的,仲裁庭可予以训诫、责令其退出仲裁庭,也可以暂扣其进行录音、录像、摄影、传播庭审活动的器材,并责令其删除有关内容。拒不删除的,可以采取必要手段强制删除,并将上述事实记入庭审笔录。

开庭审理时,由仲裁员宣布开庭、案由和仲裁员、记录人员名单,核对当事人,告知当事人有关的权利义务,询问当事人是否提出回避申请。当事人申请回避的,应当在案件开庭审理前提出,并说明理由;回避事由在案件开庭审理后知晓的,也可以在庭审辩论终结前提出。当事人在庭审辩论终结后提出回避申请的,不影响仲裁程序的进行。仲裁委员会应当在回避申请提出的三日内,以口头或者书面形式作出决定。以口头形式作出的,应当记入笔录。

开庭审理中，仲裁员应当听取申请人的陈述和被申请人的答辩，主持庭审调查、质证和辩论、征询当事人最后意见，并进行调解。

仲裁庭应当将开庭情况记入笔录，当事人或者其他仲裁参与人认为对自己陈述的记录有遗漏或者差错的，有权当庭申请补正。仲裁庭认为申请无理由或者无必要的，可以不予补正，但是应当记录该申请。仲裁员、记录人员、当事人和其他仲裁参与人应当在庭审笔录上签名或者盖章。当事人或者其他仲裁参与人拒绝在庭审笔录上签名或者盖章的，仲裁庭应当记明情况附卷。

有下列情形之一的，经仲裁委员会主任或者仲裁院负责人批准，可以中止案件审理，并书面通知当事人：(1)劳动者一方当事人死亡，需要等待继承人表明是否参加仲裁的；(2)劳动者一方当事人丧失民事行为能力，尚未确定法定代理人参加仲裁的；(3)用人单位终止，尚未确定权利义务承继者的；(4)一方当事人因不可抗拒的事由，不能参加仲裁的；(5)案件审理需要以其他案件的审理结果为依据，且其他案件尚未审结的；(6)案件处理需要等待工伤认定、伤残等级鉴定以及其他鉴定意见的；(7)其他应当中止仲裁审理的情形。

中止审理的情形消除后，仲裁庭应当恢复审理。

(四)调解

调解是指在调解组织的主持下，争议双方在平等、自愿的基础上就处理双方争议事宜进行协商处理。调解分为仲裁调解和其他组织调解，此处的调解指仲裁调解。仲裁庭审理争议案件时，应当进行调解，必要时可以邀请有关单位、组织或者个人参与调解。

(五)简易程序

1. 简易处理的条件

劳动争议案件满足以下条件的，可以简易处理：(1)事实清楚、权利义务关系明确、争议不大的；(2)标的额不超过本省、自治区、直辖市上年度职工年平均工资的；(3)双方当事人同意简易处理的。

另外，有下列情形之一的，不得简易处理：(1)涉及国家利益、社会公共利益的；(2)有重大社会影响的；(3)被申请人下落不明的；(4)仲裁委员会认为不宜简易处理的。

2. 简易处理的程序

简易处理的程序包括：(1)可以指定一名仲裁员独任仲裁；(2)经与被申请人协

商同意,仲裁庭可以缩短或者取消答辩期;(3)仲裁庭可以用电话、短信、传真、电子邮件等简便方式送达仲裁文书,但送达调解书、裁决书除外;以简便方式送达的开庭通知,未经当事人确认或者没有其他证据证明当事人已经收到的,仲裁庭不得按撤回仲裁申请处理或者缺席裁决;(4)仲裁庭可以根据案件情况确定举证期限、开庭日期、审理程序、文书制作等事项,但应当保障当事人陈述意见的权利;(5)仲裁庭在审理过程中,发现案件不宜简易处理的,应当在仲裁期限届满前决定转为按照一般程序处理,并告知当事人;案件转为按照一般程序处理的,仲裁期限自仲裁委员会受理仲裁申请之日起计算,双方当事人已经确认的事实,可以不再进行举证、质证。

(六)集体案件

集体案件是指劳动者一方在十人以上并有共同请求的争议案件,或者因履行集体合同发生的劳动争议案件。集体案件的处理具有以下特点:

1. 满足简易处理的条件的,同样可以简易处理。

2. 对劳动者一方在十人以上并有共同请求的争议,劳动者可以推举三至五名代表参加仲裁活动,代表人参加仲裁的行为对其所代表的当事人发生效力,但代表人变更、放弃仲裁请求或者承认对方当事人的仲裁请求,进行和解的,必须经被代表的当事人同意。

3. 因履行集体合同发生的劳动争议,经协商解决不成的,工会可以依法申请仲裁;尚未建立工会的,由上级工会指导劳动者推举产生的代表依法申请仲裁。

4. 仲裁委员会应当自收到当事人集体劳动人事争议仲裁申请之日起五日内作出受理或者不予受理的决定。决定受理的,应当自受理之日起五个工作日内将仲裁庭组成人员、答辩期限、举证期限、开庭日期和地点等事项一次性通知当事人。

5. 仲裁委员会处理集体劳动人事争议案件,应当由三名仲裁员组成仲裁庭,并设首席仲裁员。

6. 仲裁委员会处理因履行集体合同发生的劳动争议,应当按照三方原则组成仲裁庭处理。

7. 仲裁庭开庭场所可以设在发生争议的用人单位或者其他便于及时处理争议的地点。

四、仲裁处理

(一)调解达成一致的处理

仲裁调解达成协议的,仲裁庭应当制作调解书。调解书经双方当事人签收后,发生法律效力;调解不成或者调解书送达前,一方当事人反悔的,仲裁庭应当及时作出裁决。当事人就部分仲裁请求达成调解协议的,仲裁庭可以就该部分先行出具调解书。

（二）裁决与先予执行

仲裁开庭结束以后,调解不成的,仲裁庭应当依法作出裁决。仲裁庭裁决案件,应当自仲裁委员会受理仲裁申请之日起四十五日内结束。案情复杂需要延期的,经仲裁委员会主任或者仲裁院负责人书面批准,可以延期并书面通知当事人,但延长期限不得超过十五日。有下列情形的,仲裁期限按照下列规定计算:(1)仲裁庭追加当事人或者第三人的,仲裁期限从决定追加之日起重新计算;(2)申请人需要补正材料的,仲裁委员会收到仲裁申请的时间从材料补正之日起重新计算;(3)增加、变更仲裁请求的,仲裁期限从受理增加、变更仲裁请求之日起重新计算;(4)仲裁申请和反申请合并处理的,仲裁期限从受理反申请之日起重新计算;(5)案件移送管辖的,仲裁期限从接受移送之日起重新计算;(6)中止审理期间、公告送达期间不计入仲裁期限内;(7)法律、法规规定应当另行计算的其他情形。

仲裁庭裁决案件时,其中一部分事实已经清楚的,可以就该部分先行裁决。对追索劳动报酬、工伤医疗费、经济补偿或者赔偿金的案件,根据当事人的申请,可以裁决先予执行,移送人民法院执行。仲裁庭裁决先予执行的,应当符合下列条件:(1)当事人之间权利义务关系明确;(2)不先予执行将严重影响申请人的生活。

仲裁裁决分为终局裁决和非终局裁决,在 2009 年发布的《劳动人事争议仲裁办案规则》修改之前,如案件裁决内容同时涉及终局裁决和非终局裁决内容,按照非终局裁决处理,2017 年的《劳动人事争议仲裁办案规则》对此做了修改,裁决内容同时涉及终局裁决和非终局裁决的,应当分别制作裁决书,并告知当事人相应的救济权利。

对裁决书中的文字、计算错误或者仲裁庭已经裁决但在裁决书中遗漏的事项,仲裁庭应当及时制作决定书予以补正并送达当事人。

（三）撤回仲裁申请

仲裁处理结果作出前,申请人可以自行撤回仲裁申请;申请人再次申请仲裁的,仲裁委员会应当受理。申请人收到书面开庭通知,无正当理由拒不到庭或者未经仲裁庭同意中途退庭的,可以按撤回仲裁申请处理。

需要特别注意的是,申请人自行撤回仲裁申请后再次申请仲裁的,仲裁委员会应当受理,而按撤回仲裁申请处理后申请人重新申请仲裁的,仲裁委员会不予受理,且当事人不服向人民法院起诉的,人民法院受理以后,经审查认为确属无正当理由拒不到庭或者未经仲裁庭同意中途退庭的,很可能会裁定驳回起诉。

五、回避

仲裁员有下列情形之一的,应当回避,当事人有权以口头或者书面方式提出回避申请:(1)是本案当事人或者当事人、代理人的近亲属的;(2)与本案有利害关系的;(3)与本案当事人、代理人有其他关系,可能影响公正裁决的;(4)私自会见当事人、代理人,或者接受当事人、代理人请客送礼的。

六、送达

送达是指劳动仲裁程序中,仲裁委员会将仲裁文书送达给当事人。送达的文书包括受理通知书、不予受理通知书、举证通知书、开庭通知书、调解书、裁决书、裁定书的送达等。

仲裁委员会送达仲裁文书必须有送达回证,由受送达人在送达回证上记明收到日期,并签名或者盖章,受送达人在送达回证上的签收日期为送达日期。

送达的方式有很多种,主要包括直接送达、留置送达、邮寄送达、电子送达、公告送达等。

原则上,应该采取直接送达,受送达人是公民的,本人不在场时,由他的同住成年家属签收;受送达人是法人或者其他组织的,应当由法人的法定代表人、其他组织的主要负责人或者该法人、组织负责收件的人签收;受送达人有诉讼代理人的,可以送交其代理人签收;受送达人已向人民法院指定代收人的,送交代收人签收。受送达人的同住成年家属,法人或者其他组织的负责收件的人,诉讼代理人或者代收人在送达回证上签收的日期为送达日期。

受送达人或者他的同住成年家属拒绝接收诉讼文书的,送达人既可以邀请有关基层组织或者所在单位的代表到场,说明情况,在送达回证上记明拒收事由和日期,由送达人、见证人签名或者盖章,把诉讼文书留在受送达人的住所;也可以把诉讼文书留在受送达人的住所,并采用拍照、录像等方式记录送达过程。上述两种方式视为送达。

直接送达诉讼文书有困难的,可以邮寄送达。邮寄送达的,以回执上注明的收件日期为送达日期。

经受送达人同意,可以采用传真、电子邮件等能够确认其收悉的方式送达诉讼文书,但裁决书、裁定书、调解书除外。

受送达人下落不明,或者用其他方式无法送达的,公告送达。自发出公告之日起,经过六十日,即视为送达。

另外,因企业停业等原因导致无法送达且劳动者一方在十人以上的,或者受送达人拒绝签收仲裁文书,通过在受送达人住所留置、张贴仲裁文书,并采用拍照、录像等方式记录的,自留置、张贴之日起经过三日即视为送达。

七、仲裁审理期限

仲裁庭裁决劳动争议案件,应当自劳动争议仲裁委员会受理仲裁申请之日起四十五日内结束;未能调解结案的,应当自受理仲裁申请之日起四十五日内作出裁决。案情复杂需要延期的,经劳动争议仲裁委员会主任批准,可以延期并书面通知当事人,但是延长期限不得超过十五日。逾期未作出仲裁裁决的,当事人可以就该劳动争议事项向人民法院提起诉讼。

作者简介

游本春

硕士研究生导师，盈科全国劳动与社会保障专业委员会副主任，北京盈科（昆明）律师事务所高级合伙人、劳动人事部主任，风控猫劳动用工法律体检平台、风控狮劳动用工法律管控平台、正胜法律讲堂、法叮律师智慧办案平台创始人。

专业领域：劳动争议、劳动用工法律风险与合规管理专项。

第三章　诉　　讼

劳动争议案件诉讼程序包括一审程序和二审程序，属于民事诉讼的一种。

一、要不要起诉

劳动人事争议仲裁委员会作出裁决以后，当事人要不要起诉主要应当从两个方面进行考量。一是起诉是否可以争取更好的结果，二是诉讼的成本。

首要考虑的当然是起诉能否争取更好的结果。如认为仲裁裁决有误，可以向人民法院提起诉讼，请求人民法院作出判决；对认为仲裁裁决正确或者是尽管有误，但认可该仲裁裁决的，可以不起诉，但还要考虑对方是否会起诉，这就涉及诉讼成本的问题了。

劳动争议诉讼案件受理费为10元，甚至不收费，该成本几乎可以忽略；而一方当事人提起诉讼的，案件必然进入一审程序，诉讼成本必然产生，一是律师费成本，二是差旅费成本。因此，在考虑是否要起诉时还要考虑对方是否会起诉。实际上，如果仲裁阶段未调解结案的，案件进入一审程序的可能性非常高，原因主要有以下几点：(1)案件受理费很少；(2)承担义务的一方大多对裁决结果不服；(3)对于裁决承担义务的一方，尽管裁决正确也可能为了拖延履行义务的时间而提起诉讼；(4)劳动合同履行地与用人单位所在地不一致的，可以通过先起诉将案件的管辖法院确定为对己方更有利的法院，有利方面如差旅费更低、司法实务观点对己方更有利等；(5)如果对方起诉的话，裁决也不生效，未提起诉讼的一方视为认可仲裁裁决，起诉对己方更有利。

综上所述，无论是否认可仲裁裁决，都建议尽快向人民法院提起诉讼，尤其是有两个以上的法院有管辖权的情形。在确定对方未在起诉期限内起诉以后，如认可仲裁裁决，则可以再撤回起诉，裁决书仍发生效力。

二、诉讼立案

(一)诉讼立案的条件

劳动争议案件属于特殊的民事案件,其特殊之处在于劳动争议案件需要经过仲裁前置程序。一般情况下,劳动争议案件未申请劳动仲裁而直接向人民法院提起诉讼的,人民法院不予受理。但也有例外情况,根据最高人民法院《关于审理劳动争议案件适用法律问题的解释(一)》(法释〔2020〕26 号)第十五条的规定,劳动者以用人单位的工资欠条为证据直接提起诉讼,诉讼请求不涉及劳动关系其他争议的,视为拖欠劳动报酬争议,人民法院按照普通民事纠纷受理;即用人单位向劳动者出具工资欠条或者是双方签订其他类似欠条的协议的,如果劳动者的请求仅为要求用人单位支付欠条确定的劳动报酬,可以不申请劳动仲裁而直接向人民法院提起诉讼。

具体到仲裁前置程序而言,申请人申请劳动仲裁可能存在以下几种情形:

1. 仲裁委员会不予受理;仲裁委员会不予受理的情形比较多,原因包括:(1)争议不属于仲裁委员会的受案范围;(2)没有明确的仲裁请求和事实理由,申请人没有补正;(3)没有明确的被申请人,申请人没有补正;(4)违反一事不再理原则;(5)不属于该仲裁委员会的管辖范围。

2. 仲裁委员会逾期未作出是否受理的决定。

3. 仲裁调解结案。

4. 仲裁作出裁决。

5. 逾期未作出裁决。

6. 申请人撤回仲裁申请。

7. 按撤回仲裁申请处理。

不同的情形起诉到法院以后,人民法院会作出不同的处理。

针对仲裁委员会不予受理的情形,当事人起诉到法院的,人民法院会区分不同的情形处理:

第一,劳动人事争议仲裁委员会以当事人申请仲裁的事项不属于劳动争议为由不予受理的,经审查后属于劳动争议的,应当受理;经审查认为虽不属于劳动争议案件,但属于人民法院主管的其他案件的,应当依法受理;经审查认为不属于人民法院的受理的案件范围的,不予受理。

第二,劳动人事争议仲裁委员会以没有明确的仲裁请求和事实理由或者没有明确的被申请人且申请人没有补正为由不予受理的,经审查确实属于没有明确的仲裁请求和事实理由或者没有明确的被申请人的,不予受理,当事人应当补正后申请劳动仲裁;经审查有明确的仲裁请求和事实理由且有明确的被申请人的,人民法院应当受理或者告知当事人申请仲裁,并将审查意见书面通知该劳动人事争议仲裁委员会,劳动人事争议仲裁委员会仍不受理,当事人就该劳动争议事项提起诉讼的,应予受理。

第三,劳动人事争议仲裁委员会以当事人的申请违反一事不再理原则为由不予受理的,经审查确属违反一事不再理原则的,不予受理;经审查认为不违反一事不再理原则的,应当受理。

第四,劳动人事争议仲裁委员会以不属于该仲裁委员会的管辖范围为由不予受理的,经审查认为该劳动人事争议仲裁委员会对案件确无管辖权的,应当告知当事人向有管辖权的劳动人事争议仲裁委员会申请仲裁;经审查认为该劳动人事争议仲裁委员会有管辖权的,应当告知当事人申请仲裁,并将审查意见书面通知该劳动人事争议仲裁委员会,劳动人事争议仲裁委员会仍不受理,当事人就该劳动争议事项提起诉讼的,应予受理。

另外,有的仲裁委员会会以仲裁时效期间经过为由不受理当事人的劳动仲裁申请,当事人不服,依法向人民法院起诉的,人民法院应当受理。

针对劳动人事争议仲裁委员会逾期未作出受理决定或仲裁裁决,当事人直接提起诉讼的情形,人民法院应予受理,但申请仲裁的案件存在下列事由的除外:(1)移送管辖的;(2)正在送达或送达延误的;(3)等待另案诉讼结果、评残结论的;(4)正在等待劳动人事争议仲裁委员会开庭的;(5)启动鉴定程序或者委托其他部门调查取证的;(6)其他正当事由。

对于调解结案的,劳动人事争议仲裁委员会作出的调解书已经发生法律效力,一方当事人反悔提起诉讼的,人民法院不予受理;已经受理的,裁定驳回起诉。

对于仲裁委员会作出裁决的情形,如果系劳动者起诉,符合立案条件的,人民法院应当受理;如果系用人单位起诉,要区分仲裁裁决的类型做不同处理。如果系终局裁决的,用人单位不得再提起诉讼,但可以向劳动争议仲裁委员会所在地的中级人民法院申请撤销裁决,用人单位起诉的人民法院不予受理;如果系非终局裁决,符合立案条件的,人民法院应当受理。需要注意的是,仲裁裁决的类型以仲裁裁决书为准。仲裁裁决书已经载明仲裁裁决的类型的,人民法院应当根据仲裁裁决书确定的仲裁裁决类型作出处理,不对仲裁裁决的类型进行实质性审查。仲裁裁决书未载明该裁决为终局裁决或者非终局裁决的,人民法院才应当审查仲裁裁决的类型,经审查认为该仲裁裁决为非终局裁决的,人民法院应予受理;经审查认为该仲裁裁决为终局裁决的，人民法院不予受理，但应告知用人单位可以自收到不予受理裁定书之日起三十日内向劳动争议仲裁机构所在地的中级人民法院申请撤销该仲裁裁决。

案例3-1

浙江亨达光学有限公司与毛某劳动争议纠纷案

[(2016)浙03民特11号]

浙江亨达光学有限公司(以下简称亨达公司)与毛某劳动争议纠纷案经温州市劳动人事争议仲裁委员会审理作出的温劳人仲案字(2015)第435号仲裁裁决，仲裁裁决载明"如不服本裁决，当事人自收到裁决书之日起15日内向有管辖权的人民法院起诉。期满不起诉的，本裁决书即发生法律效力"。裁决后，亨达公司不服，向浙江省温州市中级人民法院提出撤销仲裁裁决的申请。

温州市中级人民法院认为，根据最高人民法院《关于审理劳动争议案件适用法律若干问题的解释(四)》(已废止)第二条第一款的规定，仲裁裁决的类型以仲裁裁决书确定为准。由于温劳人仲案字(2015)第435号仲裁裁决书中已载明"如不服本裁决，当事人自收到裁决书之日起15日内向有管辖权的人民法院起诉。期满不起诉的，本裁决书即发生法律效力"。故该仲裁裁决书已确定其裁决类型为非终局裁决，不属于《劳动争议调解仲裁法》第四十九条所针对的终局裁决，当事人若不服裁决的，应在法定期限内向人民法院起诉，现亨达公司向本院申请撤销上述仲裁裁决，不符合法律规定，本院对其申请予以驳回。据此，依照《劳动争议调解仲裁法》第四十九条，最高人民法院《关于审理劳动争议案件适用法律若干问题的解释(四)》(已废止)第二条第一款的规定，裁定驳回亨达公司关于撤销温州市劳动人事争议仲裁委员会作出的温劳人仲案字(2015)第435号仲裁裁决的申请。

案例分析

根据最高人民法院《关于审理劳动争议案件适用法律问题的解释(一)》(法释〔2020〕26号)第十八条的规定，仲裁裁决的类型以仲裁裁决书确定为准。本案中，温劳人仲案字(2015)第435号仲裁裁决书中已载明"如不服本裁决，当事人自收到裁决书之日起15日内向有管辖权的人民法院起诉。期满不起诉的，本裁决书即发生法律效力"，即仲裁裁决书已确定裁决类型为非终局裁决，故人民法院应当认定该仲裁裁决为非终局裁决，亨达公司对裁决不服的，可以向人民法院提起诉讼，因此亨达公司申请撤销仲裁裁决没有法律依据。

申请人在仲裁处理结果作出前撤回仲裁申请的，申请人可以另行申请仲裁，仲裁委员会应当受理。申请人收到书面开庭通知，无正当理由拒不到庭或者未经仲裁庭同意中途退庭的，仲裁委员会按撤回仲裁申请处理，后申请人重新申请仲裁的，仲裁委员会不予受理。根据《2015年全国民事审判工作会议纪要》第五十五条的规定，劳动人事仲裁机构按照自动撤回仲裁处理后，该当事人又提起仲裁申请，劳动人事仲裁机构作出不予受理的决定或通知，当事人不服向人民法院起诉的，人民法院应予受理，人民法院经审查认为确属无正当理由拒不到庭或者未经仲裁庭同意中途退庭的，应当裁定驳回起诉。

（二）诉讼立案的时间

经过仲裁程序以后，不同的情形起诉期限不同。

1. 对于最高人民法院《关于审理劳动争议案件适用法律问题的解释（一）》（法释〔2020〕26号）第十五条规定的情形，即劳动者以用人单位的工资欠条为证据主张用人单位支付劳动报酬，且诉讼请求不涉及劳动关系其他争议的，视为拖欠劳动报酬争议，人民法院按照普通民事纠纷受理。该种情形属于当事人可以不经劳动仲裁程序直接向人民法院提起诉讼，故不存在仲裁程序以后起诉期限的问题。

2. 对于仲裁委员会不予受理的情形，当事人应当自收到不予受理通知书之日起十五日内提起诉讼。

3. 对于仲裁委员会逾期未作出受理决定或仲裁裁决的，当事人随时可以向人民法院提起诉讼。

4. 对于仲裁委员会作出裁决的情形，裁决属于非终局裁决的，当事人可以自收到仲裁裁决书之日起十五日内向有管辖权的人民法院提起诉讼；裁决属于终局裁决的，用人单位不能再向人民法院提起诉讼，但可以自收到仲裁裁决书之日起三十日内向劳动争议仲裁委员会所在地的中级人民法院申请撤销裁决，劳动者可以在收到仲裁裁决书之日起十五日内向有管辖权的人民法院提起诉讼。

5. 对于申请人撤回仲裁申请的，可以随时再申请仲裁，但应当注意仲裁时效的问题。

（三）准备诉讼立案需要的材料

劳动争议案件属于民事案件，立案需要按照《民事诉讼法》的要求准备立案材料，除了起诉状之外，还要准备其他的必要的证据材料，如原告的身份信息证明材料、被告的身份信息证明材料以及其他必要的证据材料。除此之外，劳动争议案件诉讼立案还必须提供已经经过仲裁程序的证明材料以及起诉期限未经过的证明材料，如不予受理通知书及送达回证，裁决书及送达回证，或者是案件受理通知书。

需要特别注意的是起诉状如何书写。

1. 起诉状的格式

起诉状的格式与仲裁申请书的格式相似，注意将“仲裁申请书”改为“起诉状”，当事人的称谓由申请人、被申请人改为原告、被告，仲裁请求改为诉讼请求即可。较为复杂的是诉讼请求如何确定的问题，这涉及劳动仲裁与诉讼衔接的问题。

诉讼请求的确定与劳动仲裁相关，立案之前可以将仲裁程序大致分为两大类：一类是仲裁委员会进行审理后作出裁决的；另一类是仲裁委员会没有进行审理的。

对于仲裁委员会没有进行审理的情形，诉讼请求与仲裁请求几乎一致，将裁决改为判决，申请人、被申请人改为原告、被告即可。

2. 诉讼请求的表述

对于仲裁委员会进行审理后作出裁决的情形，需要注意的是，仲裁委员会与法院之间仅存在监督关系，基层人民法院不能撤销仲裁委员会的裁决，因此诉讼请求不得为请求撤销仲裁裁决。另外，原告在仲裁阶段的身份也会影响诉讼请求的表述。

具体而言，原告为仲裁阶段的申请人时，诉讼请求一般为请求被告为一定的给付行为；原告为仲裁阶段的被申请人时，诉讼请求一般为请求判决原告不为一定的给付行为。例如，劳动者申请劳动仲裁请求裁决用人单位支付因未订立书面劳动合同的二倍工资差额 50,000 元。仲裁裁决用人单位支付劳动者因未订立书面劳动合同的二倍工资差额 30,000 元。现双方都不服准备提起诉讼，此时仲裁阶段劳动者为申请人，其作为原告提起诉讼时，诉讼请求应当为请求判决被告支付原告因未订立书面劳动合同的二倍工资差额 50,000 元；仲裁阶段用人单位为被申请人，其作为原告提起诉讼时，诉讼请求应当为请求判决原告不支付被告因未订立书面劳动合同的二倍工资差额 30,000 元。

3. 诉讼请求的确定

一个案件中裁决的内容涉及终局裁决和非终局裁决的，仲裁委员会应当分别制作裁决书。当事人可以分别针对终局裁决和非终局裁决提起诉讼，如仅针对非终局裁决书起诉，不影响终局裁决书的生效。但是，当事人就非终局裁决书或者是终局裁决书提起诉讼时，该份裁决书整体不发生效力。那如果认可仲裁裁决的部分内容，仅对部分内容不服，此时提起诉讼时，诉讼请求如何确定呢？这就涉及劳动仲裁与一审的衔接问题。

对于劳动仲裁与诉讼衔接的问题,要注意区分实体与程序。

程序方面,劳动仲裁是处理劳动争议案件的前置程序,但人民法院与仲裁委员会之间是相对独立的,基层人民法院不能撤销仲裁裁决,劳动仲裁与一审程序的衔接关系也不像一审程序与二审程序的关系。可以确定的是当事人向人民法院提起诉讼的,仲裁裁决不发生效力。因此,可以将劳动仲裁视为是对劳动争议案件这一特殊民事案件的诉前处理,类似于诉前调解(不同的地方主要体现在终局裁决)。若双方对该处理结果满意,按照仲裁裁决书或者是调解书履行义务;若任何一方对仲裁处理结果不服,正常进入一审程序。

实体方面,当事人在仲裁、诉讼过程中的行为对自己具有约束力。在诉讼程序中,除经对方当事人同意,或者有相反证据足以推翻,否则对当事人否认在仲裁程序中所认可事实的主张,人民法院不予支持。当事人在仲裁阶段未提出仲裁时效期间经过的抗辩,仲裁委员会作出了实体裁决后,当事人在诉讼阶段以仲裁时效期间经过为由进行抗辩的,人民法院不予支持。另外,仲裁裁决作出以后,当事人诉讼请求未涉及的部分视为认可仲裁裁决的该部分内容。例如,劳动者申请仲裁要求用人单位支付因未订立书面劳动合同的二倍工资差额50,000元,仲裁裁决用人单位支付劳动者支付因未订立书面劳动合同的二倍工资差额30,000元。裁决后,用人单位起诉要求不支付劳动者支付因未订立书面劳动合同的二倍工资差额30,000元,劳动者未起诉。即便人民法院审理认为,用人单位应支付劳动者因未订立书面劳动合同的二倍工资差额50,000元,但因劳动者未提起诉讼,视为其认可仲裁裁决的内容,此时人民法院的判决不得超出仲裁裁决的内容,即只能判决用人单位支付劳动者支付因未订立书面劳动合同的二倍工资差额30,000元。因此,仲裁裁决作出以后,当事人提起诉讼时,诉讼请求仅需针对不服的部分即可。当然,就认可的部分也可以一并提起诉讼。

案例3-2

某装饰品(上海)有限公司与孙某劳动争议纠纷案

[(2009)松民一(民)初字第4857号]

孙某于2008年4月5日至某装饰品(上海)有限公司(以下简称装饰品公司)处从事门卫工作,2008年4月7日双方签订一份一年期的劳务协议,期限自2008年

4月7日至2009年4月6日。协议约定孙某每天工作时间为晚19:00至次日早上7:00,休息时间为22:00至6:00。另约定孙某月工资报酬1000元,年底视表现可发放奖金700元。孙某最后工作至2009年2月6日。2009年4月27日,孙某向上海市松江区劳动争议仲裁委员会申请仲裁,要求装饰品公司:(1)支付2008年度年终奖700元;(2)支付2008年度高温费450元;(3)支付2008年4月5日至2009年2月6日法定休假日加班工资726元;(4)支付2008年4月5日至2009年2月6日双休日加班工资2970元;(5)支付经济补偿金1000元;(6)支付2009年2月1日至3月31日工资2000元;(7)支付个人物品遗失赔偿费400元;(8)支付外来从业人员综合保险变更费1200元。

2009年8月28日,该仲裁委员会出具松劳仲(2009)办字第1687号裁决书,裁决:(1)装饰品公司于本裁决书生效后3日内支付孙某2008年度法定节假日加班工资689.65元;(2)装饰品公司于本裁决书生效后3日内支付孙某2008年度年终奖700元;(3)孙某的其余仲裁请求,不予支持。嗣后,原告不服该仲裁结果,遂诉至法院。要求装饰品公司支付:(1)2008年4月7日至2009年2月6日的双休日加班工资2840元;(2)经济补偿金1000元;(3)替代通知期工资1000元。装饰品公司未起诉。

上海市松江区人民法院认为,根据2008年最高人民法院《关于民事诉讼证据的若干规定》(已修正)第六条之规定,在劳动争议纠纷案件中,因用人单位作出开除、除名、辞退、解除劳动合同等而发生劳动争议的,由用人单位负举证责任。但对于用人单位解除劳动合同这一事实,由劳动者承担举证责任。审理中,孙某并未提供任何证据证明装饰品公司单方解除劳动合同,况且孙某在进入装饰品公司工作时已经超过了法定退休年龄,故孙某主张经济补偿金和替代通知期工资,缺乏事实和法律依据,本院不予支持。关于双休日加班工资,孙某主张其每天工作时间为12小时,但是根据双方劳动协议的约定,孙某22:00至次日6:00为休息时间,孙某也认可该期间内可以睡觉,故该段时间并不能作为孙某的工作时间,孙某实际工作时间应为每天4小时,按每天出勤计算,并未超过每周40小时的法定工作时间。因此,原告主张双休日加班工资缺乏依据,本院不予支持。鉴于孙某对仲裁裁决的年终奖金以及法定节假日加班工资并无异议,而装饰品公司在仲裁裁决后亦未起诉,视为接受仲裁结果,本院予以确认。据此,依照2009年《劳动法》(已修正)第四十四条、2007年《劳动合同法》(已修正)第三十条的规定,判决如下:(1)装饰品公司于本判决书生效之日起十日内支付孙某2008年度法定节假日加班工资689.65元;(2)装饰品公司于本判决书生效之日起十日内支付孙某2008年度年终奖700元;(3)驳回孙某的其余诉讼请求。

案例分析

仲裁裁决作出后，用人单位或劳动者不服仲裁裁决的，应当向人民法院提起诉讼，未提起诉讼的，视为认可仲裁裁决的内容。本案中，装饰品公司在仲裁裁决作出后，并未向人民法院提起诉讼，故视为其认可仲裁裁决。即便人民法院经审理后认为仲裁裁决有误，但因装饰品公司认可仲裁裁决的内容，根据处分原则，人民法院也不会超出仲裁裁决的内容进行判决。

案例3－3

东莞市南斯电线制品有限公司与夏某劳动争议纠纷案

［（2014）东中法民五终字第1681号］

夏某于2012年2月19日入职东莞市南斯电线制品有限公司（以下简称南斯公司），任生产部加料员。2013年10月31日，夏某辞职并结清工资。2013年12月2日，夏某就加班费、二倍工资、工资等问题诉至东莞市劳动人事争议仲裁院横沥仲裁庭，并提出如下申诉请求：（1）南斯公司向夏某支付2012年2月19日至2013年10月31日被扣除的工资600元；（2）南斯公司向夏某支付2012年2月19日至2013年10月31日的加班费9296.3元；（3）南斯公司向夏某支付2012年3月19日至2013年3月19日未签订劳动合同的双倍工资差额25,487元。仲裁庭于2014年1月9日作出东劳人仲横沥庭案非终字（2013）167号仲裁裁决书，裁决：（1）南斯公司须在裁决书生效五天内通知并支付夏某：①2012年11月28日至2013年10月31日的法定休假日工资550元；②2012年11月28日至2013年2月17日未签订书面劳动合同的双倍工资差额8522.4元；③2012年11月28日至2013年10月31日的加班工资差额9296.3元。（2）驳回夏某的其他申诉请求。

南斯公司不服仲裁裁决，在法定期限内起诉。夏某未起诉。

广东省东莞市第三人民法院经审理认为，双方确认夏某在法定休假日未上班，南斯公司应当按照东莞市最低公司标准支付夏某法定休假日的工资，计算为6.32元/小时×8小时/天×5天＋7.53元/小时×8小时/天×6天＝614.24元。仲裁裁决南斯公司应支付夏某法定休假日工资550元，夏某未起诉，视为认可仲裁裁决，予以确认。判决南斯公司于判决发生法律效力之日起五日内支付夏某2012年11月至2013年10月的加班费差额5701.04元、法定休假日工资550元；驳回南斯公司的其他诉讼请求。

广东省东莞市中级人民法院认为，原审按东莞市同期最低工资标准计算并无不当，因夏某对仲裁认定的法定休假日工资550元未起诉，故本院认定南斯公司应向夏某支付法定休假日工资550元，原审处理正确，本院依法予以维持。

案例分析

本案仲裁裁决南斯公司支付夏某法定休假日工资550元，一审法院审理后认为，南斯公司应当按照东莞市最低公司标准支付夏某法定休假日的工资614.24元，高于550元，但因夏某未起诉，视为认可仲裁裁决，故南斯公司仅需支付夏某法定休假日工资550元。

需要注意的是，根据最高人民法院《关于审理劳动争议案件适用法律若干问题的解释（三）》（已废止）第十五条的规定，劳动者依据《劳动争议调解仲裁法》第四十八条规定向基层人民法院提起诉讼，用人单位依据《劳动争议调解仲裁法》第四十九条规定向劳动人事争议仲裁委员会所在地的中级人民法院申请撤销仲裁裁决的，中级人民法院应不予受理；已经受理的，应当裁定驳回申请。被人民法院驳回起诉或者劳动者撤诉的，用人单位可以自收到裁定书之日起三十日内，向劳动人事争议仲裁委员会所在地的中级人民法院申请撤销仲裁裁决。

那劳动者起诉以后，用人单位因裁决属于仲裁裁决不能起诉的，是否可以认定用人单位认可终局裁决？笔者认为，不能视为是用人单位认可仲裁裁决，否则就是实际上剥夺了用人单位的救济权利，即本来可以申请撤销的，因劳动者提起诉讼导致不能申请撤销，也不能提起诉讼。

4. 增加请求

根据最高人民法院《关于审理劳动争议案件适用法律问题的解释（一）》（法释〔2020〕26号）第十四条的规定，人民法院受理劳动争议案件后，当事人增加诉讼请求的，如该诉讼请求与讼争的劳动争议具有不可分性，应当合并审理；如属独立的劳动争议，应当告知当事人向劳动争议仲裁机构申请仲裁。例如，增加请求的金额，解除或终止劳动合同的经济补偿与赔偿金之间的变更等。

关于诉讼阶段的其他程序，与一般民事诉讼相同。

三、关于终局裁决

终局裁决是指仲裁裁决作出以后，用人单位不能向法院提起诉讼的裁决。

（一）适用终局裁决的情形

根据《劳动争议调解仲裁法》第四十七条的规定，适用终局裁决的内容主要

包括:

1. 追索劳动报酬、工伤医疗费、经济补偿或者赔偿金,不超过当地月最低工资标准十二个月金额的争议。

2. 因执行国家的劳动标准在工作时间、休息休假、社会保险等方面发生的争议。

主要是两类争议,一是金额较小的争议,二是标准明确的争议。

根据《劳动人事争议仲裁办案规则》第五十条的规定,经济补偿包括《劳动合同法》规定的竞业限制期限内给予的经济补偿、解除或者终止劳动合同的经济补偿等。赔偿金包括《劳动合同法》规定的未签订书面劳动合同的二倍工资、违法约定试用期的赔偿金、违法解除或者终止劳动合同的赔偿金等。不超过当地月最低工资标准十二个月金额是指单项裁决数额不超过当地月最低工资标准十二个月金额,不是多项全部累计不超过当地月最低工资标准十二个月金额。

综上,以下内容适用一裁终局:(1)追索劳动报酬,该项数额不超过当地月最低工资标准十二个月金额的;(2)追索工伤医疗费,该项数额不超过当地月最低工资标准十二个月金额的;(3)追索竞业限制期限内给予的经济补偿,该项数额不超过当地月最低工资标准十二个月金额的;(4)追索解除或者终止劳动合同的经济补偿,该项数额不超过当地月最低工资标准十二个月金额的;(5)追索未签订书面劳动合同的二倍工资,该项数额不超过当地月最低工资标准十二个月金额的;(6)追索因违法约定试用期的赔偿金,该项数额不超过当地月最低工资标准十二个月金额的;(7)追索违法解除或者终止劳动合同的赔偿金,该项数额不超过当地月最低工资标准十二个月金额的;(8)追索其他经济补偿或赔偿金,该项数额不超过当地月最低工资标准十二个月金额的;(9)因执行国家的劳动标准在工作时间、休息休假、社会保险等方面发生的争议。

(二)终局裁决类型的确认及应对

仲裁裁决包括终局裁决和非终局裁决,根据《劳动人事争议仲裁办案规则》第五十条的规定,仲裁庭裁决案件时,裁决内容同时涉及终局裁决和非终局裁决的,应当分别制作裁决书,并告知当事人相应的救济权利。但实践中可能也会存在以下情况:

1. 仲裁裁决书未载明该裁决为终局裁决或非终局裁决;

2. 仲裁裁决书认定错误,即将终局裁决确认为非终局裁决,将非终局裁决确认为终局裁决。

可以确定的是,无论是终局裁决还是非终局裁决,劳动者一方都可以向人民法院提起诉讼,终局裁决仅是限制了用人单位提起诉讼的权利。

针对仲裁裁决书未载明该裁决为终局裁决还是非终局裁决的情况,用人单位可以直接向人民法院提起诉讼,人民法院应当进行审查并区分处理。经审查认为该仲裁裁决为非终局裁决的,应予受理;经审查认为该仲裁裁决为终局裁决的,不予受理,但应告知用人单位可以自收到不予受理裁定书之日起三十日内向劳动人事争议仲裁委员会所在地的中级人民法院申请撤销该仲裁裁决;已经受理的,裁定驳回起诉。

针对仲裁裁决书认定错误的情况,需要注意的原则是,仲裁裁决的类型以仲裁裁决书确定为准。因此,系将仲裁裁决确认为非终局裁决的,用人单位按照非终局裁决直接起诉即可;系将非仲裁裁决确认为终局裁决的,用人单位应当向劳动人事争议仲裁委员会所在地的中级人民法院申请撤销该仲裁裁决。

案例 3 -4

云南言尚国际旅行社有限公司与罗某劳动争议纠纷案

[(2014)昆民二终字第 1302 号]

云南言尚国际旅行社有限公司(以下简称旅行社)与罗某劳动争议纠纷一案,经昆明市官渡区劳动人事争议仲裁院审理并作出仲裁裁决,裁决由旅行社向罗某支付双倍工资 9625 元、工资 3540 元、经济补偿金 2570 元并为被告补缴社会保险。旅行社不服向昆明市官渡区人民法院提起诉讼。昆明市官渡区人民法院作出昆明市官渡区人民法院(2014)官民三初字第 443 号民事裁定,裁定驳回旅行社的起诉。旅行社不服上诉至昆明市中级人民法院。

昆明市中级人民法院认为,《劳动争议调解仲裁法》第四十七条规定:“下列劳动争议,除本法另有规定的外,仲裁裁决为终局裁决,裁决书自作出之日起发生法律效力:(一)追索劳动报酬、工伤医疗费、经济补偿或者赔偿金,不超过当地月最低工资标准十二个月金额的争议;(二)因执行国家的劳动标准在工作时间、休息休假、社会保险等方面发生的争议。”最高人民法院《关于审理劳动争议案件适用法律若干问题的解释(四)》(已废止)第二条第二款规定:“仲裁裁决书未载明该裁决为终局裁决或非终局裁决,用人单位不服该仲裁裁决向基层人民法院提起诉讼的,应当按照以下情形分别处理:(一)经审查认为该仲裁裁决为非终局裁决的,基层人民法院应予受理;(二)经审查认为该仲裁裁决为终局裁决的,基层人民法院不予受理,但应告知用人单位可以自收到不予受理裁定书之日起三十日内向劳动人事争议仲裁委员会所在地的中级人民法院申请撤销该仲裁裁决;已经受理的,裁定驳回起诉。”本案中,仲裁院裁决由旅行社支付罗某未签订书面劳动合同的二倍工资差额 9625 元、工资 3540 元及经济补偿金 2570 元,未超过昆明市月最低工资标准十二个月的金额,裁决补缴社会保险亦符合上述第四十七条第二款之规定,故该裁决属终局裁决,一审法院据此驳回其起诉并无不当。

案例分析

本案涉及的裁决内容包括支付双倍工资 9625 元、工资 3540 元、经济补偿金 2570 元以及补缴社会保险费,其中双倍工资属于赔偿金,工资属于劳动报酬,经济补偿金属于经济补偿,每一项的金额都不超过当地最低工资标准十二个月的金额,应属终局裁决;补缴社会保险费属于执行国家的社会保险方面发生的争议,也属于终局裁决。根据最高人民法院《关于审理劳动争议案件适用法律若干问题的解释(四)》(已废止)第二条第二款规定,仲裁裁决书未载明该裁决为终局裁决或非终局裁决,用人单位不服该仲裁裁决向基层人民法院提起诉讼的,经审查认为该仲裁裁决为终局裁决的,基层人民法院不予受理,但应告知用人单位可以自收到不予受理裁定书之日起三十日内向劳动人事争议仲裁委员会所在地的中级人民法院申请撤销该仲裁裁决;已经受理的,裁定驳回起诉。因此昆明市官渡区人民法院驳回了旅行社的起诉,昆明市中级人民法院维持了昆明市官渡区人民法院的裁定。但旅行社仍可向昆明市中级人民法院申请撤销仲裁裁决。实践中,如遇到应属终局裁决但仲裁裁决确定为非终局裁决的情况,不妨以该裁决应为非终局裁决进行抗辩,请求法院驳回用人单位的起诉。

案例 3-5

浙江亨达光学有限公司与毛某劳动争议纠纷案

[(2016)浙 03 民特 11 号]

浙江亨达光学有限公司(以下简称亨达公司)与毛某劳动争议纠纷一案,经温州市劳动人事争议仲裁委员会作出的温劳人仲案字(2015)第 435 号仲裁裁决,裁决:(1)亨达公司于裁决书生效之日起十五日内给付毛某 2015 年 8 月和 9 月工资 9100 元,未订立书面劳动合同的二倍工资 9100 元,加班工资 1428.58 元,违法解除劳动关系的赔偿金 4945.19 元,合计 24,573.77 元;(2)亨达公司于裁决书生效之日起十五日内按规定补缴毛某2015年7月至9月应由亨达公司承担部分的社会保险费;(3)驳回毛某的其他仲裁请求。裁决后,亨达公司不服,向温州市中级人民法院申请撤销上述仲裁裁决。

温州市中级人民法院认为,根据最高人民法院《关于审理劳动争议案件适用法律若干问题的解释(四)》(已废止)第二条第一款的规定,仲裁裁决的类型以仲裁裁决书确定为准。由于温劳人仲案字(2015)第435号仲裁裁决书中已载明"如不服本裁决,当事人自收到裁决书之日起15日内向有管辖权的人民法院起诉。期满不起诉的,本裁决书即发生法律效力"。故该仲裁裁决书已确定其裁决类型为非终局裁决,不属于《劳动争议调解仲裁法》第四十九条所针对的终局裁决。当事人若不服裁决的,应在法定期限内向人民法院起诉,现亨达公司向本院申请撤销上述仲裁裁决,不符合法律规定,本院对其申请予以驳回。据此,依照《劳动争议调解仲裁法》第四十九条、最高人民法院《关于审理劳动争议案件适用法律若干问题的解释(四)》(已废止)第二条第一款的规定,裁定如下:驳回申请人亨达公司关于撤销温州市劳动人事争议仲裁委员会作出的温劳人仲案字(2015)第435号仲裁裁决的申请。

案例分析

本案中,温劳人仲案字(2015)第435号仲裁裁决符合《劳动争议调解仲裁法》第四十七条规定的情形,应属终局裁决。但温劳人仲案字(2015)第435号仲裁裁决认定该裁决属于非终局裁决,并告知亨达公司救济权利为自收到裁决书之日起十五日内向有管辖权的人民法院起诉。根据最高人民法院《关于审理劳动争议案件适用法律若干问题的解释(四)》(已废止)第二条的规定,仲裁裁决的类型以仲裁裁决书确定为准。温劳人仲案字(2015)第435号仲裁裁决确定该裁决为非终局裁决,但亨达公司没有在法定期限内起诉,而是向温州市中级人民法院申请撤销,遂被温州市中级人民法院驳回撤销申请。因此,无论仲裁裁决的内容应属何种裁决类型,当事人正确的应对方式应当是按照仲裁裁决确定的裁决类型和救济权利提起诉讼或者是申请撤销。

(三)终局裁决的撤销

1. 申请撤销的期限为自收到仲裁裁决书之日起三十日内。

2. 向劳动争议仲裁委员会所在地的中级人民法院申请撤销裁决。

3. 申请撤销终局裁决的事由包括:(1)适用法律、法规确有错误的;(2)劳动争议仲裁委员会无管辖权的;(3)违反法定程序的;(4)裁决所根据的证据是伪造的;

(5)对方当事人隐瞒了足以影响公正裁决的证据的;(6)仲裁员在仲裁该案时有索贿受贿、徇私舞弊、枉法裁决行为的。

4. 申请撤销的结果为驳回撤销申请或者是撤销仲裁裁决。

5. 用人单位申请撤销的,如劳动者已经申请执行,人民法院应当裁定中止执行。

6. 劳动者提起诉讼的,中级人民法院应不予受理用人单位的撤销申请,已经受理的,应当裁定驳回申请;被人民法院驳回起诉或者劳动者撤诉的,用人单位可以自收到裁定书之日起三十日内申请撤销仲裁裁决。

作者简介

游本春

硕士研究生导师,盈科全国劳动与社会保障专业委员会副主任,北京盈科(昆明)律师事务所高级合伙人、劳动人事部主任,风控猫劳动用工法律体检平台、风控狮劳动用工法律管控平台、正胜法律讲堂、法叮律师智慧办案平台创始人。

专业领域:劳动争议、劳动用工法律风险与合规管理专项。

实体篇

总　论

第四章　劳动争议案件的处理

一、仲裁、诉讼案件的处理思路

无论是劳动争议案件还是其他的民事案件，从裁判者的角度来讲，案件的处理主要是围绕事实认定与适用法律两个方面展开；在当事人的角度，主要是围绕请求与抗辩进行仲裁、诉讼活动。

请求即当事人提出的仲裁请求或者是诉讼请求，请求的基础是请求权成立。抗辩即针对具体请求提出主张进行对抗，包括狭义的抗辩和抗辩权，狭义的抗辩主要是请求权不成立的抗辩，抗辩权抗辩是指在请求权成立的基础上，主张己方享有抗辩权。

请求、抗辩与事实认定、适用法律是分不开的。请求权成立需要事实依据和法律依据，狭义的抗辩包括没有事实依据的抗辩和没有法律依据的抗辩，而抗辩权成立同样需要事实依据和法律依据。

任何一个民事案件都是从请求开始的，申请人或者是原告提出请求，被申请人或者是被告进行抗辩，然后由裁判者根据请求与抗辩归纳出案件待证事实或者是争议焦点，通过事实认定以及法律适用就请求权是否成立、抗辩权是否成立作出认定。

二、事实认定与适用法律

根据《民事诉讼法》第七条的规定，人民法院审理民事案件，必须以事实为根据，以法律为准绳。审理案件的两个核心是事实认定与适用法律，案件的裁判实际上就是将认定的案件事实涵摄到法律规范中，通过演绎推理的方法得出案件结论的过程。

事实认定涉及待证事实的确定以及与证据的关系等内容。待证事实的确定主要结合当事人的请求与抗辩来进行,包括请求权成立的事实依据是什么,抗辩权成立的事实依据是什么。

事实认定与证据的关系是指认定案件事实必须以证据为根据。证据需要注意的几个概念包括举证责任、证据类型、证据能力、证明力等。

我们知道,事后通过证据认定的事实与客观事实之间难免存在偏差,举证责任就是将没有证据证明导致特定的案件事实不能得到认定的不利后果归由负有举证责任的当事人承担,从而解决这一问题,即负有举证责任的一方应当提供证据证明特定的案件事实成立,否则应当承担举证不能的法律后果。

关于证据的类型,根据《民事诉讼法》第六十六条的规定,证据包括当事人的陈述、书证、物证、视听资料、电子数据、证人证言、鉴定意见、勘验笔录共计八种类型。

证据能力是指证据材料能够作为证据用以认定案件事实的能力。证据要具有证据能力应当具有真实性、合法性以及关联性。真实性是指证据客观存在。《民事诉讼法》第六十六条规定,证据必须查证属实,才能作为认定事实的根据。证据的真实性也是需要证明的,常见的因不能证明证据真实性导致证据不被采信的情形包括提供证据一方单方制作的证据,因对方对该证据的真实性不予认可,而提供证据的一方又不能提供证据证明该证据的真实性。合法性是指证据的来源合法。最高人民法院《关于适用〈中华人民共和国民事诉讼法〉的解释》第一百零六条规定,对以严重侵害他人合法权益、违反法律禁止性规定或者严重违背公序良俗的方法形成或者获取的证据,不得作为认定案件事实的根据。关联性是指证据与待证事实之间有关联。

证明力是指证据对于案件事实证明作用的大小。不同证据的证明力大小不一样。国家机关、社会团体依职权制作的公文书证的证明力一般大于其他书证;物证、档案、鉴定意见、勘验笔录或者经过公证、登记的书证,其证明力一般大于其他书证、视听资料和证人证言;原始证据的证明力一般大于传来证据;直接证据的证明力一般大于间接证据;证人提供的对与其有亲属或者其他密切关系的当事人有利的证言,其证明力一般小于其他证人证言。

适用法律涉及的主要问题是法律解释,法律解释属于价值判断,因此难免存在不同的观点。在适用法律层面主要是要提炼出请求权、抗辩权的构成要件;另外,如果请求权成立时,还涉及请求金额的计算标准问题,如二倍工资差额的工资计算基数、加班费计算基数的确定等。

因此,本书的实体篇的主要内容包括请求权的构成要件、请求金额的计算、抗辩以及证据四个方面。

作者简介

卓家鹏

北京盈科（昆明）律师事务所劳动人事部执行主任，北京盈科(全国)劳动与社会保障专业委员会委员，风控猫劳动用工法律体检平台特聘讲师，风控狮劳动用工法律管控平台特聘顾问。

专业领域：劳动争议、劳动用工法律风险与合规管理专项、企业常年法律顾问、用工模式设计、保密方案设计、服务期方案设计、企业经济性裁员、建立标准合同文本体系、仲裁、诉讼案件代理。

第五章　请求与抗辩

一、请求

劳动争议与一般的民事案件不同，劳动关系的内容比较复杂。劳动者作为申请人时，请求较一般的民事纠纷更多。

（一）劳动者的请求

劳动者作为申请人时，请求主要包括：（1）请求确认存在劳动关系；（2）请求用人单位支付劳动报酬，包括提成、绩效、奖金、福利等；（3）请求用人单位支付加班费；（4）请求用人单位支付年休假工资报酬；（5）请求用人单位支付解除/终止劳动合同的经济补偿；（6）请求用人单位继续履行劳动合同；（7）请求用人单位支付违法解除/终止劳动合同的赔偿金；（8）请求用人单位支付因违法约定试用期的赔偿金；（9）请求用人单位出具解除劳动合同证明书；（10）请求用人单位配合办理人事档案、社会保险档案的转移手续；（11）请求用人单位补缴社会保险费；（12）请求用人单位赔偿社会保险待遇损失；（13）请求用人单位支付社会保险待遇；（14）请求确认用人单位作出的处理决定无效，如调岗、降薪的决定；（15）请求用人单位支付因未订立书面劳动合同的二倍工资差额；（16）请求用人单位支付因未订立无固定期限劳动合同的二倍工资差额；（17）请求用人单位赔偿损失，如违法解除/终止劳动合同的工资损失；（18）请求用人单位支付竞业限制经济补偿；（19）请求用人单位支付报销款等。

（二）用人单位的请求

用人单位作为申请人时，请求主要包括：（1）请求劳动者赔偿因违法解除劳动合同造成的损失；（2）请求劳动者支付违反服务期约定的违约金；（3）请求劳动者返还竞业限制经济补偿；（4）请求劳动者支付违反竞业限制义务的违约金；（5）请求劳动者赔偿违反保密义务的损失；（6）请求劳动者配合办理工作交接，如返还公司财物、配合办理社会保险手续等。

二、抗辩

抗辩是指被申请人为对抗申请人提出的请求，主张申请人提出的请求没有事实依据、没有法律依据或者是仲裁时效期间经过，申请人的请求全部或者部分不应当得到支持。如建立劳动关系的时间不对，加班费金额过高，经济补偿金额过高，二倍工资差额金额过高等。

（一）没有事实依据的抗辩

没有事实依据的抗辩即主张申请人的请求所依据的事实不成立。例如，劳动者请求用人单位支付因未订立书面劳动合同的二倍工资差额，该请求所要依据的事实包括：(1)存在全日制用工关系；(2)用工之日起一个月内未与劳动者订立书面劳动合同。没有事实依据的抗辩包括：(1)不存在全日制用工关系；(2)已经与劳动者订立了书面劳动合同。

（二）没有法律依据的抗辩

没有法律依据的抗辩是指主张申请人的请求没有法律依据，主要是适用法律的问题。如已经达到法定退休年龄且正常办理退休的劳动者主张与用人单位存在劳动关系的，用人单位可以主张劳动者已经达到法定退休年龄且享受养老保险待遇，应当认定为劳务关系而不是劳动关系，即劳动者的主张没有法律依据。

（三）仲裁时效期间经过的抗辩

根据《劳动争议调解仲裁法》第二十七条的规定，劳动争议申请仲裁的时效期间为一年。仲裁时效期间从当事人知道或者应当知道其权利被侵害之日起计算。申请人未在仲裁时效期间内申请劳动仲裁的，被申请人可以主张申请人申请仲裁时仲裁时效期间经过，其请求不应当得到支持。如劳动者在劳动合同解除后超过一年才申请仲裁、要求用人单位支付经济补偿的，即便劳动合同解除属于用人单位应当支付经济补偿的情形，但如果用人单位主张仲裁时效期间已经经过，劳动者的请求也不会得到支持。

劳动争议案件的仲裁时效为一年，但是不同的请求仲裁时效期间的起算时间不同，而且仲裁时效存在中止、中断的可能。另外，同一劳动争议案件中存在多个请求的，可能有的请求仲裁时效期间经过，有的请求仲裁时效期间尚未经过。

根据《劳动争议调解仲裁法》第二十七条的规定，仲裁时效期间从当事人知道或者应当知道其权利被侵害之日起计算,劳动关系存续期间因拖欠劳动报酬发生争议的,劳动者申请仲裁不受仲裁时效期间的限制,但劳动关系终止的,应当自劳动关系终止之日起一年内提出。该规定可简单理解为,一般情况下,仲裁时效期间从当事人知道或者应当知道其权利被侵害之日起计算,因拖欠劳动报酬发生争议的,仲裁时效期间从劳动关系终止之日起开始计算。

(四)其他抗辩

其他抗辩主要是请求部分不应当得到支持的抗辩。比如,劳动者申请确认在一定期限内与用人单位存在劳动关系,用人单位对劳动关系的存续期间进行抗辩,否认劳动者主张的建立劳动关系的时间;又如,对各项支付货币的请求的计算方式进行抗辩,加班费的计算可以对加班时间、加班费计算基数等进行抗辩,经济补偿可以主张分段计算、对支付经济补偿的月数以及月工资标准进行抗辩。

此外,一些请求的抗辩内容比较简单,针对这部分抗辩内容,本书只做简单说明。

作者简介

卓家鹏

北京盈科(昆明)律师事务所劳动人事部执行主任,北京盈科(全国)劳动与社会保障专业委员会委员,风控猫劳动用工法律体检平台特聘讲师,风控狮劳动用工法律管控平台特聘顾问。

专业领域:劳动争议、劳动用工法律风险与合规管理专项、企业常年法律顾问、用工模式设计、保密方案设计、服务期方案设计、企业经济性裁员、建立标准合同文本体系、仲裁、诉讼案件代理。

第六章　劳动争议案件中的举证

一、待证事实

待证事实是指双方当事人的主张所依据的、需要提供证据加以证明的案件事实，是仲裁院、法院进行裁判的基础。仲裁、诉讼活动中，仲裁庭调查、法庭调查就是要查明待证事实。

根据事实的存在状态不同，事实可分为客观事实和主观事实。客观事实是指在意识之外，不依赖精神而存在的，不以人的意志为转移的事实；主观事实与客观事实相对，是指存在于人的意识之中的事实。根据事实的性质可将客观事实分为积极事实和消极事实。积极事实是指以具体物质形态存在的，可以直接在四维时空坐标中定位的客观事实；消极事实与积极事实相对，是指以“虚无”状态存在的，不能在四维时空坐标中定位的客观事实。积极事实可以直接证明，而消极事实本身不能被直接证明，只能通过一个积极事实来间接地证明。故待证事实属于消极事实的，无须提供证据加以证明。如劳动者主张用人单位未支付劳动报酬的，“未支付劳动报酬”属于消极事实，不需要劳动者提供证据加以证明；用人单位主张已经支付了劳动报酬的，“已经支付了劳动报酬”不属于消极事实，需要用人单位提供证据加以证明。

二、举证责任分配

（一）举证责任分配的目的

举证责任分配的目的是将因没有证据证明导致特定的案件事实不能得到认定的不利后果归由负有举证责任的当事人承担，从而督促负有举证责任的当事人积极举证，便于司法机关查明案件事实。通过合理分配举证责任可以防止当事人恶意仲裁、诉讼，从而节约司法资源。

（二）劳动争议案件的举证责任分配规则

“谁主张，谁举证”是举证责任分配的基本原则，即提出主张的一方应当对其主张所依据的积极事实承担举证责任。但考虑到劳动关系中劳动者客观方面处于弱势地位,劳动争议案件中关于举证责任分配的规定多了一些略微对劳动者有利的规则。

1. 因用人单位作出开除、除名、辞退、解除劳动合同、减少劳动报酬、计算劳动者工作年限等决定而发生劳动争议的,由用人单位负举证责任。

根据最高人民法院《关于审理劳动争议案件适用法律问题的解释(一)》(法释〔2020〕26 号)第四十四条的规定,因用人单位作出的开除、除名、辞退、解除劳动合同、减少劳动报酬、计算劳动者工作年限等决定而发生的劳动争议,用人单位负举证责任。

2. 劳动者有证据证明用人单位掌握加班事实存在的证据,用人单位不提供的,由用人单位承担不利后果。

最高人民法院《关于审理劳动争议案件适用法律问题的解释(一)》(法释〔2020〕26 号)第四十二条规定,劳动者主张加班费的,应当就加班事实的存在承担举证责任。但劳动者有证据证明用人单位掌握加班事实存在的证据,用人单位不提供的,由用人单位承担不利后果。

3. 与争议事项有关的证据属于用人单位掌握管理的,用人单位应当提供。

《劳动争议调解仲裁法》第六条规定,发生劳动争议,当事人对自己提出的主张,有责任提供证据。与争议事项有关的证据属于用人单位掌握管理的,用人单位应当提供,用人单位不提供的,应当承担不利后果。

4. 用人单位承担是否构成工伤的举证责任。

《工伤保险条例》第十九条规定,用人单位与劳动者或者劳动者近亲属对于是否构成工伤发生争议的,由用人单位承担举证责任。

三、举证要求

举证要求即对某一待证事实负有举证责任的一方当事人举证应当达到的标准。根据最高人民法院《关于适用〈中华人民共和国民事诉讼法〉的解释》第一百零八条的规定,对负有举证证明责任的当事人提供的证据,人民法院经审查并结合相关事实,确信待证事实的存在具有高度可能性的,应当认定该事实存在。

实际上,当事人提出请求时,该请求对应的待证事实往往不止一个,而且有的待证事实举证尤其困难。如劳动者请求确认与用人单位存在劳动关系时,对应的待证事实有:

1. 当事人一方具备用人单位主体资格,另一方具备劳动者主体资格。

2. 劳动者向用人单位提供有报酬的劳动,用人单位支付劳动报酬,对劳动者进行劳动管理。

3. 双方具有建立劳动关系的合意。

建立关系的合意是指用人单位与劳动者双方就建立劳动关系达成一致意见,是一种主观的意思,在没有订立劳动合同的情况下,一般很难证明。只能通过提交其他的证据让仲裁员、法官内心确信双方具有建立劳动关系的合意,如用人单位向劳动者按月发放工资的凭证。严格来说,该凭证最多可以证明用人单位向劳动者发放报酬,但结合按月发放的特点,仲裁员、法官可以确信支付的报酬系劳动报酬,从而认定双方具有建立劳动关系的合意。

作者简介

卓家鹏

北京盈科(昆明)律师事务所劳动人事部执行主任,北京盈科(全国)劳动与社会保障专业委员会委员,风控猫劳动用工法律体检平台特聘讲师,风控狮劳动用工法律管控平台特聘顾问。

专业领域:劳动争议、劳动用工法律风险与合规管理专项、企业常年法律顾问、用工模式设计、保密方案设计、服务期方案设计、企业经济性裁员、建立标准合同文本体系、仲裁、诉讼案件代理。

分　论

第七章　确认劳动关系

一、认定存在劳动关系的构成要件

根据劳动和社会保障部[①]《关于确立劳动关系有关事项的通知》的规定，认定存在劳动关系的构成要件包括：(1)当事人一方具备用人单位主体资格，另一方具备劳动者主体资格；(2)满足从属性要件；(3)具有建立劳动关系的合意。

(一)当事人一方具备用人单位主体资格，另一方具备劳动者主体资格

关于用人单位主体资格，首先，可以肯定的是自然人一定不具备用人单位主体资格；其次，领取营业执照的组织一定具备用人单位主体资格。根据《劳动合同法》第二条第二款的规定，国家机关、事业单位、社会团体具有用人单位主体资格。另外需要注意的是，未办理营业执照、营业执照被吊销、营业期限届满的组织，是否具有用人单位主体资格在司法实务中是存在争议的，但即便认定其不具备用人单位主体资格，根据《劳动合同法》第九十三条、最高人民法院《关于审理劳动争议案件适用法律问题的解释(一)》(法释〔2020〕26号)第二十九条、《劳动人事争议仲裁办案规则》第六条的规定，与劳动者发生争议的，按照劳动争议案件处理，将用人单位和其出资人、开办单位或者主管部门作为共同当事人。

综上，除自然人外，其他用工主体都可能具备用人单位主体资格。

关于劳动者的主体资格，主要是对年龄方面有限制。

根据《劳动法》的规定，禁止用人单位招用未满十六岁的未成年人。文艺、体育和特种工艺单位招用未满十六周岁的未成年人，必须依照国家有关规定，并保障其接受义务教育的权利。也就是说，除一些是特殊行业的需要外，未满十六周岁的未

---

① 劳动和社会保障部已撤销，现为人力资源和社会保障部，后文不再赘述。

成年人不能成为劳动关系的主体,双方之间形成的用工关系不属于劳动关系。

(二)满足从属性要件

根据劳动和社会保障部《关于确立劳动关系有关事项的通知》的规定,从属性要件包含了以下两点内容:(1)劳动者向用人单位提供有报酬的劳动,用人单位支付劳动报酬;(2)用人单位对劳动者进行劳动管理。“劳动管理”一词比较抽象,可以归纳为以下几点:(1)用人单位的规章制度适用于劳动者,劳动者不只是受双方协议的约束;(2)用人单位除了要求劳动者提供劳务以外,还干涉劳动者的其他方面,比如对劳动者进行考勤、培训等,而劳务关系、挂靠关系中就不存在劳动管理关系。

(三)具有建立劳动关系的合意

建立劳动关系的合意是指双方都存在建立劳动关系的意思,建立劳动关系的意思包含从属性要件的内容,即劳动者提供劳动,用人单位支付劳动报酬,用人单位有权对劳动者进行劳动管理,劳动者接受用人单位的劳动管理。但在挂靠关系中,挂靠人与被挂靠单位之间仅存在建立挂靠关系的合意,不存在建立劳动关系的合意,即不存在挂靠人向被挂靠单位提供劳动,被挂靠单位支付挂靠人劳动报酬,被挂靠单位对挂靠人进行劳动管理的合意。在没有签订书面协议的情况下,是否存在建立劳动关系的合意一般难以证明,只能通过实际履行情况来进行判断。比如用人单位对劳动者进行管理,劳动者认可用人单位的管理权利的,即便不认可用人单位作出的管理决定,但没有提出用人单位没有对其享有管理权的,也可以认定双方之间存在用人单位对劳动者进行管理的合意。

合意要件的重要性在涉及三方主体用工关系的认定时尤其重要。比如建筑行业中,实际施工人招用的劳动者因与承包人之间不存在建立劳动关系的合意,因此认定双方之间未建立劳动关系;又比如劳务外包中,承包人招用的员工与发包人之间不存在建立劳动关系的合意,劳务派遣用工中被派遣劳动者与用工单位之间不存在建立劳动关系的合意,挂靠人招用的劳动者与被挂靠单位之间不存在建立劳动关系的合意,因此认定上述当事人之间不存在劳动关系。

二、对确认劳动关系请求的抗辩

对确认劳动关系的请求进行抗辩主要有以下几个抗辩思路:

1. 劳动者主张没有事实依据的抗辩。

2. 劳动者主张没有法律依据的抗辩。

3. 对劳动关系的存续时间进行抗辩。

(一)没有事实依据的抗辩

劳动者请求确认与用人单位存在劳动关系的,由劳动者承担举证责任。若劳动者不能提供证据证明其主张所依据的事实成立的,用人单位可主张劳动者的请求没有事实依据。如劳动者主张其向用人单位提供劳动,用人单位向其支付劳动报酬,但劳动者未提供证据证明上述事实成立的,其请求自然不能得到支持。

(二)没有法律依据的抗辩

劳动者主张存在劳动关系且提供证据能够证明存在用工事实的,但因证明存在劳动关系的直接证据较难提供,如劳动者提供的证据不能直接证明存在劳动关系或者是依法不应认定为劳动关系,此时用人单位可以主张双方之间建立的是其他法律关系而不是劳动关系。主要思路包括不具备主体资格、不具备从属性要件、不具备建立劳动关系的合意以及法律直接规定为其他法律关系。

1. 缺乏建立劳动关系的主体资格不应认定为劳动关系,常见的情形包括:

(1)自然人用工,因自然人不具备用人单位主体资格,不属于劳动关系。

(2)招用童工,因童工不具备劳动者主体资格,不属于劳动关系。

(3)招用达到法定退休年龄的劳动者,根据《劳动合同法实施条例》第二十一条的规定,劳动者达到法定退休年龄的,劳动合同终止。劳动者达到法定退休年龄以后,可能可以领取退休金或依法享受养老保险待遇,也可能未领取退休金或未依法享受养老保险待遇;对于第一种情形,劳动关系终止不存在争议,但对于第二种情形,劳动关系是否终止存在争议。

一种观点认为,根据《劳动合同法实施条例》第二十一条的规定,劳动者达到法定退休年龄以后,无论其是否已经领取退休金或未依法享受养老保险待遇,其均不具备劳动关系中劳动者主体资格,不应认定其与用人单位之间存在劳动关系。

另一种观点认为,根据最高人民法院《关于审理劳动争议案件适用法律问题的解释(一)》(法释〔2020〕26 号)第三十二条第一款的规定,用人单位与其招用的已经依法享受养老保险待遇或领取退休金的人员发生用工争议而提起诉讼的,人民法院应当按劳务关系处理,即是否已经依法享受养老保险待遇或领取退休金才是认定劳动者是否具备劳动关系中劳动者主体资格的要件。因此,即便劳动者已经达到法定退休年龄,但尚未领取退休金或未依法享受养老保险待遇的,不应认定其不具备劳动关系中劳动者主体资格进而否认劳动关系。

案例7－1

韶关市悦俊工程建设监理有限公司与伍某劳务合同纠纷案

［（2014）粤高法民申字第2173号］

伍某出生于1945年12月17日，于2004年3月到韶关市悦俊工程建设监理有限公司（以下简称悦俊公司）处从事工程监理工作，双方没有签订书面合同。2013年6月25日，伍某以悦俊公司未为其办理社会保险为由向社保行政部门投诉，之后，悦俊公司于2013年6月28日向伍某发出通知，通知伍某于2013年6月29日上午回公司交回物品后到财务部结算当月工资，从2013年7月1日起不再安排工作。2013年6月30日，伍某以悦俊公司未为其缴纳社会保险费为由，向悦俊公司提交了辞职报告。

一审法院认为，要认定伍某与悦俊公司之间是否存在劳动关系，首先必须认定伍某是否具备《劳动法》上的主体资格。2009年《劳动法》（已修正）第十五条规定："禁止用人单位招用未满十六周岁的未成年人。文艺、体育和特种工艺单位招用未满十六周岁的未成年人，必须依照国家有关规定，履行审批手续，并保障其接受义务教育的权利。"《劳动合同法实施条例》第二十一条规定："劳动者达到法定退休年龄的，劳动合同终止。"国务院《关于工人退休、退职的暂行办法》第一条第（一）项规定，男满60周岁，女满50周岁，连续工龄满10年的，应该退休。国务院《关于严格执行工人退休、退职的暂行办法》第一条规定，凡是符合退休、退职条件的，应当动员他们退休、退职，经过多次动员，仍然坚持不退休的，可以停发其工资，改发退休费或退职生活费。通过上述规定可以看出，劳动者的劳动年龄是指公民的年龄在16周岁（特殊工种除外）以上至法定退休年龄止。不在该年龄段的公民在法律上视为无劳动能力，不再享有《劳动法》规定的权利与义务。本案中伍某出生时间为1945年12月17日，到2005年12月18日伍某已到60周岁，应到退休的年龄，劳动合同终止。伍某与悦俊公司形成的是一种事实上的劳务合同关系，这与最高人民法院《关于审理劳动争议案件适用法律若干问题的解释（三）》（已废止）第七条规定的"用人单位与其招用的已经依法享受养老保险待遇或领取退休金的人员发生用工争议，向人民法院提起诉讼的，人民法院应当按劳务关系处理"的立法精神也是相一致的。伍某作为完全民事行为能力人，在超过法定退休年龄劳动合同终止后仍在悦俊公司处工作,双方形成的是劳务关系,并非劳动关系。

二审法院认为,伍某是1945年12月17日出生,2004年3月进入悦俊公司工作时,已经59周岁,至2005年12月17日,伍某年满60周岁。根据国务院《关于工人退休、退职的暂行办法》第一条第(一)项“全民所有制企业、事业单位和党政机关、群众团体的工人,符合下列条件之一的,应该退休。(一)男年满六十周岁,女年满五十周岁,连续工龄满十年的”及《劳动合同法实施条例》第二十一条“劳动者达到法定退休年龄的,劳动合同终止”的规定,悦俊公司与伍某的劳动合同,应自2005年12月17日时终止。但伍某在达到退休年龄后仍继续在悦俊公司工作,应认定悦俊公司在伍某达到退休年龄后继续招用其从事监理工作。伍某认为其未享受养老保险待遇,与悦俊公司之间属于劳动关系,而参照广东省高级人民法院、广东省劳动人事争议仲裁委员会《关于审理劳动人事争议案件若干问题的座谈会纪要》第十一条“用人单位招用已达到法定退休年龄但尚未享受基本养老保险待遇或领取退休金的劳动者,双方形成的用工关系按劳务关系处理”的规定,原审法院认定悦俊公司与伍某之间的用工关系为劳务关系并无不当,本院予以维持。

广东省高级人民法院再审认为,伍某于1945年12月17日出生,至2005年12月17日,伍某便年满60周岁。因伍某进入悦俊公司工作的时间是2004年3月,故根据国务院《关于工人退休、退职的暂行办法》第一条第(一)项“全民所有制企业、事业单位和党政机关、群众团体的工人,符合下列条件之一的,应该退休:(一)男年满六十周岁,女年满五十周岁,连续工龄满十年的”及《劳动合同法实施条例》第二十一条“劳动者达到法定退休年龄的,劳动合同终止”的规定,一审、二审判决认定悦俊公司与伍某的劳动合同,应自2005年12月17日时终止,符合法律规定。虽然伍某在达到法定退休年龄后仍继续在悦俊公司工作,且未享受养老保险待遇,但参照广东省高级人民法院、广东省劳动人事争议仲裁委员会《关于审理劳动人事争议案件若干问题的座谈会纪要》第十一条“用人单位招用已达到法定退休年龄但尚未享受基本养老保险待遇或领取退休金的劳动者,双方形成的用工关系按劳务关系处理”的规定,一审、二审判决认定悦俊公司与伍某之间的用工关系应为劳务关系,并无不当。

案例分析

广东省高级人民法院、广东省劳动人事争议仲裁委员会《关于审理劳动人事争议案件若干问题的座谈会纪要》第十一条规定,用人单位招用已达到法定退休年龄但尚未享受基本养老保险待遇或领取退休金的劳动者,双方形成的用工关系按劳务关系处理。从该规定可以看出,广东省所持观点为,劳动者达到法定退休年龄以后，无论其是否已经领取退休金或未依法享受养老保险待遇，其均不具备劳动关系中的劳动者主体资格，不应认定其与用人单位之间存在劳动关系。

2. 不具备从属性要件也没有建立劳动关系的合意不应认定为劳动关系，常见的情形包括：

（1）挂靠关系，挂靠关系中挂靠人只是借用被挂靠单位的名义从事经营活动，没有实际向被挂靠单位提供劳动；被挂靠单位也没有向挂靠人支付劳动报酬，没有对挂靠人进行劳动管理，双方不存在建立劳动关系的合意，仅是具有建立挂靠关系的合意，因此，双方之间没有建立劳动关系。

（2）兼职，如某些公司聘请的兼职财务，因用工单位没有对兼职人员进行管理，双方也不存在建立劳动关系的合意，故双方之间没有建立劳动关系。“兼职”关系中存在的法律关系可能是与财务代理公司之间存在委托代理关系，也可能是与实际提供“兼职”的人员之间存在劳务关系。

（3）在校大学生参加生产性实习，因实习单位未支付实习人员提供劳动的对价，也未对实习人员进行劳动管理，或者是人身隶属性较弱，双方也不存在建立劳动关系的合意。因此，双方之间没有建立劳动关系。

（4）劳务关系，以临时聘请的搬运工为例，提供劳务的一方只是按照劳务协议提供劳务，接受劳务的一方没有对其进行劳动管理，双方也不存在建立劳动关系的合意，因此，双方之间没有建立劳动关系。

（5）承揽关系，承揽关系是根据承揽合同确定的，由承揽人按照定作人的要求完成工作，交付工作成果，定作人支付报酬的一种民事合同关系。承揽关系与劳动关系都具有一方提供劳务、一方支付报酬的特征，实践中可能存在将承揽关系认定为劳动关系的问题。劳动关系与承揽关系有如下区别：一是支付报酬的依据不一样，劳动关系的目的是提供劳务，用人单位支付的劳动报酬是劳务的对价，而承揽关系中，定作人支付报酬的是承揽人交付的劳动成果的对价，并不是劳务本身；二是提供劳务的一方与支付报酬的一方身份上是否具有从属性，劳动关系中，劳动者接受用人单位的管理，而承揽关系中，承揽人与定作人之间是平等的合作关系，承揽人只需按照承揽合同的约定交付工作成果即可，劳务过程具有独立性，不受定作人约束；三是风险由谁承担的问题，劳动关系中，劳动者提供劳动过程中的风险由用人单位承担，而承揽关系中，承揽人完成承揽工作中的风险由承揽人承担。

案例7-2

镇江永安器材有限公司与丁某劳动争议纠纷案

[(2013)镇民再终字第0024号]

镇江市京口区人民法院一审审理查明,1998年4月,丁某进入镇江永安器材有限公司(以下简称永安公司)工作。丁某的工作流程如下,永安公司对外承接到门窗安装及维修业务后,与丁某协商价格。然后,丁某受永安公司指派,前往现场施工,工程完毕后,双方于当年年底结算劳动报酬。丁某工作时应身穿永安公司统一发放的工作服。双方至今未签订书面劳动合同。其间,永安公司曾为丁某投保过人身意外伤害等商业保险。

镇江市京口区人民法院认为,用人单位自用工之日起即与劳动者建立劳动关系。丁某自1998年4月进入永安公司工作,虽双方至今未签订书面劳动合同,但永安公司曾为丁某办理商业保险并提供劳动条件,应视为双方之间已订立无固定期限劳动合同。

镇江市中级人民法院二审认为:丁某自1998年4月进入永安公司工作,虽双方至今未签订书面劳动合同,但永安公司曾为丁某办理过人身意外伤害等商业保险并提供统一工作服等劳动条件,证明双方存在事实上的劳动关系,应视为双方已订立无固定期限的劳动合同。

经再审审理查明:永安公司于1998年3月成立,系自然人独资的有限公司,公司经营范围为安全防盗门制作、销售、安装等。1998年4月,丁某开始与永安公司合作,主要从事防盗门的安装、维修。具体合作流程为,永安公司对外承接到门窗安装及维修等业务后,与丁某协商价格,然后由永安公司填写施工单,丁某按永安公司的指派前往现场施工,双方不定期结算劳务报酬。其间,永安公司曾为丁某购买过人身意外伤害等商业保险。双方从未签订任何书面合同。2010年,永安公司结算给丁某的劳务报酬共计29,033元。2011年4月26日,因丁某与永安公司的业务单位人员发生矛盾,永安公司提出终止与丁某的合作,丁某表示同意。另查明,丁某在一审、二审及再审中提供的2007年为期一年具有自由职业者身份的养老保险,系以丁某个人名义办理。再查明,丁某的工作服上印有"盼盼防盗门"字样,丁某的工作证系中国建筑第二工程局镇江万达广场项目经理部所发。还查明,永安公司的在职职工工资发放名册中并无丁某及同类安装工人。

镇江市中级人民法院经再审认为,根据民法相关规定,劳动关系是指用人单位招用劳动者为其成员,劳动者在用人单位的管理下提供有报酬的劳动而产生的权利义务关系；其特征是劳动力与用人单位的生产资料相结合，相互之间具有明显的从属关系，本质上存在一种人身依附关系。承揽关系是承揽人以自己的设备、技术和劳力，按照定作人的要求完成一定的工作、交付工作成果，定作人接受工作成果并给付报酬，从而在双方当事人之间形成的法律关系；其特征是一种典型的完成工作的法律关系，注重的是工作成果，而不是工作本身的过程。因此，用人单位与劳动者之间是否存在管理与被管理关系，是否为劳动者缴纳养老保险金和医疗保险金，是否按时发放工资等是区分劳动关系与加工承揽关系的重要标准。本案中，永安公司与丁某之间不存在劳动关系。主要理由如下：(1)根据永安公司和丁某提供的报酬结算单内容来看，双方结算报酬的方式主要为“完成一定工作，支付一定报酬”，即根据被申请人丁某所提供的安装、维修防盗门的工作成果，按照双方事先商定的价格结算报酬，是一种完成工作的法律关系，双方结算报酬依据的是工作成果，而不是工作的过程。虽然丁某到施工现场施工是根据永安公司填写的施工单，但其在工作现场独立完成工作，并不需要永安公司的监督、指导和指挥，并不具有人身依附性。故永安公司与丁某之间的关系具有承揽关系的本质特征，而不是劳动关系。(2)劳动和社会保障部《关于确立劳动关系有关事项的通知》第二条规定：“用人单位未与劳动者签订劳动合同，认定双方存在劳动关系时可参照下列凭证：(一)工资支付凭证或记录(职工工资发放花名册)、缴纳各项社会保险费的记录；(二)用人单位向劳动者发放的‘工作证’‘服务证’等能够证明身份的证件；(三)劳动者填写的用人单位招工招聘‘登记表’‘报名表’等招用记录；(四)考勤记录；(五)其他劳动者的证言等。其中，(一)(三)(四)项的有关凭证由用人单位负举证责任。”本案中，永安公司提供的职工工资发放名册中并无丁某及同类安装工人，丁某在2007年办理的养老保险系以其个人名义办理，而非以永安公司名义办理。虽永安公司曾为丁某等安装工人购买过人身意外伤害等商业保险，但用人单位为降低自身风险而购买商业保险的行为，并不能证明劳动关系的存在。丁某的工作服上只印有防盗门生产厂商名称，且工作证是由施工单位发放而非永安公司，故也不能直接证明其与永安公司之间存在劳动关系。

案例分析

本案中，根据永安公司和丁某提供的报酬结算单内容来看，双方结算报酬的方式主要为“完成一定工作，支付一定报酬”，且报酬的计算与工作成果有关，即丁某的合同义务是提供劳动成果，并不是提供劳务本身。另外，丁某在工作现场独立完成工作，并不需要永安公司的监督、指导和指挥，并不具有人身依附性，不满足从属性的构成要件，故永安公司与丁某之间不符合存在劳动关系的构成要件，即双方不存在劳动关系。

(6)劳务外包,发包人将劳务外包给承包人,发包人不支付承包人招用的劳动者劳动报酬,不对其进行管理,双方也不存在建立劳动关系的合意,因此,双方之间没有建立劳动关系。

(7)劳务派遣,用工单位尽管对劳动者进行适当的劳动管理,但主要是劳动过程中的管理,其他方面主要是接受派遣单位的管理,由派遣单位直接支付劳动报酬,缴纳社会保险费,用工单位与被派遣劳动者之间也不存在建立劳动关系的合意。因此,双方之间没有建立劳动关系。

3. 不具备建立劳动关系的合意不应认定为劳动关系,常见的情形包括:

(1)挂靠人招用的劳动者与被挂靠单位。挂靠人本身不具备从事某一经营活动的资质,被挂靠单位才有,因此,挂靠人招用的劳动者提供的劳动实际是被挂靠单位的业务组成部分;另外,挂靠人向其招用的劳动者支付劳动报酬也可以解释为是挂靠人代被挂靠单位支付劳动报酬,虽然表面上满足从属性要件,但实际上,双方并不满足从属性要件。被挂靠单位并没有真正对挂靠人招用的劳动者进行管理,劳动报酬也不是由被挂靠单位实际支付,而且双方之间没有建立劳动关系的合意,因此,双方之间没有建立劳动关系。但若挂靠人系以被挂靠单位的名义招用劳动者,劳动者对挂靠关系不知情,是否可以认定双方之间存在劳动关系就存在争议了。有观点认为应当认定挂靠人招用的劳动者与被挂靠单位存在劳动关系,理由是挂靠本身属于违法行为,不能对抗善意的劳动者,而且劳动者的合理信赖利益应当受到保护。另外,根据最高人民法院《关于审理劳动争议案件适用法律问题的解释(一)》的规定,以挂靠等方式借用他人营业执照经营的,应当将用人单位和营业执照出借方列为当事人,即便不认定双方之间存在劳动关系,营业执照出借方也要承担责任。

案例 7-3

北京昌顺运输有限责任公司与高某劳动争议纠纷案

[(2014)二中民终字第 09887 号]

2013 年 12 月,高某起诉至大兴区人民法院称:我于 2009 年 3 月入职北京昌顺运输有限责任公司(以下简称运输公司)担任司机,月工资 4500 元,双方未签订劳动合同。高某主张其自 2009 年 3 月经王某招聘驾驶渣土车,一般在建筑工地上运输渣土、建筑用材等，由王某的亲属郑某对其进行管理和安排工作内容，且由王某的妻子向其直接以签字领取现金的形式发放劳动报酬，无固定的工资发放周期，平时以借支的名义领取报酬，在每年春节前再结算总工资。自2011年2月，其因家中有事，休息一年多。此后，其经王某再次招聘，于2012年4月29日重新入职运输公司，工作内容、用工形式、管理人员等并未发生变化。高某还称王某系以运输公司名义进行招聘，王某出示载有运输公司名称的渣土车车辆行车本，此种渣土车在新购时无法登记在个人名下，个人无法办理此种车辆的运输证，须以公司名义营运；除此之外，运输公司为相关车辆提供道路运输证、二级维护证，有时去建筑工地拉渣土时，渣土车辆的挡风玻璃处摆放有运输公司牌子，车辆停靠地点先后是北京市丰台区大瓦窑村、北京市丰台区永合庄11号恒利源大院。运输公司则主张王某将本人出资购买的车辆挂靠在其公司名下，实际车主王某借用其公司车辆运营资质，但王某及妻子并非其公司员工，郑某亦与其公司无关；其公司未实际使用过挂靠车辆，未曾招聘高某，也未曾为高某缴纳社会保险等；其公司允许王某将车辆挂靠在其公司名下是否合法，与本案无关。因而，运输公司认为高某系由王某雇佣，其公司与高某不存在劳动关系。

高某为证明其诉讼主张，提交以下证据为证：(1)公安交通管理简易程序处罚决定书7份，证明其驾驶的车辆属于运输公司，从而说明双方存在劳动关系。高某解释称其驾驶属于运输公司的车辆因违规被罚款后，由郑某等缴纳罚款后再向其返还缴费单据。(2)住院病案首页、入院记录、手术记录和出院记录，证明其受伤情况……运输公司认可上述证据的真实性，但不认可上述证据的证明目的和关联性，称其公司与王某系挂靠关系，王某不受其公司管理。

运输公司为证明王某与其公司存在挂靠关系，提交以下证据：(1)落款日期均为2009年3月24日的两份车辆挂靠合同。(2)五张收据，证明王某按照车辆挂靠合同向其公司支付挂靠费用。高某认可收据的真实性，但表示其对王某向运输公司支付挂靠费用并不知情。

诉讼中，王某出庭作证称：车牌号为京G5×××2、京G8×××1、京G7×××9、京G8×××9的车辆由其出资购买并挂靠在运输公司名下，认可上述车辆挂靠合同及其签名的真实性，运输公司只负责协助其办理车辆行驶证等车辆手续方面的事项，由其本人安排车辆的具体运营和招用司机等，运营方面不受运输公司的任何管理，每年春天以现金的形式向运输公司交纳服务费，由运输公司向其出具收据；其基本上未以运输公司名义与客户签订合同，若有需要则其本人借用其他公司的名义与客户签订合同；高某在2009年通过别人介绍而担任司机为其干活(干了一段时间,中间停了一段时间,后来又来干了,具体时间段记不清了),由其亲属郑某对高某等司机进行管理,由其妻子为高某等支付报酬,不是每月固定开支,已支付完高某的工资,高某与运输公司不存在劳动关系。

案件审理中,运输公司和王某均未提交证据证明曾将二者之间的车辆挂靠关系告知高某。

一审法院认为,高某自认系案外人王某招用,王某的妻子为其发放工资;劳动过程中,其直接接受郑某安排、管理,但高某未能提供证据证明王某、王某的妻子、郑某上述行为系代理运输公司的行为。运输公司提交车辆挂靠合同主张其公司与高某不存在劳动关系,高某工作中使用的车辆实际车主系王某。王某接受法庭询问时认可其与运输公司之间系挂靠关系,高某系其个人雇佣的司机。综上,法院认为高某所提交的证据不足以证明其与运输公司存在劳动关系,对高某要求确认其与运输公司自2009年3月至2013年9月16日存在劳动关系的诉讼请求,法院不予支持。

二审法院认为,《道路运输条例》第二十五条和《北京市道路运输条例》第十二条均规定道路货物运输实行运营许可制度,《行政许可法》第九条规定:“依法取得的行政许可,除法律、法规规定依照法定条件和程序可以转让的外,不得转让。”据此,从事道路货物运输经营的单位或个人,应按照法律法规的程序和条件取得相应的经营许可;经申请获得经营许可资质的单位或个人,不得转让、出租道路运输许可证件。运输公司与王某签订车辆挂靠合同,以其公司名义为挂靠车辆办理车辆运营证件和手续,允许无经营许可资质的王某利用该运营证件和手续从事道路运输活动,违反上述强制性规定。运输公司虽称其公司与高某不存在劳动关系,但本案现有证据不能证明其公司的此项主张。其一,运输公司允许无经营许可资质的王某从事本应属于其公司许可经营范围的道路运输业务,不仅违反法律法规的强制性规定,还以收取挂靠费的形式获取不正当利益,其公司需承担用工主体责任。其二,虽然形式上由王某使用运输公司提供的车辆运输证件从事经营活动,但实际由高某直接驾驶登记在运输公司名下的相关运输车辆并使用车辆运输证件,长期的工作经历足以使高某认为系由运输公司为其提供劳动工具。其三,运输公司虽提交车辆挂靠合同及挂靠费用收据证明其公司与王某为挂靠关系,但在其公司和王某均未提交证据证明已将车辆挂靠关系、由王某直接与高某建立雇佣关系等事项告知高某的情况下,运输公司与王某之间签订车辆挂靠合同、支付挂靠费用的行为对第三者高某无约束力,亦对高某要求确认其与运输公司存在劳动关系的主张不具有对抗效力。其四,在王某出示载有运输公司名称的车辆行驶本、道路运输证、二级维护证等证件的情况下，高某作为普通劳动者有理由相信王某系代表运输公司进行招工和劳动管理，并善意形成其本人是为运输公司提供劳动并建立劳动关系的信赖，运输公司对此信赖的形成负有法律责任且须承担相应的法律后果。综合上述因素，对高某关于其与运输公司之间存在劳动关系的上诉主张予以采纳，认定高某与运输公司存在事实劳动关系。

案例分析

本案中，一审法院认为，高某系案外人王某招用，王某的妻子为其发放工资；劳动过程中，其直接接受郑某安排、管理，且高某未能提供证据证明王某、王某的妻子、郑某上述行为系代理运输公司的行为，高某与运输公司之间更不存在建立劳动关系的合意，故高某与运输公司之间不满足认定存在劳动关系的构成要件。

二审法院则认为，运输公司允许无经营许可资质的王某从事本应属于其公司许可经营范围的道路运输业务，违反法律法规的强制性规定。高某直接驾驶登记在运输公司名下的相关运输车辆并使用车辆运输证件，长期的工作经历足以使高某认为系由运输公司为其提供劳动工具。另外，运输公司和王某均未提交证据证明已将车辆挂靠关系、由王某直接与高某建立雇佣关系等事项告知高某，高某作为普通劳动者有理由相信王某系代表运输公司进行招工和劳动管理，并善意形成其本人是为运输公司提供劳动并建立劳动关系的信赖，运输公司对此信赖的形成负有法律责任且须承担相应的法律后果，故应当由运输公司承担用工责任。

(2)建筑行业中，实际施工人招用的劳动者，因与具备用人单位主体资格的承包人之间没有建立劳动关系的合意，因此，双方之间没有建立劳动关系。2011年《全国民事审判工作会议纪要》第五十九条对此进行了明确说明：“建设单位将工程发包给承包人，承包人又非法转包或者违法分包给实际施工人，实际施工人招用的劳动者请求确认与具有用工主体资格的发包人之间存在劳动关系的，不予支持。”最高人民法院发布的《关于对最高人民法院〈全国民事审判工作会议纪要〉第五十九条作出进一步释明的答复》中进一步指出，劳动和社会保障部《关于确立劳动关系有关事项的通知》第四条之所以规定可认定承包人、分包人或转包人与劳动者之间存在劳动关系，其用意是惩罚那些违反《建筑法》的相关规定任意分包、转包的建筑施工企业。我们认为，承包人、分包人或转包人违反了《建筑法》的相关规定，应当承担相应的行政责任或民事责任；但不能为了达到制裁这种违法发包、分包或者转包行为的目的，就任意超越《劳动合同法》的有关规定，强行认定本来不存在的劳动关系。需要注意的是，实践中仍有法院认定实际施工人招用的劳动者与承包人之间存在劳动关系。

案例 7 – 4

广西金业建设工程有限公司与黄某劳动争议纠纷案

[(2016)桂 12 民终 1131 号]

2015 年 3 月 5 日,牙某山挂靠广西金业建设工程有限公司(以下简称金业公司)与东兰县农村公路工程建设办公室签订合同协议书,承建长江至岜牙通村水泥公路工程项目 No.5 标段工程。尔后,牙某山将路面硬化工程交由罗某波组织施工,双方未签订书面合同。黄某驾驶牙某劝所有的农用拖拉机为工地运送石料、混凝土。黄某与金业公司也没有签订劳动合同;同年 7 月 11 日上午 9 时许,黄某在运送混凝土的过程中不慎在长江至岜牙通村水泥公路 7 公里处驾车翻下山坡受伤;同年 8 月 6 日,黄某收取牙某山支付的 3 万元医疗费,并按牙某山提供的模板书写了收条;同年 8 月 14 日,牙某山与罗某波就余下的 2 公里硬化工程(集祥村部至中乐屯路段)签订《劳务分包合同书》。2015 年 8 月 4 日、9 月 22 日、9 月 25 日,罗某波分三次收取牙某山支付的道路硬化人工费,共计 18 万元。2016 年 2 月 3 日,罗某波在主要内容为"工程总长 4350 米,总价 303,412 元,已付 18 万元,再付 93,412 元,剩余 3 万元于 2016 年 6 月 1 日前付清"的收条上签字,并收取了 93,412 元。

一审法院审理认为,第一,关于实际施工人招用的劳动者与违法发包人、非法分包人、转包人或被挂靠人之间是否成立劳动关系的问题。首先,实际施工人的前一手具有用工主体资格的承包人、分包人、转包人或被挂靠人与劳动者之间并没有丝毫的建立劳动关系的意思表示,更没有建立劳动关系的合意。我国《劳动合同法》第三条明确规定,建立劳动关系必须遵循自愿原则。自愿就是指订立劳动合同完全是出于劳动者和用人单位双方的真实意志,是双方协商一致达成的,任何一方不得将自己的意志强加给另一方。自愿原则包括:订不订立劳动合同由双方自愿、与谁订立劳动合同由双方自愿、合同的内容取决于双方的自愿。现实生活中,劳动者往往不知道实际施工人的前一手具有用工主体资格的承包人、分包人、转包人或被挂靠人是谁,承包人、分包人、转包人或被挂靠人同样也不清楚该劳动者是谁,是否实际为其工程提供了劳务。在这种完全缺乏双方合意的情形下,直接认定二者之间存在合法劳动关系,不符合实事求是原则。其次,如果认定实际施工人的前一手具有用工主体资格的承包人、分包人、转包人或被挂靠人与劳动者之间存在劳动关系，那么，将由具有用工主体资格的承包人、分包人、转包人或被挂靠人对劳动者承担《劳动法》上的责任，而实际雇佣劳动者并承担管理职能的实际施工人反而不需要承担法律责任，这种处理方式显然不符合公平原则。再次，劳动和社会保障部《关于确立劳动关系有关事项的通知》第四条之所以规定可认定承包人、分包人或转包人与劳动者之间存在劳动关系，其用意是惩罚那些违反《建筑法》的相关规定任意分包、转包的建筑施工企业。承包人、分包人或转包人违反了《建筑法》的相关规定，应当承担相应的行政责任或民事责任；但也不能为了达到制裁这种违法发包、分包或者转包行为的目的，就任意超越《劳动合同法》的有关规定，强行认定本来不存在的劳动关系。最后，虽然不认定实际施工人的前一手具有用工主体资格的承包人、分包人、转包人或被挂靠人与劳动者之间存在劳动关系，并不意味着劳动者的民事权益得不到保护。《劳动合同法》第九十四条规定："个人承包经营违反本法规定招用劳动者，给劳动者造成损害的，发包的组织与个人承包经营者承担连带赔偿责任。"实践中个人承包经营者往往没有承担民事责任的足够财力，为了保护劳动者的权益，在劳动者遭受损失时，承包人、分包人或转包人是要承担民事上的连带赔偿责任的。此外，劳动者可依据最高人民法院《关于审理工伤保险行政案件若干问题的规定》第三条的规定，请求社会保险行政部门认定违法转包的用工单位或被挂靠单位承担工伤保险责任，承担工伤保险责任的单位承担赔偿责任或者社会保险经办机构从工伤保险基金支付工伤保险待遇后，有权向相关组织、单位和个人追偿。第二，关于金业公司与黄某是否存在事实劳动关系的问题。劳动合同是劳动者与用人单位确立劳动关系、明确双方权利和义务的协议，建立劳动关系应当订立劳动合同。劳动和社会保障部《关于确立劳动关系有关事项的通知》第一条规定："用人单位招用劳动者未订立书面劳动合同，但同时具备下列情形的，劳动关系成立。（一）用人单位和劳动者符合法律、法规规定的主体资格；（二）用人单位依法制定的各项劳动规章制度适用于劳动者，劳动者受用人单位的劳动管理，从事用人单位安排的有报酬的劳动；（三）劳动者提供的劳动是用人单位业务的组成部分。"本案中，牙某山不是金业公司的员工，双方的关系是挂靠与被挂靠的关系，亦无证据证明金业公司委托牙某山为其招录工人，故无论是挂靠人牙某山个人直接招用黄某，还是其将工程转包给罗某波、牙某劝，再由罗某波、牙某劝招用黄某，在无双方合意的前提下都不能视为金业公司招录黄某为该单位职工并实际承担对黄某的管理职能。金业公司没有对黄某进行考勤，没有向其发放工资和为其缴纳各项社会保险费，也没有向其发放"工作证""服务证"等能够证明身份的证件。因此，黄某与金业公司不存在人身隶属性，亦缺乏经济隶属性，故金业公司与黄某不存在事实劳动关系。综上所述,金业公司请求确认其与黄某不存在劳动关系,理由充分,予以支持。

二审法院认为,劳动和社会保障部《关于确立劳动关系有关事项的通知》第一条规定:"用人单位招用劳动者未订立书面劳动合同,但同时具备以下情形的,劳动关系成立。(一)用人单位和劳动者符合法律、法规规定的主体资格;(二)用人单位依法制定的各项劳动规章制度适用于劳动者,劳动者受用人单位的劳动管理、从事用人单位安排的有报酬的劳动;(三)劳动者提供的劳动是用人单位业务的组成部分。"上述规定表明,用人单位对劳动者进行劳动管理和支付劳动报酬的情形是确认双方存在劳动关系的必备条件。在本案中,牙某山作为自然人,其并不具有建筑施工工程的资质。为承揽东兰县长江至岜牙的通村水泥公路项目,牙某山挂靠具有建筑施工工程资质的金业公司之名,与发包人东兰县农村公路建设办公室签订了承建工程的合同协议书,实际上,该项目工程由牙某山负责投资和对工程施工进行管理。黄某到牙某山挂靠金业公司承揽的东兰县长江至岜牙的通村水泥公路项目中做工,金业公司既没有派人对黄某进行工作安排和劳动管理,也没有向黄某等承建工程人员支付工资或相关工作待遇,据此黄某与金业公司之间并不具备构成事实劳动关系的条件。人力资源和社会保障部《关于执行〈工伤保险条例〉若干问题的意见》第七条规定:"具备用工主体资格的承包单位违反法律、法规规定,将承包业务转包、分包给不具备用工主体资格的组织或者自然人,该组织或者自然人招用的劳动者从事承包业务时因工伤亡的,由该具备用工主体资格的承包单位承担用人单位依法应承担的工伤保险责任。"最高人民法院《关于审理工伤保险行政案件若干问题的规定》第三条规定:"社会保险行政部门认定下列单位为承担工伤保险责任单位的,人民法院应予支持:……(五)个人挂靠其他单位对外经营,其聘用的人员因工伤亡的,被挂靠单位为承担工伤保险责任的单位……"上述规定仅是明确具备用工主体资格的承包单位(或被挂靠单位)对劳动者承担用工主体责任,并不是确认具备用工主体资格的承包单位(或被挂靠单位)与劳动者之间存在劳动关系。黄某称应根据该条款确认其与金业公司之间存在劳动关系的理由亦不能成立,本院不予采纳。《建筑法》第二十六条第二款规定:"禁止建筑施工企业超越本企业资质等级许可的业务范围或者以任何形式用其他建筑施工企业的名义承揽工程。禁止建筑施工企业以任何形式允许其他单位或者个人使用本企业的资质证书、营业执照,以本企业的名义承揽工程。"在本案中,牙某山以金业公司的名义承揽东兰县长江至岜牙的通村水泥公路项目工程的行为违反了上述法律规定,故应认定牙某山与金业公司的挂靠关系无效。由于牙某山与金业公司的挂靠关系无效,那么,牙某山在挂靠关系中所实施的行为并不能代表金业公司。黄某称牙某山挂靠金业公司所实施的行为就是代表金业公司的理由不能成立,本院不予支持。综上所述,一审判决认定事实清楚,适用法律正确。

案例分析

本案中,牙某山不是金业公司的员工,双方的关系是挂靠与被挂靠的关系,黄某是由牙某山招用,牙某山对黄某进行劳动管理的行为并不能代表金业公司,且金业公司与黄某之间不存在建立劳动关系的合意。金业公司与黄某之间不满足认定存在劳动关系的构成要件,故不应认定双方存在劳动关系。

4.法律直接规定不属于劳动关系的情形包括:

(1)在校学生利用业余时间勤工助学。实习制是国家对技工学校、中等专业学校、职业高中等学员实行的一种培训教育制度。实习生主要是指大中专院校、职业教育机构、职业培训机构组织到实习单位实习的、尚未毕(结)业的在校学生。根据实习的目的不同,可以分为就业型实习、培训型实习和勤工俭学型实习。根据劳动部[①]《关于印发〈关于贯彻执行《中华人民共和国劳动法》若干问题的意见〉的通知》第十二条的规定,在校生利用业余时间勤工助学,不视为就业,未建立劳动关系,可以不签订劳动合同。司法实务中,一般认定实习生与实习单位之间未建立劳动关系。原因主要包括:

首先,在校生到实习单位参加实习是教育计划的要求,实际上是学校教学活动的延伸,甚至是教学活动的重要组成部分,目的是通过实习积累经验,提升在校生的实践能力。

其次,在校生实习期间实际仍是接受学校的教育管理,与实习单位之间不能形成身份隶属关系。

最后,从认定劳动关系的构成要件来说,在校生与实习单位之间尽管具有建立劳动关系的主体资格,且在一定程度上满足劳动关系中的从属性要件,即在校生向实习单位提供劳动,实习单位也发给一定的报酬,但在校生提供劳动的目的在于实习,而不在于工作,而且实习单位发给的报酬也不是在校生提供劳动的对价,双方也没有建立劳动关系的合意。

---

① 劳动部已撤销,现为人力资源和社会保障部,后文不再赘述。

案例 7 – 5

陕西机电职业技术学院与胡某劳动争议纠纷案

[(2018)陕 03 民终 703 号]

胡某系退役士兵,退伍时间为 2014 年 12 月。胡某退伍后,填写陕西省退役士兵教育培训申请表,经宝鸡市复员退伍军人安置办公室批准后,将胡某登记在 2014 年冬季自主就业退役士兵教育培训报名花名册中,上述花名册记载胡某选择的承训机构为陕西机电职业技术学院,专业为电力系统自动化,培训时限为两年。胡某到陕西机电职业技术学院学校报到后填写了退役士兵培训学员登记表,报到班级为二班,班主任为王某。胡某选择的学习中心系陕西机电职业技术学院与西安交通大学合作建立的"西安交通大学现代远程教育陕西省电子工业学校学习中心"。2014 年 2 月 25 日陕西机电职业技术学院下发《陕西省电子工业学校退役士兵教育培训管理办法》,对于相关工作做了具体的规定。2014 年 4 月 8 日陕西机电职业技术学院与西安交通大学签订了《关于合作建立西安交通大学现代远程教育陕西省电子工业学校学习中心协议书》,对具体的合作内容进行了约定,同年 4 月 24 日陕西机电职业技术学院与西安交通大学网络教育学院又签订《西安交通大学网络教育学院与陕西省电子工业学校关于退役士兵远程学历教育的补充协议》,对于招收退役士兵学员相关问题进行了约定。2014 年 5 月 15 日宝鸡市民政局与陕西机电职业技术学院签订《宝鸡市退役士兵职业教育和技能培训协议书》,约定由陕西机电职业技术学院对本市自主就业退役士兵进行职业教育和技能培训,承担培训任务;学员由陕西机电职业技术学院统一安排食宿并进行教育管理,培训费由宝鸡市民政局支付。2015 年 10 月胡某报名参加了陕西机电职业技术学院的勤工助学活动,岗位为学工办公寓管理员,每天工资 60 元,工作内容为协助值周干部完成值周工作,维护学生公寓和就寝纪律,校园安全巡逻等。在胡某学习期间,陕西机电职业技术学院按每日 60 元给胡某发放工资,同时支付值周补贴、津贴及值班补贴,每月通过银行转账的方式支付。2017 年 7 月 10 日胡某毕业,于 2017 年 8 月 9 日领取了毕业证书,2017 年 9 月胡某给陕西机电职业技术学院的副校长张某邮寄了辞职信。

一审法院认为,劳动部《关于印发〈关于贯彻执行《中华人民共和国劳动法》若干问题的意见〉的通知》第十二条规定,在校学生利于业余时间勤工俭学,不视为就业,未建立劳动关系,可以不签订劳动合同。本案中,胡某根据我省现行关于退役士兵的培训政策,自愿报名到陕西机电职业技术学院的(退役士兵学历教育)学习中心处参加职业教育培训和技能培训，陕西机电职业技术学院提供的证据可以证明胡某在2015年3月至2017年7月为陕西机电职业技术学院的全日制在校学生。胡某在陕西机电职业技术学院处学习期间报名参加了陕西机电职业技术学院的勤工助学活动，胡某作为学工办住校教官虽按照陕西机电职业技术学院的安排参与了部分管理学生的工作，陕西机电职业技术学院亦向胡某定期支付了报酬，但胡某此期间的身份仍是陕西机电职业技术学院的在校学生，不应认定胡某为陕西机电职业技术学院的在校职工，根据上述法律规定此种情形不应视为胡某在陕西机电职业技术学院处就业，也不应认定双方建立劳动关系。

二审法院认为，依据《陕西省退役士兵职业教育和技能培训实施办法》的规定，胡某至陕西机电职业技术学院处的目的并非参加工作，而是按照退役士兵有关政策规定，自愿申请到陕西机电职业技术学院处接受职业教育和技能培训，通过职业教育和技能培训，提高就业能力，为将来就业做准备，胡某接受培训的费用由人民政府承担。在学习期间，胡某是以退役士兵学员的身份进入陕西机电职业技术学院处接受职业教育和技能培训，胡某在陕西机电职业技术学院处学习期间的身份始终是陕西机电职业技术学院的在校学生，而非在校职工。胡某主张与陕西机电职业技术学院之间是劳动关系，但胡某的学生身份不符合建立劳动关系的主体要件。胡某进入陕西机电职业技术学院学校后，双方并未有建立劳动关系的意思表示，事后双方也未办理入职手续、签订书面的劳动合同，故双方不存在确立劳动关系的形式要件。劳动部《关于印发〈关于贯彻执行《中华人民共和国劳动法》若干问题的意见〉的通知》第十二条规定："在校生利用业余时间勤工助学，不视为就业，未建立劳动关系，可以不签订劳动合同。"《高等学校勤工助学管理办法》第二条规定："本办法所称高等学校是指根据国家有关规定批准设立、实施高等学历教育的全日制普通本科高等学校、高等职业学校和高等专科学校（以下简称学校）。"第三条规定："本办法所称学生是指学校招收的本专科学生和研究生。"上述规定，对开展勤工助学活动的学校提出了全日制的要求，但对可以参加勤工助学活动的学生要求是"在校生"和"学校招收的本专科学生和研究生"，并未限定为仅为接受全日制教育的学生。胡某通过网络教育的形式，取得了西安交通大学网络教育学院的专科学历，但其取得西安交大的专科学历是基于省、市关于退役士兵职业教育和技能培训的相关规定，以及陕西机电职业技术学院与西安交大的合作协议。胡某实际上一直学习生活在陕西机电职业技术学院学校，由陕西机电职业技术学院安排食宿，接受陕西机电职业技术学院的日常管理。陕西机电职业技术学院学校符合开展勤工助学活动的一般条件，胡某属于陕西机电职业技术学院的在校学生，因此可以参加勤工助学活动。陕西机电职业技术学院提供的证据可以证实,胡某协助值周干部完成值周工作,参与学生公寓管理等工作是从事勤工助学活动。尽管陕西机电职业技术学院开展的勤工助学活动并不规范,许多方面与《高等学校勤工助学管理办法》的要求有差距,但不能因此就认为胡某与其就学的学校之间存在劳动关系。

案例分析

本案中,胡某是陕西机电职业技术学院的在校学生,在校期间报名参加了陕西机电职业技术学院的勤工助学活动,岗位为学工办公寓管理员,每天工资60元,工作内容为协助值周干部完成值周工作,维护学生公寓和就寝纪律,校园安全巡逻等。陕西机电职业技术学院按每日60元给胡某发放工资,同时支付值周补贴、津贴及值班补贴,每月通过银行转账的方式支付。双方具备建立劳动关系的主体资格,在一定程度上满足从属性要件,但胡某系报名参加陕西机电职业技术学院的勤工助学活动,二者不具有建立劳动关系的合意。劳动部《关于印发〈关于贯彻执行《中华人民共和国劳动法》若干问题的意见〉的通知》第十二条的规定,在校生利用业余时间勤工助学,不视为就业,未建立劳动关系,可以不签订劳动合同;故胡某与陕西机电职业技术学院之间未建立劳动关系。

需要注意的是,在校生与用人单位之间的用工关系并不一定都是实习关系,我国并未禁止在校生就业,在排除实习关系等非劳动关系的情形下,在校生与用人单位之间产生用工关系且满足认定劳动关系的要件的,仍会认定双方之间存在劳动关系。

案例7-6

郑州绿荣通讯科技有限公司与孙某劳动争议纠纷案

[(2019)豫01民终535号]

法院认定事实:第一,孙某提交的其中国民生银行银行卡(客户卡号:62×××83)交易明细清单一份,其显示:2018年7月20日,由张某洋个人账户向孙某转账六月份工资1309.2元;2018年8月20日,由张某洋个人账户向孙某转让七月份工资750元。第二,郑州绿荣通讯科技有限公司向一审法院提交员工离职申请表一份,主要载明,姓名:孙某;岗位名称:客服;入职时间:2018年6月12日;申请时间:

2018 年 7 月 28 日；离职类型：自动离职（违反公司正常离职制度，未发放薪资不予发放）；离职时间：2018 年 7 月 28 日；离职原因：不适合。落款处有孙某签字。第三，郑州绿荣通讯科技有限公司向一审法院提交中国高等教育学历证书查询结果一份，显示：孙某毕（结）业日期为 2018 年 7 月 1 日。第四，孙某庭审中表示称其在 2018 年 6 月 12 日入职，2018 年 7 月 29 日离职；郑州绿荣通讯科技有限公司庭审中表示称孙某在 2018 年 6 月 12 日入职，2018 年 7 月 28 日离职。

一审法院认为，因孙某在郑州绿荣通讯科技有限公司处工作时已年满 22 周岁，符合《劳动法》规定的就业年龄，具备与用工单位建立劳动关系的行为能力和责任能力。劳动部《关于印发〈关于贯彻执行《中华人民共和国劳动法》若干问题的意见〉的通知》第十二条规定："在校生利用业余时间勤工助学，不视为就业，未建立劳动关系，可以不签订劳动合同。"该规定仅适用于在校生勤工助学的行为，并不能由此否定在校生的劳动权利，推定出在校生不具备劳动关系的主体资格。

二审法院认为，用人单位自用工之日起即与劳动者建立劳动关系。本案中，孙某于 2018 年 6 月 12 日入职郑州绿荣通讯科技有限公司，全职在此工作，服从郑州绿荣通讯科技有限公司的管理和安排，并获取了相应的劳动报酬，是郑州绿荣通讯科技有限公司业务的组成部分，同时孙某在郑州绿荣通讯科技有限公司处工作时已满 22 周岁，具有法律规定的劳动主体资格，此情形符合劳社部法〔2005〕12 号《关于确立劳动关系有关事项的通知》中规定的劳动关系成立要件，因此郑州绿荣通讯科技有限公司与孙某之间的劳动关系自 2018 年 6 月 12 日成立。

案例分析

劳动部《关于印发〈关于贯彻执行《中华人民共和国劳动法》若干问题的意见〉的通知》第十二条的规定，并不是否认在校学生建立劳动关系的主体资格，仅是规定勤工助学不视为就业，故在校学生也可以与用人单位建立劳动关系。本案中，孙某虽是在校学生，但其在郑州绿荣通讯科技有限公司从事全职工作，并不属于孙某利用课余时间勤工俭学，且双方满足认定存在劳动关系的构成要件，应认定双方存在劳动关系。

（2）保险代理人与保险公司之间。《保险法》第一百一十七条规定，保险代理人是根据保险人的委托，向保险人收取佣金，并在保险人授权的范围内代为办理保险业务的机构或个人。通过《保险代理人管理规定（试行）》（已废止）、国家税务总局《关于保险企业营销员（非雇员）取得的收入计征个人所得税问题的通知》等有关规定的内容也可以看出，保险代理人与保险公司之间的关系属于民事代理关系。因此,保险代理人(非雇员)与保险公司之间不属于劳动关系。

案例7-7

中国人寿保险股份有限公司迁西支公司与王某劳动争议纠纷案

[(2017)冀02民终9216号]

王某于1998年12月1日与中国人寿保险股份有限公司迁西支公司(以下简称人寿保险迁西支公司)签订个人代理人保险代理合同书,受人寿保险迁西支公司委托在人寿保险迁西支公司授权范围内,以人寿保险迁西支公司的名义办理个人人身保险业务。2002年1月10日,王某到人寿保险迁西支公司名下的新集保险所从事保险代理人工作。2007年8月,人寿保险迁西支公司依据《中国人寿保险股份有限公司保险营销员管理办法》,对王某进行职级晋升,王某在新集保险法从事本职级的相应业务工作。王某在人寿保险迁西支公司处从事保险代理人工作期间,接受了人寿保险迁西支公司的管理和培训,并由人寿保险迁西支公司在本公司为王某等保险代理人参保了国寿永泰团体年金保险(分红型),该保险系商业保险,由王某、人寿保险迁西支公司共同缴纳。2016年6月,王某因业绩不达标被人寿保险迁西支公司解除代理关系。

一审法院认为,保险代理人是根据保险人的委托,向保险人收取佣金,并在保险人授权的范围内代为办理保险业务的机构或者个人。保险代理人根据保险人的授权代为办理保险业务的行为,由保险人承担责任。本案中,王某与人寿保险迁西支公司签订个人代理人保险代理合同书,在该合同中明确约定,王某在人寿保险迁西支公司的授权范围内从事个人人身保险业务,王某按照约定范围从事代理活动所产生的保险责任由人寿保险迁西支公司承担,人寿保险迁西支公司按合同约定支付王某代理手续费(佣金)。在实际履行中,王某从事保险费的收取及后期服务等业务,从人寿保险迁西支公司处领取津贴和佣金,人寿保险迁西支公司依据国家税收的有关规定替王某代扣了营业税等。王某与人寿保险迁西支公司在合同中明确约定了双方之间的保险代理关系,在工作中亦是围绕委托与代理关系来履行合同的约定,因此双方之间应为保险代理关系。王某称其服从人寿保险迁西支公司的管理、参加培训,根据《保险法》第一百一十二条的规定,保险公司应当建立保险代理人登记管理制度,加强对保险代理人的培训和管理。因此,人寿保险迁西支公司对王某的管理、指导是为了确保保险代理业务健康有序地开展,并不影响双方基于平等自愿所建立的代理关系。王某、人寿保险迁西支公司之间不存在劳动关系。

二审法院认为，王某与人寿保险迁西支公司双方签订的个人代理人保险代理合同书明确约定，王某在人寿保险迁西支公司的授权范围内从事个人人身保险业务，王某按照约定范围从事代理活动所产生的保险责任由人寿保险迁西支公司承担，人寿保险迁西支公司按合同约定支付王某代理手续费（佣金）。在实际履行中，王某从事保险费的收取及后期服务等业务，并从人寿保险迁西支公司处领取津贴和佣金，人寿保险迁西支公司依据国家税收的有关规定替王某代扣了营业税等。王某与人寿保险迁西支公司之间在合同中明确约定了双方之间的保险代理关系，在工作中亦是围绕委托与代理关系来履行合同的约定，双方之间应为保险代理关系。国寿永泰团体年金保险系商业保险，即使人寿保险迁西支公司为王某投保了该保险，也不足以认定双方形成了劳动关系。至于人寿保险迁西支公司扣缴的3%的款项，双方可另行解决，本案不予涉及。由于双方在合同中已经明确了双方的法律关系，因此，王某关于双方已经形成事实上的劳动关系的主张不能成立。

案例分析

本案中，王某与人寿保险迁西支公司具备建立劳动关系的主体资格，且在一定程度上存在管理与被管理的关系，王某从事的工作也属于人寿保险迁西支公司的义务组成部分。但人寿保险迁西支公司对王某进行管理仅是为了履行双方签订个人代理人保险代理合同书，且从双方签订个人代理人保险代理合同书来看，双方达成的是建立保险代理关系的合意，并不是建立劳动关系的合意，故双方不存在劳动关系。

（三）对劳动关系的存续时间进行抗辩

劳动关系的存续时间直接影响到劳动者的其他请求，如支付二倍工资、加班费、经济补偿、年休假工资报酬、赔偿金的请求都与劳动者在本单位的工作时间相关，即与劳动者的入职时间相关。那么证明劳动者的入职时间该由谁来承担举证责任呢？

根据最高人民法院《关于民事诉讼证据的若干规定》第六条以及最高人民法院《关于审理劳动争议案件适用法律问题的解释（一）》第十三条的规定，在劳动争议纠纷案件中，因用人单位作出计算劳动者工作年限等决定而发生劳动争议的，由用人单位负举证责任。何为“计算工作年限”呢？用人单位计算工作年限主要涉及安排休年休假,支付经济补偿,计算医疗期等方面。计算工作年限势必会涉及劳动者的入职时间,因此,有观点认为劳动者的入职时间应当由用人单位承担举证责任。但主流观点认为,用人单位作出计算劳动者工作年限的决定与劳动者的入职时间是两回事,劳动者的入职时间应当遵循"谁主张,谁举证"的原则。若双方主张的入职时间相同,则认定双方主张的入职时间为劳动者的入职时间;若双方主张的时间不同,则主张的入职时间在前的一方承担举证责任,否则根据双方均认可的劳动关系存续期间确定劳动者的入职时间,即在后的入职时间为劳动者的入职时间。

案例 7-8

昆明美美百货有限公司与李某劳动争议纠纷案

[(2016)云 01 民终 2211 号]

李某于 1998 年 7 月入职昆明美美百货有限公司(以下简称百货公司)从事保安工作,随后从事库管工作。工作期间百货公司未为李某缴纳社会保险,2004 年 1 月 1 日双方签订书面劳动合同,期限从 2004 年 1 月 1 日起至 12 月 31 日止,其间李某月均工资为 2672 元。百货公司于 2015 年 7 月 28 日向李某发出了《复工通知书》,该通知书载明李某应当于 2015 年 8 月 5 日恢复正常上班。李某未在该时间内上班。李某、百货公司之间的劳动关系自 2015 年 8 月 5 日起解除。李某先后三次向昆明市五华区劳动人事争议仲裁院提出仲裁请求。昆明市五华区劳动人事争议仲裁院分别作出了(2015)五劳人仲字第 179 号仲裁裁决书、(2015)五劳人仲字第 191 号仲裁裁决书、(2015)五劳人仲字第 290 号仲裁裁决书。现李某不服昆明市五华区劳动人事争议仲裁院(2015)五劳人仲字第 290 号仲裁裁决书,依法向人民法院起诉,请求判令:(1)李某、百货公司间的事实劳动关系已经于 2015 年 8 月 6 日解除;(2)1998 年 3 月 5 日至 2015 年 8 月 6 日李某、百货公司间存在事实劳动关系;(3)李某、百货公司解除劳动关系时李某在百货公司单位连续工作的年限为 17 年零 5 个月;(4)百货公司向李某支付 2015 年 4 月 1 日至 8 月 5 日的应发工资差额 1045 元;(5)百货公司向李某支付解除劳动合同经济补偿 46,760 元;(6)百货公司按照应付解除劳动合同经济补偿金金额的百分之五十向李某加付赔偿金 23,380 元;(7)百货公司向李某支付 2008 年 2 月 1 日至 12 月 31 日未签书面劳动合同二倍工资差额 5940 元;(8)百货公司向李某支付 2009 年 1 月 1 日至 2015 年 8 月 5 日应当签订无固定期限劳动合同而未签订的二倍工资差额 140,889 元;(9)百货公司向李某支付2003年6月1日至2014年12月31日休息日加班工资差额22,805元;(10)百货公司向李某支付2004年1月1日至2014年12月31日法定休假日加班工资差额5747元;(11)百货公司向李某支付2008年1月1日至2014年12月31日年休假工资差额10,120元;(12)百货公司向李某支付失业保险金损失11,436元。

一审法院认为,根据庭审查明事实,李某提交的证据三至十三能够与证人证言相互印证,且从常理推断并不与逻辑相违背,证据三显示百货公司开业二周年时间为1998年8月,故确认李某入职时间为其所称的1998年7月;根据百货公司提交的证据,李某、百货公司之间的劳动关系自2015年8月5日终止。因此,李某于1998年7月至2015年8月与百货公司存在劳动关系。

二审经询问双方当事人对一审判决认定事实部分的意见,双方当事人均称入职时间与实际不符,李某认为入职时间为1998年3月5日,百货公司认为入职时间为2004年1月1日,此外双方当事人对一审认定的其他事实均无异议。二审中李某提交了如下新证据:云南省外出人员就业登记卡一份、职工守则一组、员工手册一份,欲证明百货公司原为昆明荣利华工贸有限责任公司的下属机构,1998年2月22日李某退伍后最初入职的新世界美食娱乐广场保安部也是昆明荣利华工贸有限责任公司的下属机构,职工守则制作时间是1998年6月,是在7月2日发给李某的,故其入职时间为1998年3月。对于李某提交的证据,百货公司均不予认可。因李某所提交的证据,能够与一审中其提交的照片相互印证,证实李某最早入职时间是在1998年7月,故一审确认的入职时间并无不当,而李某欲以该组证据证明其入职时间为1998年3月,从证据本身并不能反映出具体的入职时间,也不能同其他证据相互印证,故对李某的这一证明事项二审法院不予采信。百货公司未提交新证据。

二审法院认为,针对李某的入职时间,双方当事人存在较大争议,李某主张1998年3月入职,百货公司主张2004年1月入职,对此问题,根据李某已经提交的证据职工守则、开业二周年纪念照片(时间为1998年8月),可以反映出其最早入职时间为1998年7月,对于李某1998年3月就已经入职的主张,没有证据予以证明,同时也与其自己提交的证据记载时间不符,故确认李某入职时间为1998年7月。

案例分析

本案中,李某主张其入职时间为1998年3月5日,百货公司主张李某的入职时间为2004年1月1日。李某提交的证据可以证明其入职时间为1998年7月,而百货公司未就此提供证据,法院据此认定李某的入职时间为1998年7月。可见,关于劳动者的入职时间系“谁主张,谁举证”,理由如下:本案如由用人单位承担举证责任,百货公司未提供证据,则应当认定劳动者的主张成立,从而应认定李某的入职时间为1998年3月5日;结合上述案件,法院认定的入职时间为李某提供证据证明的入职时间,即1998年7月。

三、请求确认存在劳动关系的举证

(一)待证事实

根据认定存在劳动关系的构成要件,认定是否存在劳动关系涉及的待证事实包括:(1)当事人的主体资格;(2)劳动者向用人单位提供有报酬的劳动,用人单位支付劳动报酬,并对劳动者进行劳动管理;(3)具有建立劳动关系的合意。

(二)举证责任分配

根据“谁主张,谁举证”的原则,当事人主张劳动关系存在的,应当就认定双方存在劳动关系的事实承担举证责任。一般情况下,确认劳动关系的请求是由劳动者提出的,劳动者应当就上述全部待证事实承担举证责任,但用人单位提出抗辩主张的,其主张所依据的积极事实应当由用人单位承担举证责任。

(三)证据

1. 证明用人单位主体资格的证据相对比较容易收集,国家机关无须提供证明材料,企业信息可以在国家信用信息公示系统打印营业执照信息,非企业单位可以事先在“天眼查”查询主体信息,再根据需要到登记机关打印相关的信息或证明材料。针对未办理营业执照的情形,还需要提供出资人的信息。

2. 证明劳动者向用人单位提供有报酬的劳动,用人单位支付劳动报酬、对劳动者进行劳动管理,就是要证明双方之间满足从属性要件,对劳动者的举证要求不会要求其提供直接的证据证明存在上述事实。实践中,劳动者一般仅需提供证据证明其中之一即可,如提供工作服、工作证等证明劳动者为用人单位提供劳动,或者提供用人单位支付工资的凭证证明用人单位向劳动者支付劳动报酬等。其他常见的证据材料如劳动者日常的工作记录,用人单位对劳动者进行劳动管理的证明材料等(如工作报告、考勤表、请假单、聊天记录、用人单位出具的通知、证明等),若劳动者不能提供证明从属性的证据材料,还可以通过录音、录像等方式证明与用人单位存在劳动关系。

3. 建立劳动关系的合意难以通过直接证据予以证明，实践中一般会结合其他证据进行认定。劳动者能够提供证据证明双方满足从属性要件的，一般认定双方存在建立劳动关系的合意。

作者简介

林燕

浙江台温律师事务所副主任，台州市第五届、第六届政协委员，台州市律协公司与破产委员会主任，全国律协公司专业委员会干事。

专业领域：破产清算与重整、劳动用工法律风险与合规管理专项、企业法律顾问。

第八章　工 资 报 酬

一、劳动报酬

（一）用人单位支付劳动报酬的构成要件

劳动关系中，最主要的内容是劳动者提供劳动，用人单位支付劳动报酬。用人单位未及时足额支付劳动报酬的，劳动者可以要求用人单位支付。根据国家统计局《关于工资总额组成的规定》第四条的规定："工资总额由下列六个部分组成：（一）计时工资；（二）计件工资；（三）奖金；（四）津贴和补贴；（五）加班加点工资；（六）特殊情况下支付的工资。"除此之外，还可以将劳动者的工资分为固定工资和非固定工资。固定工资是指劳动者提供正常劳动后，用人单位应当支付的工资，如基本工资、岗位工资等。非固定工资是指与劳动者的工作绩效等挂钩的工资，如加班费、绩效工资、提奖金等。无论劳动者主张用人单位支付何种工资，均应满足以下构成要件：（1）用人单位应支付劳动者劳动报酬；（2）用人单位未足额支付劳动报酬。

1. 用人单位应支付劳动者劳动报酬

用人单位应支付劳动者劳动报酬是指根据规章制度的规定或集体合同、劳动合同的约定，满足用人单位支付劳动报酬的条件，且已经到支付时间。另外，劳动者的劳动报酬受到一定的限制，如用人单位支付给劳动者低于法律规定的标准，应当按照法律规定的标准计算确定劳动者的劳动报酬。常见情形如下：

（1）根据《最低工资规定》第三条、第十二条的规定，劳动者在法定工作时间或依法签订的劳动合同约定的工作时间内提供了正常劳动的前提下，用人单位应支付的劳动报酬在剔除加班费，特殊工作环境条件下的津贴以及法律、法规和国家规定的劳动者福利待遇后不得低于当地最低工资标准。劳动者基于本人原因在法定工作时间内或依法签订的劳动合同约定的工作时间内未提供正常劳动的，不适用最低工资标准的规定。

（2）根据劳动部《关于印发〈关于贯彻执行《中华人民共和国劳动法》若干问题

的意见〉的通知》第五十九条的规定,劳动者患病或非因工负伤治疗期间,病假工资或疾病救济费可以低于当地最低工资标准支付,但不能低于最低工资标准的80%。

(3)根据《工资支付暂行规定》第十二条的规定,非因劳动者原因造成单位停工、停产在一个工资支付周期内的,用人单位应按劳动合同规定的标准支付劳动者工资。超过一个工资支付周期的,若劳动者提供了正常劳动,则支付给劳动者的劳动报酬不得低于当地的最低工资标准;若劳动者没有提供正常劳动,应按国家有关规定支付生活费。

2. 用人单位未足额支付劳动报酬

用人单位已经足额支付劳动报酬的,劳动者主张用人单位支付劳动报酬没有依据。未足额支付劳动报酬包括未按照规章制度的规定或集体合同、劳动合同的约定支付劳动报酬,也包括虽按照规章制度的规定或集体合同、劳动合同的约定支付了劳动报酬,但支付的劳动报酬低于法定标准的情形。

(二)未足额支付劳动报酬的计算

用人单位未足额支付劳动报酬的计算比较简单,等于用人单位应当支付的劳动报酬减去已经支付的劳动报酬。需要注意的是,计算涉及当地最低工资标准的,在实践中对最低工资标准是否包含劳动者个人承担部分的社会保险费、住房公积金存在争议,因此在认定用人单位是否低于当地最低工资标准支付工资时,要结合当地关于计入月最低工资标准的工资报酬的规定来认定。北京、上海等地就明确规定,劳动者个人应缴纳的各项社会保险费和住房公积金不作为最低工资标准的组成部分,用人单位应按规定另行支付;而云南省等地规定,计入月最低工资标准的工资报酬,包括按规定应由劳动者个人缴纳的基本养老保险费、失业保险费、基本医疗保险费和住房公积金等。

(三)用人单位的抗辩

针对劳动者关于用人单位支付劳动报酬的主张,结合用人单位支付劳动报酬的构成要件,用人单位可进行以下抗辩:(1)用人单位不应支付劳动者主张的劳动报酬;(2)用人单位已经足额支付劳动报酬;(3)举证责任的抗辩;(4)仲裁时效期间经过的抗辩。

1. 用人单位不应支付劳动者主张的劳动报酬是指劳动者不能提供证据证明用人单位应当支付其主张的劳动报酬。包括:(1)用人单位没有规定或与劳动者约定应当支付特定的工资;(2)即便用人单位规定或与劳动者约定了应当支付特定的工资,但劳动者未满足享受特定工资的条件;(3)劳动者计算错误,如计入月最低工资标准的工资报酬,应当包括按规定应由劳动者个人缴纳的基本养老保险费、失业保险费、基本医疗保险费和住房公积金等;(4)劳动者基于本人原因在法定工作时间内或依法签订的劳动合同约定的工作时间内未提供正常劳动的,不适用支付工资不得低于当地最低工资标准的规定。

2. 用人单位已经足额支付劳动报酬是指用人单位已经支付了劳动者所主张的劳动报酬。

3. 关于用人单位是否已经支付劳动报酬的事实由劳动者还是用人单位承担举证责任是存在争议的,用人单位可以两年前未支付劳动报酬的事实应当由劳动者承担举证责任进行抗辩,劳动者不能提供证据证明用人单位未支付其劳动报酬的,应当由劳动者承担举证不能的法律后果。

4. 根据《劳动争议调解仲裁法》第二十七条第四款的规定,劳动关系存续期间因拖欠劳动报酬发生争议的,劳动者申请仲裁不受本条第一款规定的仲裁时效期间的限制;但是,劳动关系终止的,应当自劳动关系终止之日起一年内提出。

(四)劳动者主张用人单位支付劳动报酬的举证

1. 待证事实

结合用人单位支付劳动报酬的构成要件,劳动者主张用人单位支付劳动报酬涉及的待证事实包括:(1)用人单位应支付劳动者的劳动报酬金额;(2)用人单位实际支付的劳动报酬金额。

2. 举证责任分配

劳动者主张用人单位支付劳动报酬的,应当提供证据证明用人单位应支付的劳动报酬金额;用人单位未支付劳动报酬属于消极事实,应当由用人单位提供证据证明用人单位已经支付了劳动者劳动报酬。

原则上用人单位应当对已经足额支付加班费承担举证责任,《工资支付暂行规定》第六条规定,用人单位必须书面记录支付劳动者工资的数额、时间、领取者的姓名以及签字,并保存两年以上备查。因此用人单位应当在工资支付记录保存期限内,就其已支付过劳动报酬的事实承担举证责任,超过工资支付记录保存期限的部分应当由劳动者承担举证责任。北京市高级人民法院、北京市劳动争议仲裁委员会《关于劳动争议案件法律适用问题研讨会会议纪要》中也规定,用人单位应当按照工资支付周期编制工资支付记录表,并至少保存二年备查。劳动者与用人单位因劳动报酬问题产生争议时,在二年保存期间内,由用人单位承担举证责任。超出这一期间的则应适用“谁主张，谁举证”的证明责任分配规则。“两年”是指劳动者申请仲裁之日起往前推算两年。除北京市以外，广东省、重庆市、湖北省、黑龙江省、贵州省也都持此观点。

3. 证据

（1）证明用人单位应支付劳动者劳动报酬的证据包括规章制度、集体合同、劳动合同、欠条等。实践中，劳动者主张一些非固定工资的，还应当提供证据证明其满足享受特定工资的条件，如提成、奖金等。关于加班费的内容，详见本书“加班费”的内容。

（2）证明支付劳动报酬情况的证据包括工资条、银行流水、收条等。

案例 8－1

泉州闽南海都报业服务有限公司与陈某江劳动争议纠纷案

［（2020）闽 05 民终 5442 号］

陈某江系泉州闽南海都报业服务有限公司（以下简称海都报业公司）投递员，海都报业公司自 2011 年 1 月起为陈某江缴纳社会养老保险。在职期间，海都报业公司按月支付工资。陈某江于 2019 年 10 月底接到海都报业公司通知停止工作，于 2019 年 11 月 1 日离职。陈某江在海都报业公司工作年限为 8 年 10 个月。此后，陈某江因经济补偿金、最低工资差额及风险金等与海都报业公司发生争议，并向泉州市丰泽区劳动人事争议仲裁委员会申请仲裁，双方于仲裁阶段均确认工资已全部结清。

一审法院认为，陈某江作为海都报业公司的投递员，实行绩效工资，海都报业公司以陈某江工作量的完成情况确定其劳动报酬，陈某江每日上午完成投递工作后，其余时间由自己掌握，该用工方式符合非全日制用工的形式。关于陈某江主张的最低工资差额，最低工资标准是指劳动者在法定工作时间内提供了正常劳动的前提下，用人单位依法应支付的最低劳动报酬。最低工资标准一般采用月最低工资标准和小时最低工资标准。本案中，海都报业公司需要根据劳动者的工作效率和工作质量来确定计件工资，在这些因素的影响下，劳动者的工资不会完全相同，这从陈某江提供的工资流水亦可体现，因投递员的岗位性质和工作要求均具有特殊性，其应自主安排工作时间以确保客户使用，现陈某江未能提供证据证明其平均日工作时间，同时也未有证据证明用人单位掌握该部分事实存在的证据，故在双方均已确认工资已全部结清的情况下,陈某江未能举证其工资未达到相同时间段的最低工资标准,应自行承担举证不能的法律后果。

二审法院认为,《劳动合同法》关于非全日制用工的规定包括:劳动者在同一用人单位一般平均每日工作时间不超过四小时,每周工作时间累计不超过二十四小时的用工形式;非全日制用工劳动报酬结算支付周期最长不得超过十五日;非全日制用工双方当事人任何一方都可以随时通知对方终止用工等。本案海都报业公司未能提供合同文本以证实其主张的双方约定非全日制用工方式,同时通过陈某江一审提交的工资发放银行交易明细及个人历年缴费明细表所载内容,并结合双方有关于此所作陈述意见,可体现出陈某江的薪资系按月支付,且海都报业公司自认每月为陈某江在其工资中代扣代缴其个人应缴交的社会保险费(包括医保费用及养老保险费用)。由于上述工资发放方式不符合我国《劳动合同法》关于非全日制用工形式的工资结算周期,且海都报业公司也未能举证证明陈某江的每日工作时间不超过四小时、每周工作时间累计不超过二十四小时;另基于在案证据不足以认定双方之间的用工时间及薪资结算周期等符合法律规定的非全日制用工法律关系的构成要件,因此,海都报业公司主张陈某江为非全日制用工性质,理据不足,本院对陈某江主张其用工形式属于全日制用工形式予以采纳。《最低工资规定》第五条规定:“最低工资标准一般采取月最低工资标准和小时最低工资标准的形式。月最低工资标准适用于全日制就业劳动者……”《最低工资规定》第十二条规定:“在劳动者提供正常劳动的情况下,用人单位应支付给劳动者的工资在剔除下列各项以后,不得低于当地最低工资标准:(一)延长工作时间工资;(二)中班、夜班、高温、低温、井下、有毒有害等特殊工作环境、条件下的津贴;(三)法律、法规和国家规定的劳动者福利待遇等。实行计件工资或提成工资等工资形式的用人单位,在科学合理的劳动定额基础上,其支付劳动者的工资不得低于相应的最低工资标准。劳动者由于本人原因造成在法定工作时间内或依法签订的劳动合同约定的工作时间内未提供正常劳动的,不适用于本条规定。”本案中,陈某江的工资实行计件工资加提成工资的形式,海都报业公司未举证其劳动定额,也无证据证明陈某江未提供正常劳动,即使因海都报业公司的经营效益问题导致陈某江的工作量有所降低,也非出于劳动者本人原因,应认定陈某江提供了正常劳动,故海都报业公司支付陈某江的工资不得低于本地月最低工资标准。最低劳动报酬包含社会保险费个人缴费部分,陈某江的基本养老保险费及基本医疗保险费中个人缴费部分已由海都报业公司在工资中代扣代缴,因此,陈某江的工资是否低于最低工资标准,应以其实发工资加上已代扣代缴的社会保险费个人缴费部分的总额进行判断。陈某江主张 2016

年 1 月至 2019 年 10 月有 27 个月(2016 年 1 月至 8 月,2016 年 10 月至 2018 年 3 月,以及 2019 年 5 月)的实发工资低于最低工资标准。经审查核算,陈某江提出异议的期间内,其实发工资加上海都报业公司为其代扣代缴养老保险和医保的金额合计后低于最低工资标准的月份有:2016 年 2 月、5 月、7 月、10 月;2017 年 1 月至 2018 年 3 月;共计 19 个月。根据泉州市丰泽区的月最低工资标准,上述月份中 2016 年 2 月至 2017 年 6 月最低工资为 1350 元/月;2017 年 7 月至 2018 年 3 月最低工资为 1500 元/月,并根据陈某江的工资发放银行交易明细和社保缴交记录,对照计算相应月份的工资差额为 9932.85 元。

案例分析

根据《最低工资规定》第十二条的规定,在劳动者提供正常劳动的情况下,用人单位应支付给劳动者的工资在剔除下列各项以后,不得低于当地最低工资标准:(1)延长工作时间工资;(2)中班、夜班、高温、低温、井下、有毒有害等特殊工作环境、条件下的津贴;(3)法律、法规和国家规定的劳动者福利待遇等。实行计件工资或提成工资等工资形式的用人单位,在科学合理的劳动定额基础上,其支付劳动者的工资不得低于相应的最低工资标准。

本案存在两个争议焦点。第一个争议焦点是陈某江与海都报业公司是否属于非全日制用工关系,如系非全日制用工关系,以小时计酬,其工资不低于当地最低小时工资,陈某江主张海都报业公司按照当地最低月工资标准补发工资就没有法律依据。第二个争议焦点是,当地最低工资标准是否应当包含劳动者个人承担部分的社会保险费。如包含劳动者个人承担部分的社会保险费,计算陈某江的工资与当地最低工资标准的差额时,应当将陈某江的实发工资加上其个人承担部分的社会保险费后再计算工资差额。

具体来看,根据《劳动合同法》第六十八条的规定,非全日制用工是指以小时计酬为主,劳动者在同一用人单位一般平均每日工作时间不超过四小时,每周工作时间累计不超过二十四小时的用工形式。海都报业公司主张陈某江与海都报业公司属于非全日制用工关系,应当提供证据证明陈某江平均每日工作时间不超过四小时,每周工作时间累计不超过二十四小时,但海都报业公司未能提供证据证明,故不能认定陈某江与海都报业公司属于非全日制用工关系。在陈某江提供正常劳动的情况下,海都报业公司支付给陈某江的工资不得低于当地最低工资标准。又因当地最低劳动报酬包含社会保险费个人缴费部分,故计算海都报业公司应补发的工资差额时,应当将陈某江的实发工资加上其个人承担部分的社会保险费后再计算工资差额。

二、加班费

(一)用人单位支付加班费的构成要件

《劳动法》第四十四条的规定:"有下列情形之一的,用人单位应当按照下列标准支付高于劳动者正常工作时间工资的工资报酬:(一)安排劳动者延长时间的,支付不低于工资的百分之一百五十的工资报酬;(二)休息日安排劳动者工作又不能安排补休的,支付不低于工资的百分之二百的工资报酬;(三)法定休假日安排劳动者工作的,支付不低于工资的百分之三百的工资报酬。"可见,用人单位支付加班费的构成要件包括:(1)用人单位安排劳动者在正常工作时间外工作;(2)用人单位未按照法律规定支付加班费。

1. 用人单位安排劳动者在正常工作时间外工作

用人单位安排劳动者在正常工作时间外工作,即安排劳动者加班,需满足两个条件,一是劳动者的实际工作时间超过正常工作时间,二是超过正常工作时间是因为用人单位安排加班。那就涉及以下几个问题:(1)正常工作时间如何确定?(2)实际工作时间如何计算?(3)如何认定系用人单位安排加班?

(1)正常工作时间如何确定

正常工作时间可能由法律规定,也可能由用人单位与劳动者约定,但用人单位与劳动者约定的工作时间超过法定工作时间的,超过部分无效。

法定工作时间是指法律规定的劳动者的最长工作时间,根据国务院《关于职工工作时间的规定》第三条的规定,职工每日工作8小时,每周工作40小时。

需要注意的是,实行综合计算工时工作制的情况下,法定工作时间与计算周期有关,原则是平均每个工作日工作时间不超过8小时。根据劳动和社会保障部《关于职工全年月平均工作时间和工资折算问题的通知》的规定,对实行综合计算工时工作制的劳动者,不同的计算周期分别对应不同的法定工作时间:

年工作日:365天-104天(休息日)-11天(法定休假日)=250天/年

季工作日:250天÷4季=62.5天/季

月工作日:250天÷12月=20.83天/月

法定工作小时数的计算:以月、季、年的工作日乘以每日的8小时,即每月工作时间不超过167小时,每季度工作时间不超过500小时。

(2)实际工作时间如何计算

工作时间的计算与实行的工时制度有关,工时制度分为标准工时工作制、综合计算工时工作制和不定时工作制。

A. 实行标准工时工作制的劳动者的工作时间的计算

实行标准工时工作制的劳动者，每天工作时间不超过 8 小时，每周工作时间不超过 40 小时。另外，劳动部《关于印发〈《国务院关于职工工作时间的规定》问题解答〉的通知》中又对每周休息日进行了说明，即并不是必须保证劳动者每周休息两天，在每周工作时间不超过 40 小时的前提下，可以每周工作 6 天。所以，在计算劳动者的工作时间时，工作日、休息日、法定休假日工作时间应分别计算。

计算工作日的工作时间时要结合正常工作时间进行，实际工作时间不足正常工作时间的，按照正常工作时间计算，实际工作时间超过正常工作时间的，按照实际工作时间计算。

计算休息日工作时间时要注意，正常工作时间包含有休息日的，休息日工作时间超过正常工作时间的部分才计算为休息日工作时间，未超过正常工作时间的部分计算为工作日工作时间。另外，休息日加班是可以通过补休的方式进行补偿的，已经安排补休的部分要进行扣除。

计算法定休假日工作时间时直接计算法定休假日工作时间即可，需要注意的是，每年法定休假日仅为 11 天，法定休假日放假时间要注意扣除休息日。比如，中秋节放假 3 天，其中仅中秋节当天为法定休假日，另外两天为休息日。

若用人单位与劳动者约定周一至周五每日工作 7 小时，周六工作 5 小时，则计算工作日工作时间时，周一至周五实际工作时间超过 7 小时的，按照实际工作时间计算，不足 7 小时的，按照 7 小时计算；周六实际工作时间不足 5 小时的，按照 5 小时计算为工作日工作时间，实际工作时间超过 5 小时的，5 小时计算为工作日工作时间，超过 5 小时的部分计算为休息日工作时间。

B. 实行综合计算工时工作制的劳动者的工作时间的计算

实行综合计算工时工作制的劳动者工作时间在一个周期内累计计算，在计算劳动者的加班时间时应在一个周期结束之后统一计算。计算工作时间时不区分工作日和休息日，法定休假日工作时间累计计算。

C. 实行不定时工作制的劳动者的工作时间的计算

实行不定时工作制的劳动者的工作时间难以计算，不支持工作日、休息日的加班费。法定休假日加班费是否支持存在不同的观点。

一种观点认为，根据《工资支付暂行规定》第十三条的规定，对实行不定时工作制的劳动者的加班费的请求，包括工作日延长工作时间、休息日加班以及法定休假日加班的情形，都不予支持。如北京、广东、江苏、山东等地就持此观点。

另一种观点认为，实行不定时工作制的劳动者请求支付工作日加班费和休息日加班费的，不予支持；但对于法定休假日加班费的请求，应予支持。对于法定休假日加班时间的确定，因工作时间无法确定，工作 1 天按照 300% 日工资支付即可。

(3) 如何认定系用人单位安排加班

关于用人单位安排劳动者加班的意思的认定，实践中一般难以提供证据来证明用人单位是否有安排劳动者加班的意思。少数用人单位安排劳动者加班时有明确的通知，甚至在规章制度中规定或者在劳动合同中约定的工作时间超过法定工作时间，这当然可以认定为存在安排劳动者加班的意思。对于劳动者没有证据证明用人单位存在安排其加班的意思，但能够提供证据证明其工作时间超过法定工作时间或约定工作时间的，也可能被认定为加班。比如劳动者在法定工作时间或约定工作时间以外的工作内容需要与单位的其他部门共同完成或者需要与单位的合作方共同完成的，这种不得不延长工作时间的情形，可以排除劳动者恶意延长工作时间主张加班费的可能，很有可能认定为加班。

2. 未按照法律规定支付加班费

根据《劳动法》第四十四条的规定，工作日加班的，应当按照不低于工资的百分之一百五十的标准支付加班费；休息日加班的，应当按照不低于工资的百分之二百的标准支付加班费；法定休假日加班的，应当按照不低于工资的百分之三百的标准支付加班费。未按照法律规定支付加班费的情形包括未支付加班费和未足额支付加班费。

（二）加班费的计算

《劳动法》第四十四条规定，有下列情形之一的，用人单位应当按照下列标准支付高于劳动者正常工作时间工资的工资报酬：第一，安排劳动者延长工作时间的，支付不低于工资的百分之一百五十的工资报酬；第二，休息日安排劳动者工作又不能安排补休的，支付不低于工资的百分之二百的工资报酬；第三，法定休假日安排劳动者工作的，支付不低于工资的百分之三百的工资报酬。根据该规定，加班费的计算与加班时间、加班费计算基数以及加班费计算系数有关。

1. 加班费计算公式

根据《劳动法》第四十四条的规定，加班费的计算公式如下：

加班费 = 工作日加班费 + 休息日加班费 + 法定休假日加班费

工作日加班费 = 工作日加班时间 × 加班费计算基数 × 150%

休息日加班费 = 休息日加班时间 × 加班费计算基数 × 200%

法定休假日加班费 = 法定休假日工作时间 × 加班费计算基数 × 300%（法定休

假日为带薪休假，故在计算加班费时要减去在每月支付的固定工资中的100%）

其中，150%、200%和300%为加班费计算系数。

需要注意的是，司法实务中对法定休假日加班费的计算存在争议。一种观点认为，法定休假日为带薪休假，用人单位每月支付给劳动者的正常工作时间的工资中已经包含了法定休假日的工资，故在计算法定休假日加班费时要减去已经支付了的1倍工资，但法定休假日工作时间超出正常工作日工作时间的，超出部分的加班费无须减去已经支付了的1倍工资。另一种观点则认为，劳动部《关于印发的〈对《工资支付暂行规定》有关问题的补充规定〉的通知》第二条第一项明确规定，安排在法定休假节日工作的，应另外支付给劳动者不低于劳动合同规定的劳动者本人小时或日工资标准300%的工资，可见《劳动法》第四十四条的立法本意为用人单位在法定休假日安排劳动者工作，用人单位应另外支付劳动者本人小时或日工资标准300%的工资，故在计算法定休假日加班费时不应减去已经支付了的1倍工资。如四川省南充市顺庆区人民法院作出的（2017）川1302民初7135号判决中就明确了该观点。

因工作时间的计算与实行的工时制度有关，故不同的工时制度下，加班费计算方法不一样。

（1）标准工时工作制下加班费的计算

标准工时工作制下，加班情况分为工作日加班、休息日加班以及法定休假日加班三种情况。加班费的计算公式如下：

加班费 = 工作日加班费 + 休息日加班费 + 法定休假日加班费

工作日加班费 = 工作日加班时间 × 加班费计算基数 × 150%

休息日加班费 = 休息日加班时间 × 加班费计算基数 × 200%

法定休假日加班费 = 法定休假日加班时间 × 加班费计算基数 × 300%

（2）综合计算工时工作制下加班费的计算

综合计算工时工作制下，在计算工作时间时不区分工作日与休息日，故加班费的计算公式与标准工时工作制下加班费的计算公式的区别是不存在休息日加班费，其他计算工时相同。

（3）不定时工作制下加班费的计算

不定时工作制下，因工作时间无法计算，不存在工作日、休息日加班费的情形。如认为需要支付法定休假日加班费的，法定休假日加班费的计算方式与标准工时工作制下法定休假日加班费的计算公式相同，但不定时工作制下，法定休假日加班时间按天计算。

2. 加班费计算基数

关于加班费的计算基数,大多数地方都有专门的规定,故存在多种不同的观点。

云南省的做法为:用人单位与劳动者对月工资有约定的,加班工资基数应按双方约定的正常工作时间的月工资来确定;劳动者的实际工资高于约定工资的,加班工资基数应按照实际工资确定。

劳动者的实际工资,可按照劳动者正常工作时间实际获得的月收入扣除非常规性奖金、福利性、风险性等项目后的月工资确定。

若工资系打包支付,或双方形式上约定的“正常工作时间工资”标准明显不合常理,或有证据可以证明用人单位恶意将本应计入正常工作时间工资的项目归入非常规性奖金、福利性、风险性等项目中以达到减少正常工作时间工资数额计算目的,可参考实际收入标准进行适当调整。

按上述原则确定的加班工资基数均不得低于劳动合同履行地的月最低工资标准。

北京市的做法为:第一,按照劳动合同约定的劳动者本人工资标准确定;第二,劳动合同没有约定的,按照集体合同约定的加班工资基数以及休假期间工资标准确定;第三,劳动合同、集体合同均未约定的,按照劳动者本人正常劳动应得的工资确定。确定的加班工资基数以及各种假期工资不得低于本市规定的最低工资标准。

上海市的做法为:加班工资和假期工资的计算基数为劳动者所在岗位相对应的正常出勤月工资,不包括年终奖,上下班交通补贴、工作餐补贴、住房补贴、中夜班津贴、夏季高温津贴、加班工资等特殊情况下支付的工资。加班工资和假期工资的计算基数按以下原则确定:第一,劳动合同对劳动者月工资有明确约定的,按劳动合同约定的劳动者所在岗位相对应的月工资确定;实际履行与劳动合同约定不一致的,按实际履行的劳动者所在岗位相对应的月工资确定。第二,劳动合同对劳动者月工资未明确约定,集体合同(工资专项集体合同)对岗位相对应的月工资有约定的,按集体合同(工资专项集体合同)约定的与劳动者岗位相对应的月工资确定。第三,劳动合同、集体合同(工资专项集体合同)对劳动者月工资均无约定的,按劳动者正常出勤月依照《上海市企业工资支付办法》第二条规定的工资(不包括加班工资)的70%确定,即包括计时工资、计件工资、奖金、津贴、补贴。加班工资和假期工资的计算基数不得低于本市规定的最低工资标准。法律、法规另有规定的,从其规定。

广东省各地的做法各不相同，《广东省工资支付条例》中的规定为，双方对正常工作时间工资有约定且不低于所在地政府公布的本年度最低工资标准的，该约定为加班费计算基数；未约定的或者约定不明确的，以用人单位所在地县级人民政府公布的上年度职工月平均工资作为正常工作时间工资；实际支付的工资高于当地政府公布的上年度职工月平均工资的，实际支付的工资视为与劳动者约定的正常工作时间工资。但各地的做法不尽相同。

惠州市的做法为：第一，双方当事人约定加班工资基数的，按照约定处理；劳动合同没有约定加班工资计算基数但约定标准工资的，按劳动合同约定的标准工资作为加班工资计算基数；第二，劳动合同没有约定标准工资但实发工资列明工资构成的，可按实发工资中标准（基本）工资作为加班工资的计算基数，其中不得将加班工资重复算入加班工资计算基数内，且加班工资的计算基数不得低于当地最低工资标准；第三，劳动合同既没有约定标准工资且实发工资中未明确具体工资构成的，如双方当事人对此长期未提出异议，可以参照当地同行业工资收入水平和双方当事人劳动惯例确定加班工资计算基数，但该加班工资计算基数不得低于当地最低工资标准。关于计时加班工资的认定：用人单位应发工资高于劳动合同约定的正常工作时间工资，如果应发工资列明工资构成，但工资构成无加班工资项目且用人单位也不能证实其他收入项目具有加班工资性质的，应当认定用人单位未支付加班工资；如果应发工资未明确工资构成，但用人单位有证据证明应发工资包含正常工作时间工资和加班工资的，可以认定用人单位已支付的工资包含加班工资。但折算后的正常工作时间工资低于当地最低工资标准除外。关于计件加班工资的认定：第一，用人单位与劳动者有约定正常工作时间工资数额，按照劳动者的月工资总额、工作时间和法定加班倍数折算出的实际月正常工作时间工资数额不低于双方劳动合同约定的正常工作时间工资的，可视为用人单位已足额发放劳动者在延长工作时间、休息日和法定休假日的劳动报酬，否则按此标准补足；第二，用人单位与劳动者未约定正常工作时间工资数额，按照劳动者的月工资总额、工作时间和法定加班倍数折算出的实际月正常工作时间工资数额不低于当地最低工资标准的，可视为用人单位已足额发放劳动者在延长工作时间、休息日和法定休假日的劳动报酬，否则按此标准补足。

中山市的做法为：第一，双方当事人约定加班工资基数（如双方约定奖金、津贴、补贴等项目不属于加班工资基数）的，按照约定处理，但该加班工资基数低于最低工资标准的除外。第二，劳动合同没有约定加班工资计算基数但明确约定标准工资（或正常工作时间工资）的，劳动合同约定的标准工资（或正常工作时间工资）

作为加班工资计算基数,非按月发放的一次性奖金、津贴等收入一般不列入加班工资计算基数。第三,对双方在劳动合同中虽然约定了标准工资或者工资单上记载了标准工资,但用人单位有证据证明其一直是固定采取超过国家法定正常工作时间的工作制度,而劳动者也一直按照该工作制度在用人单位工作的,应当认定该基本工资属于用人单位对劳动者在该固定工作时间内所给付的报酬。在确定加班基数时,应当剔除该固定工作时间超出国家法定工作时间之外,属于加班工资性质部分,从而折算出劳动者法定正常工作时间的工资标准,并以此作为加班基数,但折算结果低于最低工资标准除外。

深圳市的做法为:第一,劳动者的加班工资计算基数应为正常工作时间工资;用人单位与劳动者约定奖金、津贴、补贴等项目不属于正常工作时间工资的,从其约定。但约定的正常工作时间工资低于当地最低工资标准的除外。第二,双方在劳动合同中约定了计发加班工资基数标准或从工资表中可看出计发加班工资基数标准,而用人单位也确实按照该标准计发了劳动者加班工资,并据此制作工资表,该工资表亦经劳动者签名确认的,只要双方的约定不低于最低工资标准,即可认定双方已约定以该计发加班工资基数标准为加班工资的计算基数。用人单位根据此标准计发给劳动者的工资符合法律规定的加班工资计算标准的,应认定用人单位已足额支付了加班工资。第三,劳动者与用人单位在签订劳动合同时约定的工资中注明“已包含加班工资”或虽未书面约定实际支付的工资是否包含加班工资,但用人单位有证据证明已支付的工资包含了正常工作时间工资和加班工资的,劳动者的时薪为:时薪 = 约定工资 ÷ (21.75 天 × 8 小时 + 约定包含在工资中的平时加班时间小时数 × 150% + 约定包含在工资中的休息日加班时间小时数 × 200% + 约定包含在工资中的法定休假日加班时间小时数 × 300%)。按上述方法计算出的劳动者的时薪低于当地最低工资标准的,该约定为无效;劳动者的工资应以最低工资标准为基本工资,超过法定工作时间为加班时间,加班工资以最低工资标准按法律规定标准计算。第四,双方约定实行计件工资制,但现有证据无法查明正常工作时间工作定额,根据劳动者的工资、工作时间和法定加班倍数折算出的时薪不低于最低工资标准的,可认定用人单位支付的工资中已包含了加班工资。

辽宁省的做法为:劳动者加班费的计算基数为劳动者正常工作时间的应发工资收入,包括计时工资或者计件工资以及津贴、补贴、固定性奖金等货币性收入,不能简单地以基本工资作为加班费计算基数。用人单位与劳动者明确约定加班费计算基数的,从其约定,但约定的加班费基数低于当地小时或日最低工资标准的,以小时或日最低工资标准作为加班费计算基数。

湖北省的做法为:第一,加班工资计发标准以劳动合同中约定的工资标准为计发基数;第二,劳动合同没有约定的,以用人单位规章制度规定的该岗位或工种的工资标准为计发基数;第三,规章制度没有规定的,以提请仲裁前该劳动者12个月实际发放(剔除加班工资后)的月平均工资标准为计发基数,实际发放的月平均工资低于当地最低工资标准的,以当地最低工资标准为计发基数。

3.实行计件工资的加班费的计算

根据《工资支付暂行规定》第十三条的规定,实行计件工资的劳动者,在完成计件定额任务后,由用人单位安排延长工作时间的,应根据上述规定的原则,分别按照不低于其本人法定工作时间计件单价的150%、200%、300%支付其工资。也就是说,计件工资加班费的计发必须满足两个前提条件:第一,在数量上必须超过计件定额后的工作量:第二,用人单位安排劳动者加班。

(1)计件定额

关于计件定额,根据《劳动法》第三十七条的规定,对实行计件工作的劳动者,用人单位应当根据《劳动法》第三十六条规定的工时制度合理确定其劳动定额和计件报酬标准。国务院《关于职工工作时间的规定》对每周工作时间进行了修改,用人单位应当以每天工作不超过8小时,每周工作时间不超过40小时的工时制度合理确定其劳动定额,即计件定额。

但是关于何为"合理",各地标准不一。

《上海市企业工资支付办法》规定,计件定额应通过一定的民主管理程序合理制定。

《广东省工资支付条例》规定,实行计件工资的,用人单位应当科学合理确定劳动定额和计件单价,并予以公布。确定的劳动定额原则上应当使本单位同岗位百分之七十以上的劳动者在法定劳动时间内能够完成。

《山东省企业工资支付规定》(2021年修订)规定,实行计件工资制的企业,应当依照国家或者行业制定的劳动定额标准,结合本企业实际,经征求企业工会或者职工代表的意见,合理确定劳动定额和计件单价。

《湖北省工资支付条例》规定,实行计件工资或提成工资等工资形式的用人单位,必须进行合理折算,其相应折算额不得低于省规定的其所在行政区域的最低工资标准。实行计件工资制的,用人单位确定、调整劳动定额或者计件报酬标准应当遵循科学合理的原则。

《江苏省工资支付条例》规定,确定、调整的劳动定额应当使本单位同岗位百分之九十以上劳动者在法定工作时间内能够完成。

《浙江省高级人民法院民一庭关于审理劳动争议纠纷案件若干疑难问题的解答》中的观点为,用人单位实行计件工资制,劳动者主张加班工资的,认定加班事实应主要审查计件工资劳动定额是否合理。劳动合同对计件工资劳动定额有约定的按照约定的定额审查,无约定的按行业规定审查。对劳动定额明显不合理或无行业规定的,按标准工时折算定额后再计算加班工资。

用人单位与劳动者约定的计件定额不合理的,劳动者当然可以主张调整,那么,在无法确定计件定额的情形下如何计算劳动者的加班费呢?对此,实践中存在不同的观点。

《深圳市中级人民法院关于审理劳动争议案件的裁判指引》规定,双方约定实行计件工资制,但现有证据无法查明正常工作时间工作定额,根据劳动者的工资、工作时间和法定加班倍数折算出的时薪不低于最低工资标准的,可认定用人单位支付的工资中已包含了加班工资。

《浙江省高级人民法院民一庭关于审理劳动争议纠纷案件若干疑难问题的解答》中的观点为,正常工作时间工作定额无法确定时,可以按行业规定确定,无行业规定的,按标准工时折算定额后再计算加班工资。

(2)加班费的计算

顾名思义,计件工资是指根据劳动者完成的工作量来计算劳动者的劳动报酬,劳动者的劳动报酬与其完成的工作量和双方约定的计件单价有关,其正常工作时间的劳动报酬的计算公式为:

劳动报酬 = 完成工作量(件数)× 其本人法定工作时间计件单价(元/件)

那么,实行计件工资的劳动者,超过正常工作时间工作的,其加班费如何计算呢?

根据《工资支付暂行规定》第十三条的规定,实行计件工资的劳动者,其加班费相较于其正常工作时间劳动报酬的区别主要体现在计件单价上面,即根据延长工作时间的不同情形,通过调整计件工资的计件单价来计算加班费。工作日延长工作时间的,计件单价不低于法定工作时间计件单价的150%,休息日加班的,计价单价不低于法定工作时间计件单价的200%,法定休假日加班的,计价单价不低于法定工作时间计件单价的300%。与实行计时工资劳动者的加班费计算相似,实行计件工资的劳动者的加班费与加班时间完成的工作量、加班费计算基数、加班费计算系数有关,而加班费计算基数就是其本人法定工作时间计件单价,加班费计算系数就是150%、200%、300%。计算公式为:

加班费 = 加班时间完成的工作量(件数)× 其本人法定工作时间计件单价 × 加班费计算系数(150%/200%/300%)

(三)用人单位的抗辩

1. 没有法律依据的抗辩

没有法律依据的抗辩是指劳动者主张用人单位支付加班费没有法律依据。针对劳动者关于用人单位支付加班费的主张,没有法律依据的抗辩包括:(1)劳动者实行不定时工作制;(2)值班不属于加班。

(1)实行不定时工作制不应支付加班费

对于实行不定时工作制的劳动者主张用人单位支付加班费,其关于支付工作日、休息日加班费的请求一般不会得到支持;而关于支付法定休假日加班费的请求是否应当得到支持存在不同观点。相应的规定主要体现在各地的工资支付规定中。《北京市工资支付规定》第十七条就规定用人单位经批准实行不定时工作制度的,不适用支付加班费的规定。《上海市企业工资支付办法》第十三条规定:"企业根据实际需要安排劳动者在法定标准工作时间以外工作的,应以本办法第九条确定的计算基数,按以下标准支付加班工资:(一)安排劳动者在日法定标准工作时间以外延长工作时间的,按照不低于劳动者本人小时工资的150%支付;(二)安排劳动者在休息日工作,而又不能安排补休的,按照不低于劳动者本人日或小时工资的200%支付;(三)安排劳动者在法定休假节日工作的,按照不低于劳动者本人日或小时工资的300%支付……经人力资源社会保障行政部门批准实行不定时工时制的劳动者,在法定休假节日由企业安排工作的,按本条第(三)项的规定支付加班工资……"

案例 8 - 2

上海国美电器有限公司与陈某劳动争议纠纷案

[(2017)沪02民终1859号]

陈某于2004年3月24日进入上海国美电器有限公司(以下简称国美公司)处工作,双方签订的最后一份劳动合同是自2013年7月25日起的无固定期限劳动合同,约定国美公司安排陈某执行不定时工作制。陈某担任南桥百联店店长。2013年1月1日至2016年12月31日,国美公司的店长岗位经上海市长宁区人力资源和社会保障局同意实行不定时工作制。陈某、国美公司确认国美公司通过银行转账方式,于2015年10月15日支付陈某2015年9月工资4009.24元,2015年11月

16 日支付陈某 2015 年 10 月 1 日至 10 月 8 日工资 915.72 元。国美公司提供了未经公证的 2013 年 9 月至 2014 年 6 月的考勤记录,从国美公司提供的 2013 年 9 月至 2015 年 9 月考勤记录显示,陈某存在法节假日加班的事实。

上海市普陀区人民法院认为,陈某系担任南桥百联店店长,双方劳动合同约定陈某实行不定时工作制,2013 年 1 月 1 日至 2016 年 12 月 31 日,国美公司的店长岗位经上海市长宁区人力资源和社会保障局同意实行不定时工作制,故陈某对其岗位执行不定时工作制应为明知。现陈某要求国美公司支付 2013 年 9 月 21 日至 2015 年 9 月 20 日平时超时加班工资,缺乏事实根据和法律依据,不予支持。从国美公司提供的 2013 年 9 月至 2015 年 9 月考勤记录显示,陈某存在法节假日加班的事实,国美公司应支付相应的加班工资。判决国美公司支付陈某 2013 年 9 月 21 日至 2015 年 9 月 20 日法定休假日加班工资10,878.93元。

上海市第二中级人民法院认为,原审法院对于陈某节假日加班工资的判决符合事实基础,判决驳回上诉,维持原判。

案例分析

根据《上海市企业工资支付办法》第十三条第四款的规定,经人力资源社会保障行政部门批准实行不定时工时制的劳动者,在法定休假节日由企业安排工作的,按本条第(三)项的规定支付加班工资。可见,在上海市的司法实务观点,用人单位安排实行不定时工时制的劳动者在法定休假日工作的,应当支付劳动者加班费。本案中,从国美公司提供的 2013 年 9 月至 2015 年 9 月考勤记录显示,陈某存在法定休假日加班的事实,故国美公司应支付陈某法定休假日的加班工资。

(2)值班不属于加班

值班是指用人单位因安全、消防、节假日等需要,安排劳动者在正常工作时间以外继续提供一定劳动的情形。按照值班内容与员工本职工作的关联程度可以将值班分为与本职工作无关的值班和与本职工作有关的值班;区分值班期间是否可以休息,又可以分为值班期间可以休息的值班和值班期间不可以休息的值班。

值班与加班都是劳动者在正常工作时间以外继续提供劳动,不同的是值班与加班的目的不同,劳动强度也不同。加班的目的是大部分基于生产工作需要,而值班主要是基于安全、消防、节假日等需要,且值班的劳动强度要低于加班。

用人单位安排劳动者值班是否需要支付加班费存在不同的观点。

一种观点认为,只要是用人单位安排劳动者延长工作时间的情形属于值班而不是加班,劳动者关于加班费的请求不应得到支持。但劳动者可以根据规章制度的规定或者是集体合同、劳动合同的约定要求用人单位支付相应的待遇。

另一种观点认为，要区分值班的情形，一般情形下值班不支付加班费，但值班与本职工作有关且值班期间不能休息的，应认定为加班而不是值班，用人单位应当支付加班费。

案例 8-3

北京市私立汇佳学校与孙某劳动争议纠纷案

［（2015）一中民终字第 5129 号］

2013 年 6 月 5 日，孙某到北京市私立汇佳学校（以下简称汇佳学校）工作，担任电工。同日，汇佳学校与孙某签订了《员工聘用合同书》，约定："本合同自 2013 年 6 月 5 日起到 2014 年 7 月 4 日终止；乙方同意根据甲方工作需要，在汇佳学校物业部门，担任电工岗位工作，具体工作任务及要求按照学校规定的岗位职责要求执行；甲方实行岗位目标管理制，甲方有权依据乙方的资历、业务能力和工作目标要求，本着优质优酬的分配原则综合确定乙方的工资，乙方基本工资不低于北京市最低工资，工资根据岗位、职务、出勤天数、工作量、工作量变化而调整，工资为税前工资……"合同签订后，孙某开始在汇佳学校从事电工工作。

孙某提交了汇佳学校配电室运行记录表，该记录表只有记录人签署姓氏。汇佳学校对孙某提交的配电室运行记录表不认可。汇佳学校提交了孙某 2013 年 6 月至 11 月加班、值班情况统计表，该表载明孙某延时加班共计 14 小时，汇佳学校支付孙某加班费 112 元。孙某没有提供出其延时加班的有效证据。

另查，在孙某工作地点的办公场所内有可供休息的床铺。

北京市昌平区人民法院认为，关于汇佳学校要求不应支付孙某 2014 年 1 月 1 日至 31 日及 2014 年 9 月 17 日至 18 日的延时加班工资共计 1687.5 元一节，由于孙某的工作地点有床铺，在下班以后只是抄两次电表数值，孙某并没有维修任务，其工作性质属于值班工作范围，故汇佳学校不应再支付孙某该时间段的延时加班工资。

关于汇佳学校要求不应支付孙某 2013 年 12 月至 2014 年 9 月 30 日的值班费 1515 元一节，支付值班费是用人单位的义务，因汇佳学校没有提供出 2013 年 12 月至 2014 年 9 月 30 日的值班记录，而孙某提供了相应的汇佳学校配电室运行记录表，故此，对于汇佳学校的该项诉讼请求不予支持。

北京市第一中级人民法院认为，用人单位安排劳动者从事与其本职工作有关的值班任务,但值班期间可以休息的,一般不再支付加班工资。本案孙某被汇佳学校安排值班且在值班期间可以休息,故孙某上诉所称值班期间属于延时加班,与实际情况不符,不予采信。

案例分析

值班与加班不同,用人单位安排劳动者值班的,一般无须支付加班费。本案中,孙某在下班以后只是抄两次电表数值,并没有维修任务,且在孙某工作地点的办公场所内有可供休息的床铺,工作强度远低于正常工作时间的工作强度,故孙某在下班以后的工作应认定为值班,不属于加班,汇佳学校无须支付孙某加班费。

2. 没有事实依据的抗辩

没有事实依据的抗辩包括两个方面:第一,用人单位未安排劳动者在正常工作时间外工作;第二,用人单位已经支付加班费。

(1)用人单位未安排劳动者在正常工作时间外工作

用人单位未安排劳动者在正常工作时间外工作又包括不存在劳动者的实际工作时间超过正常工作时间的情形以及劳动者的实际工作时间超过正常工作时间但非用人单位安排加班。

A. 存在加班事实由劳动者承担举证责任,抗辩不存在劳动者的实际工作时间超过正常工作时间的情形即否认劳动者实际工作时间超过正常工作时间。

B. 实际工作时间超过正常工作时间系用人单位安排加班,也是由劳动者承担举证责任,用人单位可以主张实际工作时间超过正常工作时间非用人单位安排加班,如用人单位有加班审批制度,劳动者加班需要经过审批。

(2)用人单位已经支付加班费

用人单位已经支付加班费由用人单位承担举证责任,如确实已经支付加班费,提供支付加班费的证明材料即可,如工资条等。若不能提供证据直接证明已经支付加班费,可以主张超过劳动合同约定部分的工资为加班费,尽管很难得到支持。另外,用人单位还可以主张劳动者的工资系打包支付,每月支付的工资中已经包含了加班费。

用人单位与劳动者约定每个月的工资中已经包含加班费,该约定是否有效存在不同的观点。

一种观点认为,加班费的数额应当根据劳动者的实际工作时间,按照法律的规定计算,在劳动者的实际工作时间都还不能确定的情况下,用人单位与劳动者约定支付的工资中已经包含了加班费,显然系用人单位为规避支付加班费的法律责任,利用其强势地位侵害劳动者的合法权益,该约定应属无效。

案例 8 -4

上海佳颀服饰有限公司与徐某劳动争议纠纷案

［（2014）沪二中民三（民）终字第227号］

2004年4月徐某进入上海佳颀服饰有限公司（以下简称佳颀公司）工作，劳动合同约定徐某工资收入为每月人民币4200元（含最低工资、加班工资和奖金）；佳颀公司实行每周40小时工作制，严格控制加班。佳颀公司对徐某实行纸卡打卡考勤管理。根据考勤卡记载的出勤情况，并对工作日休息作为休息日加班的调休进行处理后，徐某自2011年1月至2012年12月休息日加班共计504小时。根据佳颀公司提供的工资支付凭证显示：2010年12月至2011年2月徐某每月领取工资4195元，2011年3月起徐某每月领取工资4200元，2012年4月至11月徐某每月领取工资4300元（其中6月领取工资3970元，7月领取工资4606元）。徐某签收的工资支付凭证上仅记录了工资金额，没有具体工资构成明细。

佳颀公司主张，徐某每月领取的工资中包含了休息日加班工资，无论每月工作多长时间，其工资都是4200元。佳颀公司为此提供了工资清单，清单显示自2011年1月至2012年11月，徐某每月的工资由基本工资、加班工资和绩效奖组成，加班工资金额不固定。

上海市青浦区人民法院审理后认为，用人单位休息日安排劳动者工作又不能安排补休的，应支付不低于工资的百分之二百的工资报酬。佳颀公司虽主张每月工资中已经包含加班工资，加班工资系打包支付，但劳动合同约定徐某实行每周40小时的标准工作时间，并未明确每月工资4200元中包含的加班工资为固定加班工资，鉴于佳颀公司未对平时和周末需要加班的时间作出规定，也未对加班费的计算方式予以明确，只在劳动合同中笼统约定每月4200元含加班工资，每月无论有无加班均按固定的金额发放工资，故这种约定实质上是在规避支付加班工资的法律责任。另佳颀公司提供的工资清单为事后制作，其载明的每月加班工资金额均不固定，加班工资和其他工资项目均系倒算和拆分，徐某不认可其工资构成，故不予认定佳颀公司已经支付过加班工资。对于徐某诉请的休息日加班工资，佳颀公司应按照200%的标准，以4200元（2012年4月起为4300元）为计算基数，支付该期间休息日加班工资合计18,427.59元。

上海市第二中级人民法院认为，徐某在双休日为佳颀公司提供劳动，有依法获取劳动报酬的权利，佳颀公司应支付相应的加班工资。原审法院根据查明的事实，依法所作判决,并无不当。

案例分析

本案中,佳颀公司与徐某签订的劳动合同约定徐某工资收入为每月人民币4200元(含最低工资、加班工资和奖金),佳颀公司实行每周40小时工作制,严格控制加班。法院认为,首先,只在劳动合同中笼统约定每月4200元含加班工资,每月无论有无加班均按固定的金额发放工资,故这种约定实质上是在规避支付加班工资的法律责任,该约定应为无效。其次,佳颀公司提供的佳颀公司为佳颀公司单方制作,未经徐某确认,徐某对该证据的真实性不予认可,故该证据不具备证据能力,不能证明徐某的工资构成以及佳颀公司已经支付了徐某加班费,故佳颀公司应当支付徐某加班费。

但另一种观点认为,如不能证明用人单位与劳动者的约定存在法定的无效情形,应当认定该约定系双方的真实意思表示,并不当然无效。应当根据劳动者的实际工作时间按照当地的最低工资标准为加班费计算基数计算加班费的数额,如经计算,用人单位应当支付的加班费更高的,该约定无效,用人单位应当补齐差额。

案例8-5

深圳市科瑞泰物业有限公司与凡某劳动争议纠纷案

[(2018)粤0306民初1009号]

深圳市科瑞泰物业有限公司(以下简称科瑞泰公司)称凡某入职时已告知其试用期工资2600元,转正后2700元,此工资约定已经包含正常上班工资和加班工资,因此,凡某要求科瑞泰公司额外支付加班工资的主张没有事实和法律依据。凡某认为科瑞泰公司向其发放每月工资2700元包含加班工资,但上班时间每个月30天,每天12小时,加班工资没有足额支付。凡某主张加班工资时将法定休假日加班工资计算在休息日加班工资内,按二倍工资计算。

深圳市宝安区人民法院认为,科瑞泰公司未与凡某签订劳动合同,仅在入职申请表载明凡某试用期工资2600元,转正后2700元,未明确加班工资支付。结合庭审双方陈述,凡某确实存在加班事实。依据最高人民法院《关于审理劳动争议案件适用法律若干问题的解释(三)》(已废止)第九条规定,凡某已经完成了对加班事实的举证责任,对加班工资的计算应由科瑞泰公司承担举证责任。但科瑞泰公司无法提交经凡某确认的考勤记录，其提交的其他证据亦不足证实凡某确切的加班时间，故本院综合考虑双方庭审陈述及凡某的工作职责，酌定凡某在2015年8月11日至12月11日平均每周休息日上班4天，每天8小时，每个正常工作日加班2小时，试用期满后法定休假日加班24小时。劳动者与用人单位虽未书面约定实际支付的工资是否包含加班工资，但用人单位有证据证明已支付的工资包含正常工作时间工资和加班工资的，劳动者的时薪为：时薪＝约定工资÷（21.75天×8小时＋约定包含在工资中的平时加班时间小时数×150%＋约定包含在工资中的休息日加班时间小时数×200%＋约定包含在工资中的法定休假日加班时间小时数×300%）。如按上述方法计算出的劳动者的时薪低于法定最低工资标准，则该约定为无效。劳动者的工资应以最低工资标准为基本工资，超过法定工作时间为加班时间，加班工资以最低工资标准按法律规定标准计算。经计算，凡某时薪为6.43元，计算公式：［2600元÷（21.75天×8小时＋44小时×150%＋32小时×200%）＋2700元÷（21.75天×8小时＋124小时×150%＋96小时×200%＋24小时×300%）］÷2。显然科瑞泰公司支付凡某工资低于深圳市最低工资时薪标准12.24元，故科瑞泰公司应以最低工资标准为基本工资，计算凡某加班工资。在庭审中，凡某对计算法定休假日加班工资按二倍计算计入休息加班工资内，是其对自己权利处分，本院予以确认。经核算，凡某2015年8月11日至12月11日平时加班工资3084.48元，计算公式：（2130元÷21.75元÷8小时）×（44小时＋124小时）×150%、休息日加班工资3720.96元，计算公式：（2130元÷21.75元÷8小时）×（32小时＋96小时＋24小时）×200%。综上，凡某主张平日加班工资和休息日加班工资超过部分，本院不予支持。判决科瑞泰公司于本判决生效之日起十日内支付凡某2015年8月11日至12月11日平时加班工资差额3084.48元、休息日加班工资差额3720.96元。

案例分析

本案中，凡某认可科瑞泰公司向其发放每月工资2700元包含加班工资，法院认为，劳动者与用人单位虽未书面约定实际支付的工资是否包含加班工资，但用人单位有证据证明已支付的工资包含正常工作时间工资和加班工资的，应当结合劳动者的工作时间，以双方约定的包含加班工资的工资数额折算劳动者的正常工作时间工资，如折算后的正常工作时间工资低于当地最低工资标准的，该约定无效，应当以当地最低工资标准作为劳动者的正常工作时间工资，并计算用人单位应当支付的加班费。

3. 仲裁时效期间经过的抗辩

关于劳动者请求用人单位支付加班费的仲裁时效期间的计算,因加班费属于劳动报酬,仲裁时效期间从劳动关系终止之日开始计算。

4. 其他抗辩

关于劳动者请求用人单位支付加班费的主张,除上述内容,用人单位还可以针对以下情形进行抗辩:加班费的计算有误;劳动者实行计件工资;举证责任;仲裁时效期间经过。

(1)加班费的计算有误的抗辩

A. 看加班时间的计算是否正确。

B. 看加班费的计算基数是否正确,可主张加班费计算基数应当为劳动者的月基本工资;另外,如用人单位支付的费用中部分不属于工资的,可主张扣除非工资部分,以降低加班费计算基数。

(2)劳动者实行计件工资的抗辩

计件工资加班费的计发必须满足两个前提条件,条件比较苛刻。实行计件工资的劳动者,加班费的计算尤其复杂,实践中很少支持加班费。如在(2015)川民申字第 691 号判决中,四川省高级人民法院认为,关于加班费的问题,尽管奥兴公司与再审申请人李某签订的劳动合同中约定:“奥兴公司原则上实行标准工时制”,但根据已查明的事实,再审申请人与奥兴公司双方均认可实际实行的是计件工资制。根据劳动部颁发的《工资支付暂行规定》第十三条“……实行计件工资的劳动者,在完成计件定额任务后,由用人单位安排延长工作时间的,应根据上述规定的原则分别按照不低于其本人法定工作时间计件单价的 150%、200%、300% 支付其工资……”的规定,计件工资加班费的计发必须满足两个前提条件:第一,在数量上必须超过计件定额后的工作量;第二,在时间上必须超过 8 小时工作时间之外完成的工作。就本案而言,首先,再审申请人与奥兴公司双方并未约定计件定额,无法评估劳动者是否完成计件定额任务,仅以劳动者提供的考勤记录无法体现计件定额完成情况。因此,再审申请人并无证据证明其工作量超过计件定额。其次,根据双方签订的劳动合同第四条关于“加班加点实行审批制度”的规定,再审申请人也无证据证明加班系因奥兴公司的要求或安排所致,因此无法直接将考勤记录转化为实际上班时间按照《工资支付暂行规定》计算加班工资。最后,再审申请人在奥兴公司工作多年,其间并未对工资的计算方式及给付提出异议,应视为对其工资计发的认可。综上,故二审法院对再审申请人主张的加班工资不予支持并无不当。

(3)举证责任的抗辩

关于用人单位是否已经支付加班费的事实由劳动者还是用人单位承担举证责任是存在争议的,用人单位可主张仅有义务保留两年的工资支付记录,超过工资支付记录保存期限的部分应当由劳动者承担举证责任,劳动者不能提供证据证明用人单位未支付其加班费的,应当由劳动者承担举证不能的法律后果。

(4)仲裁时效期间经过的抗辩

加班费属于劳动报酬,根据《劳动争议调解仲裁法》第二十七条第四款的规定,劳动关系存续期间因拖欠劳动报酬发生争议的,劳动者申请仲裁不受本条第一款规定的仲裁时效期间的限制;但是,劳动关系终止的,应当自劳动关系终止之日起一年内提出。

(四)请求用人单位支付加班费的举证

1. 待证事实

从用人单位支付加班费的构成要件来看,待证事实包括:(1)用人单位安排劳动者在正常工作时间外工作;(2)用人单位未按照法律规定支付加班费。

2. 举证责任分配

根据“谁主张,谁举证”的举证责任分配原则,劳动者主张用人单位应当支付其加班费的,应当就用人单位安排劳动者在正常工作时间外工作承担举证责任。根据最高人民法院《关于审理劳动争议案件适用法律问题的解释(一)》(法释〔2020〕26 号)第四十二条的规定,劳动者主张加班费的,应当就加班事实的存在承担举证责任。但劳动者有证据证明用人单位掌握加班事实存在的证据,用人单位不提供的,由用人单位承担不利后果。最高人民法院民一庭在最高人民法院《〈关于审理劳动争议案件适用法律若干问题的解释(三)〉答记者问》中解释道:“由于劳动者所能提供的加班证据极其有限,这类证据大都由用人单位持有,劳动者很难取得。在这种情况下,由劳动者举证证明其加班天数及加班费数额的多少,将置劳动者于不利之地。反之,若将加班费列入举证责任倒置的范围,由用人单位举证,当用人单位不提供加班证据或提供不出否认加班事实的证据,则推定劳动者所称的加班事实成立,这样既缺乏法律依据,也会诱使劳动者不顾客观实际随意主张加班费。因《劳动争议调解仲裁法》第六条规定了劳动争议适用‘谁主张、谁举证’的原则,追索加班费案件也不应例外。劳动者主张加班费应当就加班事实举证,考虑到劳动者举证的实际困难,对劳动者的举证不能过于苛求,可适当减轻劳动者的举证责任,只要劳动者一方提出的基本证据或者说初步证据可以证明有加班的事实,即可视为其举证责任已经完成。劳动者提供的加班证据既可以是考勤表、交接班记录、加班通知;也可以是工资条、证人证言等,凡是能够证明其加班的证据都可以提供。同样,对于劳动者主张加班事实的证据由用人单位掌握管理的,劳动者仍然要对这一主张负有举证责任,当劳动者举证证明了加班事实的证据属于用人单位掌握管理后,用人单位即应当提供;用人单位不提供的,就应当承担不利后果。只有这样,才能避免劳动者滥用举证责任分配从而导致对用人单位极其不公正的后果。”也就是说,加班费请求的举证责任依然遵循“谁主张,谁举证”的原则,但劳动者仅需提供基础的加班证据即可,没有责任提供证据证明加班具体时间。有证据证明用人单位掌握加班事实存在的证据,用人单位不提供的,由用人单位承担不利后果。应当注意的是,即便劳动者能够证明相关证据由用人单位掌握的,实践中有的地方仅要求用人单位对最近两年的劳动者的工作时间承担举证责任。如《深圳市中级人民法院关于审理劳动争议案件的裁判指引》中就规定,劳动者主张加班工资,用人单位否认有加班的,劳动者应就其存在加班事实或用人单位掌握加班事实存在证据承担举证责任;劳动者已举证证明其存在加班事实或用人单位掌握加班事实存在证据的,用人单位应就劳动者申请劳动仲裁之日前两年内的工作时间承担举证责任。

未按照法律规定支付加班费属于消极事实,劳动者无须提供证据加以证明,用人单位主张已经支付加班费的,由用人单位提供证据证明已经向劳动者支付了加班费。需要注意的是,有观点认为,《工资支付暂行规定》第六条规定,用人单位必须书面记录支付劳动者工资的数额、时间、领取者的姓名以及签字,并保存两年以上备查。因此用人单位应当在工资支付记录保存期限内,就其已支付过劳动报酬的事实承担举证责任,超过工资支付记录保存期限的部分应当由劳动者承担举证责任。

3. 证据

证明劳动者存在加班的证据以及支付加班费的证据主要有考勤表、交接班记录、加班通知、工资条、证人证言等。

案例 8-6

北京市东屿物业管理有限责任公司与张某劳动争议纠纷案

[(2015)二中民终字第 02754 号]

张某于 2001 年 8 月 1 日入职北京市东屿物业管理有限责任公司(以下简称东

屿物业公司)。2008年7月7日,张某与东屿物业公司签订《劳动合同书》,其中第七条约定:“经批准加班的,加班费以基本工资为基数,按照国家规定计算。”2011年6月23日,张某与东屿物业公司签订了无固定期限劳动合同。2013年7月25日,张某与东屿物业公司签订了《解除劳动合同协议书》。

张某诉称工作期间,东屿物业公司安排其超负荷劳动,要求东屿物业公司支付2001年8月1日至2013年4月1日的加班费504,650元及赔偿金126,162元。

东屿物业公司辩称张某不存在加班的事实,不应支付加班费。

张某为证明其加班的事实,提交了2013年春节值班表、保安部加(值)班表、部分保安部值班记录、2012年8月27日补偿统计表、录音、照片及盖有东屿物业公司保安部公章的多个文件。东屿物业公司不认可上述证据的真实性及证明目的。

东屿物业公司为证明张某不存在加班的事实,提交了2011年5月起的考勤簿及2012年9月起的工资表。工资表中显示张某工资由基本工资、岗位工资、绩效工资、工龄工资、通讯费等构成,每月发放200元值班费。张某认可工资发放数额,亦认可东屿物业公司每月均向其发放200元值班费的事实,但主张东屿物业公司并未向其支付相应的加班费。

北京市东城区人民法院经审理认为,当事人对自己提出的诉讼请求所依据的事实或者反驳对方诉讼请求所依据的事实有责任提供证据加以证明。没有证据或者证据不足以证明当事人事实主张的,由负有举证责任的当事人承担不利后果。同时,劳动者应当遵守法律规定的时效,及时主张权利。劳动者应就加班事实的存在承担举证责任。张某为证明其加班的事实,向法院出示了2013年春节值班表、保安部加(值)班表、部分保安部值班记录、2012年8月27日补偿统计表,录音及盖有东屿物业公司保安部公章的多个文件。同时,东屿物业公司为证明张某不存在加班的事实,向法院出示了2011年5月起的考勤簿。综合比较张某、东屿物业公司证据的证明力,张某提交证据的证明力明显优于东屿物业公司提交证据的证明力,故法院对张某提交的证据予以采信。但根据张某的陈述,张某晚间值班不宜认定为加班。根据相关规定,用人单位应当至少保存工资支付记录两年。故若存在加班事实的情况下,用人单位应当在工资支付记录保存期限内,就其已支付过加班费的事实承担举证责任。本案中,张某向法院提交的部分值班记录,已证明张某存在部分休息日及法定休假日加班的事实,而东屿物业公司向法院提交的工资表并未显示其已向张某支付过加班费,故张某要求东屿物业公司支付加班费的合理部分,法院予以支持。张某、东屿物业公司在《劳动合同书》中已约定加班费的计算基数为基本工资,不违反法律法规强制性规定,法院不持异议。张某要求东屿物业公司支付

2012 年 7 月 4 日之前的加班费的诉讼请求,证据不足,法院不予支持。据此判决东屿物业公司于判决生效之日起七日内,支付张某休息日加班工资人民币 735.6 元。

北京市第二中级人民法院认为,张某提交了 2013 年春节值班表、保安部加(值)班表、部分保安部值班记录、2012 年 8 月 27 日补偿统计表,录音及盖有东屿物业公司保安部公章的文件等予以证明,东屿物业公司对上述证据的真实性和证明目的均不予认可,且认为张某是值班而不是加班。张某提交的上述证据不足以证明其工作日在加班,故对其主张的工作日加班费不予支持。但张某确实存在部分休息日及法定休假日工作的事实,东屿物业公司未支付上述时段的加班费应予支付,因此原审法院按照双方约定的标准支持了张某请求中的合理部分,并无不妥。

案例分析

本案中,法院认定张某存在加班的事实,但法院进一步认为,用人单位仅需在工资支付记录保存期限内,就其已支付过加班费的事实承担举证责任,超过工资支付记录保存期限的部分,应当由劳动者提供证据证明用人单位未支付劳动者加班费,故法院在判决中仅支持了张某的部分加班费请求。

三、年休假工资报酬

(一)用人单位支付年休假工资报酬的构成要件

根据《职工带薪年休假条例》第五条的规定,单位确因工作需要不能安排职工休年休假的,经职工本人同意,可以不安排职工休年休假。对职工应休未休的年休假天数,单位应当按照该职工日工资收入的 300% 支付年休假工资报酬。用人单位支付年休假工资报酬的构成要件包括:第一,用人单位应当安排劳动者休年休假;第二,用人单位未依法安排劳动者休年休假。

1. 用人单位应当安排劳动者休年休假

(1)劳动者享受年休假的条件

根据《职工带薪年休假条例》以及《企业职工带薪年休假实施办法》的规定,职工享受年休假的条件包括积极条件和消极条件,即职工连续工作满 12 个月以上,且不存在下列情形之一的,可以享受年休假:第一,依法享受寒暑假,其休假天数多于年休假天数的;第二,请事假累计 20 天以上且单位按照规定不扣工资的;第三,累计工作满 1 年不满 10 年的职工,请病假累计 2 个月以上的;第四,累计工作满 10 年不满 20 年的职工,请病假累计 3 个月以上的;第五,累计工作满 20 年以上的职工,请病假累计 4 个月以上的。

关于连续工作满 12 个月的理解，人力资源和社会保障部办公厅《关于〈企业职工带薪年休假实施办法〉有关问题的复函》中明确，《企业职工带薪年休假实施办法》第三条中的“职工连续工作满 12 个月以上”，既包括职工在同一用人单位连续工作满 12 个月以上的情形，也包括职工在不同用人单位连续工作满 12 个月以上的情形。也就是说，职工只要连续工作满 12 个月，无论是否是在同一用人单位，其都应当享受年休假。尽管如此，实践中仍存在不同的处理办法。

第一种观点认为，职工在本单位连续工作满 12 个月以上才满足享受年休假的条件。

第二种观点认为，职工只要曾经连续工作满 12 个月，用人单位就应当安排其休年休假。

第三种观点认为，无论是在本单位还是在其他单位，只要连续工作满 12 个月，用人单位就应当安排其休年休假，但曾经连续工作满 12 个月又中断就业的除外。

(2)劳动者应休年休假天数的计算

劳动者满足享受年休假条件的，用人单位应当按年度安排劳动者休年休假，劳动者的应休年休假天数也是按年度计算。根据《职工带薪年休假条例》第三条的规定，职工累计工作已满 1 年不满 10 年的，年休假 5 天；已满 10 年不满 20 年的，年休假 10 天；已满 20 年的，年休假 15 天。国家法定休假日、休息日不计入年休假的假期，即职工每一年度应休年休假的天数与其累计工作年限有关，包括在本单位的工作年限和在其他单位的工作年限(见表 8－1)。

表 8－1　职工年休假

累计工作年限(a)	应休年休假天数
1 年≤a＜10 年	5 天
10 年≤a＜20 年	10 天
a≥20 年	15 天

需要注意的是，根据《企业职工带薪年休假实施办法》第十三条的规定，劳动合同、集体合同约定的或者用人单位规章制度规定的年休假天数、未休年休假工资报酬高于法定标准的，用人单位应当按照有关约定或者规定执行。当然，如果用人单位劳动合同、集体合同约定的或者用人单位规章制度规定的年休假天数、年休假工资报酬低于法定标准的，该约定或规定因违反法律规定而无效，应当按照法定标准计算劳动者的应休年休假天数。

另外,计算劳动者的应休年休假天数时,还要注意首尾两个年度的应休年休假天数的折算方法。

A. 劳动者满足享受年休假条件的当年度,计算应休年休假天数的时间可能不是一个完整的年度,当年度的应休年休假天数应当按照在本单位剩余日历天数折算确定,折算后不足 1 整天的部分不享受年休假。折算的公式为:

应休年休假天数 =(当年度在本单位剩余日历天数 ÷365 天)× 职工本人全年应当享受的年休假天数。

B. 劳动合同解除或终止时,当年度计算应休年休假天数的时间也可能不是一个完整的年度,当年度的应休年休假天数应当按照劳动者当年已工作时间折算确定,折算后不足 1 整天的部分不计算在内。折算的公式为:

应休年休假天数 =(当年度在本单位已过日历天数 ÷365 天)× 职工本人全年应当享受的年休假天数 - 当年度已安排年休假天数。

假设:劳动者 2018 年 6 月 1 日入职用人单位,2020 年 5 月 31 日与用人单位解除劳动合同,其累计工作年限为 5 年。则(1)截至 2019 年 5 月 31 日,劳动者连续工作满 12 个月,满足享受年休假的条件。(2)劳动者 2019 年度的应休年休假天数为(214 天 ÷365 天)×5≈2.9 天 =2 天。(3)劳动者 2020 年度的应休年休假天数为(152 天 ÷365 天)×5≈2.08 天 =2 天。

2. 用人单位未依法安排劳动者休年休假

用人单位未依法安排劳动者休年休假包括未安排劳动者休年休假以及未足额安排劳动者休年休假。根据《职工带薪年休假条例》第五条的规定,单位根据生产、工作的具体情况,并考虑职工本人意愿,统筹安排职工年休假。年休假在 1 个年度内可以集中安排,也可以分段安排,一般不跨年度安排。单位因生产、工作特点确有必要跨年度安排职工年休假的,可以跨 1 个年度安排。单位确因工作需要不能安排职工休年休假的,经职工本人同意,可以不安排职工休年休假。对职工应休未休的年休假天数,单位应当按照该职工日工资收入的 300% 支付年休假工资报酬。用人单位安排职工休年休假,但是职工因本人原因且书面提出不休年休假的,用人单位可以只支付其正常工作期间的工资收入。

(二)年休假工资报酬的计算

《企业职工带薪年休假实施办法》第十条规定,用人单位经职工同意不安排年休假或者安排职工年休假天数少于应休年休假天数,应当在本年度内对职工应休未休年休假天数,按照其日工资收入的 300% 支付年休假工资报酬,其中包含用人单位支付职工正常工作期间的工资收入。用人单位安排职工休年休假,但是职工因本人原因且书面提出不休年休假的,用人单位可以只支付其正常工作期间的工资收入。因此,在计算年休假工资报酬时要注意:(1)300%工资中已经包含用人单位支付给劳动者的正常工作期间的工资收入,应当扣除。即年休假工资报酬=应休未休年休假天数×(月工资÷21.75)×200%。(2)计算年休假工资报酬的月工资时应当剔除加班工资。(3)月工资是指职工在用人单位支付其年休假工资报酬前12个月剔除加班工资后的月平均工资。

司法实务中,对用人单位支付其年休假工资报酬前12个月是指哪12个月存在不同理解。一种观点认为,支付应当理解为实际支付,用人单位支付其年休假工资报酬前12个月是指劳动者主张支付时的前12个月。另一种观点认为,支付应当理解为应当支付,用人单位支付其年休假工资报酬前12个月是指用人单位应当支付年休假工资报酬之日的前12个月。即年休假工资报酬应当按年度计算,计算当年度的年休假工资报酬时,以当年度的工资标准进行计算。

(三)用人单位的抗辩

1.没有法律依据的抗辩

没有法律依据的抗辩主要有以下两点:第一,非全日制用工关系中不适用关于年休假的规定;第二,法律没有溯及力的抗辩。

(1)非全日制用工关系中,不适用关于年休假的规定,如劳动者与用人单位系非全日制用工关系,可主张劳动者的主张没有法律依据。

(2)因《职工带薪年休假条例》自2008年1月1日起施行,故用人单位可主张劳动者请求用人单位支付2008年1月1日以前的年休假工资报酬没有法律依据。

2.没有事实依据的抗辩

没有事实依据的抗辩即就劳动者主张用人单位支付其年休假工资报酬的事实依据进行抗辩,抗辩思路包括:第一,不满足用人单位应当安排劳动者休年休假的条件;第二,已经安排劳动者休年休假;第三,已经支付年休假报酬。

(1)不满足用人单位应当安排劳动者休年休假的条件

用人单位应当安排劳动者休年休假的条件包括积极条件和消极条件,用人单位可以主张劳动者不满足享受年休假的积极条件或者是存在劳动者不享受年休假的事由。

A.不满足享受年休假的积极条件的抗辩

劳动者享受年休假的条件为连续工作满12个月,而关于连续工作满12个月的理解存在三种观点,对用人单位最有利的观点为在本单位连续工作满12个月,劳动者所持观点为另外两种观点的,用人单位可以主张对己方最有利的观点进行抗辩。

B.存在劳动者不享受年休假的事由

劳动者不享受年休假的事由包括:依法享受寒暑假,其休假天数多于年休假天数的;请事假累计20天以上且单位按照规定不扣工资的;累计工作满1年不满10年的职工,请病假累计2个月以上的;累计工作满10年不满20年的职工,请病假累计3个月以上的;累计工作满20年以上的职工,请病假累计4个月以上的。

用人单位可以主张劳动者存在上述情形,不应享受当年度的年休假。

(2)已经安排劳动者休年休假

用人单位已经安排劳动者休年休假的情形包括:第一,安排劳动者休年休假且劳动者已经休年休假;第二,安排劳动者休年休假,劳动者因本人原因且书面提出不休年休假。

A.安排劳动者休年休假且劳动者已经休年休假

实际上,除病假、事假外,劳动者在法定假期以外休假的,可能被认定为已经休年休假。因此,用人单位已经安排劳动者休年休假且劳动者已经休年休假或者是除病假、事假外,劳动者在法定假期以外休假的,用人单位可以主张已经安排劳动者休年休假。

B.劳动者因本人原因且书面提出不休年休假

如用人单位已经安排劳动者休年休假,但劳动者书面提出不休年休假的,也视为已经安排劳动者休年休假,仅需正常支付工资即可。实际上,只要能够证明劳动者本人不愿意休年休假,即便没有证据证明劳动者采用书面形式提出的,也可能认定为用人单位已经安排劳动者休年休假。因此,用人单位可以主张已经安排劳动者休年假但劳动者因本人原因不休年休假;甚至主张用人单位安排年休假需要劳动者申请,未申请的视为放弃休年休假,因劳动者未申请休年休假,应当认定系劳动者放弃休年休假,用人单位不应当支付其年休假工资报酬。

3.仲裁时效期间经过的抗辩

劳动者请求用人单位支付年休假工资报酬的仲裁时效期间的计算,涉及年休假工资报酬的性质的确定,实践中存在两种观点。

一种观点认为,年休假报酬属于劳动报酬,是劳动者年休假期间工作的加班费。因此,对于劳动者主张年休假工资报酬的仲裁请求适用的是特殊时效,即仲裁时效期间从劳动关系解除或终止之日起计算。

另一种观点认为，年休假报酬是未休年休假的工资补偿，只是名义上是工资，但实际上具有补偿性，应当属于补偿金或者是福利。《武汉市人力资源和社会保障局、武汉市劳动人事争议仲裁委员会关于劳动人事争议案件处理若干问题的意见》中就明确表示，未休年休假的工资属于以工资名义支付的补偿，不属于《劳动合同法》第三十八条所规定的劳动报酬。

又因司法实务中对年休假工资报酬的性质以及年休假跨年度安排是否需要经过劳动者同意存在不同观点，劳动者请求用人单位支付年休假工资报酬的仲裁时效的计算存在以下三种观点：

第一种观点认为，年休假工资报酬属于劳动报酬，应当适用特殊时效的规定，仲裁时效期间从劳动合同解除或终止之日开始计算。云南省、重庆市、北京市等地持此观点。

案例8－7

重庆品上汽车经纪服务有限公司与林某劳动争议纠纷案

［（2014）渝一中法民终字第02744号］

林某于2010年8月29日到品上汽车公司从事驾驶员工作，林某自1986年3月参加工作，累计工作已满20年，每年应享受年休假为15天。2013年1月17日，林某向一审法院提起诉讼，请求判决品上汽车公司支付未休年休假的待遇11,202元。审理中，品上汽车公司以林某的要求已经超过仲裁时效，不同意支付。

一审法院认为，《劳动争议仲裁法》第二十七条规定，劳动争议申请仲裁的时效期间为一年。劳动关系存续期间拖欠劳动报酬发生争议的，劳动者申请仲裁不受上述规定的仲裁期间的限制。未休年休假工资属于劳动报酬范畴，不受一年的仲裁时效的限制，亦不受诉讼时效的限制。

二审法院认为，《劳动争议仲裁法》第二十七条规定，劳动争议申请仲裁的时效期间为一年。劳动关系存续期间拖欠劳动报酬发生争议的，劳动者申请仲裁不受上述规定的仲裁期间的限制。未休年休假工资属于劳动报酬范畴，劳动关系存续期间拖欠年休假工资，不受一年的仲裁时效的限制。本案林某2013年1月9日申请劳动争议仲裁主张解除劳动关系并要求品上汽车支付年休假工资，符合法律规定；解除劳动合同的时间点本应以此时为劳动合同解除时间点，但之后林某继续上班至2013年1月23日品上汽车公司发出解除劳动关系通知时止，双方认可2013

年1月23日为劳动合同解除时间点,符合客观事实,但不影响林某合法解除劳动合同并要求品上汽车公司支付年休假工资权利。双方2013年1月23日才解除劳动合同,故品上汽车公司认为林某主张的2010年、2011年年休假待遇已超过仲裁时效一年,不能成立,本院不予支持。

案例分析

本案中的法院认为,年休假工资报酬属于劳动报酬,劳动者请求用人单位支付年休假工资报酬应当适用特殊时效的规定,仲裁时效期间从劳动合同解除或终止之日开始计算。

第二种观点认为,年休假工资报酬属于补偿金,应当适用一般时效的规定,仲裁时效从劳动者知道或者应当知道其权利被侵害之日起计算。又因年休假一般不跨年度安排,单位因生产、工作特点确有必要跨年度安排职工年休假的,可以跨1个年度安排,但应经劳动者同意。原则上用人单位应当在当年度12月31日以前支付劳动者年休假工资报酬,经劳动者同意年休假跨年度安排的,用人单位应当在下一年度12月31日以前安排劳动者休年休假或者支付劳动者年休假工资报酬。也就是说,劳动者知道或应当知道其权利被侵害(用人单位未安排劳动者休年休假也未支付当年度年休假工资报酬)之日为次年度的1月1日或者是第三年度的1月1日。劳动合同解除或终止时,用人单位未安排劳动者休年休假的,应当在劳动合同解除或终止之日支付劳动者年休假工资报酬。所以,劳动者请求用人单位支付年休假工资报酬的仲裁时效期间应当按年度分别计算,一般情况下,劳动者请求支付当年度的年休假工资报酬的仲裁时效期间自次年度1月1日开始计算;经劳动者同意跨一个年度安排的,仲裁时效从第三个年度1月1日开始计算;劳动合同解除或终止时,具体年度的仲裁时效还未开始计算的,劳动者请求用人单位支付当年度年休假工资报酬的仲裁时效从劳动合同解除或终止之日开始计算。上海、广东、浙江等地持此观点。

案例8-8

上海圃园福生绿色食品有限公司与田某劳动争议纠纷案

[(2014)闸民四(民)初字第155号]

田某于2010年1月20日入职上海圃园福生绿色食品有限公司(以下简称福生公司)从事订货组客服工作。2013年11月18日,福生公司完成从闸北区搬迁至浦东新区的工作，田某实际在福生公司处工作至此日，工资发放至该日。田某申请仲裁，要求福生公司支付2010年1月20日至2013年11月18日共计15天未休年休假工资。

法院经审理认为，我国《劳动争议调解仲裁法》明确规定，劳动争议申请仲裁的时效期间为一年。仲裁时效期间从当事人知道或者应当知道其权利被侵害之日起计算。田某于2013年12月12日申请劳动争议仲裁，故其要求福生公司支付2011年12月31日之前未休年休假工资的诉讼请求已超过诉讼时效，福生公司亦以此为由提出抗辩，故对田某该两部分请求均不予支持。

案例分析

本案关于劳动者请求用人单位支付年休假工资报酬的仲裁时效期间的计算方式为：

1. 适用一般时效，仲裁时效期间从当事人知道或者应当知道其权利被侵害之日起计算。

2. 按照劳动者请求支付当年度的年休假工资报酬的仲裁时效期间自次年度1月1日开始计算的计算方式计算仲裁时效期间。

假如，法院认为用人单位跨年度安排职工年休假不需要经劳动者同意的，假设劳动者请求支付第n年的年休假工资报酬，仲裁时效期间应当自第(n+2)年1月1日开始计算，至(n+2)年的12月31日，仲裁时效期间经过；假如，法院认为用人单位跨年度安排职工年休假需要经劳动者同意的，假设劳动者请求支付第n年的年休假工资报酬，仲裁时效期间应当自第(n+1)年1月1日开始计算，至(n+1)年的12月31日，仲裁时效期间经过。

从本案的判决来看，假设n为2011年，请求支付2011年度的年休假工资报酬的仲裁时效期间如果从(n+2)年1月1日开始计算，到2013年12月31日，仲裁时效期间经过；如果从(n+1)年1月1日开始计算，到2012年12月31日，仲裁时效期间经过。所以，本案中法院是从(n+1)年1月1日开始计算的。

第三种观点与第二种观点相似，认为年休假工资报酬属于补偿金，应当适用一般时效的规定，仲裁时效从劳动者知道或者应当知道其权利被侵害之日起计算。但因年休假可以跨一个年度安排，而且并不需要经劳动者同意，所以用人单位至迟应当在次年度12月31日以前安排劳动者休年休假或支付劳动者年休假工资报酬，劳动者知道或应当知道其权利被侵害之日应该为第三年度的1月1日。劳动合同解除或终止时，用人单位未安排劳动者休年休假的，应当在劳动合同解除或终止之日支付劳动者年休假工资报酬。因此,劳动者请求用人单位支付年休假工资报酬的仲裁时效期间应当按年度计算。一般情况下,劳动者请求支付当年度的年休假工资报酬的仲裁时效期间自第三年度 1 月 1 日开始计算;劳动合同解除或终止时,具体年度的仲裁时效还未开始计算的,劳动者请求用人单位支付当年度年休假工资报酬的仲裁时效从劳动合同解除或终止之日开始计算。深圳等地就是持此观点。

案例 8－9

深圳市永泰伟业投资发展有限公司与甘某、罗某劳动争议纠纷案

[(2014)深中法劳终字第 2808、2809 号]

深圳市永泰伟业投资发展有限公司(以下简称永泰公司)因与甘某、罗某劳动争议纠纷案,不服广东省深圳市宝安区人民法院(2013)深宝法松劳初字第 256、270 号民事判决,向深圳市中级人民法院提起上诉。

深圳市中级人民法院认为,关于永泰公司要求无须支付甘某、罗某未休年休假工资差额的上诉请求。本院认为,员工的 2011 年度年休假依照规定可以在 2012 年内安排,甘某、罗某于 2013 年提起劳动仲裁,2011 年度及 2012 年度的未休年休假工资都还在一年申请劳动仲裁时效之内。

案例分析

本案中,法院的观点认为,员工的 2011 年度年休假依照规定可以在 2012 年内安排,即假设劳动者请求支付第 n 年的年休假工资报酬,仲裁时效期间应当自第(n+2)年 1 月 1 日开始计算,直至(n+2)年的 12 月 31 日,仲裁时效期间经过。因此,员工请求 2011 年度的年休假工资报酬的仲裁时效期间应当从 2013 年 1 月 1 日开始计算,故到 2013 年 12 月 31 日仲裁时效期间才经过。

4. 其他抗辩

(1)计算错误的抗辩

A. 看计算公式,300% 工资中已经包含用人单位支付给劳动者的正常工作期间的工资收入,故劳动者主张年休假工资报酬按照 300% 计算的,可主张应当扣除已经支付的劳动者正常工作期间的工资收入。

B. 看计算年休假工资报酬的月工资基数,可主张计算年休假工资报酬的月工资应当为劳动者的月基本工资,不应包含加班费、绩效工资、奖金等。另外,用人单位

支付的费用中部分不属于工资的,可主张扣除非工资部分,以降低加班费计算基数。

C. 根据工资支付情况,可选择主张月工资是指劳动者主张支付时的前12个月的月平均工资,或是指用人单位应当支付年休假工资报酬之日的前12个月月平均工资。

(2)关于举证责任的抗辩

主流观点认为,用人单位应当就已经安排劳动者休年休假或者已经支付劳动者年休假工资报酬承担举证责任。少数观点认为,用人单位仅需就两年内的休假情况及工资支付情况承担举证责任。

(3)不属于劳动人事争议仲裁院、人民法院受案范围的抗辩

实践中有观点认为,《职工带薪年休假条例》第七条规定,单位不安排职工休年假又不依照本条例规定给予年休假工资报酬的,由县级以上地方人民政府人事部门或者劳动保障部门依据职权责令限期改正。根据上述规定,劳动者请求用人单位支付年休假工资报酬的纠纷属于行政管理的范畴,不属于劳动人事争议仲裁院、人民法院的受案范围。

案例8-10

南京市鼓楼区人民法院与崔某劳动争议纠纷案

[(2018)苏01民终9517号]

崔某于1996年5月到鼓楼法院工作。2004年5月至7月,崔某的社会保险由南京汇才人力资源咨询服务有限公司缴纳;2004年8月至2007年6月,崔某的社会保险由南京市鼓楼区人才交流服务中心缴纳;2007年7月至2017年9月,崔某的社会保险由南京鼓楼人才咨询服务中心有限公司缴纳。鼓楼法院与南京鼓楼人才咨询服务中心有限公司签订了期限自2008年1月1日起至被派遣劳动者全部转出(退休、退工、商调)为止的劳务派遣协议书。崔某与南京鼓楼人才咨询服务中心有限公司自2008年1月1日起至今签订了5次劳动合同,期限分别为2008年1月1日至2010年12月31日;2011年1月1日至2012年12月31日;2013年1月1日至2014年12月31日;2015年1月1日至2016年12月31日;2017年1月1日至12月31日。合同约定崔某的工作地点均为鼓楼法院。2017年9月21日,崔某向鼓楼法院递交辞职信,内容:"因个人原因现辞去鼓楼法院驾驶员一职。"南京鼓楼人才咨询服务中心有限公司遂按《劳动合同法》第三十七条的规定为崔某办理了终解备

案。崔某起诉到人民法院要求南京市鼓楼区人民法院支付年休假工资报酬等。

南京市建邺区人民法院一审认为,国务院《职工带薪年休假条例》第七条规定:"单位不安排职工休年假又不依照本条例规定给予年休假工资报酬的,由县级以上地方人民政府人事部门或者劳动保障部门依据职权责令限期改正……"根据上述规定,年休假工资纠纷不属于人民法院劳动争议受理范围,本案不予理涉。

南京市中级人民法院认为,《职工带薪年休假条例》第七条规定:"单位不安排职工休年假又不依照本条例规定给予年休假工资报酬的,由县级以上地方人民政府人事部门或者劳动保障部门依据职权责令限期改正……"根据上述规定,年休假工资纠纷依法不属于人民法院劳动争议的受案范围,崔某要求鼓楼法院支付其1996年至2014年未休的130天年休假工资的请求,不属于人民法院劳动争议的受案范围,不予理涉。

案例分析

本案法院认为,《职工带薪年休假条例》第七条规定,单位不安排职工休年假又不依照本条例规定给予年休假工资报酬的,由县级以上地方人民政府人事部门或者劳动保障部门依据职权责令限期改正。因此,劳动者请求用人单位支付年休假工资报酬的纠纷属于行政管理的范畴,不属于人民法院的受案范围,故对崔某关于年休假工资报酬的请求不予处理。

(四)请求用人单位支付年休假工资报酬的举证

1. 待证事实

根据用人单位支付年休假工资报酬的构成要件,劳动者请求用人单位支付年休假工资报酬涉及的待证事实包括:第一,用人单位应当安排劳动者休年休假;第二,用人单位未依法安排劳动者休年休假。

2. 举证责任分配

(1)劳动者请求用人单位支付年休假工资报酬应当就用人单位应当安排其休年休假承担举证责任,即应当提供证据证明其已经连续工作满12个月。

(2)安排劳动者休年休假是用人单位的义务,且未安排劳动者休年休假属于消极事实,故应当由用人单位提供证据证明其已经安排劳动者休了年休假。

(3)与是否支付了加班费的举证责任分配一样,司法实务中也有观点认为用人单位仅需就两年内的年休假工资报酬的支付情况承担举证责任。

3. 证据

(1)证明劳动者已经连续工作满12个月的证据主要有劳动合同、工资支付凭证、社会保险参保证明等。

(2)证明安排了劳动者休年休假的证据主要有休假申请单、年休假安排通知书、考勤记录等。

(3)支付年休假工资报酬的证据主要有工资条、银行流水等。

作者简介

杨兴艺

昆明市就业促进会会长，昆明玄同人力资源服务有限责任公司总经理，国家一级人力资源管理师，高级劳动关系协调员，担任上百家企业管理顾问。

专业领域：企业人力资源管理，企业劳资风险管控，政府就业创业优惠政策。

李娜

贵州众芳律师事务所高级合伙人，劳动人事法律事务部负责人，贵州省律师协会劳动专业委员会副主任兼秘书长，贵州省人才法律服务团副团长，贵州省法学会第八届理事会理事。曾荣获贵州省优秀律师、贵州省律师行业优秀党员律师等荣誉。受聘为省司法厅规范性文件审查专家库专家律师、省社会保险基金监督专家库专家律师、省妇联家庭教育专家库骨干教师、贵阳市政法工作法律顾问团专家律师。

专业领域：劳动用工合规审查与争议解决、常年法律顾问、公司治理。

董珈利

北京盈科（昆明）律师事务所合伙人，企业合规与股权法律事务部执行主任，盈科全国法律风险管理与合规管理专业委员会副秘书长，风控猫劳动用工法律体检平台特聘讲师，风控狮劳动用工法律管控平台特聘顾问，高级人力资源法务师，高级劳动关系协调员，云南省人力资源厅人力资源协调师培训讲师。

专业领域：劳动争议、劳动用工法律风险与合规管理专项、企业经营风险评估及防控、企业家刑事法律风险防控、家族财富传承、涉及重大疑难民商事诉讼。

第九章 赔 偿 金

一、加付赔偿金

（一）用人单位支付加付赔偿金的构成要件

《劳动合同法》第八十五条规定："用人单位有下列情形之一的，由劳动行政部门责令限期支付劳动报酬、加班费或者经济补偿；劳动报酬低于当地最低工资标准的，应当支付其差额部分；逾期不支付的，责令用人单位按应付金额百分之五十以上百分之一百以下的标准向劳动者加付赔偿金：（一）未按照劳动合同的约定或者国家规定及时足额支付劳动者劳动报酬的；（二）低于当地最低工资标准支付劳动者工资的；（三）安排加班不支付加班费的；（四）解除或者终止劳动合同，未依照本法规定向劳动者支付经济补偿的。"加付赔偿金，是指用人单位逾期不支付相应的劳动报酬、经济补偿等，应按应付金额百分之五十以上百分之一百以下的标准向劳动者加付的赔偿金。根据上述规定，用人单位支付加付赔偿金的构成要件包括：第一，用人单位存在未足额支付劳动报酬、加班费或经济补偿的情形；第二，用人单位经劳动行政部门责令限期支付劳动报酬、加班费或经济补偿，用人单位逾期不支付的。

（二）加付赔偿金的计算

根据《劳动合同法》第八十五条的规定，加付赔偿金为用人单位应付金额百分之五十以上百分之一百以下，即计算加付赔偿金应当先确定用人单位应付的劳动报酬、加班费或经济补偿，且该金额是经劳动行政部门责令限期支付的金额。劳动行政部门责令限期支付后，用人单位应付金额增加的，只能以增加前的金额为计算基数。

（三）用人单位的抗辩

针对劳动者关于用人单位支付加付赔偿金的主张，结合用人单位支付加付赔偿金的构成要件,用人单位可主张以下抗辩:第一,用人单位已经足额支付了劳动报酬、加班费或经济补偿;第二,劳动行政部门未责令用人单位限期支付劳动报酬、加班费或经济补偿;第三,用人单位已经在限定期限内支付了劳动报酬、加班费或经济补偿;第四,仲裁时效期间经过的抗辩。

1. 虽然用人单位未足额支付劳动报酬、加班费或经济补偿是劳动行政部门责令用人单位限期支付劳动报酬、加班费或经济补偿的基础,但也可能存在劳动行政部门认定事实错误的情形。若不存在用人单位未足额支付劳动报酬、加班费或经济补偿情形,用人单位也无须支付加付赔偿金。

2. 加付赔偿金是对用人单位在劳动行政部门责令用人单位限期支付劳动报酬、加班费或经济补偿后,用人单位逾期不支付的处罚,如未经劳动行政部门责令用人单位限期支付劳动报酬、加班费或经济补偿,不满足用人单位支付劳动者加付赔偿金的条件。

3. 用人单位已经在限定期限内支付了劳动报酬、加班费或经济补偿的,满足用人单位支付劳动者加付赔偿金的条件。

4. 加付赔偿金属于赔偿金性质,不属于劳动报酬,仲裁时效期间应当从劳动行政部门责令用人单位限期支付劳动报酬、加班费或经济补偿的期限届满的次日开始计算。

(四)劳动者主张用人单位支付加付赔偿金的举证

1. 待证事实

结合用人单位支付加付赔偿金的构成要件,劳动者主张用人单位支付加付赔偿金涉及的待证事实包括:①用人单位未足额支付劳动报酬、加班费或经济补偿;②劳动行政部门责令用人单位限期支付劳动报酬、加班费或经济补偿;③用人单位逾期未支付劳动报酬、加班费或经济补偿。

2. 举证责任分配

劳动者主张用人单位支付加付赔偿金的,应当提供证据证明:①用人单位应支付劳动者劳动报酬、加班费或经济补偿;②劳动行政部门责令用人单位限期支付劳动报酬、加班费或经济补偿。

用人单位逾期未支付劳动报酬、加班费或经济补偿属于消极事实,应当由用人单位提供证据证明用人单位已经在限定期限内支付了劳动报酬、加班费或经济补偿。

用人单位对此提出抗辩主张的,应当就其抗辩主张所依据的积极事实承担举证责任，如已经足额支付了劳动报酬、加班费或经济补偿。

3. 证据

(1) 证明用人单位应支付劳动者劳动报酬、加班费或经济补偿的证据详见"劳动报酬、加班费以及经济补偿"相关章节的内容。

(2) 证明劳动行政部门责令用人单位限期支付劳动报酬、加班费或经济补偿的证据主要是劳动行政部门作出的法律文书。

(3) 证明用人单位支付劳动报酬、加班费或经济补偿的证据包括工资条、银行流水、收条等。

案例9-1

无锡市龙迪机械配件厂与陈某劳动争议纠纷案

[(2021)苏02民终5886号]

2007年1月17日，无锡市龙迪机械配件厂(以下简称龙迪厂)经核准设立，投资人为张某。陈某至龙迪厂工作，从事操作工工作。双方未签订劳动合同，也未缴纳社会保险。2019年11月16日，无锡零伍壹零中医医院出具疾病证明一份，初步诊断陈某患有颈椎病，建议陈某休息一个月。陈某自2019年11月开始未再向龙迪厂提供劳动，龙迪厂也未解除双方的劳动关系。2020年10月9日，无锡市惠山区人力资源和社会保障局向龙迪厂出具劳动保障监察限期改正指令书，责令龙迪厂在2020年10月16日前为陈某申报缴纳2007年1月至2019年6月在职期间的社会保险费。2020年11月11日，陈某向龙迪厂出具收条一份，确认收到龙迪厂2019年工资27,641元。2020年11月23日，龙迪厂为陈某补缴了2007年1月至2019年6月的社会保险。

一审法院认为，对于拖欠工资的赔偿金，因加付赔偿金的前提条件是劳动者必须就用人单位拖欠劳动报酬、加班费或者经济补偿的违法行为向劳动行政监察部门投诉，劳动行政部门在责令用人单位限期支付后，用人单位仍未支付的情况下，才存在加付赔偿金，本案中陈某未能证明龙迪厂存在劳动行政部门责令限期支付而未支付的情况，故对于陈某要求龙迪厂支付拖欠工资的赔偿金的请求，该院不予支持。

二审法院认为，根据《劳动合同法》第八十五条第(一)项的规定，用人单位未按照劳动合同的约定或者国家规定及时足额支付劳动者劳动报酬的，由劳动行政部门责令限期支付劳动报酬，逾期不支付的，责令用人单位按应付金额百分之五十以上百分之一百以下的标准向劳动者加付赔偿金。本案中，龙迪厂虽存在未足额支付陈某劳动报酬的情况，但在2020年11月11日已向陈某足额支付，陈某并未举证证明龙迪厂存在劳动行政部门责令限期支付而未支付的情况，故本案不符合加付赔偿金的条件。

案例分析

《劳动合同法》第八十五条规定："用人单位有下列情形之一的，由劳动行政部门责令限期支付劳动报酬、加班费或者经济补偿；劳动报酬低于当地最低工资标准的，应当支付其差额部分；逾期不支付的，责令用人单位按应付金额百分之五十以上百分之一百以下的标准向劳动者加付赔偿金：（一）未按照劳动合同的约定或者国家规定及时足额支付劳动者劳动报酬的；（二）低于当地最低工资标准支付劳动者工资的；（三）安排加班不支付加班费的；（四）解除或者终止劳动合同，未依照本法规定向劳动者支付经济补偿的。"用人单位支付加付赔偿金的前提是经劳动行政部门责令限期支付劳动报酬、加班费或经济补偿后，用人单位逾期仍不支付。本案中，并不存在龙迪厂经劳动行政部门责令限期支付而未支付的情况，不满足支付加付赔偿金的条件，故陈某要求龙迪厂支付拖欠工资的加付赔偿金没有依据。

二、因未订立书面劳动合同的二倍工资差额

（一）用人单位支付因未订立书面劳动合同的二倍工资差额的构成要件

根据《劳动合同法》第八十二条的规定，用人单位自用工之日起超过一个月不满一年未与劳动者订立书面劳动合同的，应当向劳动者每月支付二倍的工资。用人单位支付未订立书面劳动合同二倍工资的构成要件包括：第一，双方存在劳动关系；第二，用人单位自用工之日起一个月内未与劳动者订立书面劳动合同。

1. 双方存在劳动关系且不属于非全日制用工

适用《劳动合同法》第八十二条的规定的前提是存在劳动关系，因此，用人单位依据《劳动合同法》第八十二条的规定支付因未订立书面劳动合同的二倍工资差额的前提是存在劳动关系。

另外，根据《劳动合同法》第六十九条之规定，非全日制用工双方可以订立口头协议，该规定相较于《劳动合同法》第十条和第八十二条而言属于特别规定，根据特别法优先于一般法的原则，非全日制用工没有订立书面劳动合同的，用人单位也不用支付二倍工资。

案例 9 - 2

贵州省贸易经济学校与吴某劳动争议纠纷案

[(2014)南民初字第4370号]

吴某于1991年9月进入贵州省贸易经济学校处从事护卫部卫生保洁工作,贵州省贸易经济学校在校区内为吴某提供免费住宿,双方未签订书面劳动合同。2008年以前,贵州省贸易经济学校按月支付给吴某工资,2008年起,每半月支付给吴某工资,工作时间每天四个小时由吴某自行安排,2012年贵州省贸易经济学校根据当年当地最低工资标准,非全日制用工小时工资标准调整为8元,工资从每半月442元调整到每半月550元,200元奖金照发。吴某至起诉之日仍在贵州省贸易经济学校处工作。2014年7月28日吴某作为申请人向贵阳市劳动人事争议仲裁委员会申请仲裁,请求:第一,确认吴某与贵州省贸易经济学校之间于1991年9月至2014年9月10日存在事实上的劳动关系;第二,要求贵州省贸易经济学校支付给吴某2008年2月至2014年6月30日未签订劳动合同的双倍工资100,100元……

贵阳市南明区人民法院认为,吴某于1991年9月至今在贵州省贸易经济学校处从事保洁工作,工作时间每天四个小时且由吴某自行安排,双方未签订劳动合同;2008年以前吴某在贵州省贸易经济学校处按月领取工资,2008年以后吴某在贵州省贸易经济学校处按半月领取工资至今,虽然贵州省贸易经济学校因学期放假,按月向吴某发放工资的情况客观存在,但其情形符合《劳动合同法》第六十八条"非全日制用工,是指以小时计酬为主,劳动者在同一用人单位一般平均每日工作时间不超过四小时,每周工作时间累计不超过二十四小时的用工形式"的特征,故吴某与贵州省贸易经济学校之间系非全日制用工关系;根据《劳动合同法》第六十九条"非全日制用工双方当事人可以订立口头协议"的规定,吴某与贵州省贸易经济学校之间可以不签订书面劳动合同,故吴某诉请贵州省贸易经济学校支付其未签订劳动合同双倍工资的请求,无法律依据,本院不予支持。

案例分析

《劳动合同法》第六十八条规定,非全日制用工,是指以小时计酬为主,劳动者在同一用人单位一般平均每日工作时间不超过四小时,每周工作时间累计不超过二十四小时的用工形式。本案中,吴某工作时间为每天四个小时,符合上述规定,故吴某与贵州省贸易经济学校之间系非全日制用工关系。根据《劳动合同法》第六十九条的规定,非全日制用工双方可以订立口头协议,故吴某主张贵州省贸易经济学校支付其因未订立书面劳动合同的二倍工资差额没有法律依据。

2. 自用工之日起一个月内未与劳动者订立书面劳动合同

何为用工之日呢？有人认为，试用期内不属于用工，用工之日应当是试用期满的次日。但笔者认为，用工之日应当是双方劳动关系建立之日，即劳动者实际开始提供劳动之日，用人单位安排员工上岗前培训的开始培训之日即为实际用工之日。另外，根据《劳动合同法》第四十四条的规定，劳动合同期满以后劳动合同终止，但实际上劳动合同到期以后劳动合同并不必然终止。如果劳动合同到期以后，双方都没有作出终止劳动合同的意思表示，用人单位继续用工的，视为双方同意以原条件继续履行劳动合同。对于这种情形，实践中主流观点认为，用人单位应当与劳动者续签书面劳动合同，否则应当支付劳动者二倍工资。劳动到期以后继续用工的，劳动合同到期的次日视为用工之日，仅在是否需要给予用人单位一个月宽限期上存在争议。

案例 9－3

明某与昆明市官渡区某服务中心劳动争议纠纷案

［（2013）昆民二终字第 861 号］

2003 年 6 月，明某进入昆明市官渡区某服务中心处工作，岗位为保安员，双方先后于 2003 年 6 月 6 日、2004 年 7 月 5 日、2008 年 7 月 5 日签订了劳动合同书。2010 年 7 月 5 日，双方签订的劳动合同期满，双方未再续签书面劳动合同，明某继续留在某服务中心处工作，服务中心也继续对明某进行管理和发放工资。明某在服务中心处工作期间，服务中心未给其购买社会保险。2012 年 8 月，明某离开服务中心处。

一审法院认为，《劳动合同法》第八十二条规定："用人单位自用工之日起超过一个月不满一年未与劳动者订立书面合同的，应当向劳动者每月支付二倍的工资。"本案中，原告、被告之间的劳动合同关系于 2010 年 7 月 5 日期满，期满后原告未与被告续签书面劳动合同，依法应当向被告每月支付二倍的工资。

昆明市中级人民法院审理认为，一方面，最高人民法院《关于审理劳动争议案件适用法律若干问题的解释》（已废止）第十六条第一款规定："劳动合同期满后，劳动者仍在原用人单位工作，原用人单位未表示异议的，视为双方同意以原条件继续履行劳动合同。一方提出终止劳动关系的,人民法院应当支持。”该司法解释实质上是对劳动者和用人单位之间形成事实劳动关系时,有关劳动关系的权利义务确定标准的规定,即劳动合同到期后但未续订劳动合同的期间内发生的事实劳动关系按照原劳动合同约定的权利义务进行履行。但该司法解释“视为双方同意以原条件继续履行劳动合同”中的“原条件”并不包括原劳动合同的期限,对此,服务中心亦表示认可。根据《劳动合同法》第十七条第一款第(三)项的规定,劳动合同期限是劳动合同的必备条款,故最高人民法院《关于审理劳动争议案件适用法律若干问题的解释》(已废止)第十六条第一款规定的“视为双方同意以原条件继续履行劳动合同”不能等同于双方因此而已订立书面劳动合同。另一方面,《劳动合同法》第十条及第八十二条规定,建立劳动关系,应当订立书面劳动合同。如果用人单位自用工之日起超过一个月不满一年未与劳动者订立书面劳动合同,应当向劳动者每月支付二倍的工资。可见,《劳动合同法》将订立书面劳动合同作为用人单位的法定义务,强调订立书面劳动合同行为的必要性。以上两方面均表明,明某在劳动合同期满后,继续在服务中心处工作的行为并不能免除服务中心作为用人单位依法与明某订立书面劳动合同的法定义务。现服务中心仅以明某在原劳动合同期满后继续在其单位上班为由,主张无须另行订立书面劳动合同的观点,系对有关法律及司法解释的错误理解,不予采信。

案例分析

本案中,2010年7月5日,双方签订的劳动合同期满,双方未再续签书面劳动合同,明某继续留在某服务中心处工作,服务中心也继续对明某进行管理和发放工资。法院认为,《劳动合同法》将订立书面劳动合同作为用人单位的法定义务,强调的是订立书面劳动合同行为的必要性,劳动合同到期后继续用工未订立书面劳动合同的,尽管可以依照规定按照原劳动合同确定双方的权利义务关系,但不等同于双方已经订立了书面劳动合同。因此,某服务中心应当按照《劳动合同法》第八十二条的规定向明某支付二倍工资。

3. 司法实务中的争议点

司法实务中,劳动争议案件适用法律存在太多的争议点,满足上述用人单位支付因未订立书面劳动合同二倍工资差额的构成要件的情况下,可能会基于一些特殊的原因造成用人单位无须向劳动者支付二倍工资差额。实践中主要包括以下3种情形:第一,劳动者恶意拒签劳动合同;第二,因客观原因导致不能订立书面劳动合同;第三,劳动者的工作职责包括与用人单位员工签订书面劳动合同。

(1)劳动者恶意拒签劳动合同

对于劳动者恶意拒签劳动合同,用人单位是否应当支付二倍工资的问题,司法实务中存在两种不同的观点。

一种观点认为,订立书面劳动合同应当是用人单位与劳动者双方的法定义务,未订立书面劳动合同应当由有过错的一方来承担不利后果,但不利后果的表现形式不一样。用人单位未与劳动者订立书面劳动合同的,应当支付二倍工资。劳动者拒签劳动合同的,用人单位根据《劳动合同法实施条例》的规定可以单方终止劳动合同,用人单位未终止劳动合同导致劳动关系存续但未订立书面劳动合同的,应当支付二倍工资。

案例9-4

昆明某汽车有限责任公司与尹某劳动争议纠纷案

[(2013)昆民二终字第884号]

2011年11月24日,尹某应聘至昆明某汽车有限责任公司(以下简称汽车公司)处工作,职位为汽车销售顾问,双方之间未签订劳动合同。2012年8月1日,尹某提出辞职并于8月3日实际离职。汽车公司主张其已告知并多次通知尹某签订书面劳动合同,是尹某不与汽车公司签订,因此双方未签订书面劳动合同的责任在于尹某,汽车公司不应支付尹某未签订书面劳动合同的二倍工资。

一审法院认为,用人单位与劳动者建立劳动关系,应当签订书面劳动合同。根据《劳动合同法实施条例》第七条的规定:“用人单位自用工之日起满一年未与劳动者订立书面劳动合同的,自用工之日起满一个月的次日至满一年的前一日应当依照劳动合同法第八十二条的规定向劳动者每月支付两倍的工资……”根据《劳动合同法》第八十二条的规定:“用人单位自用工之日起超过一个月不满一年未与劳动者订立书面劳动合同的,应当向劳动者每月支付二倍的工资。”本案中,尹某从2011年11月24日进入汽车公司工作,至2012年8月离开汽车公司,其间双方未订立书面劳动合同,汽车公司应依法承担未订立书面劳动合同的责任,故汽车公司应当支付尹某2011年12月至2012年7月的双倍工资。关于汽车公司主张其已告知并多次通知尹某签订书面劳动合同,是尹某不与汽车公司签订,因此双方未签订书面劳动合同的责任在于尹某,汽车公司不应支付尹某未签订书面劳动合同的双倍工资的诉讼请求,应明确,签订书面劳动合同,是用人单位的法定义务。用工之日起一个月内是劳动合同法允许用人单位与劳动者不签订书面劳动合同的期限。超过一个月双方仍未签订书面劳动合同的,用人单位应当承担相应的法律责任。根据《劳动合同法实施条例》第六条规定:“……劳动者不与用人单位订立书面劳动合同的,用人单位应当书面通知劳动者终止劳动关系……”本案中,汽车公司诉称是尹某不与汽车公司签订书面劳动合同,故汽车公司应当根据法律的规定,书面通知劳动者终止劳动关系,但汽车公司并未书面通知尹某终止劳动关系,而是与尹某存续劳动关系至2012年8月。因此,关于汽车公司该项诉讼请求,无法律依据,不予支持。

昆明市中级人民法院审理认为,《劳动合同法》第十条及第八十二条规定,建立劳动关系,应当订立书面劳动合同。如果用人单位自用工之日起超过一个月不满一年未与劳动者订立书面劳动合同,应当向劳动者每月支付二倍的工资。可见,《劳动合同法》将订立书面劳动合同作为用人单位的法定义务,强调订立书面劳动合同行为的必要性。虽然汽车公司主张双方未签订书面劳动合同的原因系尹某拒签,但汽车公司未提交充分有效的证据证明,故根据“谁主张,谁举证”的民事诉讼基本原则,汽车公司应承担举证不利的后果。退一步讲,即便如汽车公司所称双方未签订书面劳动合同系因尹某拒签,但汽车公司未依照《劳动合同法实施条例》第六条第一款“用人单位自用工之日起超过一个月不满一年未与劳动者订立书面劳动合同的,应当依照劳动合同法第八十二条的规定向劳动者每月支付两倍的工资,并与劳动者补订书面劳动合同;劳动者不与用人单位订立书面劳动合同的,用人单位应当书面通知劳动者终止劳动关系,并依照劳动合同法第四十七条的规定支付经济补偿”的规定书面通知尹某终止劳动关系,而是让尹某继续在汽车公司工作。因此,汽车公司作为用人单位也应承担《劳动合同法》规定的未签订书面劳动合同的责任。

案例分析

本案法院的观点为,根据《劳动合同法实施条例》第六条的规定,劳动者不与用人单位订立书面劳动合同的,用人单位应当书面通知劳动者终止劳动关系;否则,即便是劳动者拒绝订立书面劳动合同,用人单位也应承担支付二倍工资的法律责任。因此本案中,即便汽车公司能够证明其已经通知尹某订立书面劳动合同,是尹某故意拒绝订立书面劳动合同,汽车公司也应当支付尹某二倍工资。

另一种观点认为,尽管《劳动合同法》没有规定劳动者恶意拒签劳动合同可以免除用人单位支付二倍工资的责任,但一概以书面劳动合同逾期未订立的事实状态为适用二倍工资支付责任的条件,不利于劳动关系的稳定。为防范劳动者的道德风险，应综合整体情况，若用人单位具有书面订约行为外观，具有订立合同的内心意思，并且实际履行了劳动合同义务，可免除用人单位支付二倍工资的法律责任。

案例9-5

上海天润齿轮制造有限公司与王某劳动争议纠纷案

[(2014)沪二中民三(民)终字第1321号]

王某于2012年7月12日进入上海天润齿轮制造有限公司(以下简称天润公司)工作，工作至2013年12月7日。天润公司提供的劳动合同经鉴定后并非王某签字。天润公司为证明曾经多次找王某签订劳动合同，但王某始终拖延签订一节而申请证人冯某、马某出庭作证，证人冯某是车间主任，系王某的直接管理人员，证人马某系天润公司财务，两位证人陈述就曾经多次通知王某签订劳动合同，但王某未予理睬一节内容，两位证人的陈述一致。庭审中，王某在陈述答辩意见时提及天润公司曾交给王某一份基本工资是1000余元的劳动合同与王某工资不一致，因此王某未签订该合同，但随后王某以时间久远无法记清为由回避陈述该节事实，甚至提出"就当天润公司没有找王某签过合同"的说法。经原审法院释明之后，王某仍拒绝对该节事实进行陈述。

上海市嘉定区人民法院经审理后认为，根据查明事实，王某于2012年7月12日进入天润公司工作，工作至2013年12月7日，天润公司在仲裁时提供的劳动合同经鉴定后并非王某签字，因此2012年7月12日至2013年12月7日，天润公司与王某之间并没有签订有效的书面劳动合同。然而劳动合同的订立和履行，应当遵循诚实信用原则，劳动者已经实际为用人单位工作，用人单位超过一个月未与劳动者订立书面合同的，是否需要支付未签订书面劳动合同二倍工资，应当考虑用人单位是否履行诚实磋商的义务以及是否存在劳动者拒绝签订等情况。用人单位已尽到诚信义务，因不可抗力、意外情况或者劳动者拒绝签订等用人单位以外的原因，造成劳动合同未签订的，不属于法律规定的用人单位未与劳动者订立书面劳动合同的情况。天润公司为证明曾经多次找王某签订劳动合同，但王某始终拖延签订一节而申请证人冯某、马某出庭作证，证人冯某是车间主任，系王某的直接管理人员，证人马某系天润公司财务，两位证人陈述的是亲身经历的事情，且就曾经多次通知王某签订劳动合同，但王某未予理睬一节内容，两位证人的陈述一致。庭审中，王某在陈述答辩意见时提及天润公司曾交给王某一份基本工资是1000余元的劳动合同与王某工资不一致,因此王某未签订该合同,但随后王某以时间久远无法记清为由回避陈述该节事实,甚至提出“就当天润公司没有找王某签过合同”的说法。经释明之后,王某仍拒绝对该节事实进行陈述,相应的法律后果应由王某自行承担。另外结合王某在仲裁申请书上亦有“我在该厂上班期间就发过一次工资条,也没给合同”的描述,王某陈述的是“没给合同”,而并非“没签合同”。两位证人提及的曾要求王某签订劳动合同,但王某未予理睬的内容,与王某陈述的“天润公司曾交付劳动合同文本、但王某拒绝签字”的内容相互吻合,因此法院采信两位证人关于曾多次通知王某签订劳动合同,但王某均无故拒绝签订的陈述。因天润公司在签订劳动合同的过程中已经尽到诚信义务,故未签订书面劳动合同的责任在王某,而并非天润公司的原因,因此天润公司要求不予支付王某 2012 年 12 月 19 日至 2013 年 7 月 11 日未签订书面劳动合同二倍工资差额 25,021.72 元的诉讼请求,合法有据。

上海市第二中级人民法院认为,本案双方围绕的主要争议焦点为天润公司是否主动与王某签订书面劳动合同或者是否尽到了磋商义务。根据原审中天润公司提供的证人马某及冯某的证言以及两份会议记录的内容来看,可初步证明天润公司对于与王某签订劳动合同事宜已经尽到了主动磋商的义务。王某在原审庭审中曾陈述天润公司给过其一份基本工资为 1000 余元的劳动合同,其认为工资与实际不符,故没有签订;后又陈述记不清了,就当没给自己签过合同;经原审法官释明,王某又以记不清为由对于之前的陈述予以否认。王某在原审中前后陈述矛盾,尽管马某及冯某均为天润公司的员工,但在王某无其他证据进一步反驳天润公司所提交证据的情况下,原审法院根据本案现有的证据并结合王某的陈述,采信天润公司的主张,并无不当。

案例分析

本案法院的观点为,如用人单位已尽到诚信义务,因不可抗力、意外情况或者劳动者拒绝签订等用人单位以外的原因,造成劳动合同未签订,不属于法律规定的用人单位未与劳动者订立书面劳动合同的情况。本案中,天润公司对于与王某签订劳动合同事宜已经尽到了主动磋商的义务,故无须承担因未订立书面劳动合同的法律责任。

(2)因客观原因导致不能订立书面劳动合同

因客观原因导致未订立书面劳动合同的情形主要是指劳动者患病或者受伤以后未再提供劳动,双方未订立书面劳动合同的情形。司法实务中有观点认为,基于不可归责于用人单位的原因造成未订立书面劳动合同的，用人单位不应支付因未订立书面劳动合同的二倍工资。以劳动者因工受伤为例，因劳动者处于停工留薪期，未到用人单位处上班，双方不能订立书面劳动合同，而用人单位又不能根据《劳动合同法实施条例》的规定终止劳动合同，如要求用人单位支付二倍工资显然不合理。如在(2014)沪二中民三(民)终字第1321号判决中，一审法院就认为，如用人单位已尽到诚信义务，因不可抗力、意外情况或者劳动者拒绝签订等用人单位以外的原因，造成劳动合同未签订，不属于法律规定的用人单位未与劳动者订立书面劳动合同的情况。

案例9－6

云南金钢玻璃有限公司与徐某劳动争议纠纷案

［(2018)云01民终6157号］

徐某自2016年7月1日至8月18日在云南金钢玻璃有限公司(以下简称玻璃公司)工作。2016年8月18日徐某受伤后就未到玻璃公司上班。徐某于2018年3月29日向安宁市劳动争议仲裁院申请仲裁，请求玻璃公司支付其2016年8月1日至2017年7月1日的二倍工资差额72,000元，2017年7月1日至申请之日的工资32,000元。仲裁裁决送达后，玻璃公司不服，向法院提起诉讼。

安宁市人民法院认为，《劳动合同法》第八十二条规定："用人单位自用工之日起超过一个月不满一年未与劳动者订立书面劳动合同的，应当向劳动者每月支付二倍的工资。"本案中双方均确认徐某在玻璃公司工作的时间为2016年7月1日至8月18日，且玻璃公司未与徐某签订劳动合同，故玻璃公司应当支付徐某二倍工资差额。庭审中玻璃公司提交了员工(工资表)(2016年8月15日)证明徐某的实际工资为每月2200元，虽徐某主张其每月工资为4000元，但徐某并未提交相关证据予以证实。本院对玻璃公司主张的每月2200元工资的情况予以确认，故玻璃公司应当支付徐某二倍工资差额为2200元×11＝24,200元。对于玻璃公司主张徐某要求支付二倍工资的请求已过仲裁时效的主张，因用人单位未与劳动者订立书面劳动合同的行为处于持续状态，劳动者主张二倍工资的时效应当从用人单位应当支付双倍工资的最后一个月届满之日起计算。本案中，双方建立劳动关系的时间为2016年7月1日，劳动关系存续期间双方没有签订劳动合同，玻璃公司应当支付徐某双倍工资的最后一个月届满之日为2017年6月30日。徐某应当在2018年6

月30日前主张权利,本案中徐某于2018年3月22日向安宁市劳动人事争议仲裁院递交仲裁申请书,并未超过诉讼时效。

昆明市中级人民法院认为,《工伤保险条例》第三十条规定,职工因工作遭灾事故伤害或者患职业病进行治疗,享受工伤医疗待遇。本案中,根据查明的事实,徐某自2016年7月1日至8月18日在玻璃公司工作。2016年8月18日徐某受伤后就未到玻璃公司处上班。即自2016年8月18日起徐某处于因工伤停工留薪期间,目前双方当事人的工伤争议尚未处理完毕,故本院确认现玻璃公司支付徐某因未订立书面劳动合同的二倍工资差额时间为2016年8月1日至8月17日,金额为1466.59元,待双方工伤争议处理完毕后,若徐某未被认定为工伤,其可另案主张受伤之后的双倍工资差额。

案例分析

徐某自2016年7月1日起与玻璃公司建立劳动关系,玻璃公司应当于2016年7月31日前与徐某订立书面劳动合同。否则应当自2016年8月1日起向徐某支付二倍工资。但2016年8月18日,徐某受伤后就未到玻璃公司上班,双方因此未能订立书面劳动合同。故自2016年8月18日起,双方系因客观原因导致未订立书面劳动合同,玻璃公司无须承担因未订立书面劳动合同的法律责任。因此玻璃公司仅需支付徐某2016年8月1日至8月17日的二倍工资差额。

(3)劳动者的工作职责包括与用人单位员工签订书面劳动合同

人事经理等负责与劳动者签订书面劳动合同的人员未与用人单位订立书面劳动合同的,此时用人单位是否应当支付因未订立书面劳动合同的二倍工资差额,司法实务中存在不同观点。

一种观点认为,如果人事经理或者用人单位的高级管理人员的工作职责包括与劳动者订立书面劳动合同,则其不能主张用人单位向其支付未订立书面劳动合同的二倍工资。但是,其能够证明向用人单位提出签订劳动合同,而用人单位予以拒绝的,仍应支持其关于二倍工资的主张。主要理由为,签订劳动合同本身属于该劳动者的工作职责,如双方未订立书面劳动合同,应当认定该劳动者存在过错,其不能就此向用人单位主张二倍工资;而且,如支持该劳动者的二倍工资请求,可能会产生道德风险。但是,如果该劳动者能够证明其对未订立书面劳动合同不存在过错,应当支持其关于二倍工资的主张,如劳动者曾提出签订劳动合同被拒绝。

另一种观点认为,法律并未对类似人事经理等特殊人员签订劳动合同的事项作出不同规定,虽然这类劳动者代表用人单位与其他员工签订劳动合同,但其并不能代表用人单位与自己签订劳动合同。对于此类劳动者,用人单位应当另行安排他人代表用人单位与之签订书面劳动合同。因此,用人单位未与此类特殊人员签订书面劳动合同的,仍需要支付二倍工资。

案例 9-7

云南博程投资集团有限公司与陈某劳动争议纠纷案

[(2015)昆民二终字第 461 号]

陈某 2014 年 3 月 18 日到云南博程投资集团有限公司(以下简称博程公司)处工作,任行政人事部经理。2014 年 6 月 20 日陈某向公司提出辞职后离开,其间双方未签订劳动合同。后陈某向昆明市盘龙区劳动人事争议仲裁院申请仲裁,要求博程公司支付双倍工资 12,000 元。

昆明市盘龙区人民法院认为,《劳动合同法》第八十二条第一款规定:"用人单位自用工之日起超过一个月不满一年未与劳动者订立书面劳动合同的,应当向劳动者每月支付二倍的工资。"本案博程公司辩称陈某是博程公司的行政管理人员,陈某未与博程公司签订书面劳动合同的责任在于陈某,但即使陈某是行政管理人员,博程公司对陈某仍负有监督管理的责任,陈某未签订劳动合同是博程公司疏于管理,博程公司应当承担相应法律责任。根据法律规定,因博程公司未与陈某签订书面劳动合同,博程公司应当支付陈某 2013 年 4 月 18 日至 2014 年 6 月 18 日的二倍工资的差额。

昆明市中级人民法院认为,用人单位未依法与劳动者订立书面劳动合同的,应当依法向劳动者支付二倍工资,但用人单位的人事管理部门负责人或主管人员向用人单位主张二倍工资,在用人单位能够证明订立劳动合同属于该人事管理部门负责人或主管人员工作职责的除外。本案中,陈某系博程公司行政人事部经理,且陈某亦认可其本人工作职责包括代表公司与新入职员工订立劳动合同。陈某虽主张其向博程公司提出过订立书面劳动合同的要求但是被博程公司拒绝,但未能就上述主张提供有效证据予以证实。综上,博程公司无须向陈某支付未签订书面劳动合同的二倍工资差额。

案例分析

本案一审法院观点与二审法院相反,一审法院的观点为,对于工作职责包括代表用人单位与劳动者订立书面劳动合同的人员,用人单位仍负有监督管理的责任,否则应当承担相应法律责任。二审法院观点为,劳动者的工作职责包括代表用人单位与劳动者订立书面劳动合同的,其不能主张用人单位向其支付未订立书面劳动合同的二倍工资。本案中,陈某系博程公司行政人事部经理,且陈某认可其本人工作职责包括代表公司与新入职员工订立劳动合同。基于此,一审法院、二审法院作出了不同的判决。

(二)因未订立书面劳动合同的二倍工资差额的计算

《劳动合同法》第八十二条第一款规定,用人单位自用工之日起超过一个月不满一年未与劳动者订立书面劳动合同的,应当向劳动者每月支付二倍的工资。根据该规定,因未订立书面劳动合同的二倍工资差额的计算与支付二倍工资的期间及二倍工资差额计算基数有关。

1.确定支付二倍工资的期间

根据《劳动合同法》第八十二条第一款的规定,二倍工资自用工之日起超过一个月之日开始支付,支付至订立书面劳动合同之日或自用工之日起满一年之日。分别来看:(1)自用工之日起满一年未订立书面劳动合同的,支付二倍工资的期间为自用工之日起超过一个月之日至自用工之日起满一年之日。(2)自用工之日起一年内订立了书面劳动合同的,支付二倍工资的期间为自用工之日起超过一个月之日至实际订立书面劳动合同之日。(3)自用工之日起不满一年,一直未订立书面劳动合同的,支付二倍工资的期间为自用工之日起超过一个月之日至实际订立书面劳动合同之日或自用工之日起满一年之日。

系劳动合同期满未续订书面劳动合同的,劳动合同期满的次日视为用工之日,按照上述计算方式计算。

2.二倍工资差额计算基数

劳动者的劳动报酬包含固定工资、加班工资、绩效工资、各种津贴、补贴、奖金等,二倍工资差额的计算基数包含哪些部分在司法实务中口径不一。

有的以劳动者应得工资为基数,包含加班费、年终奖等全部工资性收入;有的需要扣除支付周期超过一个月以及没有支付周期的项目;有的不包括加班费和非常规性奖金、津补贴、福利等;有的直接以双方劳动合同约定的月工资来确定,不包括加班费等;有的地方甚至规定不得超过用人单位所在直辖市、设区市人民政府公布的本地区上年度职工月平均工资的三倍。

案例9－8

四川省蓉泰陆港投资有限公司与刘某劳动争议纠纷案

[(2015)成民终字第418号]

刘某原系四川省蓉泰陆港投资有限公司(以下简称蓉泰公司)物业副经理,月收入由基本工资1500元、岗位工资400元、交通补贴200元、通信补贴400元组成,双方曾签订了一份合同期限自2012年9月1日起至2013年8月31日止的《劳动合同书》。合同到期后刘某仍在蓉泰公司工作,但双方未续签书面劳动合同。

成都市青白江区人民法院认为,蓉泰公司未与刘某续签书面劳动合同,应当支付刘某二倍工资。二倍工资的计算期限自双方前一次书面劳动合同期满后的第二个月开始计算。对二倍工资的计算标准,结合刘某的月收入构成,应以基本工资1500元/月计算,但庭审中蓉泰公司认可按照1600元/月计算,予以确认。判决由蓉泰公司支付刘某2013年10月至2014年5月未签订书面劳动合同的二倍工资中未支付部分12,800元(1600元/月×8个月)。

成都市中级人民法院认为,二倍工资作为对用人单位不与劳动者订立书面劳动合同的民事制裁,并非劳动者获取利益的途径,"二倍工资"并非全部劳动报酬的二倍。二倍工资的基数应为劳动者在正常劳动时间提供正常劳动的劳动报酬的二倍,不包括加班工资、补贴、奖金等不特定收入。本案中,刘某二倍工资的计算基数应为1900元/月(基本工资1500元＋岗位工资400元),刘某关于未签书面劳动合同和二倍工资计算基数错误的上诉理由部分成立。蓉泰公司应向刘某支付八个月二倍工资差额共计15,200元。

案例分析

针对计算二倍工资差额的基数,本案一审法院认为,应当以月基本工资作为计算基数,故以1600元/月作为二倍工资差额的计算基数;二审法院则认为,二倍工资的基数应为劳动者在正常劳动时间提供正常劳动的劳动报酬的二倍,岗位工资也是属于劳动者在正常劳动时间提供正常劳动的劳动报酬,故二倍工资差额的计算基数应当包含刘某的岗位工资400元。

(三)用人单位的抗辩

用人单位对劳动者请求支付因未订立书面劳动合同的二倍工资差额进行抗辩主要有以下几个方面的抗辩思路:

1. 没有法律依据的抗辩

没有法律依据的抗辩是指劳动者主张用人单位支付因未订立书面劳动合同的二倍工资差额没有法律依据。也就是说,劳动者提出主张所依据的事实不适用《劳动合同法》第八十二条第一款的规定。针对劳动者关于用人单位支付因未订立书面劳动合同的二倍工资差额的主张,没有法律依据的抗辩包括:第一,双方系非全日制用工关系;第二,劳动者恶意拒签劳动合同;第三,因客观原因造成不能订立书面劳动合同;第四,劳动者的工作职责包括与用人单位员工签订书面劳动合同。

(1)与劳动者系非全日制用工关系的,可主张双方系非全日制用工关系,根据《劳动合同法》第六十九条的规定,非全日制用工双方当事人可以订立口头协议。因此,劳动者主张用人单位支付因未订立书面劳动合同的二倍工资差额没有法律依据。

(2)用人单位可主张劳动者恶意拒签劳动合同,用人单位具有书面订约行为外观,具有订立合同的内心意思,并且实际履行了劳动合同义务,未订立书面劳动合同的过错在劳动者一方的,用人单位无须按照《劳动合同法》第八十二条的规定支付劳动者二倍工资,此时劳动者主张用人单位支付因未订立书面劳动合同的二倍工资差额没有法律依据。

(3)如系客观原因造成不能订立书面劳动合同,用人单位可主张基于不可归责于用人单位的原因造成未订立书面劳动合同,用人单位不应对未订立书面劳动合同承担法律责任,劳动者主张用人单位支付因未订立书面劳动合同的二倍工资差额没有法律依据。

(4)劳动者的工作职责包括与用人单位员工签订书面劳动合同的,可主张未订立书面劳动合同的过错在劳动者一方,劳动者主张用人单位支付因未订立书面劳动合同的二倍工资差额有违诚实信用原则,不应当得到支持。

2. 没有事实依据的抗辩

没有事实依据的抗辩是指劳动者主张用人单位支付因未订立书面劳动合同的二倍工资差额没有事实依据,即劳动者提出主张所依据的事实不存在。针对劳动者关于用人单位支付因未订立书面劳动合同的二倍工资差额的主张,没有事实依据的抗辩包括:第一,不存在全日制用工关系;第二,已经订立了书面劳动合同。

(1)不存在全日制用工关系。劳动者主张用人单位支付因未订立书面劳动合同的二倍工资差额所依据的事实之一是双方建立了全日制用工关系,如双方不存在全日制用工关系,可主张劳动者主张的用人单位支付因未订立书面劳动合同的二倍工资差额没有事实依据。

(2)用人单位已经与劳动者订立书面劳动合同的,劳动者主张用人单位支付因未订立书面劳动合同的二倍工资差额没有事实依据。订立书面劳动合同包括:第一,正常签订书面劳动合同;第二,补签书面劳动合同;第三,视为订立书面劳动合同。

A. 正常签订书面劳动合同是指用人单位自用工之日起一个月内与劳动者订立了书面的劳动合同。

B. 补签书面劳动合同是指用人单位自用工之日起一个月内未与劳动者订立书面的劳动合同,但事后补签了劳动合同,劳动合同期限的起算时间约定为建立劳动关系之日。补签劳动合同是在平等自愿、协商一致的基础上达成的共识,只要不违反法律法规规定、符合民法关于当事人意思自治原则就是有效的,应当认定为劳动者放弃向用人单位主张二倍工资的权利,用人单位不应支付双倍工资。①

案例 9-9

北京佳合供暖有限责任公司与王某劳动争议纠纷案

[(2015)三中民终字第 09917 号]

王某于 2013 年 3 月 16 日入职佳合公司,双方未签订书面劳动合同,2014 年 3 月 15 日王某与佳合公司补签了员工聘用协议,补签的员工聘用协议明确写明"本合同生效日期为 2013 年 3 月 16 日"。

北京市朝阳区人民法院认为,双方签订的用工聘用协议中所约定的内容,确已具备劳动合同的必备条款,具有劳动合同效力,故就佳合公司对于劳务关系的主张,该院不予采信。双方签订的用工聘用协议合法有效,其效力等同于劳动合同书,故王某关于 2013 年 3 月 13 日至 2014 年 7 月 25 日未签订劳动合同双倍工资差额的请求,缺乏事实依据,该院不予支持。

北京市第三中级人民法院认为,《劳动合同法》规定,建立劳动关系,应当订立书面劳动合同。用人单位自用工之日起超过一个月不满一年未与劳动者订立书面劳动合同的,应当向劳动者每月支付二倍的工资。该规定的立法目的在于促使用人单位及时与劳动者订立书面劳动合同,稳定劳动关系。《劳动合同法实施条例》

---

① 参见杜万华执行主编,最高人民法院民事审判第一庭编著:《民事审判前沿》(第 1 辑),人民法院出版社 2014 年版,第 291~294 页。

规定,用人单位没有依法与劳动者订立书面劳动合同的,应当向劳动者每月支付两倍的工资,并与劳动者补订书面劳动合同;劳动者不与用人单位订立书面劳动合同的,用人单位应当书面通知劳动者终止劳动关系。综合上述法律规定,向劳动者每月支付二倍工资是手段,订立书面劳动合同是目的。本案中,王某于2013 年3 月16 日入职佳合公司,应当理解为双方于该日建立劳动关系。佳合公司没有在法律规定的期限内与王某订立书面劳动合同,当然具有可罚性。但是王某并未就此向仲裁机构提出主张,而是于2014 年 3 月 15 日与佳合公司补签了劳动合同,补签的劳动合同明确写明“本合同生效日期为2013 年3 月 16 日”。首先,补签的书面合同明确了双方劳动关系的起止日期,起到了稳定劳动关系的目的。其次,该合同应当理解为双方合意弥补了佳合公司未及时订立书面劳动合同的缺陷。一审法院综合分析双方合意弥补缺陷的事实,以及补签合同明确了双方劳动关系的实际效果,不支持王某未订立书面劳动合同双倍工资差额的主张,理由正当,予以确认。王某在双方形成合意弥补了未及时订立书面劳动合同的缺陷后,违反在先意思表示,再次主张双倍工资,没有法律依据,不予支持。

案例分析

主流观点认为,补签劳动合同后用人单位无须再支付二倍工资,但要注意的是,如果补签的劳动合同期限不能完全覆盖事实劳动关系存续期限,那么不能免除用人单位支付未覆盖部分二倍工资的责任。如王某于 2013 年 3 月 16 日入职佳合公司,而补签的劳动合同期限载明的劳动合同期限起算时间为 2013 年 5 月 16 日,那么佳合公司还应当支付王某 2013 年 4 月 16 日至 5 月 15 日的二倍工资差额。

此外,司法实务中对补签劳动合同后用人单位是否还应当支付二倍工资存在不同的观点。该种观点认为,根据劳动和社会保障部《关于确立劳动关系有关事项的通知》的规定,用人单位招用劳动者符合第一条规定的情形的,用人单位应当与劳动者补签劳动合同,劳动合同期限由双方协商确定。签订书面劳动合同和补签劳动合同都是用人单位的法定责任。用人单位应当依法及时与劳动者签订书面劳动合同而未签订,虽经过长期的事实劳动关系后再予补签,但此前未及时签订劳动合同导致的违法状态并未消失,因而不能免除用人单位之前违法行为所产生的责任。

案例9－10

福建伟质鞋材有限公司与余某劳动争议纠纷案

［(2015)晋民初字第2182号］

余某于2014年9月25日进入福建伟质鞋材有限公司(以下简称伟质公司)工作,双方约定余某月保底工资为3200元,双方未签订书面劳动合同。2014年12月30日余某向伟质公司提出解除劳动关系,伟质公司于2015年1月3日结清余某工作期间的全部工资,并于当日与余某补签书面劳动合同。

福建省晋江市人民法院认为,伟质公司作为用人单位,未能在余某工作期间与余某签订书面劳动合同,且无法证明系余某的原因造成双方未能签订书面劳动合同,伟质公司的行为已经违反了我国劳动法律法规的相关规定,虽然嗣后双方在解除劳动关系时补签了劳动合同,但伟质公司依法仍应当自用工之日起满一个月的次日起计付该段用工期间的双倍工资给予余某。

案例分析

本案中的法院观点为,补签劳动合同后,用人单位仍应就之前未订立书面劳动合同承担法律责任。虽然伟质公司与徐某在解除劳动关系时补签了劳动合同,但伟质公司依法仍应支付余某2014年10月25日至12月30日的二倍工资差额。

视为订立书面劳动合同是指用人单位虽未与劳动者订立书面劳动合同,但经双方确认的其他书面材料可以确定双方劳动权利义务关系内容的,可以视为双方已经订立书面劳动合同,用人单位无须再支付因未订立书面劳动合同的二倍工资差额。但就该书面材料应当达到何种标准存在不同的观点。

一种观点认为,只有具备劳动合同的必备条款才能视为已经订立书面劳动合同,而劳动合同的必备条款应当参照《劳动合同法》第十七条的规定确定。包括劳动合同期限、工作内容和工作地点、工作时间和休息休假、劳动报酬等。

另一种观点认为,具备劳动合同基本事项并约定双方当事人之间基本权利义务,就可以认定为劳动合同。一般只要可以明确劳动合同期限、工作内容及劳动报酬即可视为双方已经订立书面劳动合同。

案例9-11

云南科诚卫远科技有限公司与胡某劳动争议纠纷案

[(2014)昆民二终字第944号]

2012年2月25日,胡某被云南科诚卫远科技有限公司(以下简称科诚公司)聘为IT事业部总经理,聘期为2012年2月1日至2013年1月31日,工作期间双方对胡某的工资进行了口头约定。庭审中,胡某提供了一份聘书证明2012年2月1日受聘于科诚公司建立了劳动关系。

昆明市中级人民法院认为,本案中,科诚公司与胡某签订聘书的内容载明了双方的名称、胡某的工作职位、聘用期限等条款,双方对胡某的劳动报酬亦认可为每月15,000元,该聘书的内容已具备劳动合同的主要条款,且胡某的工作职位IT事业部总经理系上诉人的高级管理人员,与一般员工和用人单位签订劳动合同的情况相比应具有其特殊性,故认定双方签订的聘书具备劳动合同的性质,视为双方已签订了劳动合同。

案例分析

本案中,科诚公司与胡某签订聘书的内容载明了双方的名称、胡某的工作职位、聘用期限等条款,双方对胡某的劳动报酬亦认可为每月15,000元,该聘书的内容已具备劳动合同的主要条款,故法院将聘书视为书面劳动合同,科诚公司无须支付胡某因未订立书面劳动合同的二倍工资差额。

案例9-12

成都亿客餐饮管理有限公司与揭某劳动争议纠纷案

[(2012)锦江民初字第2509号]

2011年5月20日,成都亿客餐饮管理有限公司(以下简称亿客餐饮)向揭某发出聘字第201101号聘任书,载明"聘任揭某先生为本公司韩餐总经理,基本年薪为税后人民币52万元。在聘期间自2011年7月1日起至2016年6月30日止",落款为亿客餐饮(公章)和"董事长:李某"。揭某收到该聘任书后并未在其上签章。亿客餐饮主张其发给揭某的聘任书就是双方签订的书面劳动合同,但同时又认为不能按照该聘书载明的年薪来计算揭某的月工资。

成都市锦江区人民法院认为,关于聘任书能否视为双方已签订书面劳动合同的问题,根据《劳动合同法》第十六条之规定,劳动合同是劳动者和用人单位就劳动权利义务的相关内容协商一致确定的协议,它必须经双方在合同文本上签字或盖章而生效。本案中,聘任书是用人单位单方发给劳动者的文书,其上既没有揭某的签章,也没有二者各执一份,故从形式要件上来看,聘任书不符合签订书面劳动合同的条件。根据《劳动合同法》第十七条之规定,劳动合同的内容包括必备条款和其他事项,其中的必备条款就是劳动合同成立且生效的实质要件。本案中,聘任书只载明了劳动者和用人单位的名称、在聘职务和期间、劳动报酬,对诸如工作内容和地点、工作时间和休息休假、社会保险和劳动保护等劳动合同的必备内容只字未提,故从实质要件上来看,聘任书也不符合书面劳动合同文本的条件。另从实际履行情况来看,若聘任书内容翔实充分,且劳动者一方接受了委任、实际从事了工作,并按照聘书上载明的金额领取了劳动报酬,应视为双方签订了劳动合同。本案中,亿客餐饮虽然主张聘任书就是劳动合同,却不认可聘书中载明揭某的"劳动报酬"为年薪税后52万元。本案中聘任书内容明显不足,且实际履行过程中也未严格按照其履行,故对亿客餐饮前后矛盾的陈述,本院不予认可。本院认为,亿客餐饮2011年5月20日发给揭某的聘任书,应视为亿客餐饮拟就双方建立劳动关系而发出的要约;揭某2011年7月1日入职亿客餐饮工作,应视为揭某以实际行动作出的承诺,至此双方的事实劳动关系建立。但劳动关系的特殊性在于,法律明文规定了建立劳动关系后应当订立书面劳动合同。判决:原告成都亿客公司于本判决发生法律效力之日起十日内支付被告揭某未签订书面劳动合同的二倍工资差额部分74,014元。

案例分析

本案中,亿客餐饮向揭某发出的聘任书载明了劳动者和用人单位的名称、在聘职务和期间、劳动报酬等,但亿客餐饮不认可聘任书中关于劳动报酬的内容。另聘任书只是亿客餐饮单方向揭某发出,并未经揭某确认,故法院认定亿客餐饮向揭某发出聘任书的行为属于要约,不属于订立书面劳动合同,因此亿客餐饮应当支付揭某因未订立书面劳动合同的二倍工资差额。

3. 仲裁时效期间经过的抗辩

关于劳动者请求支付因未订立书面劳动合同的二倍工资差额的仲裁时效期间的计算,司法实务中存在多种不同的观点。

第一种观点认为,二倍工资差额属于工资,因支付二倍工资差额发生争议的,劳动者申请仲裁不受仲裁时效期间的限制。但是,劳动关系终止的,应当自劳动关系终止之日起一年内提出。并自劳动关系终止之日开始计算。

案例9-13

谭成与海南兴城幕墙装饰工程有限公司劳动争议纠纷案

[(2014)琼民抗字第8号]

谭某于2010年1月1日受聘到海南兴城幕墙装饰工程有限公司(以下简称兴城幕墙公司)工作,但兴城幕墙公司未与谭某签订书面劳动合同。2012年5月1日,兴城幕墙公司以谭某在没有办理工作交接及离职手续的情况下,擅自离开工作岗位,已经累计旷工25天,其行为被界定为重度过失为由,解除与谭某的劳动关系。谭某于同年6月4日向海口市劳动争议仲裁委员会申请仲裁。

海南省高级人民法院再审认为,首先,《劳动合同法》第八十二条规定:"用人单位自用工之日起超过一个月不满一年未与劳动者订立书面劳动合同的,应当向劳动者每月支付二倍的工资。用人单位违反本法规定不与劳动者订立无固定期限劳动合同的,自应当订立无固定期限劳动合同之日起向劳动者每月支付二倍的工资。"从该条的表述来看,用人单位给劳动者支付的是二倍的"工资",而非其他。其次,从立法目的来看,虽然二倍工资是对用人单位不签订书面劳动合同的行为进行惩罚,但这种惩罚的目的是使劳动者得到更为全面的保护。一旦用人单位不与劳动者签订书面劳动合同,就应当支付二倍工资以降低劳动者因劳动关系存续期间不确定而面临的随时失业的风险。倘若要求劳动者在劳动关系存续期间就必须对用人单位不签订书面劳动合同的行为提起仲裁,那劳动者就有可能被解雇,这不利于立法目的的实现。综上,应认定二倍工资属于"劳动报酬"。据此,就二倍工资发生争议的,应自劳动关系解除之日起开始计算仲裁时效。具体到本案中,谭某与兴城幕墙公司之间的劳动关系于2012年4月7日解除,而谭某在2012年6月4日已经就未签订书面劳动合同的二倍工资差额向海口市劳动争议仲裁委员会申请仲裁,并未超出法律规定的仲裁时效。原判对此适用法律并无错误,应予维持。

案例分析

本案法院观点为,二倍工资属于劳动报酬,根据《劳动争议调解仲裁法》第二十七条第四款的规定,劳动关系存续期间因拖欠劳动报酬发生争议的,劳动者申请仲裁不受本条第一款规定的仲裁时效期间的限制;但是,劳动关系终止的,应当自劳动关系终止之日起一年内提出。因此,谭某与兴城幕墙公司之间的劳动关系于2012年4月7日解除后才开始计算一年的仲裁时效期间,谭某在2012年6月4日申请劳动仲裁,仲裁时效期间并未经过。

主流观点认为,用人单位支付二倍工资差额是对用人单位未依法订立书面劳动合同的违法行为惩罚措施,二倍工资差额的性质为赔偿金,不属于劳动报酬。因此,仲裁时效期间应当自劳动者知道或者应当知道其权利被侵害之日起计算。

另外,由于对劳动者知道或者应当知道其权利被侵害之日的理解不同又存在不同的观点。

第一种观点认为,用人单位与劳动者订立书面劳动合同的宽限期的最后一日届满以后,用人单位未与劳动者订立书面劳动合同的,宽限期届满之日的次日为劳动者知道或者应当知道其权利被侵害之日,仲裁时效期间开始计算。因此,劳动者请求用人单位支付因未订立书面劳动合同的二倍工资差额时,按照提出请求之日往历史的方向推一年,超过一年的部分,仲裁时效期间经过。

案例9-14

上海中亚饭店有限公司与杨某劳动争议纠纷案

[(2014)沪二中民三(民)终字第94号]

杨某与上海中亚饭店有限公司(以下简称中亚饭店)于2010年8月1日订立了期限自2010年5月20日至2011年5月19日的劳动合同,合同约定杨某在餐饮部担任糖艺大工,劳动报酬每月人民币3500元。该份劳动合同期满后未续签,而双方仍维持劳动关系。2013年4月1日杨某向上海市闸北区劳动人事争议仲裁委员会申请仲裁。

上海市闸北区人民法院认为,杨某称与中亚饭店订立过期限为2010年7月28日至2011年7月28日的劳动合同,但未能提供相关证据,故一审法院采信中亚饭店提供的劳动合同,认定双方订立过期限自2010年5月20日至2011年5月19日的劳动合同。杨某现要求中亚饭店支付2011年8月29日至2012年7月28日未签订劳动合同双倍工资的另一倍工资49,500元,由于2011年8月29日至2012年3月31日这期间的请求已超过申请仲裁的时效,中亚饭店以此为由不同意支付,而2012年5月20日至7月28日的诉讼请求,缺乏事实依据,故对杨某该两部分的请求不予支持。中亚饭店应向杨某支付2012年4月1日至5月19日未签订劳动合同双倍工资的另一倍工资6574.71元(计算方式:4000元+4000元÷21.75天×14天)。

上海市第二中级人民法院认为,双方签订的劳动合同期限为2010年5月20日至2011年5月19日,期满后双方劳动关系并未终止,但中亚饭店未与杨某续签劳动合同,应承担相应的法律责任。本案中,杨某于2013年4月1日申请仲裁,其关于2011年8月29日至2012年3月31日的部分请求超过仲裁时效,中亚饭店关于超过时效的抗辩理由成立,予以采纳。杨某虽主张双方签订的劳动合同期限为2010年7月28日至2011年7月28日,但未提供有效证据,不予采信,故杨某关于2012年5月20日至7月28日双倍工资差额的请求,无事实依据,不予支持。中亚饭店应以月工资4000元标准向杨某支付2012年4月1日至5月19日未签订劳动合同的双倍工资差额6574.71元。

案例分析

本案中,杨某与中亚饭店于2010年8月1日订立了期限自2010年5月20日至2011年5月19日的劳动合同,该份劳动合同期满后未续签,但双方仍维持劳动关系,故中亚饭店应当自2011年6月19日起至2012年5月20日支付杨某二倍工资,杨某要求中亚饭店支付2011年8月29日至2012年7月28日未签订劳动合同二倍工资的另一倍工资49,500元,其中2011年8月29日至2012年5月20日的二倍工资差额具有法律依据。法院认为,杨某2013年4月1日申请仲裁,关于2011年8月29日至2012年3月31日的部分请求超过仲裁时效。可以看出,法院确认仲裁时效期间是否经过的标准为按照劳动者提出请求之日往历史的方向推一年,超过一年的部分,仲裁时效期间经过。

第二种观点认为,因劳动者的工资按一定的周期支付,用人单位未与劳动者订立书面劳动合同的,下一个工资支付周期若用人单位未支付二倍工资,劳动者应当知道其权利被侵害,此时应支付未支付部分的二倍工资差额的仲裁时效期间开始计算。

案例 9-15

上海中智国际教育培训中心与杨某劳动争议纠纷案

[(2016)沪01民终12473号]

上海市第一中级人民法院作出(2016)沪01民终715号民事判决,认定杨某与上海中智国际教育培训中心(以下简称中智培训中心)劳动关系自2013年7月存续至2015年5月31日。因双方未订立书面劳动合同,杨某要求中智培训中心支付因未订立书面劳动合同的二倍工资差额。

上海市徐汇区人民法院认为,《劳动合同法》第八十二条第一款规定:“用人单位自用工之日起超过一个月不满一年未与劳动者订立书面劳动合同的,应向劳动者每月支付二倍的工资。”从该条规定的立法本意分析,双倍工资的性质并非完全是劳动者提供正常劳动所获得的一种劳动报酬,其超出双方约定的劳动报酬部分是因用人单位未按法律规定与劳动者签订书面劳动合同而应承担的法定责任,又因工资应当以货币形式按月支付给劳动者,故对双方约定的劳动报酬以外属于法定责任的部分,劳动者申请仲裁的时效应从未签订书面劳动合同的第二个月起按月分别计算。杨某在(2015)徐民五(民)初字第767号民事案件审理过程中表示“2013年7月至2014年4月双方存在劳动关系,该期间其多次提出签订劳动合同,但中智培训中心予以拒绝。”杨某该陈述表明,其在2013年7月至2014年4月即已知道其依法要求中智培训中心签订书面劳动合同的权利被侵害,其亦应当知道其有权向中智培训中心主张未签订劳动合同的双倍工资差额,故杨某主张上述期间未签订劳动合同双倍工资差额的仲裁时效期间应当从次月起计算一年。然而,杨某迟至2016年5月9日才主张权利,其间又无诉讼时效中止或中断的法定情形,故杨某要求中智培训中心因未签订劳动合同支付2013年7月1日至2014年4月30日的双倍工资差额的诉讼请求,早已超过劳动争议申请仲裁的一年时效期间,本院难以支持。

上海市第一中级人民法院认为,一审法院在查明事实的基础上已经充分阐述了判决理由与法律依据,判决驳回上诉,维持原判。

案例分析

本案中,中智培训中心与杨某的劳动关系存续期间为2013年7月至2015年5月31日,故中智培训中心应当自2013年8月至2014年7月支付杨某二倍工资。法院认为,杨某主张上述期间未签订劳动合同二倍工资差额的仲裁时效期间应当从未订立书面劳动合同的第二个月起按月分别计算一年,即杨某主张支付2013年8月的二倍工资差额,仲裁时效期间应当自2013年9月1日开始计算一年,主张支付2013年9月的二倍工资差额,仲裁时效期间应当自2013年10月1日开始计算一年……主张2014年4月的二倍工资差额,仲裁时效期间应当自2014年5月1日开始计算一年,杨某2016年5月9日才主张权利,故其主张中智培训中心支付2013年8月至2014年4月的二倍工资差额,仲裁时效期间已经经过。

第三种观点认为,因未订立书面劳动合同的违法行为处于持续状态,仲裁时效期间应当自违法行为终了之日开始计算,即用人单位自用工之日起一年内订立了书面劳动合同的,签订劳动合同之日为违法行为终了之日;用人单位自用工之日起超过一年未订立书面劳动合同的,满一年之日为违法行为终了之日。

案例 9 - 16

欣林服装店与刘某劳动争议纠纷案

[(2014)昆民二终字第 1372 号]

刘某于 2010 年 4 月到昆明市盘龙区欣林服装店工作,双方未签订书面劳动合同,欣林服装店也未为其购买社会保险。2013 年 2 月 4 日,双方因为营业款发生纠纷,刘某向昆明市公安局盘龙分局金星派出所报警。此后刘某未继续上班。

昆明市中级人民法院经审理认为,服装店在与刘某建立劳动关系期间未与其签订书面劳动合同,刘某有权向服装店提出要求支付未签订书面劳动合同二倍工资的主张。依据《劳动争议调解仲裁法》第二十七条的规定,刘某应当在知道或者应当知道其权利被侵害之日起一年内提出,现从查明的事实反映刘某自 2010 年 4 月入职,服装店应当向其支付 2010 年 5 月至 2011 年 3 月的二倍工资,刘某主张未签订书面劳动合同的二倍工资时效应从服装店应当支付二倍工资的最后一个月届满起算即从 2011 年 4 月起算一年,而本案中,刘某于 2013 年 6 月才就二倍工资主张提出仲裁申请,已超过一年的仲裁时效,故对于刘某要求支付二倍工资的主张,不予支持。

案例分析

本案中,刘某自 2010 年 4 月入职,故服装店应当向其支付 2010 年 5 月至 2011 年 3 月的二倍工资,法院认为,刘某主张未签订书面劳动合同的二倍工资时效应从服装店应当支付二倍工资的最后一个月届满起算,即应当从 2011 年 4 月 1 日起算一年,但刘某于 2013 年 6 月申请劳动仲裁,仲裁时效期间已经经过。

4. 其他抗辩

除了没有法律依据、没有事实依据的抗辩以及仲裁时效期间经过的抗辩外,用人单位针对劳动者请求支付因未订立书面劳动合同二倍工资差额的主张还可以就二倍工资差额的计算进行抗辩。

(1)可根据实际情况主张支付二倍工资差额的期间存在错误。

(2)可根据实际情况主张二倍工资差额计算基数错误。

A. 二倍工资差额计算基数不应包含绩效工资、加班费、奖金等。

B. 用人单位支付的费用中部分不属于工资的,可主张扣除非工资部分。

(四)请求用人单位支付因未订立书面劳动合同的二倍工资差额的举证

1. 待证事实

结合用人单位支付因未订立书面劳动合同的二倍工资差额的构成要件,用人单位是否需要支付因未订立书面劳动合同的二倍工资差额的待证事实包括:①存在劳动关系;②劳动者的入职时间或劳动合同到期时间;③是否订立书面劳动合同。

2. 举证责任分配

根据“谁主张,谁举证”的原则,劳动者请求用人单位支付因未订立书面劳动合同的二倍工资差额,应当就存在劳动关系,入职时间承担举证责任。未订立书面劳动合同属于消极事实,应当由用人单位提供证据证明已经订立书面劳动合同。劳动者主张已经订立书面劳动合同的,应当对此承担举证责任。

3. 证据

(1)证明存在劳动关系的证据已经在“确认劳动关系”章节进行说明,在此不做赘述。

(2)证明入职时间的证据或劳动合同到期时间的证据主要有入职登记表、劳动合同、工资支付记录等。

(3)证明已经订立书面劳动合同的证据主要有劳动合同、聘书等。

三、因未订立无固定期限劳动合同的二倍工资差额

(一)用人单位支付因未订立无固定期限劳动合同的二倍工资差额的构成要件

根据《劳动合同法》第八十二条的规定,用人单位违反《劳动合同法》规定不与劳动者订立无固定期限劳动合同的,自应当订立无固定期限劳动合同之日起向劳动者每月支付二倍的工资。因此,用人单位支付未订立无固定期限劳动合同二倍工资的构成要件为:第一,满足用人单位应当与劳动者订立无固定期限劳动合同的条件;第二,用人单位未与劳动者订立无固定期限劳动合同。

1. 满足用人单位应当与劳动者订立无固定期限劳动合同的条件

根据《劳动合同法》第十四条的规定,有下列情形之一,劳动者提出或者同意续

订、订立劳动合同的,除劳动者提出订立固定期限劳动合同外,应当订立无固定期限劳动合同:(1)劳动者在该用人单位连续工作满十年的;(2)用人单位初次实行劳动合同制度或者国有企业改制重新订立劳动合同时,劳动者在该用人单位连续工作满十年且距法定退休年龄不足十年的;(3)连续订立二次固定期限劳动合同,且劳动者没有《劳动合同法》第三十九条和第四十条第一项、第二项规定的情形,续订劳动合同的。

从法条的表述来看,“劳动者提出或者同意续订、订立劳动合同的”包括三种情况,即劳动者提出、劳动者同意续订、劳动者同意订立劳动合同,而劳动者同意订立劳动合同主要是针对用人单位初次实行劳动合同制度或者国有企业改制重新订立劳动合同的情形。

需要注意的是,根据《劳动合同法》第九十七条的规定,订立固定期限劳动合同的次数应当从《劳动合同法》实施以后开始计算,即从 2008 年 1 月 1 日开始计算。

综上,在以下情形中,除劳动者提出订立固定期限劳动合同外,用人单位应当与劳动者订立无固定期限劳动合同。①劳动者在用人单位连续工作满十年以上,劳动者提出订立无固定期限劳动合同时,用人单位应当与劳动者订立无固定期限劳动合同;②劳动者在用人单位连续工作满十年以上,劳动合同到期以后,劳动者同意续订劳动合同时,用人单位应当与劳动者订立无固定期限劳动合同;③用人单位初次实行劳动合同制度或者国有企业改制重新订立劳动合同时,劳动者在用人单位连续工作满十年以上且距法定退休年龄不足十年,劳动者提出订立劳动合同时,用人单位应当与劳动者订立无固定期限劳动合同;④用人单位初次实行劳动合同制度或者国有企业改制重新订立劳动合同时,劳动者在用人单位连续工作满十年以上且距法定退休年龄不足十年,劳动者同意订立劳动合同时,用人单位应当与劳动者订立无固定期限劳动合同;⑤连续订立二次固定期限劳动合同,且劳动者没有《劳动合同法》第三十九条和第四十条第一项、第二项规定的情形,劳动者提出订立劳动合同时,用人单位应当与劳动者订立无固定期限劳动合同;⑥连续订立二次固定期限劳动合同,且劳动者没有《劳动合同法》第三十九条和第四十条第一项、第二项规定的情形,劳动者同意续订劳动合同时,用人单位应当与劳动者订立无固定期限劳动合同。

2. 用人单位未与劳动者订立无固定期限劳动合同

用人单位未与劳动者订立无固定期限劳动合同,即双方劳动合同的期限不是无固定期限劳动合同。司法实务中,有的仲裁院、法院不考虑已经视为订立无固定期限劳动合同的情形,认为未订立书面劳动合同属于未订立无固定期限劳动合同。

需要注意的是,《劳动合同法》第八十二条第一款针对的是未订立书面劳动合同的情形,强调劳动合同的书面形式,第二款是针对用人单位不与劳动者订立无固定期限劳动合同的情形,强调的是劳动合同的期限。

视为已经订立无固定期限劳动合同的情形,双方的劳动合同期限为无固定期限且满足订立无固定期限劳动合同的要求。《劳动合同法》第十四条第二款规定的应当订立无固定期限的劳动合同是指劳动合同期限不是无固定期限劳动合同的情形,满足一定条件,用人单位应当与劳动者订立无固定期限劳动合同,如果双方的劳动合同已经是无固定期限劳动合同,则不再适用《劳动合同法》第十四条第二款的规定,当然就不存在应当订立无固定期限劳动合同而未订立的问题。但是已经满足视为订立无固定期限劳动合同的条件,但又订立了固定期限劳动合同的,仍要适用《劳动合同法》第十四条第二款的规定。比如,用人单位自用工之日起超过一年未与劳动者订立书面劳动合同,之后双方又签订书面的固定期限劳动合同的,应当认定为双方协商一致变更劳动合同期限为固定期限劳动合同;若之后又存在《劳动合同法》第十四条第二款规定的情形,因满足条件时劳动期限不是无固定期限,用人单位应当依法与劳动者订立无固定期限劳动合同,否则需要支付劳动者二倍工资。

(二)因未订立无固定期限劳动合同的二倍工资差额的计算

《劳动合同法》第八十二条第二款规定,用人单位违反《劳动合同法》规定不与劳动者订立无固定期限劳动合同的,自应当订立无固定期限劳动合同之日起向劳动者每月支付二倍的工资。根据该规定,因未订立无固定期限劳动合同的二倍工资差额的计算与支付二倍工资的期间及二倍工资差额计算基数有关。

1. 确定支付二倍工资的期间

根据《劳动合同法》第八十二条第二款的规定,二倍工资自应当订立无固定期限劳动合同之日起支付,支付至订立无固定期限劳动合同之日。

2. 二倍工资差额计算基数

因未订立无固定期限劳动合同的二倍工资差额计算基数与因未订立书面劳动合同的二倍工资差额计算基数相同。

(三)用人单位的抗辩

1. 没有法律依据的抗辩

未订立书面劳动合同与未订立无固定期限劳动合同相似,都是用人单位未按照法律规定的要求与劳动者订立劳动合同。未订立书面劳动合同是指未按照法律规定订立书面形式的劳动合同,未订立无固定期限劳动合同是指未按照法律规定订立劳动合同期限为无固定期限的劳动合同。因此,关于法律适用的抗辩可以参照支付未订立书面劳动合同二倍工资差额的抗辩。(1)双方系非全日制用工关系;(2)如用人单位已经提供合同期限为无固定期限的劳动合同,劳动者拒不签订,也未提出订立固定期限劳动合同的情形;(3)因客观原因导致不能订立无固定期限劳动合同,如劳动者处于停工留薪期,双方不能签订劳动合同,当然也不能签订无固定期限劳动合同;(4)劳动者的工作职责包括与用人单位员工签订劳动合同,即该类人员本身对未订立无固定期限劳动合同存在过错。

2. 没有事实依据的抗辩

没有事实依据的抗辩包括:第一,不满足用人单位应当与劳动者订立无固定期限劳动合同的条件;第二,已经订立无固定期限劳动合同。

(1)不满足用人单位应当与劳动者订立无固定期限劳动合同的条件

不满足用人单位应当与劳动者订立无固定期限劳动合同的条件可以根据实际情况进行抗辩。劳动者主张已经在本单位连续工作满十年的,用人单位可以主张劳动者未在本单位连续工作满十年;劳动者主张用人单位初次实行劳动合同制度或者国有企业改制重新订立劳动合同时,劳动者在该用人单位连续工作满十年且距法定退休年龄不足十年的,用人单位可以主张劳动者在本单位没有连续工作满十年或者距法定退休年龄超过十年;劳动者主张已经与用人单位连续订立二次固定期限劳动合同到期的,用人单位可以主张订立固定期限劳动合同的次数自《劳动合同法》实施以后未超过两次,或者是劳动者存在《劳动合同法》第三十九条和第四十条第一项、第二项规定的情形。

除针对以上情形进行抗辩外,还可以主张系劳动者提出订立固定期限劳动合同进行抗辩。实际上,司法实践的主流观点认为,存在《劳动合同法》第十四条规定的情形,劳动者与用人单位签订了固定期限劳动合同的,视为劳动者放弃与用人单位订立无固定期限劳动合同的权利,其再要求用人单位支付因未订立无固定期限劳动合同的二倍工资的,不应得到支持。

案例 9－17

武汉长青资产经营有限公司与陈某劳动争议纠纷案

［（2019）鄂 01 民终 4035 号］

陈某于 2015 年 8 月 3 日入职武汉长青资产经营有限公司（以下简称长青公司），岗位为管理员，双方成立劳动关系。2015 年 8 月 3 日，双方签订了合同期限为 2015 年 8 月 3 日至 9 月 2 日的试用期劳动合同。2015 年 9 月 1 日开始，双方先后签订四份劳务合同，合同期间分别为 2015 年 9 月 1 日至 2016 年 8 月 31 日、2016 年 9 月 1 日至 2017 年 8 月 31 日、2016 年 10 月 17 日至 2017 年 10 月 16 日、2017 年 10 月 17 日至 2018 年 10 月 16 日。前述四份劳务合同均载明了双方基本身份情况、合同期限、工作内容和工作地点、工作时间和休息休假、工资报酬、社会保险等内容。陈某于 2018 年 6 月 27 日向武汉市江岸区劳动人事争议仲裁委员会申请仲裁，请求裁决长青公司支付因未订立无固定期限劳动合同的二倍工资赔偿 26,200 元（2017 年 9 月至 2018 年 7 月）。

武汉市江岸区人民法院认为，双方先后签订了五份书面合同对双方之间的劳动权利、义务进行约定，合同期间覆盖 2015 年 8 月 3 日至 2018 年 10 月 6 日。虽然后四份书面合同被冠以"劳务合同"之名，但具备劳动合同必备条款，实际上属于劳动合同性质。双方签订的前两份固定期限合同到期之后，双方又签订了后续的数份固定期限合同。陈某在签订合同时明知是固定期限合同而予以签署，即是对双方继续签订固定期限合同予以认可；就此双方达成合意的行为，陈某无权在事后再要求长青公司承担支付二倍工资差额的责任。陈某称后续签订的固定期限合同系无效合同，缺乏事实和法律依据。

武汉市中级人民法院认为，《劳动合同法》第十四条第二款规定："用人单位与劳动者协商一致，可以订立无固定期限劳动合同。有下列情形之一，劳动者提出或者同意续订、订立劳动合同的，除劳动者提出订立固定期限劳动合同外，应当订立无固定期限劳动合同：（一）劳动者在该用人单位连续工作满十年的；（二）用人单位初次实行劳动合同制度或者国有企业改制重新订立劳动合同时，劳动者在该用人单位连续工作满十年且距法定退休年龄不足十年的；（三）连续订立二次固定期限劳动合同，且劳动者没有本法第三十九条和第四十条第一项、第二项规定的情形，续订劳动合同的。用人单位自用工之日起满一年不与劳动者订立书面劳动合同的，视为用人单位与劳动者已订立无固定期限劳动合同。"根据上述条文的内容看，法律规定劳动者提出订立无固定期限劳动合同的,用人单位应当订立。在劳动者未提出订立无固定期限劳动合同的情况下,用人单位并非不能提出订立固定期限劳动合同。用人单位提出订立固定期限劳动合同且劳动者同意的,并未违反法律规定。本案审理过程中,陈某没有证据证明其提出订立无固定期限劳动合同时,用人单位不同意与其订立。陈某也没有证据证明其是长青公司的胁迫下签订的书面固定期限劳动合同,故陈某在自愿与长青公司签订了固定期限劳动合同后,再要求长青公司支付未签无固定期限劳动合同的二倍工资没有法律依据。

案例分析

本案中,陈某与长青公司先后签订了五份书面合同,根据《劳动合同法》第十四条的规定,在第二次劳动合同期限届满后,陈某提出或者同意续订、订立劳动合同的,除陈某提出订立固定期限劳动合同外,长青公司应当与陈某订立无固定期限劳动合同。但法院认为,陈某与长青公司订立劳动合同时,明知劳动合同期限为固定期限劳动合同,仍同意签订该劳动合同,视为其同意订立固定期限劳动合同,故不得再以长青公司未与其订立无固定期限劳动合同为由主张长青公司支付二倍工资。

(2)已经订立无固定期限劳动合同

已经订立无固定期限劳动合同应当是指双方劳动合同的期限为无固定期限劳动合同。因此,即便双方未订立书面的无固定期限劳动合同,可以主张双方自用工之日起超过一年未订立书面劳动合同,已经视为双方订立了无固定期限劳动合同,双方劳动合同的期限已经为无固定期限,不应支付因未订立无固定期限劳动合同的二倍工资。需要注意的是,该主张不一定会得到支持,司法实务中存在较大的争议。

案例9-18

昆明美美百货有限公司与李某劳动争议纠纷案

[(2016)云01民终2211号]

李某于1998年7月入职昆明美美百货有限公司(以下简称百货公司)从事保安工作,随后从事库管工作。双方直至2004年1月1日才签订书面劳动合同,期限从2004年1月1日起至12月31日止,李某月均工资为2672元。百货公司于2015年7月28日向李某发出了复工通知书,该通知书载明李某应当于2015年8月5日恢复正常上班。李某未在该时间内上班。双方之间的劳动关系自2015年8月5日起解除。李某先后三次向昆明市五华区劳动人事争议仲裁院提出仲裁请求。昆明市五华区劳动人事争议仲裁院分别作出了(2015)五劳人仲字第179号仲裁裁决书、(2015)五劳人仲字第191号仲裁裁决书、(2015)五劳人仲字第290号仲裁裁决书。现李某不服昆明市五华区劳动人事争议仲裁院(2015)五劳人仲字第290号仲裁裁决书,依法向人民法院起诉,请求判令百货公司向李某支付2009年1月1日至2015年8月5日应当签订无固定期限劳动合同而未签订的二倍工资差额140,889元。

昆明市五华区人民法院认为,根据《劳动合同法》第十四条第三款的规定,用人单位自用工之日起满一年不与劳动者订立劳动合同的,视为用人单位与劳动者已订立无固定期限劳动合同。自2009年1月1日起,视为双方当事人已订立了无固定期限劳动合同,据此,对李某主张未签订无固定期限劳动合同二倍工资差额的诉求,不予支持。

昆明市中级人民法院认为,根据我国《劳动合同法》第十四条第二款第一项、第八十二条的规定,用人单位违法不与劳动者订立无固定期限劳动合同的,自应当订立无固定期限劳动合同之日起向劳动者每月支付二倍的工资,故李某的该项请求于法有据,经核算李某的金额计算并无不当,对于李某的该项主张本院予以支持。判决百货公司于判决生效之日起十五日内支付李某2009年1月1日至2015年8月5日应当签订无固定期限劳动合同而未签订的二倍工资差额140,889元。

案例分析

本案中,一审法院与二审法院持不同的观点。

一审法院认为,用人单位应当与劳动者订立无固定期限劳动合同,但根据《劳动合同法》第十四条第三款的规定,用人单位自用工之日起满一年不与劳动者订立劳动合同的,视为用人单位与劳动者已订立无固定期限劳动合同。自视为双方已经订立无固定期限劳动合同之日起,双方实际已经订立了无固定期限劳动合同,因此,用人单位不应当支付劳动者二倍工资。二审法院则认为,视为已经订立无固定期限劳动合同不等于双方订立无固定期限劳动合同,也属于用人单位违法不与劳动者订立无固定期限劳动合同的情形。因此,用人单位应当支付双倍工资。

3. 仲裁时效期间经过的抗辩

关于劳动者请求支付因未订立无固定期限劳动合同的二倍工资差额的仲裁时效期间的计算,与请求支付因未订立书面劳动合同的二倍工资差额的仲裁时效期间的计算相同,区别在于违法事实处于持续状态的情况。如一直未订立无固定期限劳动合同，则未订立无固定期限劳动合同的违法行为一直处于持续状态；而未订立书面劳动合同满一年后，未订立书面劳动合同的违法行为终了。

4. 其他抗辩

除了没有事实依据、没有法律依据、仲裁时效期间经过的抗辩外，用人单位针对劳动者请求支付未订立无固定期限劳动合同二倍工资差额的主张同样还可以进行二倍工资计算的抗辩。

（四）请求用人单位支付因未订立无固定期限劳动合同的二倍工资差额的举证

1. 待证事实

结合用人单位支付因未订立无固定期限劳动合同的二倍工资差额的构成要件，用人单位是否需要支付因未订立无固定期限劳动合同的二倍工资差额的待证事实包括：第一，满足用人单位应当与劳动者订立无固定期限劳动合同的条件；第二，用人单位未与劳动者订立无固定期限劳动合同。

2. 举证责任分配

根据“谁主张，谁举证”的原则，劳动者主张用人单位支付因未订立无固定期限劳动合同的二倍工资差额的，应当就满足用人单位应当与劳动者订立无固定期限劳动合同的积极条件承担举证责任。即证明：(1)劳动者已经在本单位连续工作满十年；(2)用人单位初次实行劳动合同制度或者国有企业改制重新订立劳动合同时，劳动者在该用人单位连续工作满十年且距法定退休年龄不足十年；(3)自《劳动合同法》实施以后，已经与用人单位连续订立二次固定期限劳动合同到期。

其中的消极条件以及用人单位未与劳动者订立无固定期限劳动合同属于消极事实，不需要劳动者提供证据证明，应当由用人单位提供证据证明上述事实不存在。

3. 证据

(1)证明劳动者已经在本单位连续工作满十年的证据主要有劳动合同、工资支付凭证、社会保险缴费证明等。

(2)证明已经与用人单位连续订立二次固定期限劳动合同的证据主要是劳动合同或续订劳动合同协议书。

四、因违法约定试用期的赔偿金

（一）用人单位支付因违法约定试用期的赔偿金的构成要件

根据《劳动合同法》第八十三条的规定，用人单位违反《劳动合同法》规定与劳动者约定试用期的,由劳动行政部门责令改正;违法约定的试用期已经履行的,由用人单位以劳动者试用期满月工资为标准,按已经履行的超过法定试用期的期间向劳动者支付赔偿金。用人单位支付因违法约定试用期的赔偿金的构成要件包括:第一,用人单位与劳动者约定试用期违法;第二,违法约定的试用期已经履行。

1. 用人单位与劳动者约定试用期违法

《劳动合同法》对约定试用期的次数和试用期期限进行了限制。

(1)试用期次数的限制

根据《劳动合同法》第十九条第二款的规定,同一用人单位与同一劳动者只能约定一次试用期。常见的情形是用人单位与同一劳动者连续约定两次以上的试用期。对于用人单位与劳动者解除或终止劳动合同以后,重新招用劳动者,又与劳动者约定试用期的问题,最高人民法院法官的观点是,用人单位连续使用同一劳动者在同一岗位或者可替代性的岗位工作,无论是延长劳动合同期限或者是劳动合同终止后隔时用人单位再次招用的,均不得另行约定试用期。

另外,劳动部《关于印发〈关于贯彻执行《中华人民共和国劳动法》若干问题的意见〉的通知》中规定,"试用期"适用于初次就业或再次就业时改变劳动岗位或工种的劳动者。

(2)试用期期限的限制

试用期期限的约定受到用工形式、劳动合同期限两个方面的限制,主要限制如下:非全日制用工不得约定试用期;以完成一定工作任务为期限的劳动合同或者劳动合同期限不满三个月的,不得约定试用期;劳动合同仅约定了试用期未约定劳动合同期限的,试用期不成立,该期限为劳动合同期限;劳动合同期限在三个月以上不满一年的,试用期不得超过一个月;劳动合同期限在一年以上不满三年的,试用期不得超过两个月;三年以上固定期限和无固定期限的劳动合同,试用期不得超过六个月(见表9-1)。

表9-1 试用期期限

劳动合同期限(a)	法定最长试用期限
非全日制用工	0
以完成一定工作任务为期限的劳动合同	0
a<3个月	0
3个月≤a<1年	1个月
1年≤a<3年	2个月

续表

劳动合同期限(a)	法定最长试用期限
a≥3 年	6 个月
无固定期限劳动合同	6 个月

2. 违法约定的试用期已经履行

试用期与非试用期的区别主要有两点,如违法约定的试用期从时间上已经经过,可按照以下两个标准对违法约定的试用期是否已经履行进行判断。

(1)工资待遇标准

劳动者在试用期内的工资标准一般低于试用期满后的工资标准,劳动者在违法约定的试用期内的工资标准低于试用期满后的工资标准的,可以认定违法约定的试用期已经履行。同样,用人单位与劳动者约定劳动者试用期满以后能够享受特定待遇,劳动者在违法约定的试用期内未享受的,可以认定违法约定的试用期已经履行。

(2)试用期考核

试用期满以后,用人单位不能以劳动者在试用期内被证明不符合录用条件为由解除劳动合同,否则构成违法解除。若用人单位在违法约定的试用期内对劳动者进行录用考核,可以认定违法约定的试用期已经履行。

(二)因违法约定试用期的赔偿金的计算

《劳动合同法》第八十三条规定,违法约定的试用期已经履行的,由用人单位以劳动者试用期满月工资为标准,按已经履行的超过法定试用期的期间向劳动者支付赔偿金。根据该规定,假设:违法约定的试用期已经履行的部分为 a,试用期满后的工资标准为 b,则因违法约定试用期的赔偿金的计算公式为:

因违法约定试用期的赔偿金 = ab。

关于试用期满后的工资标准的确定,司法实务中没有统一的标准,一般认为不应包含加班费、绩效工资、奖金等。

(三)用人单位的抗辩

1. 没有法律依据的抗辩

没有法律依据的抗辩主要是没有溯及力的抗辩。《劳动合同法》自 2008 年 1 月 1 日起施行,在《劳动合同法》施行以前,《劳动法》仅规定试用期最长不得超过 6

个月,没有做比较详细的规定。劳动部《关于实行劳动合同制度若干问题的通知》中细化为,劳动合同期限在六个月以下的,试用期不得超过十五日;劳动合同期限在六个月以上一年以下的,试用期不得超过三十日;劳动合同期限在一年以上两年以下的,试用期不得超过六十日。但并未规定违法约定试用期的法律责任。因此,若劳动者主张在《劳动合同法》施行以前,用人单位违法约定试用期,要求用人单位支付赔偿金的,则用人单位可主张起请求没有法律依据。

2. 没有事实依据的抗辩

没有事实依据的抗辩即就劳动者主张用人单位支付其因违法约定试用期的赔偿金的事实依据进行抗辩,抗辩思路包括:第一,没有约定试用期;第二,约定的试用期符合法律规定;第三,违法约定的试用期没有实际履行。

(1)没有约定试用期

没有约定试用期,则不满足用人单位支付因违法约定试用期的赔偿金的构成要件,劳动者主张用人单位支付因违法约定试用期的赔偿金没有事实依据。

(2)约定的试用期符合法律规定

根据劳动者主张用人单位约定试用期违法的情形分别进行抗辩。

A. 劳动者主张与其约定两次以上试用期的,否认多次约定试用期的事实。

B. 劳动者主张双方系非全日制用工关系,约定试用期违法的,直接的抗辩是双方并不存在非全日制用工关系;但若用人单位主张双方存在全日制用工关系的,可能因此产生更大的法律风险,以此进行抗辩时要谨慎。

C. 劳动者主张约定试用期但没有约定劳动合同期限的,可主张双方之间已经约定劳动合同期限进行抗辩。

D. 劳动者主张约定试用期超出法定标准的,可根据实际情况对试用期是否超出法定标准进行抗辩。

(3)违法约定的试用期没有实际履行

违法约定的试用期实际履行是用人单位支付赔偿金的必备条件,违法约定试用期但未实际履行的,不满足用人单位支付因违法约定试用期的赔偿金的构成要件,则劳动者主张用人单位支付因违法约定试用期的赔偿金没有事实依据。

案例 9 - 19

深圳市禧程酒店有限公司与李某劳动争议纠纷案

[(2019)粤03民终8888号]

李某于2018年1月29日填写深圳市禧程酒店有限公司(以下简称禧程酒店公司)员工入职申请表,2018年1月30日正式入职。李某主张与禧程酒店公司签订有二份劳动合同。一份为一入职时签订,时间为2018年1月29日至2021年1月29日,但其无法提供;第二份为2018年3月1日签订了一份劳动合同,但其主张该合同为虚假,该合同手写部分均系禧程酒店公司之后填写。禧程酒店公司确认第二份劳动合同,不确认曾经与李某签订过第一份合同。第二份劳动合同的期限为2018年3月1日至2019年3月1日,并约定试用期为2018年3月1日至31日。李某主张双方入职时未约定试用期,但禧程酒店公司将2018年1月30日至2月28日列为试用期,之后签订的劳动合同又约定2018年3月1日至31日为试用期,系违法约定试用期,应支付相应的赔偿金。

深圳市罗湖区人民法院认为,根据《劳动合同法》第十九条的规定,劳动合同期限三个月以上不满一年的,试用期不得超过一个月;劳动合同期限一年以上不满三年的,试用期不得超过二个月;三年以上固定期限和无固定期限的劳动合同,试用期不得超过六个月。再根据《劳动合同法》第八十三条规定,用人单位违反《劳动合同法》规定与劳动者约定试用期的,由劳动行政部门责令改正;违法约定的试用期已经履行的,由用人单位以劳动者试用期满月工资为标准,按已经履行的超过法定试用期的期间向劳动者支付赔偿金。综合本案,李某、禧程酒店公司均确认2018年1月30日至2月28日为试用期,虽然合同上有约定2018年3月1日至31日为试用期,但实际并未履行,故李某主张该项赔偿无事实依据。

深圳市中级人民法院认为,李某、禧程酒店公司均确认2018年1月30日至2月28日为试用期,符合法律规定,虽然合同上有约定2018年3月1日至31日为试用期,但实际并未履行,故李某主张相应赔偿金,无事实依据,一审法院不予支持,处理正确,本院予以维持。

案例分析

本案中,李某、禧程酒店公司均确认2018年1月30日至2月28日为试用期,双方又签订劳动合同约定试用期为2018年3月1日至31日,违反"同一用人单位与同一劳动者只能约定一次试用期"的规定,属于违法约定试用期。但双方违法约定的试用期并未实际履行，不满足用人单位应当支付因违法约定试用期的赔偿金的构成要件，故禧程酒店公司不应支付李某赔偿金。

3. 仲裁时效期间经过的抗辩

因违法约定试用期的赔偿金属于赔偿金，不属于劳动报酬。因此，劳动者请求用人单位支付因违法约定试用期的赔偿金的，应当适用一般时效的规定，即仲裁时效期间为一年，仲裁时效期间自劳动者知道或者应当知道其权利被侵害之日开始计算。

对仲裁时效期间的起算时间，实践中存在不同的观点。

第一种观点认为，在约定试用期时，劳动者即应当知道其权利受到侵害，故仲裁时效期间应当自双方约定试用期之日开始计算。

第二种观点认为，违法约定的试用期未履行的，并未实际侵害劳动者的权利，劳动者也不能要求用人单位支付赔偿金。违法约定的试用期已经履行，劳动者的权利才实际受到侵害，即违法约定的试用期开始履行之日才属于劳动者知道或者应当知道其权利被侵害之日。在此观点的基础之上，又形成了第三种观点，即因侵权行为处于持续状态，故仲裁时效期间应当自侵权行为终止之日开始计算，即应从违法约定的试用期履行终了之日开始计算。

显然，第三种观点更加合理，而第一种观点对用人单位更有利。

案例 9－20

乐至县城市管理局与秦某劳动争议纠纷案

［（2016）川 20 民终 155 号］

秦某于 2010 年 5 月 1 日到乐至县城市管理局应聘成为执法队员，同年 8 月 5 日签订书面劳动合同，约定合同期限为固定期限，即自 2010 年 8 月 1 日起至 2011 年 7 月 31 日止；双方约定的试用期限为 3 个月，自 2010 年 5 月 1 日至 7 月 31 日；实行月工资制，并由乐至县城市管理局按照国家和四川省有关社会保险的法律、法规和政策规定为秦某足额缴纳基本养老保险、基本医疗、失业、工伤、生育保险费用。2011 年 8 月 1 日双方续签了三年劳动合同，2014 年 7 月 31 日签订无固定期限合同。2015 年 4 月 8 日秦某到乐至县人力资源和社会保障局查询得知，乐至县城市管理局未为其交纳试用期三个月的社会保险，于 2015 年 5 月 1 日向乐至县城市管理局提出解除劳动合同。后双方因违法约定试用期等事宜产生纠纷。

乐至县人民法院认为，《劳动合同法》第十九条规定：劳动合同期限三个月以上不满一年的，试用期不得超过一个月，一年以上不满三年的，试用期不得超过两个月。第八十三条规定：用人单位违反《劳动合同法》规定与劳动者约定试用期的，由劳动行政部门责令改正；违法约定的试用期满已经履行的，由用人单位以劳动者试用期满月工资为标准，按照已经履行的超过法定试用期的期间向申请人支付赔偿金。双方当事人签订的劳动合同试用期限约定为3个月，违反法律规定，秦某的权利在双方签订合同时受到侵害。《劳动争议调解仲裁法》第二十七条规定："劳动争议申请仲裁的时效期间为一年。仲裁时效期间从当事人知道或者应当知道其权利被侵害之日起计算"，故秦某的主张已超过仲裁时效。判决驳回原告秦某的诉讼请求。

资阳市中级人民法院认为，《劳动合同法》第八十三条规定："用人单位违反本法规定与劳动者约定试用期的，由劳动行政部门责令改正；违法约定的试用期已经履行的，由用人单位以劳动者试用期满月工资为标准，按已经履行的超过法定试用期的期间向劳动者支付赔偿金。"该赔偿金属于对用人单位采取的惩罚措施，性质不同于劳动报酬，故应受仲裁时效一年的限制。秦某应自签订该劳动合同之日起一年内主张赔偿金，其于2015年5月19日提出要求乐至县城市管理联合执法大队支付超过法定试用期赔偿金1600元的主张，已经超过仲裁时效期间，故原判不支持其关于赔偿金的请求并无不当。

案例分析

本案中，乐至县城市管理局与秦某于2010年8月5日签订书面劳动合同约定，劳动合同期限自2010年8月1日起至2011年7月31日止；而试用期限为3个月，自2010年5月1日至7月31日。(1)法院认为，双方约定的劳动合同期限为一年以上不满三年，试用期不得超过两个月，超过两个月的部分无效。实际上，双方约定的试用期为2010年5月1日至7月31日，此时双方并未签订劳动合同，未约定劳动合同期限。根据《劳动合同法》第十九条的规定，试用期包含在劳动合同期限内。劳动合同仅约定试用期的，试用期不成立，该期限为劳动合同期限。双方约定的试用期全部不成立。(2)违法约定的试用期已经履行，乐至县城市管理局应当支付秦某赔偿金。关于仲裁时效期间起算时间的问题，法院认定签订劳动合同约定试用期之日，秦某就应当知道其权利受到侵害，故仲裁时效期间应当从签订合同之日起算。实际上，双方签订劳动合同时，约定试用期已经结满，仅是对过去约定试用期的追认。在双方实际约定(口头约定)试用期之日，秦某就应当知道其权利受到侵害，试用期履行终了之日，为违法行为终了之日。

4. 其他抗辩

(1)计算错误的抗辩

根据计算公式因违法约定试用期的赔偿金＝ab，可结合实际情况提出以下抗辩主张：

A. 必须满足约定违法，且已经履行，约定符合法律规定的部分以及没有实际履行的部分不应包含在内。

B. 应当指正常工作时间的月工资标准，不应包含加班费、绩效工资、奖金等项目。

(2)举证责任的抗辩

对是否约定试用期，试用期约定是否违法，月工资标准等存在争议的，可主张应当由劳动者承担举证责任，劳动者不能提供证据证明的，应当由劳动者承担不利后果。

(四)请求用人单位支付因违法约定试用期的赔偿金的举证

1. 待证事实

要对劳动者请求用人单位支付因违法约定试用期的赔偿金进行裁判，需要对以下内容进行调查：

(1)双方是否约定有试用期。

(2)双方约定的试用期是否违法。

(3)违法约定的试用期是否已经履行。

2. 举证责任分配

(1)劳动者的举证责任

劳动者主张用人单位与自己违法约定试用期的，首先，应当提供证据证明双方约定有试用期。其次，因违法约定试用期的情形比较多，要确定双方的举证责任，还需要将违法约定试用期的情形具体化。违法约定试用期的情形包括：第一，同一单位与同一劳动者约定两次以上试用期；第二，非全日制用工关系中约定试用期；第三，约定试用期但没有约定劳动合同期限；第四，约定试用期超出法定标准。

针对第一种情形，同一单位与同一劳动者约定两次以上试用期属于积极事实，根据“谁主张，谁举证”的原则，应当由劳动者承担举证责任。

针对第二种情形，存在非全日制用工关系同样属于积极事实，应当由劳动者承担举证责任。

针对第三种情形,没有约定劳动合同期限属于消极事实,无须劳动者提供证据证明,应当由用人单位提供证据证明双方约定了劳动合同期限,从而证明该消极事实不存在。

针对第四种情形,与劳动合同期限有关,由劳动者就实际约定的劳动合同期限承担举证责任。

违法约定的试用期是否已经履行由主张已经履行的劳动者承担举证责任。

(2)用人单位的举证责任

用人单位对劳动者提出的请求进行抗辩的,应当就其抗辩主张承担举证责任。如用人单位主张双方约定的试用期符合法律规定,其应当就此承担举证责任。

3. 证据

与试用期、用工形式、劳动合同期限、工资待遇相关的证据都可能被认定为是否存在约定试用期的证据材料。

常见的可以证明双方约定了试用期的证据有:劳动合同;试用期协议;入职登记表;试用期考核材料;试用期转正材料;工资支付凭证等。

作者简介

洪斓珊

北京盈科(昆明)律师事务所劳动人事部副主任,盈科全国劳动与社会保障专业委员会委员,风控猫劳动用工法律体检平台特聘讲师,风控狮劳动用工法律管控平台特聘顾问。

专业领域:企业法律顾问、劳动争议、劳动用工法律风险与合规管理专项。

游本春

硕士研究生导师,盈科全国劳动与社会保障专业委员会副主任,北京盈科(昆明)律师事务所高级合伙人、劳动人事部主任,风控猫劳动用工法律体检平台、风控狮劳动用工法律管控平台、正胜法律讲堂、法叮律师智慧办案平台创始人。

专业领域:劳动争议、劳动用工法律风险与合规管理专项。

作者简介

李长先

河北合明律师事务所主任，衡水市律师协会公司法业务委员会副主任，风控猫劳动用工法律体检平台特聘讲师，风控狮劳动用工法律管控平台特聘顾问，企业管理咨询师，高级企业法律风险管理师，高级企业风险管理师，高级人力资源法务师。

专业领域：民商事案件代理、企业常年法律顾问、劳动用工法律风险与合规管理专项、合同法律风险管理。

葛伟栋

浙江振邦律师事务所专职律师，风控猫劳动用工法律体检平台特聘讲师，风控狮劳动用工法律管控平台特聘顾问，高级人力资源法务师，浙江省法学会金融法学研究会理事，绍兴律协政府法律顾问行政专业委员会委员，绍兴律协公司金融与保险专业委员会委员。

专业领域：企业法律顾问、劳动争议、劳动用工法律风险与合规管理专项。

第十章　解除(终止)劳动合同的责任

一、因解除(终止)劳动合同的经济补偿

(一)用人单位支付因解除(终止)劳动合同的经济补偿的构成要件

经济补偿,是指用人单位在劳动合同解除或终止后,一次性支付给劳动者的经济补助金。经济补偿的请求基础来自法律的直接规定,随着法律制度的不断进步和完善,经济补偿制度也在不断地完善。从支付经济补偿的相关规定来看,用人单位支付因解除(终止)劳动合同的经济补偿的构成要件包括:第一,存在全日制用工关系;第二,劳动合同已经解除或终止;第三,劳动合同解除或终止的原因属于法律规定用人单位应当支付经济补偿的情形。

1. 存在全日制用工关系

劳动关系分为全日制用工关系与非全日制用工关系。《劳动合同法》第七十一条规定,非全日制用工双方当事人任何一方都可以随时通知对方终止用工,终止用工,用人单位不向劳动者支付经济补偿。根据上述规定,在非全日制用工关系中,劳动合同解除与终止不涉及经济补偿的支付。因此,存在全日制用工关系是用人单位向劳动者支付经济补偿的前提。

2. 劳动合同已经解除或终止

《劳动合同法》第四十六条规定,用人单位应当支付劳动者经济补偿的情形均涉及劳动合同的解除或终止,劳动合同未解除或终止的,不存在支付经济补偿的问题。

3. 劳动合同解除或终止的原因属于法律规定用人单位应当支付经济补偿的情形

解除或终止劳动合同的经济补偿的请求基础源于法律的直接规定。根据《劳动合同法》第九十七条的规定,《劳动合同法》施行之日存续的劳动合同在《劳动合同法》施行后解除或者终止,依照《劳动合同法》第四十六条规定应当支付经济补偿的,经济补偿年限自《劳动合同法》施行之日起计算;《劳动合同法》施行前按照当时

有关规定,用人单位应当向劳动者支付经济补偿的,按照当时有关规定执行。由此,尽管相关的法律规定已经被废止,但在确定劳动者的经济补偿年限时,已经被废止的法律规定仍能得到适用。

《劳动合同法》施行以后,用人单位需要支付经济补偿的情形出现了一些变化,有必要对《劳动合同法》施行前后,用人单位需要支付解除或终止劳动合同的经济补偿的情形进行梳理。

《劳动合同法》施行以前,规定用人单位支付解除或终止劳动合同的经济补偿的规范性法律文件有《违反和解除劳动合同的经济补偿办法》、《劳动法》、劳动部《关于实行劳动合同制度若干问题的通知》以及最高人民法院《关于审理劳动争议案件适用法律若干问题的解释》(已废止),根据以上规定,用人单位需要支付经济补偿的情形如下:

(1)由用人单位提出,双方协商一致解除劳动合同;(2)劳动者患病或者非因工负伤,在规定的医疗期满后,既不能从事原工作、也不能从事用人单位另行安排的工作,用人单位解除劳动合同的;(3)劳动者不胜任工作,经过培训或者调整工作岗位仍不能胜任工作,用人单位解除劳动合同的;(4)劳动合同订立时所依据的客观情况发生重大变化,致使原劳动合同无法履行,经当事人协商不能就变更劳动合同达成协议,用人单位解除劳动合同的;(5)用人单位依照法律规定经济性裁员的;(6)用人单位以暴力、威胁或者非法限制人身自由的手段强迫劳动,劳动者解除劳动合同的;(7)用人单位未按照劳动合同约定支付劳动报酬或者提供劳动条件,劳动者解除劳动合同的;(8)用人单位克扣或者无故拖欠劳动者工资,劳动者解除劳动合同的;(9)用人单位拒不支付劳动者延长工作时间工资报酬,劳动者解除劳动合同的;(10)用人单位低于当地最低工资标准支付劳动者工资,劳动者解除劳动合同的。

(二)因解除(终止)劳动合同的经济补偿的计算

《劳动合同法》第四十七条规定,经济补偿按劳动者在本单位工作的年限,每满一年支付一个月工资的标准向劳动者支付。六个月以上不满一年的,按一年计算;不满六个月的,向劳动者支付半个月工资的经济补偿。实际计算过程复杂程度远不止如此。

1. 经济补偿应当以 2008 年 1 月 1 日为时间节点分段计算

《劳动合同法》第九十七条规定,《劳动合同法》施行之日存续的劳动合同在《劳动合同法》施行后解除或者终止,依照《劳动合同法》第四十六条规定应当支付经济补偿的,经济补偿年限自《劳动合同法》施行之日起计算;《劳动合同法》施行前按照当时有关规定,用人单位应当向劳动者支付经济补偿的,按照当时有关规定执行。根据上述规定:

(1)劳动合同解除以后,劳动者依据《劳动合同法》向用人单位主张经济补偿时,经济补偿年限只能从《劳动合同法》施行之日,也就是2008年1月1日开始计算。

(2)劳动者主张用人单位支付《劳动合同法》施行之前的经济补偿的,应当依照《劳动合同法》施行之前的规定。

由此,在计算经济补偿时,应当以2008年1月1日为时间节点分段计算,用人单位应当支付的经济补偿等于分段计算的经济补偿之和。

2.2008年1月1日之后的经济补偿的计算

《劳动合同法实施条例》第二十七条规定,《劳动合同法》第四十七条规定的经济补偿的月工资按照劳动者应得工资计算,包括计时工资或者计件工资以及奖金、津贴和补贴等货币性收入。劳动者在劳动合同解除或者终止前十二个月的平均工资低于当地最低工资标准的,按照当地最低工资标准计算。劳动者工作不满十二个月的,按照实际工作的月数计算平均工资。根据《劳动合同法》第四十七条以及《劳动合同法实施条例》第二十七条的规定,计算经济补偿的规则如下:

(1)经济补偿按劳动者在本单位工作的年限,每满一年支付一个月工资的标准向劳动者支付。六个月以上不满一年的,按一年计算;不满六个月的,向劳动者支付半个月工资的经济补偿。

(2)月工资是指劳动者在劳动合同解除或者终止前十二个月的平均工资,劳动者工作不满十二个月的,按照实际工作的月数计算平均工资。平均工资低于当地最低工资标准的,按照当地最低工资标准计算。

(3)月工资按照劳动者应得工资计算,应当包括劳动者个人承担的社会保险费、住房公积金以及个人所得税。

(4)劳动者月工资高于用人单位所在直辖市、设区的市级人民政府公布的本地区上年度职工月平均工资三倍的,向其支付经济补偿的标准按职工月平均工资三倍的数额支付,向其支付经济补偿的年限最高不超过十二年。

3.2007年12月31日以前的经济补偿的计算

《劳动合同法》施行之前,有关经济补偿的规定主要包括《违反和解除劳动合同的经济补偿办法》(已废止)、《劳动法》、劳动部《关于实行劳动合同制度若干问题的通知》以及最高人民法院《关于审理劳动争议案件适用法律若干问题的解释》(已废止)等,而与经济补偿的计算有关的主要是《违反和解除劳动合同的经济补偿办法》(已废止)的规定。

《违反和解除劳动合同的经济补偿办法》(已废止)第五条规定,经劳动合同当事人协商一致,由用人单位解除劳动合同的,用人单位应根据劳动者在本单位工作年限,每满一年发给相当于一个月工资的经济补偿金,最多不超过十二个月。工作时间不满一年的按一年的标准发给经济补偿金。第七条规定,劳动者不胜任工作,经过培训或者调整工作岗位仍不能胜任工作,由用人单位解除劳动合同的,用人单位应按其在本单位工作的年限,工作时间每满一年,发给相当于一个月工资的经济补偿金,最多不超过十二个月。第十一条规定,《违反和解除劳动合同的经济补偿办法》(已废止)中经济补偿金的工资计算标准是指企业正常生产情况下劳动者解除合同前十二个月的月平均工资。劳动部办公厅对《关于执行〈违反和解除劳动合同的经济补偿办法〉有关规定的请示》(已废止)的答复中明确,《违反和解除劳动合同的经济补偿办法》(已废止)第五条规定的"工作时间不满一年的按一年标准发给经济补偿金",适用于该办法第六条至第九条。

根据上述规定,计算经济补偿的规则如下:

(1)根据劳动者在本单位工作年限,每满一年发给相当于一个月工资;工作时间不满一年的按一年的标准发给经济补偿金。注意当工作时间不满六个月时,《劳动合同法》实施前后的计算方式不同。

(2)下列情形,支付经济补偿金的数额最多不超过十二个月本人工资。

A. 由用人单位提出,双方协商一致解除劳动合同的。

B. 劳动者不胜任工作,经过培训或者调整工作岗位仍不能胜任工作,用人单位解除劳动合同的。

(3)月工资是指劳动者解除合同前十二个月的月平均工资。需要注意的是,计算 2007 年 12 月 31 日以前的经济补偿时,月工资并不受用人单位所在直辖市、设区的市级人民政府公布的本地区上年度职工月平均工资三倍的限制,也不存在月工资过高导致支付经济补偿金的数额最多不超过十二个月本人工资的限制。

4. 具体计算步骤

劳动合同解除或终止以后,计算经济补偿时,注意遵循以下步骤:

(1)确定劳动合同解除或终止的原因。

(2)根据劳动合同解除或终止的原因,判断用人单位是否应当依照《劳动合同法》的规定向劳动者支付经济补偿。因《劳动合同法》规定的用人单位应当支付经济补偿的情形是完全包含《劳动合同法》施行以前用人单位应当支付经济补偿的情形的,如《劳动合同法》未规定该种情形用人单位需要向劳动者支付经济补偿,劳动者主张用人单位按照《劳动合同法》施行之前规定支付经济补偿也不会有法律依据。所以,《劳动合同法》未规定用人单位需要向劳动者支付经济补偿的,则不存在经济补偿计算的问题。

(3)用人单位应当依照《劳动合同法》的规定向劳动者支付经济补偿的,按照前述2008年1月1日之后的经济补偿的计算规则计算2008年1月1日之后经济补偿。

(4)如劳动者在《劳动合同法》施行之前入职用人单位,根据劳动合同解除或终止的原因,判断该种情形用人单位是否应当依照《违反和解除劳动合同的经济补偿办法》(已废止)、《劳动法》、劳动部《关于实行劳动合同制度若干问题的通知》以及最高人民法院《关于审理劳动争议案件适用法律若干问题的解释》(已废止)等规定向劳动者支付经济补偿。若2007年12月31日以前没有法律规定该种情形用人单位应当支付经济补偿,则无须再计算劳动合同法施行之前的经济补偿。若2007年12月31日以前有法律规定该种情形用人单位应当支付经济补偿,则按照前述2007年12月31日以前的经济补偿的计算规则计算2007年12月31日以前的经济补偿。

(5)将2008年1月1日之后的经济补偿与2007年12月31日以前的经济补偿相加即为用人单位应支付的经济补偿金额。

(三)用人单位的抗辩

1.没有法律依据的抗辩

针对劳动者关于用人单位支付因解除(终止)劳动合同的经济补偿的主张,没有法律依据的抗辩思路主要有:第一,非全日制用工关系解除或终止时,不适用经济补偿的相关规定;第二,劳动合同解除或终止的依据不属于法律规定用人单位应当支付经济补偿的情形。

(1)不存在全日制用工关系

《劳动合同法》调整的是劳动关系,不存在劳动关系自然不适用《劳动合同法》的规定。另外,根据《劳动合同法》第七十一条的规定,非全日制用工双方当事人任何一方都可以随时通知对方终止用工,终止用工,用人单位不向劳动者支付经济补偿。故用人单位可以主张双方不存在全日制用工关系对劳动者关于支付解除或终止劳动合同的经济补偿的请求进行抗辩,如主张不存在劳动关系或主张双方系非全日制用工关系。

案例 10－1

镇江市兴隆清洁卫生有限公司与相某劳动争议纠纷案

［(2016)苏 0804 民初 4258 号］

镇江市兴隆清洁卫生有限公司(以下简称镇江兴隆公司)负责淮安与南通之间 K8505/8506 次列车停靠在淮安火车站期间的保洁工作。镇江兴隆公司招录相某在淮安火车站工作,同时还招录了徐某某、朱某某等七人从事列车保洁工作,并与此七人分别签订了非全日制用工劳动合同书,约定劳动者每日完成两节车厢的保洁任务,每天工作时间为三小时,每 15 日支付一次劳动报酬,甲乙双方均可随时解除合同,甲方(镇江兴隆公司)依法不支付经济补偿。2016 年 5 月,镇江兴隆公司通知相某在内的共八名工人停止工作。2016 年 7 月 7 日,相某等八人向淮安市淮阴区劳动人事争议仲裁委员会申请劳动仲裁。

淮阴区人民法院认为,相某与朱某某、徐某某等七人均为镇江兴隆公司所招录的列车保洁员,朱某某、徐某某等七人均与镇江兴隆公司签订有非全日制用工劳动合同书,此七人的劳动合同除劳动者签名外,其余内容均一致,合同名称及工作内容、时间及合同解除等均为打印,并非手工填写,故本院对相某委托诉讼代理人称朱某某等七人与镇江兴隆公司签订空白合同的说法不予采纳,合同内容虽有部分空白未填写,但可以确定镇江兴隆公司与朱某某等七人之间以签订书面劳动合同形式约定双方为非全日制用工关系。相某在起诉状中自认曾与镇江兴隆公司签订过一份“空白合同”,从经济角度考虑,鉴于全日制用工的成本远高于非全日制用工,镇江兴隆公司在与相某同岗位其余员工均签订非全日制用工劳动合同书的情况下,与相某也订立非全日制用工劳动合同书更符合常理。从相某的工作性质来看,相某等八人负责列车到站后的车厢清洁工作,其余七人每人每天负责两节车厢的保洁,时间为 3 小时,而相某与朱某某等七人同岗同酬,其工作时间与工作量也应相同,相某还称其每天工作 8 小时,显然也与实际情况不符。综上,本院认定双方之间为非全日制用工关系。非全日制用工双方当事人任何一方都可以随时通知对方终止用工。终止用工,用人单位不向劳动者支付经济补偿。故相某主张经济补偿金、赔偿金的诉讼请求,于法无据,本院依法不予支持。

案例分析

根据《劳动合同法》第七十一条的规定,非全日制用工双方当事人任何一方都可以随时通知对方终止用工,终止用工,用人单位不向劳动者支付经济补偿。本案中相某与镇江兴隆公司系建立非全日制用工关系,故相某主张镇江兴隆公司支付因解除劳动合同的经济补偿没有法律依据。

(2)劳动合同解除或终止的原因不属于法律规定用人单位应当支付经济补偿的情形

根据《劳动合同法》第九十七条的规定,《劳动合同法》施行之日存续的劳动合同在《劳动合同法》施行后解除或者终止,依照《劳动合同法》第四十六条规定应当支付经济补偿的,经济补偿年限自《劳动合同法》施行之日起计算;《劳动合同法》施行前按照当时有关规定,用人单位应当向劳动者支付经济补偿的,按照当时有关规定执行。针对劳动者在《劳动合同法》施行以前入职用人单位的情形,要注意确定劳动合同解除或终止的原因,《劳动合同法》施行以前没有相关内容规定用人单位应当支付劳动者经济补偿的,则劳动者主张经济补偿年限从入职之日开始计算没有法律依据。即便《劳动合同法》施行以前也有相关内容规定用人单位应当支付劳动者经济补偿的,还可以主张经济补偿年限应当从相关规定施行之日开始计算。

案例 10 - 2

浙江金首水泥有限公司与朱某劳动争议纠纷案

[(2015)浙杭民终字第 2375 号]

朱某自 1995 年 12 月开始在浙江金首水泥有限公司(以下简称金首公司)工作,劳动合同期限至 2015 年 12 月 6 日,工作岗位为生产,实行计件工资,约定月工资为月实际发。2014 年 12 月 9 日,金首公司因被政府责令关停,故与朱某终止劳动合同关系,对此金首公司向朱某出具了终止劳动合同证明书,并按照终止合同前 12 个月的平均应发工资 3922.61 元为基数向朱某支付了自 2008 年 1 月 1 日起至劳动关系终止之前补偿年限为 7 年的经济补偿金 27,458 元。朱某认为,金首公司应当以其在金首公司的全部工作年限为标准计算并支付其经济补偿,要求金首公司补齐经济补偿。

萧山区人民法院认为,朱某、金首公司之间的劳动关系合法有效,金首公司因被政府关停企业,双方之间的劳动关系于 2014 年 12 月 9 日终止。根据 2008 年 1 月 1 日实施的《劳动合同法》第四十四条的规定,用人单位被责令关闭的,用人单位应当向劳动者支付经济补偿金。第四十七条规定,经济补偿金按劳动者在本单位工作的年限,每满一年支付一个月工资的标准向劳动者支付,六个月以上不满一年的,按照一年计算,不满六个月的,向劳动者支付半个月工资的经济补偿。第九十七条规定,《劳动合同法》施行之日存续的劳动合同在《劳动合同法》施行后解除或者终止,依照《劳动合同法》第四十六条规定应当支付经济补偿金的,经济补偿年限自《劳动合同法》施行之日起计算;《劳动合同法》施行前按照当时有关规定,用人单位应当向劳动者支付经济补偿的,按照当时有关规定执行。依照上述法律规定,在《劳动合同法》实施以前,并无相关法律、法规、规章规定,用人单位被政府责令关闭致使与劳动者终止劳动关系的情形下,用人单位需向劳动者支付经济补偿金,故本案朱某经济补偿金的年限应从劳动合同法实施之日即2008年1月1日起开始计算,至2014年12月9日双方终止劳动关系,工作年限为7年,应支付7个月的经济补偿金。

杭州市中级人民法院认为,金首公司系因政府出台相关文件规定而被责令关停,针对该种情形,在《劳动合同法》颁布实施之前,我国法律、法规并未就该种情形发生时用人单位需向劳动者支付经济补偿金作出明确规定,而我国《劳动合同法》第四十四条第(五)项首次对该种情形用人单位需向劳动者支付经济补偿金作出了单独规定,故原审法院根据本案所涉客观事实,认定《劳动合同法》施行之前朱某工作年限的经济补偿金缺乏法律依据,并无不当。

案例分析

根据《劳动合同法》第九十七条第三款的规定,在确定经济补偿年限时,要分段计算。(1)依照《劳动合同法》第四十六条的规定需要支付经济补偿的,经济补偿年限从2008年1月1日起计算。(2)《劳动合同法》施行以前的工作年限,按照当时的规定执行。

本案中,双方劳动合同系因金首公司被责令关闭而终止。(1)根据《劳动合同法》第四十六条的规定,金首公司应当支付朱某经济补偿。又根据《劳动合同法》第九十七条第三款的规定,经济补偿年限应当自2008年1月1日起计算,经济补偿年限为7年。(2)在《劳动合同法》施行以前,并没有相关内容规定因用人单位被责令关闭而导致劳动合同终止,用人单位应当支付劳动者经济补偿,故朱某主张经济补偿年限从其入职开始计算没有法律依据。

2. 没有事实依据的抗辩

针对劳动者关于用人单位支付因解除(终止)劳动合同的经济补偿的主张,没有事实依据的抗辩思路包括:第一,劳动合同未解除或终止;第二,劳动者主张的劳动合同解除或终止的依据与实际情况不符;第三,劳动者解除劳动合同的理由不成立。

(1)劳动合同未解除或终止

劳动合同已经解除或终止是判断用人单位是否要支付解除或终止劳动合同的经济补偿的前提,如劳动合同未解除或终止,应当驳回劳动者关于支付解除或终止劳动合同的经济补偿的请求。但是,劳动者虽未在申请劳动仲裁以前通知用人单位解除劳动合同,但在申请劳动仲裁时提出解除或者同意解除劳动合同的,应认定为劳动者通过申请劳动仲裁的方式作出了解除或者同意解除劳动合同的意思表示。

案例 10-3

福建省新茂电子有限公司与林某劳动争议纠纷案

[(2018)闽04民终35号]

福建省新茂电子有限公司(以下简称新茂公司)系于2001年12月7日经三明市工商行政管理局核准成立的有限责任公司。林某自1996年12月17日起至2017年3月在新茂公司工作,工作岗位为钟表车间穿焊。2015年9月1日,新茂公司与林某签订劳动合同,约定合同期限自2015年9月1日至2017年9月1日。2005年1月至2017年3月,新茂公司为林某办理社会保险。2017年6月8日,林某向大田县劳动人事争议仲裁委员会申请仲裁,要求裁决解除与新茂公司的劳动关系并裁决新茂公司支付其经济补偿等。大田县劳动人事争议仲裁委员会作出田劳人仲案[2017]86号裁决书,裁决李某与新茂公司解除劳动关系,新茂公司支付给林某经济补偿金47,910.14元等。新茂公司不服,诉至法院。

福建省大田县人民法院认为,根据个人账户缴费基数表,新茂公司为林某办理社会保险的期间为2005年1月至2017年3月,可以证实新茂公司于其工作期间未依法为林某办理社会保险。根据《劳动合同法》第三十八条的规定,用人单位未依法为劳动者缴纳社会保险费的,劳动者可以解除劳动合同。依该规定,劳动者解除劳动合同的通知送至用人单位,即可解除劳动合同,无须提前三十日以书面形式通知用人单位,故对新茂公司关于林某解除劳动合同未提前三十日以书面形式通知用人单位,林某系违法解除劳动合同的主张,不予支持。林某向大田县劳动人事争议仲裁委员会提出解除劳动关系等的申请后,大田县劳动人事争议仲裁委员会向新茂公司送达了仲裁申请书,应视为林某已将解除劳动合同的通知送至新茂公司。因此,在林某工作期间,新茂公司未依法为其缴纳社会保险费,双方解除劳动合同后,新茂公司应当向林某支付经济补偿金。根据《劳动合同法》第九十七条第三款

“本法施行之日存续的劳动合同在本法施行后解除或者终止,依照本法第四十六条规定应当支付经济补偿的,经济补偿年限自本法施行之日起计算,本法施行前按照当时有关规定,用人单位应当向劳动者支付经济补偿的,按照当时有关规定执行”的规定,林某主张《劳动合同法》施行之前即2008年1月1日之前的经济补偿金,应适用当时的有关规定。本案中,林某作为劳动者于仲裁时向新茂公司提出解除劳动关系,并以未缴纳社会保险费为由解除劳动合同向新茂公司主张经济补偿金,林某的主张与其提出的依照《劳动合同法》第五十条的规定以及参照《违反和解除劳动合同的经济补偿办法》(已废止)的相关规定的情形不符,因此,新茂公司关于经济补偿金应自2008年1月1日起算的主张,不违反法律规定,应予支持,故林某的经济补偿金为9×2337.08元=21,033.72元。

福建省三明市中级人民法院认为,关于新茂公司应否支付林某经济补偿金及其具体数额的问题。本案中,新茂公司因城区改造需要拆迁,拆迁期限为2017年6月29日至7月29日,故新茂公司须于2017年6月29日前进行搬迁。林某在2017年3月31日之后未到新茂公司上班,新茂公司也未要求林某限期返岗,亦未向林某支付工资报酬等,且现有证据无法证实新茂公司已为林某办理离职手续,故新茂公司关于林某擅自离职系自行解除劳动合同的上诉主张,证据不足,不予采信。结合林某于2017年6月8日向大田县劳动人事争议仲裁委员会提出关于“要求解除劳动关系并补缴社会保险费、支付欠付工资和经济赔偿金”等仲裁请求,可以认定双方因劳动报酬、经济补偿金等事宜无法达成一致意见,林某以申请仲裁的方式通知新茂公司解除劳动合同。因新茂公司在2005年1月至2017年3月之外的其他工作期间未依法为林某办理社会保险,且未及时向林某支付2017年2月和3月工资,根据《劳动合同法》第三十八条、第四十六条的规定,林某可以解除劳动合同,劳动合同解除后,新茂公司应当向林某支付经济补偿金。根据《劳动合同法》第九十七条第三款“本法施行之日存续的劳动合同在本法施行后解除或者终止,依照本法第四十六条规定应当支付经济补偿的,经济补偿年限自本法施行之日起计算;本法施行前按照当时有关规定,用人单位应当向劳动者支付经济补偿的,按照当时有关规定执行”的规定,林某主张2008年1月1日之后的经济补偿金于法有据,应予支持。林某主张《劳动合同法》施行之前即2008年1月1日之前的经济补偿金,应适用当时的有关规定。《福建省劳动合同管理规定》(已废止)系福建省人民代表大会常务委员会审议通过并颁布施行的,属于地方性法规,该规定第二十二条规定:“有下列情形之一的,劳动者可以随时通知用人单位解除劳动合同……(四)用人单位未按国家规定和劳动合同约定支付劳动报酬、缴纳社会保险费或者提供劳动条件的。

属于前款(二)(三)(四)项情形解除劳动合同的,用人单位应按本规定第十四条第一款规定的标准发给劳动者经济补偿金……”本案中,林某作为劳动者向大田县劳动人事争议仲裁委员会申请仲裁时,要求新茂公司解除劳动关系、支付欠付工资和经济补偿金等,该情形与《福建省劳动合同管理规定》(已废止)第二十二条规定的情形相符。也就是说,“当时有关规定”也确定了解除或终止劳动应该支付经济补偿金。因此,新茂公司应当向林某支付2008年1月1日之前的经济补偿金。综上,林某的经济补偿金应按照[2008年1月1日前的工作年限(不超过12个月)+2008年1月1日以后的工作年限]×劳动者解除劳动合同之前12个月的平均工资的标准计算,因林某在新茂公司的工作期间为1996年12月17日至2017年3月31日,双方同意按月工资2337.08元的标准计算经济补偿金,故林某的经济补偿金为[11个月(1996年12月17日—2007年12月31日)+9.5个月(2008年1月1日—2017年3月31日)]×2337.08元=47,910.14元。综上,本院认为,因新茂公司未依法足额为林某缴纳社会保险费并支付其2017年2月和3月工资,林某有权根据《劳动合同法》和《福建省劳动合同管理规定》(已废止)的有关规定,向新茂公司提出解除劳动合同并要求依法支付经济补偿金47,910.14元。林某关于经济补偿金应按其实际工作年限计算的上诉请求,于法有据,应予支持。一审判决未支持林某2008年1月1日之前的经济补偿金,属于适用法律错误,应予纠正。新茂公司关于林某擅自离职违法解除劳动合同的上诉主张,证据不足,不予采信。林某作为劳动者以劳动仲裁方式向新茂公司提出解除劳动关系,劳动仲裁机构受理并作出裁决,应认定林某已就解除劳动合同事宜向新茂公司履行通知义务,故新茂公司关于林某未就解除劳动合同履行通知义务的主张,不予采信。综上所述,新茂公司的上诉请求不能成立,应予驳回;林某的上诉请求成立,应予支持。

案例分析

本案中,林某在申请劳动仲裁以前未作出解除与新茂公司的劳动合同的意思表示,但林某在申请劳动仲裁时,仲裁申请书中请求裁决解除与新茂公司的劳动合同,仲裁委员会向新茂公司送达仲裁申请书时,该意思表示到达新茂公司并生效。(1)林某向新茂公司作出了解除劳动合同的意思表示。(2)解除劳动合同的权利属于形成权,林某向新茂公司作出了解除劳动合同的意思表示时,产生解除劳动合同的效果,劳动合同解除。(3)林某解除劳动合同的理由是新茂公司未依法为其缴纳社会保险费,未及时支付2017年2月和3月工资。依据是《劳动合同法》第三十八条以及《福建省劳动合同管理规定》(已废止)第二十二条。(4)根据《劳动合同法》第四十六条的规定,新茂公司应当支付李某经济补偿,计算经济补偿的年限从劳动合同法施行之日(2008年1月1日)开始计算。根据《福建省劳动合同管理规定》(已废止)第二十二条的规定,新茂公司应当支付李某经济补偿,计算经济补偿的年限从林某入职新茂公司之日至劳动合同法施行之日。

(2)劳动者主张的劳动合同解除或终止的依据与实际情况不符

劳动合同解除或终止的依据直接决定用人单位是否应当支付劳动者解除或终止劳动合同的经济补偿。因此,劳动者请求用人单位支付劳动者解除或终止劳动合同的经济补偿时,用人单位可主张解除或终止劳动合同的依据并非劳动者主张的依据。实践中常见的情形是劳动者基于个人原因提出辞职以后,又以用人单位存在《劳动合同法》第三十八条规定的情形为由要求用人单位支付经济补偿。

案例10-4

北京二十四城家居装饰工程有限责任公司昆明分公司与周某劳动争议纠纷案

[(2016)云0112民初5562号]

北京二十四城家居装饰工程有限责任公司昆明分公司(以下简称二十四城昆明分公司)系于2015年8月11日登记设立并领取营业执照的有限责任公司分公司,周某自设立之日至2016年3月18日在二十四城昆明分公司工作,其间双方未签订书面劳动合同,二十四城昆明分公司未为周某缴纳各项社会保险。2016年3月11日,周某向二十四城昆明分公司总经理发送微信,称"明日起不到公司工作,能力不足、不能胜任工作"。另查明,二十四城昆明分公司成立之前,周某已于2015年5月25日参与了公司的筹办工作。

昆明市西山区人民法院认为,关于周某主张二十四城昆明分公司支付其被辞退的赔偿金7812元部分,因周某向二十四城昆明分公司称"明日起不到公司工作,能力不足、不能胜任工作",表明周某系以《劳动合同法》第三十八条规定以外的情形为由提出解除劳动关系,现周某又以用人单位存在《劳动合同法》第三十八条规定的情形请求用人单位支付经济补偿金,周某的该部分主张没有事实和法律依据,依法应予以驳回。

案例分析

本案中,二十四城昆明分公司未依法为周某缴纳社会保险费,周某有权依据

《劳动合同法》的第三十八条的规定解除劳动合同,但周某并未行使该权利。

2016 年 3 月 11 日,周某以能力不足、不能胜任工作为由提出解除劳动合同。(1)《劳动合同法》第三十八条并未规定劳动合同可以以能力不足、不能胜任工作为由解除劳动合同,周某以能力不足、不能胜任工作为由单方解除劳动合同属于违法解除劳动合同。(2)尽管周某系违法解除劳动合同,但二十四城昆明分公司并未主张周某解除劳动合同违法,而且认可周某解除劳动合同,双方劳动合同解除。双方劳动合同解除以后,周某依据《劳动合同法》第三十八条解除劳动合同的权利消灭。(3)《劳动合同法》并未规定劳动者基于个人原因辞职或违法解除劳动合同后,用人单位需要支付因解除劳动合同的经济补偿,故周某要求二十四城昆明分公司支付因解除劳动的经济补偿没有法律依据。

(3)劳动者解除劳动合同的理由不成立

劳动者单方解除劳动合同的,应当就其解除劳动合同所依据的事实承担举证责任。否则,劳动者解除合同违法,其主张用人单位支付因解除劳动合同的经济补偿也没有事实依据。

案例 10 – 5

日进精密模具制造(无锡)有限公司与赵某劳动争议纠纷案

[(2019)苏 02 民终 4882 号]

2015 年 9 月 14 日,赵某入职日进精密模具制造(无锡)有限公司(以下简称日进公司)工作,双方签订了书面劳动合同,岗位为冲压机操作工。其间,日进公司每周为赵某等操作工发放耳塞等防护工具。日进公司冲压车间设有隔音墙,赵某每天在隔音墙内工作 7 小时,每月工资为 6200 元。2015 年 9 月、2016 年 3 月、2017 年 5 月、2018 年 5 月、2019 年 4 月,日进公司均安排赵某进行职业性健康检查,接触有害因素均为噪声,检查结果均为未发现职业禁忌症或疑似职业病。在 2019 年 4 月 8 日的职业性健康检查表(职检字第 31904080120 号)中,第 4 页的“七、自觉症状”中记载:“目前无不适应症状。”2019 年 3 月 19 日,苏州市华测技术有限公司为日进公司出具了《职业病危害因素检测评价报告》,载明冲压 6 号工位图 5#噪声为 79.40 分贝(A),职业接触限值为 85 分贝(A),判定结果为合格。整体检测项目全部合格,并建议日进公司定期组织作业人员进行职业健康培训,提高作业人员自我保护意识,督促作业人员积极规范佩戴个人防护用品,并定期更换;加强对设备的维修保养,减少因设备老化而增大噪声;定期组织作业人员的职业健康体检,规范和完善职业健康监护档案。2019 年 4 月 22 日,赵某以工作环境有噪声为由提出离职。双方劳动关系于2019 年 4 月 23 日解除。同日,赵某至无锡市人民医院耳鼻喉科就诊,自述双耳耳鸣两月,无明显听力下降,初步诊断为耳鸣。

无锡市新吴区人民法院认为,当事人对自己提出的诉讼请求所依据的事实应当提供证据加以证明,当事人未能证据或者证据不足以证明其事实主张的,由负有举证证明责任的当事人承担不利的后果。本案中,赵某称日进公司未提供安全的劳动环境导致其耳鸣、听力下降等情况,但其所提供的证据不足以证明其主张。根据职业病危害因素检测评价报告,日进公司冲压车间的噪音强度是合格的。赵某称该检测是在隔音墙外采样点,且是在关闭部分机器的情况下进行的,不能反映真实的情况,但其未提供证据证明其陈述,对赵某的该项陈述不予采信。根据赵某提供的就诊记录并不能证明其耳鸣的情况是因为工作环境造成的。日进公司为冲压车间的操作工人提供了耳塞以降低噪音对操作工人的伤害,并在醒目位置提示员工进入隔音墙内应佩戴防护用具,且定期安排赵某进行职业性健康检测。赵某检测的接触有害因素就是噪声,但在五次检测中均未发现赵某有职业禁忌症或疑似职业病。在赵某 2019 年 4 月 8 日的最后一次健康检测中,在"自觉症状"中记载:"目前无不适应症状。"而在 2019 年 4 月 23 日的就诊记录中自称耳鸣两月,两者相互矛盾,无法证明赵某因工作环境中的噪声危害导致耳鸣。综上,赵某提供的证据无法证明日进公司的行为违反《劳动合同法》第三十八条第(一)项的规定,故亦无法证明日进公司须向其支付经济补偿金。因此对赵某要求日进公司向其支付经济补偿金的请求,不予支持。

无锡市中级人民法院认为,双方争议焦点在于赵某提出辞职的事由是否成立,第一,职业病危害因素检测评价报告载明赵某工作场所的噪声是合格的,没有超标;第二,公司提供了多方位的劳动保护。综上所述,赵某的上诉请求不能成立,应予驳回;一审判决认定事实清楚,适用法律正确,应予维持。

案例分析

根据《劳动合同法》第三十八条的规定,用人单位未按照劳动合同约定提供劳动保护或者劳动条件的,劳动者可以单方解除劳动合同,并可依据《劳动合同法》第四十六条的规定要求用人单位支付经济补偿。

本案中,赵某以工作环境有噪声,即日进公司未提供劳动保护为由解除劳动合同,应当就以下事实承担举证责任:(1)根据赵某在日进公司工作时的工作环境,日进公司需提供一定的工作保护。(2)日进公司未提供必要的劳动保护。

但职业病危害因素检测评价报告载明赵某工作场所的噪声是合格的,没有超标,而且日进公司为冲压车间的操作工人提供了耳塞以降低噪声对操作工人的伤害,并在醒目位置提示员工进入隔音墙内应佩戴防护用具,且定期安排赵某进行职业性健康检测。也就是说,日进公司已经提供了必要的劳动保护,赵某的主张没有事实依据,其解除劳动合同违法,日进公司不应支付其经济补偿。

3. 仲裁时效期间经过的抗辩

劳动者请求用人单位支付解除或终止劳动合同的经济补偿的仲裁时效期间为一年,从劳动者知道或者应当知道其权利被侵害之日起计算,即劳动合同终止的,从劳动者知道或者应当知道劳动合同终止之日开始计算;劳动合同解除的,从劳动者知道或者应当知道劳动合同解除之日开始计算。

因劳动合同解除需双方达成一致或一方向另一方作出解除劳动合同的意思表示,故劳动合同解除之日,劳动者就知道或者应当知道自己的权利被侵害。具体而言:

(1)双方协商一致解除劳动合同的,双方就劳动合同解除达成一致之日为劳动解除之日。

(2)任何一方单方解除劳动合同的,因解除权属于形成权,自解除劳动合同的意思表示生效之日,劳动合同解除。但意思表示的内容明确解除时间且该时间在意思表示生效之后的,该时间为劳动合同解除的时间。

4. 其他抗辩

经济补偿的计算涉及两个因素,一是经济补偿年限,二是计算经济补偿的月工资标准。结合《劳动合同法》的规定以及《劳动合同法》施行以前的规定,《劳动合同法》施行前后,关于经济补偿有以下四个方面的不同:

(1)用人单位需要支付经济补偿的情形不完全相同,《劳动合同法》在之前的基础上增加了用人单位需要支付经济补偿的情形。

(2)经济补偿年限标准不同。《劳动合同法》以劳动者的月工资为考量标准,劳动者月工资高于用人单位所在直辖市、设区的市级人民政府公布的本地区上年度职工月平均工资三倍的,经济补偿年限不超过十二年;《劳动合同法》施行以前,劳动合同因双方协商一致解除或因劳动者不胜任工作,经过培训或者调整工作岗位仍不能胜任工作,用人单位解除劳动合同的,经济补偿年限不超过十二年。

(3)将经济补偿年限换算成经济补偿时,换算方式不同。在《劳动合同法》施行以前,经济补偿年限不满一年的,按一年的标准发给经济补偿;在《劳动合同法》施行以后,经济补偿年限在六个月以上不满一年的,按一年计算,不满六个月的,向劳动者支付半个月工资的经济补偿。

(4)月工资标准不同。月工资的初步计算标准均为解除或终止劳动合同前十二个月的月平均工资,但《劳动合同法》对月工资进行了限制。劳动者月工资高于用人单位所在直辖市、设区的市级人民政府公布的本地区上年度职工月平均工资三倍的,按职工月平均工资三倍的数额计算,而《劳动合同法》施行之前没有该限制。

综上,计算经济补偿时,不宜直接将经济补偿年限求和再按照《劳动合同法》规定的月工资标准计算经济补偿。更准确的做法是分段计算出经济补偿以后,再相加。

尽管如此,实践中还是存在不一样的计算方式。在仲裁、诉讼过程中,可以从以下方面提出对己方更有利的抗辩主张:①对己方更有利的计算方式。②经济补偿年限错误;如对劳动者的入职时间进行抗辩。③月工资标准错误;如对劳动者的月工资数额进行抗辩,若用人单位支付的费用中部分不属于工资的,可主张扣除非工资部分。

案例 10-6

爱协林天捷热处理系统(唐山)有限公司与吴某劳动争议纠纷案

[(2015)唐民一终字第 1280 号]

2002 年 4 月,吴某经招聘到爱协林天捷热处理系统(唐山)有限公司(以下简称爱协林天公司)机械工程部从事机械设计工作,2014 年 6 月 26 日双方签订无固定期限劳动合同,工作地点为唐山市高新区卫国北路 309 号。2015 年 3 月 20 日,公司制发通知,内容如下:因机械工程部、电气工程部自 2015 年 3 月 23 日起搬到滦南新办公地点办公,请工程部所有员工于 2015 年 3 月 23 日起到滦南上班,公司已安排到滦南上班的班车,详见通勤路线图。2015 年 3 月 23 日,公司再次制发通知,内容如下:因机械工程部、电气工程部自 2015 年 3 月 23 日起已搬到滦南新办公地点办公,请工程部吴某等未到滦南新办公地点上班的员工于 2015 年 3 月 23 日起到滦南上班,再到唐山市高新区工厂上班不算出勤,违者视为旷工,按员工手册的相关规定处理。吴某看到上述通知后仍到唐山市高新区厂区上班直到 2015 年 4 月 2 日,之后未再到爱协林天公司上班。员工手册规定:员工连续旷工 3 天以上,按自动离职处理。吴某认可双方之间的劳动关系于 2015 年 3 月 26 日解除,但原因是劳动合同约定的工作地点变动不能达成一致。公司主张双方之间的劳动关系未解除,并提交 2015 年 5 月 7 日敦促吴某来公司上班的通知,但工资为吴某发放至 2015 年 3

月 25 日,社会保险缴至 2015 年 6 月,一审认定吴某离职前 12 个月平均工资为 9856.17 元/月,二审认定吴某离职前 12 个月平均工资为 12,671.73 元。

路北区人民法院认为,双方自 2002 年 4 月起建立劳动关系,劳动合同约定吴某的工作地点在唐山市高新区,后因机械工程部搬迁至滦南,导致吴某的工作地点发生变更,爱协林天公司要求吴某到新办公地点上班,吴某未同意,双方就变更合同内容不能达成一致,劳动关系应当解除。按照 2015 年 3 月 23 日爱协林天公司向吴某制发的通知及员工手册规定,可推定出 2015 年 3 月 26 日爱协林天公司有向吴某解除劳动关系的意思表示,而吴某也认可双方劳动关系于该日解除,故认定 2015 年 3 月 26 日双方劳动关系解除。根据相关规定,此种情形爱协林天公司应支付吴某解除劳动合同经济补偿金。吴某离职前 12 个月平均工资为 9856.17 元/月,在爱协林天公司工作 13 年,爱协林天公司应向吴某支付解除劳动合同经济补偿金 128,130.21 元(9856.17 元/月 ×13 月)。

唐山市中级人民法院认为,吴某与爱协林天公司自 2002 年 4 月起建立劳动关系。劳动合同约定吴某工作地点在唐山市高新区,后因爱协林天公司所在的机械工程部搬迁至滦南,导致吴某工作地点发生变更,双方就变更合同的内容不能达成一致,原审判决双方之间的劳动关系自 2015 年 3 月 26 日解除,吴某对此予以认可,爱协林天公司对此在法定期限内亦未提起上诉,因此本院对此予以确认。根据《劳动合同法》第四十条第一款第(三)项、第四十六条第一款第(四)项之规定,此种情形应由爱协林天公司支付吴某解除劳动合同经济补偿金。根据《劳动合同法》第四十七条、第九十七条第三款,《劳动合同法实施条例》第二十七条,《违反和解除劳动合同经济补偿办法》(已废止)第八条、第十一条的规定,爱协林天公司应支付吴某经济补偿金数额为 157,753.65 元[计算方式为:2002 年 4 月至 2008 年 1 月 1 日,5 年零 8 个月,按 5 个月计算经济补偿金,每月 12,671.73 元,共计 63,358.65 元;2008 年 1 月 1 日起至 2015 年 3 月 25 日,共计 7 年零 3 个月,按 7.5 个月计算经济补偿,唐山市(设区的市级人民政府)2014 年就业人员年平均工资 50,344 元,月平均工资的 3 倍是 12,586 元,共计 94,395 元;以上合计 157,753.65 元]。

案例分析

本案当中,一审法院和二审法院对于经济补偿金的计算就不相同。按照分段计算再相加的方式:(1)双方劳动合同解除的原因为劳动合同订立时所依据的客观情况发生重大变化,致使劳动合同无法履行,经用人单位与劳动者协商,未能就变更劳动合同内容达成协议,爱协林天公司单方解除劳动合同。(2)根据《劳动合同法》第四十条第(三)项、第四十六条第(三)项的规定,爱协林天公司应当支付吴某经济补偿,根据《违反和解除劳动合同的经济补偿办法》(已废止)第八条的规定,爱协林天公司也应当支付吴某经济补偿。(3)《劳动合同法》施行以后的经济补偿补偿年限为7年零3个月,经济补偿为7.5个月工资;《劳动合同法》施行以前的经济补偿年限为5年零8个月,经济补偿为6个月工资。(4)唐山市2014年职工年平均工资为50,344元,月平均工资3倍是12,586元,若吴某在劳动合同解除前十二个月的月平均工资为12,671.73元,则高于唐山市职工月平均工资3倍。计算《劳动合同法》施行以后的经济补偿的月工资标准应按照12,586元计算,且经济补偿年限不超过12年。计算《劳动合同法》施行以前的经济补偿的月工资标准应按照12,671.73元计算。(5)《劳动合同法》施行以后的经济补偿为[7.5×12,586元=94,395元],《劳动合同法》施行以后的经济补偿为[6×12,671.73元=76,030.38元],共计170,425.38元。

从一审法院的计算公式来看,在计算经济补偿金的时候并没有分段计算。如按照分段计算的话,《劳动合同法》施行以后的工作年限部分折算的月数应当为7.5个月,而《劳动合同法》施行以前将经济补偿年限进行折算时,并不会出现0.5个月工资的情况。因此,一审法院计算时应当是将劳动者在用人单位的全部工作年限12年11个月折算为13个月来进行计算。

二审法院是采取分段计算的方式来计算,只是在将《劳动合同法》施行以前的经济补偿年限进行折算时,没有按照劳动部办公厅对《关于执行〈违反和解除劳动合同的经济补偿办法〉有关规定的请示》(已废止)的答复中的标准进行折算,将5年零8个月折算为5个月,而不是6个月。

(四)劳动者主张用人单位支付因解除(终止)劳动合同的经济补偿的举证

1. 待证事实

要对劳动者请求用人单位支付解除或终止劳动合同的经济补偿的请求进行裁判,需要对以下内容进行调查:

(1)双方是否存在全日制用工关系。

(2)双方订立的劳动合同是否已经解除或终止。

(3)劳动合同解除或终止的依据。

2. 举证责任分配

(1)劳动者的举证责任

劳动者请求用人单位支付解除或终止劳动合同的经济补偿的,应当就双方存在劳动关系,劳动合同已经解除或终止,解除劳动合同的依据属于用人单位应当支付经济补偿的情形等承担举证责任。

(2)用人单位的举证责任

用人单位对劳动者提出的请求进行抗辩的,应当就其抗辩主张承担举证责任。劳动关系中,全日制用工关系是常规的用工关系,非全日制用工关系属于特殊的劳动关系,劳动者只需证明其与用人单位存在劳动关系即可。用人单位主张双方系非全日制用工关系的,应当就该主张承担举证责任。

3. 证据

证明存在劳动关系的证据已经在第七章“确认劳动关系”中进行了说明,此处主要对解除和终止劳动合同的证据进行说明。实践中,与劳动合同的解除或终止相关的证据主要有:解除(终止)劳动合同通知书、辞退通知书、离职证明等;邮寄送达凭证;微信、QQ、手机短信等聊天记录;录音。

二、代通知金

(一)用人单位支付代通知金的构成要件

《劳动合同法》第四十条规定:“有下列情形之一的,用人单位提前三十日以书面形式通知劳动者本人或者额外支付劳动者一个月工资后,可以解除劳动合同:(一)劳动者患病或者非因工负伤,在规定的医疗期满后不能从事原工作,也不能从事由用人单位另行安排的工作的;(二)劳动者不能胜任工作,经过培训或者调整工作岗位,仍不能胜任工作的;(三)劳动合同订立时所依据的客观情况发生重大变化,致使劳动合同无法履行,经用人单位与劳动者协商,未能就变更劳动合同内容达成协议的。”代通知金是指用人单位依据《劳动合同法》第四十条的规定解除与劳动者的劳动合同,应当额外支付劳动者的一个月工资。根据上述规定,用人单位支付代通知金的构成要件为:第一,用人单位依据《劳动合同法》第四十条的规定解除劳动合同不违反法律规定;第二,用人单位未提前三十日以书面形式通知劳动者本人。

1. 用人单位依据《劳动合同法》第四十条的规定解除劳动合同不违反法律规定

用人单位依据《劳动合同法》第四十条的规定解除劳动合同不违反法律规定包含两个条件,一是用人单位解除劳动合同的依据是《劳动合同法》第四十条,二是用人单位解除劳动合同不违反法律规定。用人单位依据《劳动合同法》第四十条的规定解除劳动合同违反法律规定的,则无须再按照该规定支付代通知金。

2. 用人单位未提前三十日以书面形式通知劳动者本人

用人单位依据《劳动合同法》第四十条的规定解除劳动合同的,可以选择提前三十日以书面形式通知劳动者本人,或者额外支付一个月工资作为代通知金。若已经提前三十日以书面形式通知劳动者本人,无须再支付代通知金。

(二)代通知金的计算

关于代通知金的标准,法律并无明确的规定,司法实务中的一般按照以下规则确定:(1)劳动者上一个月的应发工资标准能够反映劳动者正常工资水平的,按照劳动者上一个月的应发工资标准计发代通知金;(2)劳动者上一个月的应发工资标准不能反映劳动者正常工资水平的,按照劳动合同解除前劳动者十二个月的平均工资确定;不满十二个月的,按实际月平均工资确定。

如贵州省高级人民法院、贵州省人力资源和社会保障厅《关于劳动争议案件若干问题的会议纪要》的通知第二十八条规定,《劳动合同法》第四十条规定的用工单位需额外支付劳动者“一个月工资”,应按劳动者上一个月的应发工资标准予以确定。上一个月工资不能反映正常工资水平的,可按劳动合同解除前劳动者十二个月的平均工资确定,不满十二个月的,按实际月平均工资确定。江苏省高级人民法院、江苏省劳动争议仲裁委员会《关于审理劳动争议案件的指导意见》第二十条规定,《劳动合同法》第四十条规定的用人单位需额外支付劳动者的“一个月工资”,应按劳动者上一个月的应发工资标准予以确定。上月工资低于当地最低工资标准的,按最低工资标准确定。上月工资不能反映正常工资水平的,可按劳动合同解除前劳动者十二个月的平均工资确定,不满十二个月的,按实际月平均工资确定。

劳动者请求用人单位支付代通知金的,可按照较高的标准进行主张。

(三)用人单位的抗辩

1. 没有法律依据的抗辩

没有法律依据的抗辩思路包括:第一,双方系非全日制用工关系;第二,用人单位解除劳动合同违法;第三,已经提前三十日以书面形式通知劳动者本人。

(1)双方系非全日制用工关系

根据《劳动合同法》第七十一条的规定,非全日制用工双方当事人任何一方都可以随时通知对方终止用工。因此在非全日制用工关系中,双方当事人均享有任意解除劳动合同的权利,用人单位解除劳动合同不受《劳动合同法》第四十条的限制。

(2)用人单位解除劳动合同违法

劳动者请求用人单位支付代通知金是依据《劳动合同法》第四十条的规定,如用人单位解除劳动合同违反法律规定,则无须再按照该规定支付代通知金,即劳动者请求用人单位支付代通知金没有法律依据。

(3)已经提前三十日以书面形式通知劳动者本人

用人单位依据《劳动合同法》第四十条的规定解除劳动合同已经提前三十日以书面形式通知劳动者本人的,无须再支付代通知金;劳动者向用人单位主张代通知金的,没有法律依据。

2. 没有事实依据的抗辩

没有事实依据的抗辩思路包括:第一,用人单位未依据《劳动合同法》第四十条的规定解除劳动合同;第二,用人单位已经提前三十日以书面形式通知劳动者本人。

(1)用人单位未依据《劳动合同法》第四十条的规定解除劳动合同

用人单位未依据《劳动合同法》第四十条的规定解除劳动合同的,劳动者主张用人单位支付代通知金,没有事实依据。未依据《劳动合同法》第四十条的规定解除劳动合同包括:①不存在劳动关系;②用人单位未解除劳动合同;③用人单位解除劳动合同的依据不是《劳动合同法》第四十条。

(2)用人单位已经提前三十日以书面形式通知劳动者本人

劳动者主张用人单位未提前三十日以书面形式通知劳动者本人,而用人单位实际已经提前三十日以书面形式通知劳动者本人的,则劳动者要求用人单位支付代通知金没有事实依据。

3. 仲裁时效期间经过的抗辩

劳动者请求用人单位支付代通知金的仲裁时效期间为一年,从劳动者知道或者应当知道其权利被侵害之日起计算。劳动合同解除之日,用人单位未支付代通知金的,劳动者应当知道其权利被侵害,仲裁时效期间从劳动合同解除之日开始计算,经过一年,仲裁时效期间经过。

4. 其他抗辩

其他方面的抗辩主要是代通知金计算方面的抗辩,因代通知金标准没有明确的规定。相应地,用人单位的抗辩思路主要包括:

(1)代通知金标准错误。用人单位可主张代通知金仅应当按照劳动者的月基本工资支付,不应包含绩效工资、加班费、奖金等。

(2)工资计算错误。用人单位支付的费用中部分不属于工资的,可主张扣除非工资组成部分。

(四)劳动者主张用人单位支付代通知金的举证

1. 待证事实

根据用人单位支付代通知金的构成要件,劳动者请求用人单位支付代通知金涉及的待证事实包括:(1)用人单位是否依据《劳动合同法》第四十条的规定解除劳动合同;(2)用人单位是否提前三十日以书面形式通知劳动者本人。

2. 举证责任分配

(1)劳动者的举证责任

劳动者请求用人单位支付代通知金的,应当就用人单位依据《劳动合同法》第四十条的规定解除劳动合同承担举证责任。

(2)用人单位的举证责任

用人单位应当就其抗辩主张所依据的积极事实承担举证责任。用人单位主张其已经提前三十日以书面形式通知劳动者本人的,应当提供证据证明自己已经提前三十日以书面形式通知劳动者本人。

3. 证据

证明用人单位依据《劳动合同法》第四十条的规定解除劳动合同的证据以及证明用人单位通知劳动者解除劳动合同的证据主要有:解除(终止)劳动合同通知书、辞退通知书、离职证明等;邮寄送达凭证;微信、QQ、手机短信等聊天记录;录音;其他能够证明用人单位作出单方解除(终止)劳动合同意思表示的证据。

三、因违法解除(终止)劳动合同的赔偿金

(一)用人单位支付因违法解除(终止)劳动合同的赔偿金的构成要件

《劳动合同法》第八十七条规定,用人单位违反本法规定解除或者终止劳动合同的,应当依照本法第四十七条规定的经济补偿标准的二倍向劳动者支付赔偿金。根据该规定,用人单位支付违法解除(终止)劳动合同的赔偿金的构成要件包括:第一,存在全日制用工关系;第二,用人单位单方解除(终止)劳动合同;第三,用人单位单方解除(终止)劳动合同违反法律规定。

1. 存在全日制用工关系

《劳动合同法》第七十一条规定,非全日制用工双方当事人任何一方都可以随时通知对方终止用工。根据上述规定,非全日制用工关系中,用人单位和劳动者均享有任意解除(终止)劳动合同的权利,故不存在违法解除(终止)劳动合同的问题。

2. 用人单位单方解除(终止)劳动合同

支付违法解除或者终止劳动合同的赔偿金的法律责任是针对用人单位违法解除或终止劳动合同这一违法行为,与其他违法行为无关。因此,即便是因为用人单位存在其他违法行为,导致劳动者解除劳动合同,用人单位也不承担支付违法解除或者终止劳动合同的赔偿金的法律责任。

3. 用人单位单方解除(终止)劳动合同违反法律规定

《劳动合同法实施条例》第十三条规定,用人单位与劳动者不得在《劳动合同法》第四十四条规定的劳动合同终止情形之外约定其他的劳动合同终止条件。可见,用人单位解除(终止)劳动合同是严格受到限制的,用人单位单方解除(终止)劳动合同需依照《劳动合同法》的规定。

(1)违法解除劳动合同

违法解除劳动合同的情形包括:用人单位单方解除劳动合同没有法律依据;用人单位单方解除劳动合同违反法定程序。

根据《劳动合同法》的规定,用人单位可以依据《劳动合同法》第三十九条、第四十条、第四十一条的规定单方解除劳动合同,如用人单位单方解除劳动合同缺乏上述依据,当然属于违法解除劳动合同。用人单位依据上述法律规定单方解除劳动合同,但没有证据证明解除劳动合同所依据的事实成立的,也会因此被认定属于违法解除劳动合同。因用人单位单方解除劳动合同的情形较多,且内容复杂,在此先不做详细阐述。

关于用人单位单方解除劳动合同违反法定程序的问题,《劳动合同法》第四十三条规定,用人单位单方解除劳动合同,应当事先将理由通知工会。用人单位违反法律、行政法规规定或者劳动合同约定的,工会有权要求用人单位纠正。用人单位应当研究工会的意见,并将处理结果书面通知工会。最高人民法院《关于审理劳动争议案件适用法律问题的解释(一)》(法释〔2020〕26 号)第四十七条规定,建立了工会组织的用人单位解除劳动合同符合《劳动合同法》第三十九条、第四十条规定,但未按照《劳动合同法》第四十三条规定事先通知工会,劳动者以用人单位违法解除劳动合同为由请求用人单位支付赔偿金的,人民法院应予支持,但起诉前用人单位已经补正有关程序的除外。根据上述规定,用人单位依据《劳动合同法》第三十九条、第四十条单方解除劳动时,未事先将理由通知工会的,也会被认定为违法解除劳动合同。

对于没有工会的企业单方解除劳动合同时是否需要通知其他工会存在争议。一种观点认为,通知工会本身只是一个程序性事项,用人单位解除劳动合同并不以工会同意为前提,因此,用人单位单方解除劳动合同仅需通知本单位工会即可,如本单位没有工会的,无须再通知其他工会。另一种观点认为,通知工会是用人单位单方解除劳动合同的必要程序,用人单位违反法律、行政法规规定或者劳动合同约定的,工会有权要求用人单位纠正。用人单位应当研究工会的意见,并将处理结果书面通知工会。若用人单位未通知工会,则剥夺了工会要求用人单位纠正的权利,损害了劳动者的利益。因此,如果用人单位尚未建立工会,用人单位应当通知用人单位所在地的总工会。

案例 10－7

无锡华泰塑料制品有限公司与郑某劳动争议纠纷案

[(2016)苏02民终2293号]

2011年2月28日,郑某入职无锡华泰塑料制品有限公司(以下简称华泰公司)工作。2013年4月9日,双方又签订全日制劳动合同,约定合同有效期为2013年4月1日至2015年4月1日,合同履行地为无锡市鹅湖镇甘露甘虞路88号,执行12小时(11小时计件计酬),每周轮休工作制,试用期工资为2000元。2015年5月15日,华泰公司出具通告,载明"包装车间员工郑某在公司安排生产时,拒不服从公司合理生产安排,要求公司必须答应郑某想怎么生产就怎么生产,如果公司不答应她条件就拒绝上班,要求公司要么开除她要么答应她的条件,此员工严重违反公司规定,为严肃厂纪,不论什么员工只要不服从公司合理生产安排,就无法做到一个合格的员工。经公司研究决定:对郑某不服从公司安排做开除处理并同时解除劳动关系。"

一审法院认为,用人单位在制定、修改或者决定直接涉及劳动者切身利益的规章制度或者重大事项时,应当经职工代表大会或者全体职工讨论,提出方案和意见,与工会或者职工代表平等协商确定,华泰公司称其规章制度已经征求员工意见,且经过上墙公示,于2010年8月16日开始施行,属合法有效之规章制度,但其仅提供了规章制度公示的照片,未提供其他证据,故对该意见不予采纳;用人单位单方解除劳动合同,应当事先将理由通知工会,用人单位尚未建立工会的,通知用人单位所在地工会,华泰公司在单方解除与郑某的劳动合同时,未履行法律规定的程序性义务,故其解除劳动合同的行为违法。

二审法院认为,按照法律规定,用人单位对于严重违反规章制度的劳动者可以提前解除劳动合同,但是解雇纠纷的审查实行实体与程序并重的原则。用人单位应当提供证据证明存在解雇事由,以证言作为证据的,证人应当出庭接受质询,用人单位不能提供证据或者提供的证据不足以证明争议事实的,应当承担不利的诉讼后果;用人单位按照规章制度解雇的,还应当证明该项制度的制订履行了民主程序,证明解雇决定听取了工会的意见,不能证明或者证据不足以证明履行了民主程序与工会程序的,亦应承担不利的诉讼后果。本案中,华泰公司主张郑某拒不听从工作安排的事实没有充分的证据予以证明,严重违反规章制度的事实难以确认。华泰公司的规章制度未经过民主程序讨论,与郑某解除劳动关系亦未按照法律规定的程序征求工会的意见。因此,一审判决认定华泰公司违法解除劳动合同符合法律规定。

案例分析

根据最高人民法院《关于审理劳动争议案件适用法律问题的解释(一)》(法释〔2020〕26 号)第四十七条的规定,建立了工会组织的用人单位解除劳动合同符合《劳动合同法》第三十九条、第四十条规定,但未按照《劳动合同法》第四十三条规定事先通知工会,劳动者以用人单位违法解除劳动合同为由请求用人单位支付赔偿金的,人民法院应予支持,但起诉前用人单位已经补正有关程序的除外。本案中,华泰公司单方解除与郑某的劳动合同未履行通知工会的程序,法院认为,华泰公司未按照法律规定的程序征求工会的意见违反《劳动合同法》的规定。

此外,《劳动合同法》第四十条、第四十一条也规定了用人单位解除劳动合同的程序。用人单位依据《劳动合同法》第四十条的规定单方解除劳动合同的,应当提前三十日以书面形式通知劳动者本人或者额外支付劳动者一个月工资。用人单位依据《劳动合同法》第四十一条的规定单方解除劳动合同的,应提前三十日向工会或者全体职工说明情况,听取工会或者职工的意见后,将裁减人员方案向劳动行政部门报告。用人单位解除劳动合同时未严格按照上述程序进行确实违反了法律规定,但程序违法的情况下,用人单位补正相关程序即可消除给劳动者造成的损失。若据此认定劳动者可以要求继续履行劳动合同或要求用人单位支付赔偿金,显然是不合理的。实践中,劳动者主张用人单位未按照规定提前三十日以书面形式通知劳动者本人或者额外支付劳动者一个月工资等,要求用人单位继续履行劳动合同或者支付赔偿金的,一般不会得到支持。如浙江省高级人民法院民事审判第一庭、浙江省劳动人事争议仲裁院《关于审理劳动争议案件若干问题的解答(三)》中就明确表示,用人单位解除劳动合同符合《劳动合同法》第四十条规定情形,但未提前三十日通知劳动者,也未额外支付劳动者一个月工资的,属于程序瑕疵,不构成违法解除。劳动者要求用人单位支付违法解除劳动合同赔偿金的,不予支持。但劳动者要求用人单位额外支付一个月工资的,可予支持。

需要注意的是,司法实务中仍有观点认为,未按照法律规定的程序解除劳动合同构成违法解除劳动合同,劳动者可以要求用人单位继续履行劳动合同或者支付赔偿金。

案例 10 - 8

河北三元食品有限公司与孙某劳动争议纠纷案

[(2020)冀01民终11710号]

2009年4月,孙某与河北三元食品有限公司(以下简称三元公司)签订劳动合同,合同到期后续订了无固定期限劳动合同。2019年11月26日,三元公司的常温奶事业部向孙某送达的变更劳动合同沟通函中载明:"因常温奶事业发展需要,常温奶事业部在河北石家庄的经营模式发生重大变化,河北石家庄直营系统经营转变为完全经销商模式经营,相应的组织架构也发生重大变化,导致劳动合同订立时所依据的客观情况发生重大变化,致使劳动合同无法继续履行,现公司事业部就变更劳动合同事宜与你进行友好沟通,沟通内容如下:因河北石家庄地区直营转经销模式经营,组织架构发生重大变化,河北地区无须导购人员,公司常温奶事业部将提供山东地区的导购员岗位。是否同意,请你在2019年11月27日前给公司作出书面回复,到期未回复则视为员工不同意变更劳动合同。如员工同意前往山东地区,公司将与你签订劳动合同变更协议,并于2019年12月2日前到岗上班,履行工作职责;如你不同意变更劳动合同,公司将按照《劳动合同法》相关条款规定与你解除劳动合同。此函系常温奶事业部员工就变更劳动合同一事进行沟通及操作,但因你劳动合同与河北三元签订,故河北三元作为盖章单位予以协助。"2019年11月28日,三元公司人力资源部向三元公司工会送达一份解除劳动合同通知工会函以及工会给人力资源部的答复函。同日作出的解除劳动合同通知书载明:"尊敬的孙某先生……以上变更劳动合同沟通函内容,我司已于2019年11月26日告知你,你已收到并知悉,且经双方沟通未能就变更劳动合同内容达成一致。经公司研究并通知工会,征求工会意见同意后,现我司按照《劳动合同法》相关条款规定与你解除劳动合同,自2019年11月30日起解除劳动关系。请于收到本通知书七日内携带身份证、医保卡或社保卡、劳动合同书到公司人力资源部及相关部门办理档案、保险、党政、计生等关系的转移手续,如不及时办理,产生的一切后果自负。”

新乐市人民法院认为,《劳动合同法》第四十条规定:“有下列情形之一的,用人单位提前三十日以书面形式通知劳动者本人或者额外支付劳动者一个月工资后,可以解除劳动合同……”孙某所在的常温奶事业部于2019年11月26日向孙某送达变更劳动合同沟通函,2019年11月28日作出了解除劳动合同通知书,自2019年11月30日起与孙某解除劳动关系;在此之前三元公司亦未额外支付孙某一个月的工资。三元公司解除与孙某的劳动关系,违反了该项规定,应当按照《劳动合同法》第四十七条规定的经济补偿标准的二倍向孙某支付赔偿金。

石家庄市中级人民法院认为,根据《劳动合同法》第四十条规定:“有下列情形之一的,用人单位提前三十日以书面形式通知劳动者本人或者额外支付劳动者一个月工资后,可以解除劳动合同……”由此可见,用人单位应提前三十日以书面形式通知劳动者本人或者额外支付劳动者一个月工资,但三元公司并未提前三十日通知孙某,亦未额外支付孙某一个月工资。故一审法院判决三元公司违法解除劳动合同并无不妥,应当支付孙某经济赔偿金。

案例分析

本案中,三元公司因经营模式发生重大变化,河北石家庄直营系统经营转变为完全经销商模式经营,相应的组织架构也发生重大变化,导致劳动合同订立时所依据的客观情况发生重大变化,致使劳动合同无法继续履行,发送变更劳动合同沟通函与孙某协商,孙某逾期未回复,后三元公司通知工会后作出解除劳动合同通知书解除与孙某的劳动合同。(1)根据《劳动合同法》第四十条的规定,三元公司提前三十日以书面形式通知劳动者本人或者额外支付劳动者一个月工资后,可以解除劳动合同。(2)三元公司未提前三十日以书面形式通知孙某本人也未额外支付孙某一个月工资,法院遂据此认定三元公司解除劳动合同违法,判决三元公司向孙某支付违法解除劳动合同的赔偿金。需要注意的是,司法实务中,主流观点并非如此。主流观点认为,未提前三十日通知劳动者,也未额外支付劳动者一个月工资的,属于程序瑕疵,不构成违法解除。

(2)违法终止劳动合同

劳动合同终止,是指劳动合同期限届满或者是一方或双方主体不再具有劳动关系的主体资格时,双方劳动关系归于消灭的制度。劳动合同终止包括劳动合同期限届满终止和劳动合同当事人丧失主体资格终止两种情形。

劳动合同终止本应是劳动合同终止的条件达成后,劳动合同自然终止,不需要用人单位或劳动者作出终止劳动合同的意思表示。《劳动合同法》第八十七条规定的用人单位违反《劳动合同法》规定终止劳动合同应当是指劳动合同终止的条件尚未达成,用人单位主张劳动合同已经终止,并实际终止用工的情形。实践中,用人单位违法终止劳动合同主要包括以下几种情形:

①劳动合同期满,但因法定原因延续,用人单位主张劳动合同已经终止,并实际终止用工。导致劳动合同期限延续的法定事由包括:

A. 从事接触职业病危害作业的劳动者未进行离岗前职业健康检查,或者疑似职业病病人在诊断或者医学观察期间的。

B. 劳动者在本单位患职业病或者因工负伤并被确认丧失或者部分丧失劳动能力的。

C. 劳动者患病或者非因工负伤,在规定的医疗期内的。

D. 女职工在孕期、产期、哺乳期的。

E. 劳动者在本单位连续工作满十五年,且距法定退休年龄不足五年的。

F. 法律、行政法规规定的其他情形。如劳动者在停工留薪期,一般认为其劳动合同到期后应当延续。

案例 10-9

常州海德置业有限公司与吴某劳动争议纠纷案

[(2017)苏04民特7号]

吴某于2014年10月8日到常州海德置业有限公司(以下简称海德公司)工作,先后与海德公司签订两份劳动合同,两份劳动合同期限分别为2014年10月8日至2015年10月7日,2015年10月8日至2016年10月7日。第二份劳动合同履行期间,吴某于2015年12月16日生育。2016年10月20日,海德公司通知吴某,其哺乳期将于2016年11月21日结束,公司将不与其续订劳动合同,哺乳期期满后双方劳动合同终止。海德公司与吴某分别于2016年10月21日、11月8日和11月22日商量补偿问题,但未能达成一致意见。吴某遂于2016年11月23日提起劳动争议仲裁。2017年1月13日,常州市劳动仲裁委作出常劳人仲案字(2016)第466号仲裁裁决:自本裁决书生效之日起十日内,常州海德置业有限公司一次性支付吴某违法解除劳动合同的赔偿金13,664.35元。海德公司不服,向常州市中级人民法院申请撤销上述仲裁裁决。

常州市中级人民法院认为,《劳动合同法》第四十二条、第四十五条规定,劳动合同期满,如女职工仍在哺乳期,劳动合同应当延续至哺乳期期满终止。根据《女职工劳动保护特别规定》第九条的规定,哺乳期为一年,用人单位应当在哺乳期每天的劳动时间内为女职工安排一小时哺乳时间。本案中,吴某与海德公司的劳动合同期限为 2015 年 10 月 8 日至 2016 年 10 月 7 日,但因吴某于 2015 年 12 月 16 日生育,故劳动合同应顺延至 2016 年 12 月 15 日期满。本院认为,上述法律和行政法规规定的哺乳期为法定不变期间,无论海德公司是否与吴某协商一致,均不能缩短法定的哺乳期,而且本案中劳动关系双方当事人也未就提前解除劳动合同达成一致意见。因此,海德公司于 2016 年 11 月 21 日哺乳期届满前终止劳动合同,属于违法解除劳动合同。

案例分析

《劳动合同法》第四十五条规定,劳动合同期满,有《劳动合同法》第四十二条规定情形之一的,劳动合同应当续延至相应的情形消失时终止。《劳动合同法》第四十二条规定的情形包括女职工在孕期、产期、哺乳期的情形。根据上述规定,劳动合同期满时,女职工在孕期、产期、哺乳期的,劳动合同应当续延至女职工孕期、产期、哺乳期满时终止。

本案中,双方订立的劳动合同至 2016 年 10 月 7 日期满,但吴某于 2015 年 12 月 16 日生育,根据《女职工劳动保护特别规定》第九条的规定,吴某的哺乳期至 2016 年 12 月 15 日期满,故劳动合同期限应当顺延至 2016 年 12 月 15 日。海德公司于 2016 年 11 月 21 日通知吴某双方劳动合同终止,违反了《劳动合同法》第四十五条的规定,属于违法解除(终止)劳动合同。

②劳动合同期满,用人单位应当与劳动者订立无固定期限劳动合同,用人单位主张劳动合同已经终止,并实际终止用工。

《劳动合同法》第十四条规定,有下列情形之一,劳动者提出或者同意续订、订立劳动合同的,除劳动者提出订立固定期限劳动合同外,应当订立无固定期限劳动合同:(1)劳动者在该用人单位连续工作满十年的;(2)用人单位初次实行劳动合同制度或者国有企业改制重新订立劳动合同时,劳动者在该用人单位连续工作满十年且距法定退休年龄不足十年的;(3)连续订立二次固定期限劳动合同,且劳动者没有《劳动合同法》第三十九条和第四十条第(一)项、第(二)项规定的情形,续订劳动合同的。司法实务中有观点认为,劳动合同期满,如存在上述用人单位应当与劳动者订立无固定期限劳动合同的情形,除劳动者同意终止劳动合同或订立固定期限劳动合同外,用人单位应当与劳动者订立无固定期限劳动合同;用人单位终止劳动合同的,属于违法解除(终止)劳动合同。另一种观点则认为,劳动合同期满以后,用人单位有权选择是否与劳动者续订劳动合同,用人单位选择续订劳动合同的,除劳动者提出续订固定期限劳动合同外,用人单位应当与劳动者订立无固定期限劳动合同;用人单位也可以选择不续订劳动合同。

案例 10－10

美柏玩具咨询服务(深圳)有限公司与王某劳动争议纠纷案

[(2016)粤0303民初13028号]

美柏玩具咨询服务(深圳)有限公司(以下简称美柏公司)与加拿大美高公司深圳代表处系关联企业,为同一股东分别设立的独立法人企业、机构。2004年7月5日至2013年4月1日,王某与深圳市对外劳动服务有限公司签订劳动合同,由深圳市对外劳动服务有限公司将王某派遣到加拿大美高公司深圳代表处工作。对此,美柏公司、王某及加拿大美高公司深圳代表处、深圳市对外劳动服务有限公司签有协议,约定自2013年4月1日起,美柏公司承认王某在加拿大美高公司深圳代表处的服务年限,王某为加拿大美高公司深圳代表处的服务年限视为美柏公司的服务年限;美柏公司将保持王某在加拿大美高公司深圳代表处时的工作岗位并提供不低于原岗位的工资福利待遇。2014年4月,美柏公司、王某及深圳市对外劳动服务有限公司签订《三方协议》,载明王某自2004年7月5日起与深圳市对外劳动服务有限公司签订劳动合同,并被深圳市对外劳动服务有限公司派遣至美柏公司处工作。协议约定王某与深圳市对外劳动服务有限公司于2014年4月30日协商终止/解除原劳动合同;美柏公司、王某于2014年5月1日签订劳动合同并自当日起生效,美柏公司将就计算经济补偿金(如适用)及我国法律法规下的其他法定福利的目的而承认王某自原入职日起在代表处/公司的工作年限;在终止原劳动合同时,深圳市对外劳动服务有限公司与美柏公司均无须向王某支付经济补偿金;在今后美柏公司终止或解除与王某订立的新劳动合同而依法需要支付经济补偿金时,美柏公司将合并计算王某自原入职日起被派遣至代表处/公司的工作年限及其在美柏公司处的工作年限并依法承担义务。美柏公司、王某于2014年5月1日签订了书面劳动合同,合同期限从当日至2016年4月30日止;合同约定原就下述目的承认王某自2004年7月5日起在深圳市对外劳动服务有限公司的服务年限:……第二,计算离职经济补偿金(如适用)及中国法律法规项下的其他法定福利。上述劳动合同期满后,王某要求与美柏公司签订无固定期限劳动合同,美柏公司表示不同意继续签订劳动合同,双方的劳动合同关系终止。经计算,王某在劳动合同终止前十二个月的平均工资为6871元,美柏公司已支付王某终止劳动合同经济补偿金58,404元。王某因本案纠纷向深圳市罗湖区劳动人事争议仲裁委员会申请仲裁,请求裁决美柏公司:(1)支付给王某违法终止劳动合同的赔偿金109,596元;(2)支付律师费5000元。

法院认为,王某与深圳市对外劳动服务有限公司建立的劳动关系于2014年4月30日解除,但深圳市对外劳动服务有限公司、加拿大美高公司深圳代表处及美柏公司均没有支付王某经济补偿;且美柏公司承认王某自2004年7月5日至2014年4月30日的工作年限,故截至2016年4月,王某在美柏公司处的连续计算的工作年限已超过十年,符合要求建立无固定期限劳动合同的情形。但美柏公司拒绝与王某签订无固定期限劳动合同,并以劳动合同期限届满为由终止双方原固定期限劳动合同,其行为违反法律规定,应支付美柏公司违法终止劳动合同的赔偿金。经计算,该款为106,500元。同时,王某要求美柏公司支付律师费,亦符合法律规定,本院予以确认。

案例分析

本案中,法院的观点为劳动合同期满,如存在《劳动合同法》第十四条规定的用人单位应当与劳动者订立无固定期限劳动合同情形,除劳动者同意终止劳动合同或订立固定期限劳动合同外,用人单位应当与劳动者订立无固定期限劳动合同,用人单位终止劳动合同的,属于违法终止劳动合同。本案中,截至2016年4月,王某在美柏公司处的连续计算的工作年限已超过十年,根据《劳动合同法》第十四条第二款的规定,王某提出签订无固定期限劳动合同的,美柏公司应当与王某订立无固定期限劳动合同,而美柏公司表示不同意继续签订劳动合同,导致劳动合同终止,违反了《劳动合同法》第十四条的规定,属于违法终止劳动合同,故法院判决美柏公司支付王某因违法终止劳动合同的赔偿金。

③劳动者达到法定退休年龄,但未开始依法享受基本养老保险待遇,用人单位主张劳动合同已经终止,并实际终止用工。

案例 10－11

文山市洁城清运处理有限公司与秦某劳动争议纠纷案

［（2017）云 26 民终 119 号］

2012 年 4 月，秦某到文山市洁城清运处理有限公司（以下简称洁城公司）为该公司提供劳务（无劳务合同）。2015 年 1 月 1 日，秦某（乙方）与洁城公司（甲方）签订劳务合同，合同全文共八条，其中第一条约定“本协议有效期限自 2015 年 1 月 1 日起至 12 月 31 日止；乙方以清扫保洁方式提供劳务服务”。第四条第二项约定“由于乙方年龄已超过国家规定的退休年龄，故双方之间的合同关系属劳务关系，不属于劳动合同关系，无法签订劳动合同和购买各项劳动保险，乙方承诺不向甲方提出任何赔偿请求”。2016 年 1 月 1 日，洁城公司与秦某双方再次签订劳务合同，合同内容与 2015 年 1 月 1 日签订的劳务合同一致。2016 年 2 月 28 日，洁城公司口头通知秦某不用上班，解除了合同。2016 年 3 月 1 日，双方发生纠纷。2016 年 4 月 25 日，秦某向文山市劳动人事争议仲裁院申请劳动仲裁。2016 年 4 月 27 日，文山市劳动人事争议仲裁院作出 23 号不予受理通知书，以秦某的劳动仲裁申请不属于劳动争议为由，对秦某的仲裁申请决定不予受理。另查明，2012 年，秦某到洁城公司做清扫保洁工作时已年满 50 周岁。秦某的月平均工资为 1917 元。

一审法院认为，2012 年 4 月，秦某到洁城公司为其提供清扫保洁劳务时，秦某就已年满 50 周岁，且双方于 2015 年 1 月 1 日、2016 年 1 月 1 日签订的劳务合同，对双方之间的用工关系已明确为劳务关系。因此，本案中秦某与洁城公司之间属于劳务合同关系，不是劳动合同关系。双方之间因劳务关系所产生的争议不受《劳动合同法》《劳动合同法实施条例》等劳动法律法规的调整。因本案不属于劳动争议案件，秦某的起诉是否超过两年的诉讼时效，在本案中不做评述。秦某的诉讼请求无证据予以证明，其要求洁城公司支付经济赔偿金 50,080 元及双倍工资未足部分 21,160 元的诉讼请求，缺乏事实和法律依据，不予支持。

二审法院认为，根据最高人民法院《关于审理劳动争议案件适用法律若干问题的解释（三）》（已废止）第七条“用人单位与其招用的已经依法享受养老保险待遇或领取退休金的人员发生劳动争议，向人民法院提起诉讼的，人民法院应当按劳务关系处理”的规定，已经享受养老保险待遇或领取退休金的人员与用人单位发生的争议按劳务关系处理。这就意味着，用人单位若没有为劳动者办理养老保险手续，劳动者继续为用人单位工作或者劳动者没有享受养老保险待遇的，不能按劳务关系处理。作为衡量是否具有劳动关系的依据,不能简单地以是否超过法定退休年龄为标准。对未享受养老保险待遇或未领取退休金的人员,即使其超过法定退休年龄,只要其与用人单位之间的关系符合劳动关系的法律特征,就应按照劳动关系处理。《劳动合同法》第四十四条规定,劳动者开始依法享受养老保险待遇的,劳动合同终止。《劳动合同法实施条例》第二十一条规定:"劳动者达到法定退休年龄的,劳动合同终止。"上述规定表明劳动者已经达到退休年龄时用人单位有权终止劳动合同,但我国法律并未规定劳动者的年龄不得高于法定退休年龄,故在劳动者达到法定退休年龄时并不意味着劳动合同自动终止,还必须满足劳动者开始依法享受养老保险待遇的条件。退休只是劳动者享受社会保险待遇的条件,法律并未规定以劳动者达到退休年龄作为合同自动终止的条件,故达到退休年龄的劳动者仍可作为劳动关系的主体。本案中,秦某到洁城公司工作时,虽已达到退休年龄,但其并未享受养老保险待遇或领取退休金。因此,退休年龄的规定不应成为劳动者与用人单位建立劳动关系的障碍,只要双方之间符合劳动关系的法律特征,就应按照劳动关系处理。未享受养老保险待遇或领取退休金的人员与用人单位发生的争议,只要符合劳动法律关系特征就应按劳动关系处理。本案中,虽然秦某与洁城公司之间以劳务合同的形式签订合同,但秦某在洁城公司工作期间接受公司的日常工作管理,其从事的工作是洁城公司业务组成部分,不具备劳务关系的特征和要件,符合劳动法律关系的特征,双方之间属劳动法律关系。一审仅以秦某与洁城公司的合同名为劳务合同而认定双方之间为劳务法律关系不当,本院予以纠正。由于双方之间存在劳动法律关系,因此,双方之间的纠纷就应当受劳动法律关系的调整。另外,对于洁城公司应否向秦某支付经济赔偿金的问题。《劳动合同法》第四十八条规定:"用人单位违反本法规定解除或者终止劳动合同,劳动者要求继续履行劳动合同的,用人单位应当继续履行;劳动者不要求继续履行合同或者劳动合同已经不能继续履行的,用人单位应当依照本法第八十七条规定支付赔偿金。"本案中,秦某于 2016 年 2 月就按洁城公司的通知离开该公司,秦某未享受职工养老保险待遇。由此,本案不符合《劳动合同法》第四十四条规定的情形,即劳动者开始依法享受养老保险待遇的,劳动合同终止。秦某与洁城公司的劳动合同并非自动终止而应视为洁城公司的单方解除合同。在秦某不要求继续履行合同的情况下,洁城公司应当向秦某承担支付赔偿金的责任。

案例分析

本案二审法院的观点为劳动者达到法定退休年龄,但未享受养老保险待遇的,仍可与用人单位建立劳动关系。本案中,秦某虽然到洁城公司做清扫保洁工作时就已年满 50 周岁,但秦某并未享受养老保险待遇,故秦某可以与洁城公司建立劳动关系。又因秦某在洁城公司工作期间接受公司的日常工作管理,其从事的工作是洁城公司业务组成部分,符合认定劳动关系的从属性要件,故二审法院认定双方存在劳动关系。存在劳动关系的情况下,洁城公司通知秦某离职,不能证明解除劳动合同的合法性或证明存在劳动合同终止情形的,属于违法解除劳动合同。秦某主张洁城公司支付赔偿金的,洁城公司应当支付其因违法解除劳动合同的赔偿金。

(二)因违法解除(终止)劳动合同的赔偿金的计算

《劳动合同法》第八十七条规定,用人单位违反本法规定解除或者终止劳动合同的,应当依照本法第四十七条规定的经济补偿标准的二倍向劳动者支付赔偿金。《劳动合同法实施条例》第二十五条规定,用人单位违反《劳动合同法》的规定解除或者终止劳动合同,依照《劳动合同法》第八十七条的规定支付了赔偿金的,不再支付经济补偿。赔偿金的计算年限自用工之日起计算。根据上述规定,因违法解除(终止)劳动合同的赔偿金的计算应遵循以下规则:

1. 先根据《劳动合同法》第四十七条规定的计算标准计算经济补偿。

2. 按照上述标准计算经济补偿时,经济补偿年限自用工之日起计算,即便用工之日在《劳动合同法》施行以前,也不再分段计算。

3. 因违法解除(终止)劳动合同的赔偿金等于按照上述标准计算的经济补偿的二倍。

(三)用人单位的抗辩

1. 没有法律依据的抗辩

没有法律依据的抗辩思路主要是针对非全日制用工的情形,根据《劳动合同法》第七十一条的规定,非全日制用工双方当事人任何一方都可以随时通知对方终止用工。因此,非全日制用工关系中,双方当事人均享有任意解除劳动合同的权利,也就不存在用人单位违法解除(终止)劳动合同的情形。

案例 10 - 12

北京小红帽报刊发行服务有限责任公司与李某劳动争议纠纷案

[(2021)京 02 民终 2844 号]

北京小红帽报刊发行服务有限责任公司(以下简称小红帽发行公司)(甲方)与

李某(乙方)于2004年12月1日签订劳动合同书(非全日制),内容载有:“本合同于2004年12月1日生效;乙方同意根据甲方工作需要投递《北京青年报》等甲方承接投递的报纸、物品,乙方应保证所投递的报纸、物品到甲方指定地点;乙方每日工作时间不超过四小时,每周工作时间累计不超过二十四小时;乙方完成本合同约定的工作内容后,甲方应当以货币形式向乙方支付劳动报酬,劳动报酬的标准执行甲方的薪资制度,不低于北京市最低工资,结算周期按法定周期结算;乙方可以和一个或者一个以上的用人单位订立劳动合同,但不得影响本合同的履行……”

2012年3月31日,由北京友邦汇众人力资源管理顾问有限公司(甲方)与李某(乙方)签订了劳动合同书(劳务派遣),内容载有:“合同期限为2012年4月1日至2014年3月31日;甲方派遣乙方工作的用工单位名称为小红帽发行股份有限公司(以下简称小红帽股份公司),乙方根据用工单位工作需要担任发行员岗位工作;用工单位安排乙方执行不定时工时工作制……”

2014年4月1日,由北京东方慧博人力资源顾问有限公司(甲方)与李某(乙方)签订了劳动合同书(劳务派遣),内容载有:“合同期限为2014年4月1日至2016年3月31日;甲方派遣乙方工作至小红帽股份公司从事发行员岗位工作;乙方在用工单位工作期间执行用工单位的不定时工时工作制……”

2015年4月1日,小红帽发行公司(甲方)与李某(乙方)再次签订劳动合同书(非全日制),载明“本合同于2015年4月1日生效……”

2019年9月26日,李某申请劳动仲裁,要求确认小红帽发行公司自2004年12月1日至2018年12月31日与其存在劳动关系,要求小红帽发行公司支付最低工资差额、违法解除劳动合同赔偿金、未缴纳失业保险一次性生活补助费、未缴纳养老保险经济补偿金。诉讼中,小红帽发行公司、李某均认可双方之间劳动用工关系已于2018年12月31日终止。

李某认可其所签劳动合同的真实性,称小红帽发行公司与小红帽股份公司系混同用工关系,其自2004年12月1日起一直与小红帽发行公司存在劳动关系。而小红帽发行公司只认可在2004年12月至2012年3月,以及2015年4月至2018年12月与李某存在非全日制用工的劳动关系。

李某提交其2012年度北京市社会保险个人缴费信息对账单,显示2012年4月至12月,北京友邦汇众人力资源管理顾问有限公司为李某缴纳了各项社会保险。小红帽发行公司提交的李某北京市社会保险个人权益记录显示,小红帽发行公司为李某缴纳了2015年4月至2018年12月的工伤保险。

李某提交了2010年2月20日至2019年1月15日的银行工资明细单,显示:小红帽股份公司北京分公司在2015年4月23日、5月15日为李某发放工资,注释为"代发";2015年7月15日、8月14日为李某发放工资,注释为"代发工资";2017年11月17日起,小红帽股份公司北京分公司按月为李某支付工资。小红帽发行公司对该银行工资流水的真实性认可,称其公司系为小红帽股份公司代发报纸,小红帽股份公司为其公司代发工资、代付房租。小红帽发行公司提交2018年1月至12月李某的工资明细表显示:2018年1月至8月小时工资标准为22元,2018年9月至12月小时工资标准为24元;每月工作时长42小时至58小时不等;部分月份存在法定休假日加班的记录;工资构成为小时工资、部分月份的加班工资及奖励,应发数额为934.42元至1491.95元,实发数额为930.42元至1487.95元。上述实发数额与李某提交的银行工资流水中每月实际到账的工资数额均一致。李某同期的小时工资标准未低于同期本市非全日制从业人员最低小时工资标准。

另查,小红帽股份公司成立于2004年7月22日,公司类型为其他股份有限公司。小红帽发行公司成立于1996年7月23日,系小红帽股份公司法人独资的有限责任公司。2005年1月2日,小红帽股份公司北京分公司(甲方)与小红帽发行公司(乙方)签订协议书,约定乙方委托甲方对乙方的经济成本(人工成本和生产成本)进行管理,管理的内容为支付人员工资、支付房屋租金等;本协议自2005年1月起生效,有效期为一年,协议期满任何一方不同意续签的,应提前30日书面通知对方,否则本合同自动延续一年,以此类推。同时,小红帽发行公司提供了小红帽股份公司与其公司在2005年至2018年签订的委托合同,该合同均约定甲方委托乙方在北京市城八区发行投递《北京青年报》,委托范围为代理甲方授权范围内报刊的发行与投递、报款收取和零售、夹报、直投类广告发送等,甲方负责为乙方提供代为收取出版物款项的发票和出版物以及其他服务项目。

一审法院认为,非全日制用工是指以小时计酬为主,劳动者在同一用人单位一般平均每日工作时间不超过四小时,每周工作时间累计不超过二十四小时的用工形式。李某先后两次与小红帽发行公司签订的劳动合同书均写明"非全日制",合同中对于工作时间的约定均为"每日工作时间不超过四小时,每周工作时间累计不超过二十四小时",该约定与《劳动合同法》对非全日制用工的规定一致。从实际用工来看,李某与北京友邦汇众人力资源管理顾问有限公司2012年3月31日签订劳动合同后,该公司即为李某缴纳了社会保险,2015年4月1日李某与小红帽发行公司签订非全日制劳动合同书后,该公司即为李某缴纳了工伤保险。李某提交的银行明细单中每月实际到账的工资数额与小红帽发行公司提交的工资明细单中记载的实发工资数额均一致。工资明细表中记载了小时工资标准、工作时长等内容,可以证明李某的工资是以小时计薪,且经核算李某的小时工资标准均未低于本市历年发布的关于非全日制从业人员小时最低工资标准。因此,李某与小红帽发行公司之间符合非全日制劳动关系的法律特征;结合双方签订的劳动合同、社保缴纳记录、解除劳动合同时间等,确认李某与小红帽发行公司之间在2004年12月1日至2012年3月31日,以及2015年4月1日至2018年12月31日存在非全日制劳动关系。非全日制用工,双方当事人任何一方都可以随时通知对方终止用工;终止用工,用人单位不向劳动者支付经济补偿。李某要求小红帽发行公司支付违法解除劳动合同赔偿金的请求,于法无据,不予支持。

二审法院认为,李某在从事报刊投递工作期间,先后与小红帽发行公司签订了非全日制用工的劳动合同,与劳务派遣公司签订了在小红帽股份公司岗位提供劳务的劳务派遣用工劳动合同,据此分别确立了李某在不同时段的劳动用工关系及劳动权利义务内容。委托合同及协议书可以显示小红帽发行公司、小红帽股份公司之间系业务委托关系,而李某以二公司混同用工为由要求将其以劳务派遣方式为小红帽股份公司提供劳务工作的时段,确认为其与小红帽发行公司存在劳动关系的期间,理由不成立,本院难以支持。小红帽发行公司提供的考勤表、工资统计表证据可以体现其公司对李某予以非全日制用工的管理,李某主张小红帽发行公司对其全日制用工,现有证据不足以证实,故一审依据双方所签劳动合同及相关举证情况,确认小红帽发行公司与李某之间于2004年12月1日至2012年3月31日、2015年4月1日至2018年12月31日存在非全日制用工的劳动关系,并无不当。小红帽发行公司与李某签订的劳动合同书(非全日制)中,双方可以随时终止劳动合同及无须支付经济补偿金的约定,不违反《劳动合同法》关于非全日制用工劳动关系的法律规定,故李某在双方劳动合同终止时向小红帽发行公司主张违法解除劳动合同经济赔偿金,缺乏事实及法律依据,不予支持。

案例分析

本案的争议焦点是小红帽发行公司与李某之间是否存在全日制用工关系。如双方系非全日制用工关系,小红帽发行公司享有任意解除劳动合同的权利,即便是小红帽发行公司单方解除(终止)劳动合同,无论解除(终止)劳动合同的原因为何,小红帽发行公司解除劳动合同均不违法。

小红帽发行公司主张双方系非全日制用工关系,应当就此承担举证责任。《劳动合同法》第六十八条规定,非全日制用工,是指以小时计酬为主,劳动者在同一用人单位一般平均每日工作时间不超过四小时,每周工作时间累计不超过二十四小时的用工形式。小红帽发行公司与李某签订的劳动合同书(非全日制)约定,李某每日工作时间不超过四小时,每周工作时间累计不超过二十四小时;乙方完成本合同约定的工作内容后,甲方应当以货币形式向乙方支付劳动报酬,劳动报酬的标准执行甲方的薪资制度,不低于北京市最低工资,结算周期按法定周期结算;乙方可以和一个或者一个以上的用人单位订立劳动合同,但不得影响本合同的履行。符合非全日制用工的条件,故法院认定小红帽发行公司与李某之间系非全日制用工关系。因此,李某主张小红帽发行公司支付违法解除劳动合同的赔偿金没有法律依据。

2. 没有事实依据的抗辩

没有事实依据的抗辩思路包括:第一,不存在劳动关系;第二,用人单位没有解除(终止)劳动合同;第三,用人单位解除(终止)劳动合同不违反法律规定。

(1)不存在劳动关系

存在劳动关系是用人单位违法解除(终止)劳动合同的基础,不存在劳动关系,则劳动者的主张没有事实依据。

(2)用人单位没有解除(终止)劳动合同

劳动者请求用人单位支付因违法解除(终止)劳动合同的赔偿金的前提是用人单位单方解除(终止)劳动合同。如劳动合同尚未解除(终止),或是因为双方协商一致解除劳动合同,又或是劳动者单方解除劳动合同,均不存在用人单位单方解除(终止)劳动合同的问题,也就不存在用人单位支付违法解除(终止)劳动合同的赔偿金的问题。

案例 10－13

云南新迪建设咨询监理有限公司与吴某劳动争议纠纷案

[(2014)昆民二终字第 1231 号]

2009 年 6 月 1 日,云南新迪建设咨询监理有限公司(以下简称新迪公司)与吴某签订合同期限自 2009 年 6 月 1 日至 2012 年 5 月 31 日的劳动合同,约定吴某的工作岗位为会计。2012 年 6 月 1 日,双方将劳动合同续订为无固定期限劳动合同,新迪公司为吴某缴纳了 2008 年 10 月至 2014 年 5 月的社会保险。2013 年 10 月 8 日至 21 日,吴某按照新迪公司的要求办理工作交接手续。2013 年 10 月 22 日起,吴某再未到新迪公司工作,其离开前的月工资为 6000 元。2013 年 10 月 30 日,新迪公司通过电子邮件向吴某发送一份《关于对吴某工作进行调整及其工作交接情况的通知》,通知将其工作暂时调整安排至行政部。2013 年 11 月 8 日,吴某针对上述通知向新迪公司递交了一份《关于云南新迪建设监理咨询有限公司违法解除劳动合同的申诉书》。因双方发生劳动争议,吴某向昆明市西山区劳动人事争议仲裁院申请仲裁,请求裁决:第一,新迪公司支付吴某 2013 年 9 月、10 月的工资 12,000 元及赔偿金 12,000 元;第二,新迪公司违法解除劳动合同按经济补偿标准的二倍支付吴某赔偿金 75,000 元;第三,新迪公司为吴某办理档案和社会保险关系转移手续。

一审法院认为,吴某认为自新迪公司于 2013 年 10 月 8 日口头对其解聘后,双方已经解除劳动合同,但新迪公司则认为当天仅是口头对吴某的工作岗位进行调整并通知其交接工作,且公司自吴某离开后至 2014 年 5 月一直为其缴纳社会保险。对此争议,吴某提交的证据不足以证实新迪公司于 2013 年 10 月 8 日对其进行了口头解聘,故对吴某据此要求新迪公司支付违法解除劳动合同赔偿金的主张不予支持。

二审法院认为,《劳动合同法》第八十七条规定:"用人单位违反本法规定解除或者终止劳动合同的,应当依照本法第四十七条规定的经济补偿标准的二倍向劳动者支付赔偿金。"本案中,吴某主张新迪公司违法解除双方的劳动合同,而新迪公司主张双方的劳动关系存续至今。吴某主张新迪公司违法解除劳动合同的主要证据是其与新迪公司副总经理聂某的两次谈话录音。第一次时间为 2013 年 10 月 12 日,吴某要求给予其书面辞退文件,而聂某表示其要与领导商量,同时询问吴某是愿意留下,还是辞职。第二次的时间为 2013 年 10 月 21 日,吴某向聂某询问辞退文件何时下来,聂某表示要看工作移交的结果。从上述录音的内容可以看出,至双方谈话时,新迪公司并未明确作出解除双方劳动合同关系的意思表示,而工作移交并不意味劳动合同关系解除,结合新迪公司一直为吴某购买社会保险及新迪公司表示双方的劳动关系至今仍存续的事实,可确认新迪公司并未解除双方的劳动合同。吴某主张新迪公司违法解除劳动合同的事实理由不能成立,其要求新迪公司支付违法解除劳动合同的经济赔偿金的请求缺乏事实依据,本院不予支持。

案例分析

用人单位支付违法解除劳动合同的赔偿金的构成要件之一是用人单位单方解除劳动合同。本案中,吴某主张新迪公司应支付违法解除劳动合同的赔偿金,但其不能提供证据证明新迪公司向其作出了单方解除劳动合同的意思表示,故法院认定新迪公司未单方解除与吴某的劳动合同,吴某要求新迪公司支付违法解除劳动合同的赔偿金缺乏事实依据。

(3)用人单位解除(终止)劳动合同不违反法律规定

用人单位单方解除(终止)劳动合同的,如用人单位解除劳动合同具有法律依据,能够提供证据证明用人单位享有解除权的事实依据,且解除程序不违反法律规定,则劳动者主张用人单位违法解除(终止)劳动合同没有事实依据,其主张用人单位支付违法解除(终止)劳动合同的赔偿金没有法律依据。我们将在第十章以用人单位的解除(终止)依据为分类标准分别对用人单位单方解除(终止)劳动合同的合法性进行说明。

3. 仲裁时效期间经过的抗辩

劳动者请求用人单位支付违法解除(终止)劳动合同的赔偿金的仲裁时效期间为一年,从劳动者知道或者应当知道其权利被侵害之日起计算。用人单位解除(终止)劳动合同之日,劳动者应当知道其权利被侵害,仲裁时效期间从用人单位解除(终止)劳动合同之日开始计算。

4. 其他抗辩

其他方面的抗辩主要是赔偿金计算方面的抗辩,因违法解除(终止)劳动合同的赔偿金的金额与劳动者的入职时间、离职前十二个月的工资标准以及计算方式有关。相应地,用人单位的抗辩思路主要包括:

第一,计算方式错误。用工之日在《劳动合同法》施行以前时,分段计算可能会导致赔偿金的金额高于部分段计算的金额,单位可以主张计算赔偿金时不应当分段计算。

第二,对劳动者的入职时间进行抗辩。如司法实务中有观点认为,《劳动合同法》第九十七条的规定:“本法施行之日存续的劳动合同在本法施行后解除或者终止,依照本法第四十六条规定应当支付经济补偿的,经济补偿年限自本法施行之日起计算;本法施行前按照当时有关规定,用人单位应当向劳动者支付经济补偿的,按照当时有关规定执行。”因此计算违法解除(终止)劳动合同的赔偿金时,赔偿年限最多只能从《劳动合同法》施行之日开始计算。

第三,对劳动者离职前的月平均工资进行抗辩。

案例 10-14

辽宁世济石膏有限公司与李某劳动争议纠纷案

[(2015)辽阳民一终字第00714号]

2001年10月,李某经案外人李某1介绍进入辽宁世济石膏有限公司(以下简称世济公司)从事井下运输石膏的辅助工作,但未与世济公司未订立书面劳动合同,李某离职前月平均工资2869.17元。2015年1月13日,世济公司组织包括李某在内的该公司员工到鞍山市职业病防治院进行体检,经该院检查,确认李某无职业禁忌症,但是心电图检测异常,可能为陈旧性下壁心梗;2015年2月28日,经灯塔市第四人民医院再次进行心电图检测,仍异常,检测报告显示可能是心内膜下心肌损伤、侧壁心肌缺血、陈旧下壁心梗。2015年3月,原告世济公司解除与被告李某的劳动关系。

一审法院认为,《劳动合同法》第四十条规定,用人单位只有在劳动者患病或者非因工负伤,在规定的医疗期满后不能从事原工作,也不能从事由用人单位另行安排的工作的情况下才能提前三十日解除劳动合同。本案中,李某在用人单位组织的例行体检中被检查怀疑患有心脏病,灯塔市第四人民医院以及鞍山市职业病防治院的检查报告单上均未作出相关明确诊断;即便李某患有心脏病不能从事井下工作,世济公司作为用人单位应首先为李某安排其他工作,在其仍不能胜任的前提下再提前三十日通知李某解除劳动合同。本案中,世济公司在未确诊李某是否患病的情况下直接解除与其的劳动关系,违反了相关法律规定,应当向李某支付违法解除劳动合同的赔偿金而非经济补偿金。关于李某所应当得到赔偿金的具体数额问题,《劳动合同法》第八十七条规定,用人单位违反《劳动合同法》规定解除或者终止劳动合同的,应当依照《劳动合同法》第四十七条规定的经济补偿标准的二倍向劳动者支付赔偿金。《劳动合同法》第四十七条规定,经济补偿按劳动者在本单位工作的年限,每满一年支付一个月工资的标准向劳动者支付。六个月以上不满一年的,按一年计算;不满六个月的,向劳动者支付半个月工资的经济补偿;而对于劳动者经济补偿年限计算,《劳动合同法》第九十七条中已作出明确的规定,即《劳动合同法》施行之日存续的劳动合同在《劳动合同法》施行后解除或者终止,依照《劳动合同法》第四十六条规定应当支付经济补偿的,经济补偿年限自《劳动合同法》施行之日起计算;《劳动合同法》施行前按照当时有关规定,用人单位应当向劳动者支付经济补偿的,按照当时有关规定执行,故其赔偿年限应当从《劳动合同法》生效之日起计算至被辞退之日止,李某从2008年1月开始至其辞退共在世济公司工作7年零2个月,应获得赔偿金为43,037.55元(2869.17元×7.5个月×2倍)。

二审法院判决驳回上诉,维持原判。

案例分析

本案中,世济公司在李某可能患病的情况下直接解除与李某的劳动合同,应当就其解除劳动合同的合法性承担举证责任。但世济公司未提供证据证明存在《劳动合同法》规定的用人单位可以解除劳动合同的情形,世济公司解除劳动合同违法,应当支付李某违法解除劳动合同的赔偿金。

关于赔偿金的计算,本案法院认为,对于劳动者经济补偿年限计算,《劳动合同法》第九十七条中已作出明确的规定,即《劳动合同法》施行之日存续的劳动合同在《劳动合同法》施行后解除或者终止,依照《劳动合同法》第四十六条规定应当支付经济补偿的,经济补偿年限自《劳动合同法》施行之日起计算;《劳动合同法》施行前按照当时有关规定,用人单位应当向劳动者支付经济补偿的,按照当时有关规定执行,故其赔偿年限应当从《劳动合同法》生效之日起开始计算。本案劳动合同解除的时间为2015年3月,李某离职前月平均工资2869.17元。故赔偿金的计算为:

(1)李某自2008年1月1日起至劳动合同解除之日,在世济公司工作的工作年限超过7年,不足7年零6个月,因解除劳动合同的经济补偿应为7.5个月工资,即2869.17元/月×7.5个月。

(2)违法解除劳动合同的赔偿金为经济补偿的二倍,故赔偿金=2869.17元/月×7.5个月×2=43,037.55元。

《劳动合同法实施条例》第二十五条规定,用人单位违反《劳动合同法》的规定解除或者终止劳动合同,依照《劳动合同法》第八十七条的规定支付了赔偿金的,不再支付经济补偿。赔偿金的计算年限自用工之日起计算。根据该规定,本案中,赔偿金金额的计算为:

(1)李某2001年10月入职,至劳动合同解除之日,在世济公司工作的工作年限超过13年,不足13年零6个月,因解除劳动合同的经济补偿应为13.5个月工资,即2869.17元/月×13.5个月。

(2)违法解除劳动合同的赔偿金为经济补偿的二倍,故赔偿金=2869.17元/月×13.5个月×2=77,467.59元。

(四)劳动者主张用人单位支付因违法解除(终止)劳动合同的赔偿金的举证

1. 待证事实

根据用人单位支付因违法解除(终止)劳动合同的赔偿金的构成要件,劳动者请求用人单位支付因违法解除(终止)劳动合同的赔偿金涉及的待证事实包括:①存在全日制用工关系;②用人单位单方解除(终止)劳动合同;③用人单位单方解除(终止)劳动合同违反法律规定。

2. 举证责任分配

(1)劳动者的举证责任

劳动者请求用人单位支付因违法解除(终止)劳动合同的赔偿金的,应当就双方存在劳动关系,用人单位单方解除(终止)劳动合同等承担举证责任。另外,劳动者主张用人单位解除劳动合同未事先通知工会违法,或者存在用人单位不能解除劳动合同情形的,用人单位已经成立工会以及存在用人单位不能解除劳动合同的情形等由劳动者承担举证责任。例如,女职工主张其在孕期的,其应当就此承担举证责任。

(2)用人单位的举证责任

用人单位对劳动者提出的请求进行抗辩的,应当就其抗辩主张承担举证责任。劳动关系中,全日制用工关系是常规的用工关系,非全日制用工关系属于特殊的劳动关系,劳动者只需证明其与用人单位存在劳动关系即可。例如,用人单位主张双方系非全日制用工关系的,其应当就该主张承担举证责任。

另外,根据最高人民法院《关于审理劳动争议案件适用法律问题的解释(一)》(法释〔2020〕26号)第四十四条的规定,因用人单位作出的开除、除名、辞退、解除劳动合同、减少劳动报酬、计算劳动者工作年限等决定而发生的劳动争议,用人单位负举证责任。用人单位单方解除(终止)劳动合同的,应当就其解除(终止)劳动合同的合法性承担举证责任,即解除(终止)劳动合同具有法律依据,解除劳动合同程序合法。例如,用人单位以劳动者严重违反规章制度为由解除劳动合同的,应当提供证据证明:(1)劳动者严重违反用人单位的规章制度;(2)用人单位解除劳动合同已经将理由通知工会。

3. 证据

证明存在劳动关系的证据已经在第七章“确认劳动关系”中进行了说明,此处主要对解除和终止劳动合同的证据进行说明。实践中,证明用人单位单方解除(终止)劳动合同的证据主要有:解除(终止)劳动合同通知书、辞退通知书、离职证明等;邮寄送达凭证;微信、QQ、手机短信等聊天记录;录音;其他能够证明用人单位作出单方解除(终止)劳动合同意思表示的证据。

需要注意的是,劳动者提供证据证明用人单位单方解除(终止)劳动合同时,该证据不能直接证明系用人单位直接作出解除(终止)劳动合同意思表示的,还需证明作出解除(终止)劳动合同意思表示的人可以代表用人单位作出解除(终止)劳动合同意思表示。

用人单位欲证明其抗辩主张的,根据解除劳动合同的不同情形,证据主要包括:非全日制用工劳动合同;证明劳动者存在用人单位主张的情形的证据,比如不符合录用条件的证据,严重违反用人单位规章制度的证据,不能胜任工作的证据等;规章制度以及证明规章制度制定程序、公示或告知劳动者的证据;通知工会的证据。

案例 10 - 15

北京链家房地产经纪有限公司与张某劳动争议纠纷案

[(2015)二中民终字第 05307 号]

张某与北京链家房地产经纪有限公司(以下简称链家公司)签订了劳动合同书,合同期限为 2011 年 7 月 1 日至 2014 年 6 月 30 日,随后双方签订了补充协议,约定张某执行不定时工时制,在运营部门推销岗位工作。

张某主张链家公司 2014 年 4 月 25 日强行关闭其人事系统及业务系统,违法解除与其的劳动关系。链家公司则主张张某 2014 年 4 月 23 日自行离职,其公司未对张某的自行离职行为进行处理,并主张经了解,其公司大兴区运营部门关闭了张某的人事系统及业务系统,其公司总部对此不知情也不同意,当天晚些时候得知此事,但未将其系统进行恢复处理。

张某提交的其 2014 年 4 月 28 日与葛某的通话录音显示,张某问:"我们这边那个总监,把我系统给封了……我想问咱们公司怎么给我办理手续啊?"对方答:"办理什么手续,您那个淘汰没签离职单吗?"张某问:"这几天我没有作出业绩来,你不能直接说我同意了,我就应该立马走人,那不可能啊?"对方答:"那有什么的,咱们公司现在有这个淘汰制度,这个淘汰制之前也是公布过的,你也知道的对吗? 大区也讲了这么久的,那你既然符合这个条件的话,那也就是淘汰了……不满足公司的绩效要求被淘汰的话,肯定我们是没有什么补偿金的。"

张某提交的其 2014 年 4 月 25 日与王某的通话录音显示,张某问:"我的系统上不去了,我想问一下是什么原因。"对方答:"那应该是封了应该是。"张某问:"包括人事还有销售系统全封了是吗?"对方答:"应该是。"对方说:"咱们大区根据规定,零业绩的已经全部淘汰完毕了,就剩您自个儿了。"张某答:"恩,那公司现在就是彻底淘汰了呗? 也就是说这系统彻底查封了是吧?"对方说:"恩,对,这个事儿对于我们来说,我们不纠结这事儿了,因为我们本身统一规定的,大家都这么执行,就你不这么执行的情况下,后期我们没办法做这事儿呀。"对方说:"咱们刚开始谈的是您自己主动办离职,我们就别费力怎么着了,对吧? ……您不是不同意吗? ……但您不同意我们的方法,只能是说那我就强行封闭系统了。”张某说:“那你们现在已经不是劝退了,你们已经是直接给我辞退了是吧? 我连人事系统都没有体现了,我在公司没有任何记录了。”对方答:“对,您要这么说,我只能认可你说的这个现状,对于您的人事系统确实被我们封掉了。”

北京市大兴区人民法院经审理认为,王某以张某三个月零业绩为由,封闭了张某的销售系统以及人事系统,使张某不再具备继续为链家公司提供劳动的条件;葛某作为链家公司的人事总监,在知悉张某的销售系统及人事系统被封闭的情况下,称其公司存在淘汰制度,如张某符合该条件,就是被淘汰了。用人单位应为劳动者提供必要的劳动条件,虽然链家公司未正式出具文件解除与张某的劳动关系,但王某作为链家公司大兴区的业务总监,葛某作为链家公司的人事总监,其二人的行为可以视为是链家公司的行为;结合链家公司在2014年4月25日以后未再支付张某工资的事实,法院认定链家公司于2014年4月25日解除与张某的劳动关系,且解除原因为末位淘汰,链家公司的解除行为属于违法解除,应按照法律规定支付张某违法解除劳动关系的赔偿金。

北京市第二中级人民法院认为,链家公司的大兴区业务总监王某与链家公司总部的人事总监葛某均在通话中确认,张某的销售系统与人事系统之所以被封闭,是因为张某的销售业绩已符合链家公司的淘汰条件。链家公司主张,张某的工作系统被封闭属于链家公司相关运营区域的自身行为,链家公司总部对此不知情亦不同意,但双方劳动关系存续期间,用人单位应当为劳动者提供必要的劳动条件,王某、葛某作为链家公司相关部门的负责人,其二人履行职务的行为应当视为链家公司的行为。链家公司在知晓张某的工作系统被封闭后并未再行恢复其系统,亦未再向其支付工资,本院据此认定,链家公司于2014年4月25日解除了与张某的劳动关系。链家公司以张某的销售零业绩对其进行末位淘汰,属于违法解除劳动关系,应当依照法律规定向张某支付违法解除劳动关系的赔偿金,原审法院核定的赔偿金数额并无不当,本院予以确认。

案例分析

本案中,张某提供的证据并不能直接证明系链家公司作出了解除与其劳动合同的意思表示。但链家公司封闭了张某的销售系统以及人事系统,使张某不再具备继续为链家公司提供劳动的条件,王某作为链家公司大兴区的业务总监,认可系链家公司辞退张某,链家公司的人事总监称其公司存在淘汰制度,如张某符合该条件,就是被淘汰了。综上,可以认定链家公司单方解除了与张某的劳动合同,理由如下:(1)链家公司封闭了张某的销售系统以及人事系统,使张某不再具备继续为链家公司提供劳动的条件,系以使人推知的方式间接表示其解除与张某劳动合同的内在意思。(2)王某作为链家公司大兴区的业务总监,葛某作为链家公司的人事总监,封闭了张某的销售系统以及人事系统,代表链家公司与张某沟通系二人履行职务的行为,结合二人职务的性质,可以认定二人可以代表链家公司辞退张某。

四、以劳动者在试用期间被证明不符合录用条件为由解除劳动合同

(一)用人单位以劳动者在试用期间被证明不符合录用条件为由解除劳动合同的构成要件

《劳动合同法》第三十九条第(一)项规定,劳动者在试用期间被证明不符合录用条件的,用人单位可以解除劳动合同。劳动部办公厅对《关于如何确定试用期内不符合录用条件可以解除劳动合同的请示》的复函规定,对试用期内不符合录用条件的劳动者,企业可以解除劳动合同;若超过试用期,则企业不能以试用期内不符合录用条件为由解除劳动合同。根据上述规定,用人单位解除劳动合同合法的构成要件包括:第一,用人单位与劳动者约定了有效的试用期;第二,劳动者在试用期间被证明不符合录用条件;第三,用人单位解除劳动合同时,劳动者尚在试用期间;第四,用人单位事先将理由通知工会。

1. 用人单位与劳动者约定了有效的试用期

试用期约定无效的,自然不存在劳动者在试用期间被证明不符合录用条件的情形,此时用人单位以劳动者在试用期间被证明不符合录用条件为由解除劳动合同的,当然构成违法解除劳动合同。

案例 10-16

重庆久善商贸有限公司与李某劳动争议纠纷案

[(2014)渝一中法民终字第05236号]

重庆久善商贸有限公司(以下简称久善商贸公司)于2013年7月8日成立,李某于2013年7月5日进入久善商贸公司处从事会计工作,双方未签订书面劳动合同。2013年9月10日,久善商贸公司向李某发出通知,载明:李某先生……你不能胜任公司的各项工作要求以及本职工作,对于上级交代的事情呈明显推脱及延误,

给公司财务工作的顺利开展造成了困难,鉴于以上情况,公司决定将你辞退,终止与你的劳动关系,请你于2013年9月10日办理资料交接后离开公司。李某于当日收到该通知。

庭审中,久善商贸公司陈述,解除劳动关系的事实依据,“不能胜任公司的各项工作要求以及本职工作”指李某在职期间没有向久善商贸公司提供会计从业资格证(2017年已取消会计从业资格证书及考试),“对于上级交代的事情呈明显推脱及延误,给公司财务工作的顺利开展造成了困难”指李某没有制作会计报表并且存在旷工行为。另外,李某在试用期不符合录用条件。

一审法院认为,《劳动合同法》第三十九条规定:“劳动者有下列情形之一的,用人单位可以解除劳动合同:(一)在试用期间被证明不符合录用条件的;(二)严重违反用人单位的规章制度的……”本案中,李某、久善商贸公司未签订书面劳动合同,未约定试用期,久善商贸公司以李某在试用期不符合录用条件为由解除劳动合同违法。

二审法院认为,关于李某与久善商贸公司的劳动关系是否解除的问题。诉讼中,久善商贸公司认为其依据《劳动合同法》第三十九条第(一)项、第(二)项的规定解除双方的劳动关系。《劳动合同法》第三十九条规定:“劳动者有下列情形之一的,用人单位可以解除劳动合同:(一)在试用期间被证明不符合录用条件的;(二)严重违反用人单位的规章制度的……”由于久善商贸公司没有举示证据证明双方之间存在试用期,故久善商贸公司依据《劳动合同法》第三十九条第一款第(一)项的规定,解除双方之间劳动关系没有事实依据。

案例分析

用人单位单方解除劳动合同的,应当就其解除劳动合同的合法性承担举证责任,包括解除劳动合同的法律依据及事实依据。《劳动合同法》第三十九条第(一)项规定,劳动者在试用期间被证明不符合录用条件的,用人单位可以解除劳动合同。第四十条第(二)项规定,劳动者不能胜任工作,经过培训或者调整工作岗位,仍不能胜任工作的,用人单位可以解除劳动合同。本案中,久善商贸公司以李某不能胜任工作为由解除劳动合同,除需证明李某不能胜任工作外,还得证明李某经过培训或者调整工作岗位,仍不能胜任工作,或证明李某在试用期间。

(1)久善商贸公司并未证明其对李某进行培训或调整李某的工作岗位,故久善商贸公司不能依据《劳动合同法》第四十条第(二)项的规定解除劳动合同。

(2)久善商贸公司并未证明与李某约定了试用期,故久善商贸公司不能依据《劳动合同法》第(一)项的规定解除劳动合同。

(3)久善商贸公司主张李某旷工,严重违反规章制度,但未能提供证据证明。

综上,久善商贸公司解除与李某的劳动合同没有事实及法律依据。

2. 劳动者在试用期间被证明不符合录用条件

认定劳动者不符合录用条件涉及两个方面,一是录用条件是什么,二是劳动者是否符合录用条件。录用条件一般可以分为通用条件和特殊条件,通用条件即一般岗位都适用的条件,主要是劳动者的工作态度以及一些品德问题;特殊条件即针对具体岗位才适用的条件,主要包括劳动者的工作能力、工作技能方面。

司法实务中,在认定劳动者不符合录用条件时,就是否需要以用人单位已经告知劳动者具体的录用条件为前提这一问题存在争议。一种观点认为,用人单位与劳动者约定试用期的,应当同时告知劳动者录用条件,否则不得以未告知过的录用条件来认定劳动者不符合录用条件。另一种观点认为,试用期应当给予双方更大的选择自由,用人单位的考察内容可以很广泛,即便没有明确告知劳动者录用条件,用人单位仍可就品德修养、专业技能、身体状况、工作能力、文化素质等认定劳动者不符合录用条件。

案例 10 - 17

北京理工大学珠海学院与杨某劳动争议纠纷案

[(2012)珠中法民一终字第 30 号]

2010 年 8 月 27 日,杨某入职北京理工大学珠海学院(以下简称北理工)任外语学院副教授。双方没有及时签订书面劳动合同,直至 2010 年 12 月 14 日,双方才签订书面劳动合同,合同约定劳动期限为 2010 年 9 月 1 日至 2013 年 8 月 31 日,试用期 6 个月(至 2011 年 2 月 28 日止),工作岗位为教师。2010 年 9 月 4 日、5 日(星期六、星期日),北理工对新教师进行集中培训,杨某参与了这两天的培训。09 级英语 11 班、09 级英语 2 班的大部分学生联名向北理工递交《关于调换综合英语老师的申请》(没有落款时间),对杨某提出意见,要求学校更换老师。《2010 ~ 2011 学年第一学期学生评价结果》显示,北理工外国语学院学生对该院所有老师的评分,最低者为 83.775 分,最高者为 93.469 分,杨某得分 83.775 分,是该学院老师得分最低者(倒数第二的分数为 86.268 分)。北理工对 2009 ~ 2010 年度外国语学院 116 名老师进行考核,杨某排名最后一个;北理工对 2010 年度试用期内的 17 名教师进行考核,杨某排名最后一个(87.91分,倒数第二名的分数为90.717分)。杨某提供的“北京理工大学珠海学院2010~2011学年第1学期成绩登记表”显示,杨某任教的综合英语课,两个班的学生期末考试成绩均比期中考试成绩有所提高。2011年1月18日,北理工发出辞退通知书,表示根据2010年度考核结果和杨某在试用期内的现实表现及相关评价,决定从2011年1月21日起解除与杨某的劳动合同。

一审法院认为,北理工于2011年1月18日发布辞退通知书,以杨某年度考核结果及现实表现、相关评价不符合录用条件为由解除与杨某的劳动合同。《劳动合同法》第三十九条第(一)项规定,劳动者在试用期内被证明不符合录用条件的,用人单位可以依法解除劳动合同。法律规定劳动合同可以约定试用期,目的是劳动合同双方当事人可以在试用期内更好地了解彼此的情况。用人单位的工作环境、福利待遇等不符合劳动者的要求,或者劳动者对工作环境不适应的,劳动者可以单方面解除劳动合同。与此相对应地,用人单位在试用期内可以对劳动者进行全面考察,以便确定劳动者是否具有能力从事该工作,如果劳动者被证明不符合录用条件,用人单位也可以行使单方解除权。为确定是否符合录用条件,用人单位一般就品德修养、专业技能、身体状况、工作能力、文化素质等对劳动者进行考察。因此,在试用期内,用人单位与劳动者的劳动权利义务关系尚处于一种不完全确定的状况,这是试用期的一大特点。因而,法律规定用人单位在试用期内解除劳动合同,仅需证明劳动者不符合录用条件即可,不同于劳动合同期内解除劳动合同,需要严格符合《劳动合同法》规定的条件。杨某在外语学院教职工年度考核中总分为87.908分,学生评教分为83.775分,均属最低排名,且任教的两个班大部分学生联名要求调换老师,显示杨某不能融入北理工的环境,其表现不为同事及学生所接受,无法和谐地与同事、学生相处,可以认定其不符合录用条件。尽管杨某提交的2010~2011学年成绩表,可以证明在其教授下,学生成绩有进步,以及提出证据证实其当年度不在考核范围内的事实;但是,上述证据事实都不能掩盖被告杨某的教学方式、方法,不为同事、学生接受的事实。北理工以被告不符合录用条件为由辞退杨某,符合法律的规定,应予支持。

二审法院认为,根据《劳动合同法》第十九条的规定,双方可以在劳动合同中约定试用期。劳动合同中约定试用期,是为了维护劳资双方的利益。用人单位可在试用期内考察职工所具备的基本素质和品行,考察其是否与劳动职责相称。用人单位发现其不称职或不符合招工条件,则可随时解除劳动合同。北理工以考核的成绩、在校学生的联名投诉为由在试用期内辞退杨某,并无不当。

案例分析

认定用人单位以劳动者在试用期间被证明不符合录用条件为由解除劳动合同是否合法,首先,应看双方是否约定有有效的试用期。杨某与北理工合同约定的劳动期限为2010年9月1日至2013年8月31日,劳动合同期限为3年,可约定的试用期期限为6个月,双方约定的试用期为6个月,不违反法律规定,应认定为有效。

其次,看劳动者在试用期间不符合录用条件是否具有事实依据。本案中,北理工未告知杨某明确的录用条件。如果认为用人单位必须事先告知劳动者录用条件才能以劳动者在试用期间不符合录用条件为由解除劳动合同,则应当认定北理工解除劳动合同违法。如果认为用人单位无须事先告知具体录用条件,可根据实际情况认定劳动者是否符合录用条件。本案法官即是持后一种观点,结合杨某在外语学院教职工年度考核中总分为87.908分,学生评教分为83.775分,均属最低排名,且任教的两个班大部分学生联名要求调换老师,显示杨某不能融入北理工的环境,其表现不为同事及学生所接受,无法和谐地与同事、学生相处等认定杨某不符合录用条件,最终认定北理工解除劳动合同不违反法律规定。

最后,还要看用人单位解除劳动合同的时间。用人单位在试用期满后解除劳动合同的,可能因此被认定为违法解除劳动合同。本案中,杨某的试用期至2011年2月28日,北理工2011年1月18日通知杨某解除劳动合同时,杨某尚在试用期间,故不违反法律规定。

3. 用人单位解除劳动合同时,劳动者尚在试用期间

根据劳动部办公厅对《〈关于如何确定试用期内不符合录用条件可以解除劳动合同的请示〉的复函》的规定,用人单位应当在劳动者尚在试用期间行使解除权,试用期满后,用人单位不得再以劳动者不符合录用条件为由解除劳动合同,否则构成违法解除劳动合同。

案例10-18

胡某与某保险云南分公司劳动争议纠纷案

[(2014)昆民二终字第17号]

胡某于2012年11月5日到某保险云南分公司(以下简称保险公司)工作,岗位为助理合规与风险管理。双方于2012年11月5日签订了书面劳动合同,合同期限

为2012年11月5日至2015年11月4日。劳动合同书中约定的胡某的试用期为6个月。保险公司于2013年6月9日出具了解除胡某劳动合同的通知书,以胡某在试用期间不符合录用条件为由解除劳动合同。

一审法院认为,根据劳动部办公厅对《关于如何确定试用期内不符合录用条件可以解除劳动合同的请示》的复函文件之规定:"对试用期内不符合录用条件的劳动者,企业可以解除劳动合同,若超过试用期,则企业不能以试用期内不符合录用条件为由解除劳动合同。"本案中,劳动合同书中约定的胡某的试用期为6个月,而胡某在2013年6月9日,早已过了试用期限,故保险公司以胡某试用期内不符合录用条件提出解除胡某劳动合同的行为,属于违法解除劳动合同。

二审法院认为,2008年最高人民法院《关于民事诉讼证据的若干规定》(已修正)第二条规定,当事人对自己提出的诉讼请求所依据的事实或者反驳对方诉讼请求所依据的事实有责任提供证据加以证明。没有证据或者证据不足以证明当事人的事实主张的,由负有举证责任的当事人承担不利后果。本案中,保险公司主张胡某在试用期内不符合录用条件,且严重违反公司的规章制度,故可以解除与胡某的劳动合同。保险公司在解除与胡某的劳动合同时已超出了试用期,且保险公司并未就胡某严重违反规章制度的主张提交充分、有效的证据证实,故上诉人保险公司单方解除与胡某的劳动合同不符合法律的规定。

案例分析

本案中,双方约定的劳动合同期限为3年,自2012年11月5日起至2015年11月4日止,可以约定6个月的试用期,故双方的试用期不违反法律规定,应为有效。保险公司主张胡某在试用期间不符合录用条件的,应当提供证据证明胡某在试用期间不符合录用条件。但因保险公司在试用期满后才以胡某在试用期间被证明不符合录用条件为由解除劳动合同,可以据此认定保险公司解除劳动合同的行为违法。因此,即便保险公司能够提供证据证明胡某在试用期间被证明不符合录用条件,也应当认定保险公司解除劳动合同违法。

(二)劳动者的抗辩

用人单位以劳动者在试用期间被证明不符合录用条件为由解除劳动合同的,劳动者只要将案件事实一一对应用人单位以劳动者在试用期间被证明不符合录用条件为由解除劳动合同的构成要件即可提出有效的抗辩。

1. 看用人单位与劳动者是否约定了有效的试用期。未约定试用期或约定的试用期违反法律规定无效的,用人单位以劳动者在试用期间被证明不符合录用条件为由解除劳动合同则没有事实依据。

2. 看劳动者在试用期间是否存在不符合录用条件的情形。用人单位未将录用条件在约定试用期时告知劳动者,或用人单位据以主张劳动者不符合录用条件的事实不存在或该事实不足以证明劳动者不符合录用条件的,可分别提出抗辩主张,主张用人单位以劳动者在试用期间被证明不符合录用条件为由解除劳动合同则没有事实依据。

3. 看用人单位解除劳动合同时,劳动者是否尚在试用期间。用人单位通知劳动者解除劳动合同时试用期已经经过的,可主张用人单位以劳动者在试用期间被证明不符合录用条件为由解除劳动合同没有法律依据,即试用期已经经过后,用人单位不得以劳动者在试用期间被证明不符合录用条件为由解除劳动合同。

4. 用人单位解除劳动合同时未事先将理由通知工会的,可主张用人单位解除劳动合同程序违法。

五、以劳动者严重违反用人单位的规章制度为由解除劳动合同

(一)用人单位以劳动者严重违反用人单位的规章制度为由解除劳动合同的构成要件

《劳动合同法》第三十九条第(二)项规定,劳动者严重违反用人单位的规章制度的,用人单位可以解除劳动合同。根据该规定,用人单位解除劳动合同合法的构成要件包括:第一,用人单位的规章制度对劳动者的违纪行为作出了规定;第二,劳动者违反用人单位的规章制度且达到严重的程度;第三,用人单位事先将理由通知工会,理由详见本书关于用人单位单方解除劳动合同违反法定程序部分的内容。

1. 用人单位的规章制度对劳动者的违纪行为作出了规定

用人单位以劳动者严重违反用人单位的规章制度为由解除劳动合同的,需要证明劳动者存在某种严重违反用人单位的规章制度的情形;用人单位的规章制度对劳动者的违纪行为作出规定是证明劳动者严重违反用人单位的规章制度的前提。用人单位的规章制度对劳动者的违纪行为作出的规定有以下几点要求:

(1)规章制度可以对劳动者适用

最高人民法院《关于审理劳动争议案件适用法律问题的解释(一)》(法释〔2020〕26 号)第五十条规定,用人单位根据《劳动合同法》第四条规定,通过民主程序制定的规章制度,不违反国家法律、行政法规及政策规定,并已向劳动者公示的,可以作为确定双方权利义务的依据。《劳动合同法》第四条规定,用人单位在制定、

修改或者决定有关劳动报酬、工作时间、休息休假、劳动安全卫生、保险福利、职工培训、劳动纪律以及劳动定额管理等直接涉及劳动者切身利益的规章制度或者重大事项时,应当经职工代表大会或者全体职工讨论,提出方案和意见,与工会或者职工代表平等协商确定。在规章制度和重大事项决定实施过程中,工会或者职工认为不适当的,有权向用人单位提出,通过协商予以修改完善。用人单位应当将直接涉及劳动者切身利益的规章制度和重大事项决定公示,或者告知劳动者。根据上述规定,规章制度的制定或修改程序不符合法律规定,或规章制度未向劳动者公示也未告知劳动者的,该规章制度不能对劳动者适用。另外,规章制度的内容违反法律规定的,违反法律规定的部分当然不能对劳动者适用。

(2)规章制度对劳动者的违纪行为作出了规定

规章制度对劳动者的违纪行为作出了规定,即用人单位据以主张劳动者严重违反用人单位规章制度的事实在用人单位的规章制度中有明确的规定。需要注意的是,对于用人单位据以主张劳动者严重违反用人单位规章制度的事实在用人单位的规章制度中没有明确规定的情形,司法实务中对此存在不同的观点。

一种观点认为,虽然《劳动合同法》第三十九条没有规定用人单位可以以劳动者严重违反劳动纪律为由解除劳动合同,但《劳动法》第二十五条规定了用人单位可以以劳动者严重违反劳动纪律为由解除劳动合同。对于一些被普遍认可的劳动纪律,应为劳动者所知晓和遵守。这些劳动纪律即便未在用人单位的规章制度中规定,也构成劳动者的一项专门的劳动纪律。因此,劳动者严重违反劳动纪律的,用人单位有权依据《劳动法》第二十五条的规定解除劳动关系。

另一种观点认为,《劳动合同法》第三十九条与《劳动法》第二十五条是新法与旧法的关系,都是对用人单位单方解除劳动合同且不需要支付经济补偿金情形的规定,根据新法优于旧法的原则,应当适用《劳动合同法》的规定。为维护劳动者的合法权益,用人单位单方解除劳动合同应当严格依照法律的规定,在法律没有规定的情况下,用人单位不得解除劳动合同;而《劳动合同法》第三十九条并没有规定劳动者严重违反劳动纪律的情形,故用人单位不得以劳动者严重违反劳动纪律为由解除劳动合同。

案例10－19

黎某与广东省建工设计公司劳动争议纠纷案

[(2014)穗中法民一终字第3169号]

广东省建工设计公司(以下简称建工设计公司)与黎某签订了劳动合同期限为2011年5月10日至2013年5月10日的劳动合同。2012年11月12日,建工设计公司解除与黎某的劳动合同。2013年8月14日,黎某作为申请人,以建工设计公司作为被申请人,向广州市劳动人事争议仲裁委员会申请劳动仲裁,该仲裁委于2013年11月25日作出穗劳人仲案(2013)655、1342号仲裁裁决书,该裁决书其中查明:申请人黎某于2011年4月7日入职被申请人处,岗位是建筑设计。之后,双方签订了期限为2011年5月10日至2013年5月10日的劳动合同。劳动合同中约定申请人的工资为无底薪提成制,每月预支设计提成6500元(其中基本工资1800元),2012年1月申请人的工资调至7000元。计发提成时返还,每月次月3日被申请人以银行转账的方式向其预支上月工资。2012年11月9日下午5点半左右,申请人在被申请人办公场所,将一盒肠粉扑到主管韩某脸上。2012年11月12日被申请人向申请人发出违纪通知单,通知其行为严重违反了公司的管理制度,根据《劳动合同法》第三十九条第(二)项的规定,解除与申请人的劳动合同,并要求申请人即日离开公司。

庭审中,建工设计公司、黎某表示对裁决书查明的上述事实无异议。建工设计公司主张2012年11月9日下午5点半左右,在公司位于广州市天河区珠江新城金穗路×号某大厦的开放式办公场所内,黎某将刚刚加热过的一盒肠粉用力扑到韩某脸上,导致韩某身心受到严重损害。黎某的行为严重违反了公司的劳动纪律,经公司研究决定于2012年11月12日向黎某发出违纪通知单,决定立即辞退黎某,解除双方的劳动合同,并将处理结果在公司通报公告。基于黎某是因为严重违反公司劳动纪律被辞退解约,依法依约依理都不可能获得任何补偿。

黎某在一审中辩称,黎某从来没有伤害过建工设计公司的员工韩某,是建工设计公司的员工韩某对黎某进行挑衅,黎某感到恼火。在2012年11月9日(星期五)下午下班后用冰凉没有加热过的肠粉抹在韩某的脸上,韩某并没有受到伤害。建工设计公司在没有向黎某了解情况和谈话的情况下即在2012年11月12日(星期一)解雇了黎某。黎某从来没有见过员工手册,建工设计公司解雇黎某时也没有出示相关的规章制度,建工设计公司是违法解除劳动合同。

一审法院认为,《劳动合同法》第四条第四款规定,用人单位应当将直接涉及劳动者切身利益的规章制度和重大事项决定公示,或者告知劳动者。2008 年最高人民法院《关于民事诉讼证据的若干规定》(已修正)第二条规定,当事人对自己提出的诉讼请求所依据的事实或者反驳对方诉讼请求所依据的事实有责任提供证据加以证明。没有证据或者证据不足以证明当事人的事实主张的,由负有举证责任的当事人承担不利后果。第六条规定,在劳动争议纠纷案件中,因用人单位作出开除、除名、辞退、解除劳动合同、减少劳动报酬、计算劳动者工作年限等决定而发生劳动争议的,由用人单位负举证责任。应当指出,黎某在任何情况下都不应该动手将肠粉抹在同事的脸上,其行为有违社会公序良俗,对其不文明的行为应予以强烈谴责。建工设计公司就此事件向黎某发出违纪通知单,主张根据《劳动合同法》第三十九条第(二)项的规定,自当日解除双方劳动合同关系,而建工设计公司未能提供其公司规章制度已告知黎某的证据,也没有在违纪通知单明确黎某违反其公司规章制度的具体条款,以证明其公司是合法解除黎某的劳动合同。而且,事件发生在2012 年 11 月 9 日下午下班后,当日是星期五,建工设计公司在 2012 年 11 月 12 日(星期一)即解雇了黎某。现无证据证明建工设计公司当时已就事件发生的原因、另一方当事人是否存在过错等方面进行过认真、充分的调查取证,也无伤者验伤报告等资料。建工设计公司提供的相应的证人证言均是在黎某申请劳动仲裁后才形成,故建工设计公司解除黎某的劳动合同欠缺让人信服的理由。因此,建工设计公司解除黎某的劳动合同不符合法律规定,应向黎某支付赔偿金。

二审法院认为,根据《劳动法》第二十五条第(二)项的规定,劳动者严重违反劳动纪律或者用人单位规章制度的,用人单位可以解除劳动合同,因此判定本案中建工设计公司解除黎某的劳动合同是否合法,应审查建工设计公司解除劳动合同的行为是否符合该条规定。首先,建工设计公司提供的证据不足以证实已经将规章制度送达或公示给黎某。建工设计公司为证明公司的规章制度已经向黎某公示,仅提供了公司员工的证人证言,但证人是建工设计公司的员工,与建工设计公司存有利害关系,且无正当理由未出庭作证,因此,依照2008 年最高人民法院《关于民事诉讼证据的若干规定》(已修正)第六十九条规定,该证人证言不能作为单独认定案件事实的依据。鉴于建工设计公司并未提供其他证据佐证这一事实,因此本院对建工设计公司已经将公司的规章制度公示给黎某的主张,不予采纳。其次,黎某的行为严重违反了劳动纪律。劳动者是否违纪及违纪是否严重,应当以劳动者本人有义务遵循的劳动纪律及劳动法规所规定的限度或用人单位内部劳动规则关于严重违纪行为的具体规定作为衡量标准。根据《劳动法》第三条的规定,劳动者应当完成劳动任务,提高职业技能,执行劳动安全卫生规程,遵守劳动纪律和职业道德。因此,遵守劳动纪律和职业道德是劳动者的基本义务。双方当事人对黎某在2012年11月9日下午5点半左右在工作场所将肠粉抹在韩某脸上的事实均无异议,本院对此认为,黎某在工作场所且有其他劳动者在场的情况下,将肠粉倒在女性员工韩某的脸上,在行为情节上比一般的口头言语辱骂行为性质恶劣。从危害后果上分析,一名男性员工在公众场合往一名女性员工脸上倒肠粉,无论是采取建工设计公司主张的扑的方式还是黎某主张的抹的方式,均对韩某和其他员工产生了较为严重的影响,影响了正常的办公秩序。因此,从行为人的主观过错、行为情节、危害后果等方面进行综合考虑,本院认为黎某的行为属于严重违反了劳动纪律,用人单位可以解除劳动合同,在此情况下用人单位无须支付经济补偿金或赔偿金。

案例分析

黎某在办公场所,将一盒肠粉扑到主管韩某脸上,显然属于违反劳动纪律的行为,建工设计公司以其严重违反劳动纪律为由,根据《劳动合同法》第三十九条第(二)项的规定单方解除劳动合同,但是建工设计公司并未明确黎某系违反公司规章制度的具体条款。

一审法院的观点为,用人单位以劳动者严重违反用人单位规章制度为由解除劳动合同的,应在对劳动者适用的用人单位的规章制度中明确规定劳动者的违纪行为。建工设计公司未能提供其公司规章制度已告知黎某的证据,也没有在违纪通知单明确黎某违反其公司规章制度的具体条款,不满足上述条件,故建工设计公司解除劳动合同违反法律规定。

二审法院认为,根据《劳动法》第二十五条第(二)项的规定,劳动者严重违反劳动纪律或者用人单位规章制度的,用人单位可以解除劳动合同。故尽管建工设计公司没有可以对黎某适用的规章制度明确规定黎某的违纪行为,但黎某的行为已经严重违反了劳动纪律,建工设计公司可以依据《劳动法》第二十五条第(二)项的规定解除与黎某的劳动合同。

2. 劳动者违反用人单位的规章制度且达到严重的程度

根据《劳动合同法》第三十九条的规定,劳动者严重违反用人单位的规章制度的,用人单位才能解除劳动合同,如劳动者只是一般的违纪行为,用人单位不能解除劳动合同。

在认定劳动者的行为是否属于严重违纪时,并不能完全依据用人单位规章制度的规定来判断,应当结合实际情况对其规定的合理性进行判断。比如,规章制度中写明“拒绝签收用人单位文件的行为一律视为严重违反用人单位规章制度的行为”就存在不妥。另外,对于合理性的判断还要根据工作岗位、工作地点等实际情况进行考量,比如一般工作场所内吸烟一般不能视为严重违反用人单位规章制度,但是加油站的工作人员在工作场所吸烟当然可以认定为严重违反用人单位的规章制度。所以,规章制度对严重违反用人单位规章制度的行为进行的规定并不当然有效,并不是任何情形都可以适用。

案例 10 - 20

有研半导体公司与李某劳动争议纠纷案

[(2016)京 03 民终 2722 号]

李某于 2003 年 7 月 17 日入职有研半导体公司,担任电工,2015 年 1 月 5 日,有研半导体公司与李某解除劳动合同。

有研半导体公司称李某存在拒绝签收公司送达的文件及信函通知、秘密窃取公司的设备运行记录的行为,根据公司履行民主程序制定且依法履行公示程序下发的《员工手册》(2014 年版)规定,上述两种行为严重违反公司规章制度的行为,故公司于 2015 年 1 月 8 日单方与李某解除劳动合同,属于合法解除。

针对李某是否拒绝签收公司送达的文件问题,李某称 2014 年 12 月 19 日公司找其谈话过程中,其并没有明确表示拒绝签收文件,而是表示十点半后回来公司,再讨论签收文件的事情,但回来后公司已经不允许其进入,且之后再也联系不上公司的相关领导。有研半导体公司则称 2014 年 12 月 19 日谈话的过程中,李某的所说所为已经表示出拒绝签收的意思,而且公司从未禁止李某进公司大门,只是不让李某进入工作现场,因为 2014 年 12 月 19 日已经通知李某休年假,除非其书面提出放弃休年假方可进入工作现场工作。李某当天回到公司后,并未提出要求签收文件,如果李某想签收,可以亲自到公司本部的人力资源部去,但直到 2015 年 1 月 5 日,李某都没有这样做。

针对李某是否偷窃公司财物的问题,李某称《制冷机运行记录》等 3 份公司文件放在办公室的柜子里,并没有上锁,平时也由其保存,当时从公司拿出来只是为了作为证据提交法庭,用后也完整归还单位,认定为偷窃过于牵强。有研半导体公司则称 3 份公司文件平时由包括李某在内的工作人员保存,公司外部的人员进不去也拿不到;如果李某需要将文件作为证据提交,可以要求法院向有研半导体公司调取,而且该3份文件如《制冷机运行记录》涉及公司机器运行的技术参数,属于与“制作工艺及方法”相关的商业秘密,是公司的无形资产,李某偷拿、复印这些记录将对公司造成很大影响,即使这些文件并非商业秘密,也属于公司财物,未经允许不能拿走。

一审法院认为,关于有研半导体公司是否违法解除劳动合同的问题,根据法律规定,劳动者严重违反用人单位规章制度的,用人单位可以解除劳动合同。李某虽主张有研半导体公司《员工手册》(2014年版)未依法制定,未公示,亦未组织其进行学习,但其认可在《员工手册》征求意见表、发放登记表及培训签到表中的签字;结合有研半导体公司提供的《员工手册》2014改版意见征集情况汇总表、征求意见表、第四届董事会第四次会议决议、《员工手册》(2014年版)发放登记表、《员工手册》(2014年版)培训记录表及培训签到表等证据来看,法院认定《员工手册》(2014年版)的制定履行了法定程序,且经过公示并组织包括李某在内的员工进行了学习,可以作为处理双方劳动争议的依据。有研半导体公司通过民主程序制定的《员工手册》将“拒绝签收公司送达的文件及信函通知”及“偷盗公司财物”界定为严重过失,是行使管理权及维护财产权的表现,具有正当性,但能否将上述行为界定为严重违反公司规章制度,并以此作为与员工解除劳动合同的合理依据,还应充分考虑员工拒绝签收的具体情况、充分考虑与偷窃财物的相关的数额、情节、过错程度、损害后果等其他因素。本案中,李某虽在未经公司领导批准的情况下,从公司拿走了《制冷机运行记录》等3份文件,但其目的是将文件作为证据向法庭提交,之后也归还给了公司。可见,李某在主观上并没有偷盗该3份文件的故意,其行为并不构成偷盗公司财物。根据双方均认可的光盘视频显示,2014年12月19日双方约谈过程中,有研半导体公司要求李某签收公司向其送达的2014年11月考勤汇总表、2014年12月工资清单、附带发工资的说明及休年假通知等文件,但李某始终表示要进行核对确认,认可的签,不认可的不签。视频最后,李某也未明确表示拒绝签字,而是提出有事需要外出,十点半回来核对后再签字。虽有研半导体公司副总经理闫某告诉李某如果当时不签收,则视为拒签,但因《员工手册》并未明确规定拒绝签收的形式和标准,李某本次未签收公司送达文件的行为并不当然构成拒签。有研半导体公司将李某一次未当场签收的行为界定为拒绝签收,并以严重违反公司规章制度为由,与其解除劳动合同,确有不妥。故对有研半导体公司要求不支付李某违法解除劳动合同赔偿金的请求,法院不予支持。

二审法院认为,根据最高人民法院《关于民事诉讼证据的若干规定》第六条“在劳动争议纠纷案件中,因用人单位作出开除、除名、辞退、解除劳动合同、减少劳动报酬、计算劳动者工作年限等决定而发生劳动争议的,由用人单位负举证责任”的规定,有研半导体公司应对于其所主张李某严重违反公司规章制度的事实承担举证责任。本案中有研半导体公司向法院提交员工手册,解除劳动合同决定书等证据,证明李某违反了员工手册中规定,即“拒绝签收公司送达的文件及信函通知”及“偷盗公司财物”。需要说明的是严重违反用人单位规章制度,是指劳动者明知或应知规章制度的要求,却基于故意或重大过失的心态,实施了严重违反规章制度的行为,对于是否构成严重违反,应充分考虑员工拒绝签收的具体情况、充分考虑与偷窃财物的相关的数额、情节、过错程度、损害后果等其他因素予以确定。具体于本案中,李某虽未经公司同意的情况下,从公司拿走了《制冷机运行记录》等 3 份文件,但其目的是将文件作为证据向法庭提交,之后也归还给了公司,可见,李某在主观上并没有以非法占有为目的窃取 3 份文件材料的故意,其行为虽有不妥之处但并不能构成有研半导体公司所主张的偷盗公司财物行为。对于有研半导体公司所主张的拒签行为,根据查明的事实,李某对于有研半导体公司送达的文件始终未明确表示拒绝签字,有研半导体公司工作人员虽告知李某如果当时不签收,则视为拒签,但鉴于《员工手册》中并未明确规定拒绝签收的形式和标准,故李某未签收公司送达文件的行为并不当然构成拒签。有研半导体公司将李某未当场签收的行为界定为拒绝签收欠妥。

案例分析

根据《劳动合同法》第三十九条的规定,劳动者严重违反用人单位的规章制度的,用人单位才能解除劳动合同,如劳动者只是一般的违纪行为,用人单位不能解除劳动合同。本案中,尽管有研半导体公司通过民主程序制定的《员工手册》将“拒绝签收公司送达的文件及信函通知”及“偷盗公司财物”界定为严重过失,但是否属于严重违反规章制度不能简单依据用人单位的规章制度进行认定,还要结合特定的情形来判断违纪行为是否达到严重的程度。具体而言:

(1)李某从公司拿走《制冷机运行记录》等 3 份文件因不具备非法占有的目的,并不属于偷盗公司财物,更不属于严重违反规章制度的行为。

(2)《员工手册》并未明确规定拒绝签收公司送达的文件及信函通知的具体认定标准,而且“严重违反”应充分考虑员工拒绝签收的具体情况。李某未当场签收的行为具有正当理由,主观恶意并不强,不宜认定为严重违反规章制度的行为。

综上,李某并不构成严重违反有研半导体公司的规章制度,有研半导体公司以李某严重违反规章制度为由解除劳动合同违反了《劳动合同法》第三十九条第(二)项的规定。

(二)劳动者的抗辩

用人单位以劳动者严重违反用人单位的规章制度为由解除劳动合同的,劳动者只要将案件事实一一对应用人单位以劳动者严重违反用人单位的规章制度为由解除劳动合同的构成要件即可提出有效的抗辩。

1. 看用人单位主张的规章制度是否经过民主程序制定,是否进行公示或告知劳动者本人。规章制度未经过民主程序制定,或未进行公示也未告知劳动者本人的,可主张规章制度不能对劳动者适用。

2. 看规章制度是否对劳动者的违纪行为作出了明确规定。没有明确规定的,可提出用人单位主张的劳动者严重违反用人单位的规章制度没有事实依据。

3. 对违纪程度进行抗辩,可主张即便存在违纪行为也只是一般的违纪,不构成严重违反用人单位的规章制度。

4. 用人单位解除劳动合同时未事先将理由通知工会的,可主张用人单位解除劳动合同程序违法。

六、以劳动者严重失职、营私舞弊,给用人单位造成重大损害为由解除劳动合同

(一)用人单位以劳动者严重失职、营私舞弊,给用人单位造成重大损害为由解除劳动合同的构成要件

《劳动合同法》第三十九条第(三)项规定,劳动者严重失职、营私舞弊,给用人单位造成重大损害的,用人单位可以解除劳动合同。根据该规定,用人单位解除劳动合同合法的构成要件包括:第一,劳动者存在严重失职、营私舞弊的行为;第二,给用人单位造成重大损害;第三,用人单位事先将理由通知工会,理由详见本书关于用人单位单方解除劳动合同违反法定程序部分的内容。

1. 劳动者存在严重失职,营私舞弊的行为

失职,是指工作人员对本职工作不认真负责;营私舞弊是指因图谋私利而玩弄欺骗手段。需要注意的是,失职需要构成严重失职,而是否属于严重失职比较抽象,并没有具体的标准,可以结合劳动者的主观过错、遭受损害大小等来判断。

2. 给用人单位造成重大损害

给用人单位造成重大损害是用人单位可以解除劳动合同的必要条件,重大损害同样是比较抽象的,没有具体的标准。司法实务中,一般会参考用人单位规章制度的规定或者劳动合同的约定。需要注意的是,给用人单位造成损害与劳动者的严重失职、营私舞弊的行为之间应当存在因果关系。

(二)劳动者的抗辩

用人单位以劳动者严重失职,营私舞弊,给用人单位造成重大损害为由解除劳动合同的,劳动者只要将案件事实一一对应用人单位严重失职、营私舞弊,给用人单位造成重大损害为由解除劳动合同的构成要件即可提出有效的抗辩。

1. 看劳动者是否存在严重失职、营私舞弊的行为。如不存在严重失职、营私舞弊的行为,可主张用人单位的主张没有事实依据。

2. 看是否因劳动者严重失职、营私舞弊的行为给用人单位造成重大损害,即便劳动者存在严重失职、营私舞弊的行为,但未因此给用人单位造成损害的,用人单位也不能单方解除劳动合同。

3. 用人单位解除劳动合同时未事先将理由通知工会的,可主张用人单位解除劳动合同程序违法。

案例 10 - 21

中国建设银行股份有限公司永州市分行与周某劳动争议纠纷案

[(2018)湘 1103 民初 3150 号]

1995 年 12 月,周某通过招聘进入中国建设银行股份有限公司永州市分行(以下简称建行永州分行)工作,后每二年签订一次劳动合同,双方最后签订一份劳动合同的期限为 2015 年 12 月 29 日至 2017 年 12 月 28 日。2018 年 1 月 16 日,建行永州分行向周某下发了“关于给予周某行政开除处分的决定”,认定周某挪用建设银行资金,向供应商出借资金并谋取高息,在行外单位兼职获取报酬,在集中采购工作中严重失职,违反了建设银行员工从业禁止规定、廉洁从业和履职尽责规定,情节严重。根据《中国建设银行工作人员违规失职行为处理办法》(建总发〔2011〕1 号,已废止)第六十六条、第二百五十二条之规定,以及《中国建设银行员工违规处理办法》(建总发〔2016〕59 号)第十四条、第三十九条、第四十三条和第五十五条之规定,经征求永州市分行工会意见,由永州市分行纪委会审议并报永州市分行党委批准,决定给予周某行政开除处分,并同时通知原告停止上班。

另查明,自 2011 年下半年开始,周某将其注册造价工程师资格证挂靠在湖南潇湘招标代理有限公司,2016 年转挂靠在湖南省龙洋立业建设有限公司。另查明,《中国建设银行工作人员违规失职行为处理办法》(建总发〔2011〕1 号,已废止)第九条规定,有下列情节之一的,应从重处理:(1)因违规引发案件、重大事故的;(2)因违规造成建设银行重大财产损失或重大风险的;(3)因违规严重损害建设银行声誉的;(4)因违规造成建设银行办公、营业秩序混乱的;(5)因违规导致建设银行受到外部监管机构或政府部门处罚的;(6)为本人、近亲属或利益相关人牟取私利的;(7)授意、指使、强迫他们违规,或主谋实施共同违规的;(8)一年内多次发生违规的;(9)阻挠、抗拒调查的。第十四条规定,盗窃、侵占或挪用建设银行资金或其他财产的,给予开除处分。第三十九条规定,利用职权或职务上的影响,有下列行为之一的,给予警告至记过处分;情节较重的,给予记大过至降级处分;情节严重的,给予撤职至开除处分:(1)为他人谋取利益,本人、近亲属或其他特定关系人收受财物的;(2)接受影响职务廉洁性的宴请、旅游、健身、娱乐等活动安排,或收受礼品、礼金、消费卡等的;(3)为近亲属或其他特定关系人的职务晋升、经营活动等谋取利益的;(4)纵容、默许近亲属和其他特定关系人利用员工本人职权或者职务上的影响谋取私利的;(5)在操办婚丧喜庆事宜中,借机敛财的;(6)与贷款客户、供应商、理财业务客户等利益相关方发生资金往来,不能证明资金往来正当性的。第四十三条规定,违反规定,有下列行为之一的,给予警告至记过处分;情节较重的,给予记大过至降级处分;情节严重的,给予撤职至开除处分:(1)经商办企业的;(2)拥有非上市企业的股份或证券的;(3)本人或借他人名义从事有偿中介活动的;(4)擅自在其他经济实体中兼职或经批准兼职但违反规定领取兼职工资或其他报酬的。第五十五条规定,违反集中采购管理规定,有下列行为之一的,给予警告至记过处分;情节较重的,给予记大过至降级处分;情节严重的,给予撤职至开除处分:(1)违反规定程序直接确定产品或服务供应商的;(2)对应采用竞争方式采购而擅自采用单一来源方式采购的;(3)延误采购时机,造成被动续约的;(4)提供虚假资料信息或意见,影响谈判评审结果,损害建设银行利益的;(5)采购谈判招标走形式、内定供应商的;(6)采购人员未按规定执行回避制度的;(7)对列入上级集中统一采购范围的产品或服务,自行采购的;(8)未按全行统一采购政策实施采购的;(9)采购方案或结果应报批而未履行审批程序的;(10)化整为零规避集中采购的;(11)玩忽职守,采购物品质量低劣的。

法院认为,1995 年 12 月,周某通过招聘进入建行永州分行工作,在建行永州分行已连续工作十年以上,并每二年订立一次劳动合同,依照法律规定,建行永州分行应当与劳动者周某订立无固定期限的劳动合同,故周某与建行永州分行存在事实上的无固定期限的劳动合同关系,建行永州分行下发行政开除周某的文件,实际是解除了双方的劳动合同,双方为此发生纠纷,对于本案做如下评析意见:第一,建行开除周某处分认定的挪用公款问题,建行永州分行没有提供相应的证据证实,刘某转给周某的13,159元是属于建行永州分行的公款,既无法律规定又无合同约定该款是建行永州分行所有,故建行永州分行的处分决定确认周某挪用公款的事实是错误的;该笔款系刘某单方私下为表明其诚信态度而为,属于刘某个人财产。挪用公款是指国家工作人员利用职务上的便利,挪用公款归个人使用,进行非法活动的,或者挪用公款数额较大、进行营利活动的,或者挪用数额较大、超过3个月未还的行为;周某不是国家工作人员,该款是刘某私下转入周某账户,周某对其账户的存款具有所有权,可以自由支配处分,受法律保护,不存在挪用行为,故建行永州分行认定周某挪用公款的决定是错误的。第二,关于周某向刘某借款谋取私利的问题,根据本院查明的事实,借款人是倪某,建行永州分行没有提供相应的证据证实实际借款控制人是周某,该借款资金出处可查,周某对其账户往来都能说明其正当性,因此建行永州分行的处分决定确认周某向供应商出借资金的事实是错误的。第三,关于周某将其注册造价师资格证挂靠外单位获取报酬的问题,《中国建设银行湖南省分行工程造价咨询业务管理实施细则》第二条规定,本实施细则所称工程造价咨询业务系指我行接受委托,对建设项目工程造价所提供的中介咨询服务……该规定的适用人员属于建行湖南省分行设立的造价咨询单位及其业务人员,周某通过业余自学取得注册造价师资格证,但并没有在建行永州分行从事造价咨询业务工作,周某工作岗位是建行永州分行个金部,因此周某在外单位空挂注册证的行为不属于违规失职行为。第四,关于建行永州分行开除周某的处分决定适用的2011年的《中国建设银行工作人员违规失职行为处理办法》,已于2016年3月废止,不能作为周某违反劳动单位规章制度的依据。第五,关于建行永州分行开除周某的处分,解除与周某劳动合同是否合法的问题,依照法律规定,劳动者严重违反用人单位的规章制度,严重失职,营私舞弊、给用人单位造成重大损害的,用人单位可以解除劳动合同,本案周某没有上述严重违规行为,建行永州分行解除周某的劳动合同违反了《劳动合同法》的有关规定,属于违法解除劳动合同。解除劳动合同是从根本上消灭劳动关系,用人单位作出此项决定,应当慎重,因为本案只审理周某是否严重违反用人单位的规章制度的,严重失职,是否营私舞弊、给用人单位造成重大损害,对于周某的其他一般违规行为是否存在,本院不予审查,但周某对用人单位作出了书面检讨,工作上是有一般违规和失职行为的,建行永州分行可给予周某调换岗位使用,依法依规行使管理权,促进社会和谐。

案例分析

根据《劳动合同法》第三十九条第(三)项的规定,劳动者严重失职,营私舞弊,给用人单位造成重大损害的,用人单位可以解除劳动合同。需要注意的是,必须是"严重失职""营私舞弊",如果劳动者仅是存在一般违纪行为的,不能认定为是严重失职。本案中,建行永州分行主张周某挪用建设银行资金,向供应商出借资金并谋取高息,在行外单位兼职获取报酬,在集中采购工作中严重失职,违反了建设银行员工从业禁止规定、廉洁从业和履职尽责规定,据此解除劳动合同;而法院认定的事实为周某不存在挪用建设银行资金,谋取私利的问题,周某在外单位空挂注册证的行为也不属于违规失职行为。尽管周某存在一般违规和失职行为,但一般失职行为不满足用人单位可以解除劳动合同的条件,故建行永州分行解除劳动合同违反了《劳动合同法》的规定,属于违法解除劳动合同。

七、以劳动者同时与其他用人单位建立劳动关系,对完成本单位的工作任务造成严重影响,或者经用人单位提出,拒不改正为由解除劳动合同

(一)用人单位以劳动者同时与其他用人单位建立劳动关系,对完成本单位的工作任务造成严重影响,或者经用人单位提出,拒不改正为由解除劳动合同的构成要件

《劳动合同法》第三十九条第(四)项规定,劳动者同时与其他用人单位建立劳动关系,对完成本单位的工作任务造成严重影响,或者经用人单位提出,拒不改正的,用人单位可以解除劳动合同。根据该规定,用人单位解除劳动合同合法的构成要件包括:第一,劳动者同时与其他用人单位建立劳动关系;第二,对完成本单位的工作任务造成严重影响,或者经用人单位提出,拒不改正;第三,用人单位事先将理由通知工会,理由详见本书关于用人单位单方解除劳动合同违反法定程序部分的内容。

1. 劳动者同时与其他用人单位建立劳动关系

建立劳动关系,是指事实上与其他用人单位建立劳动关系,不包括签订劳动合同或者是其他协议但没有实际履行的情形。比如,实践中常见的挂证行为并未建立劳动关系。

2. 对完成本单位的工作任务造成严重影响,或者经用人单位提出,拒不改正

未经用人单位同意与其他用人单位建立劳动关系并不直接导致用人单位可以单方解除与劳动者的劳动合同,还必须满足以下条件之一:

(1)因与其他用人单位建立劳动关系对完成本单位的工作任务造成严重影响。造成严重影响没有确定的标准,要结合因与其他用人单位建立劳动关系而不能完

成本单位的工作任务,从而给单位造成的损害来判断。但劳动者与其他用人单位建立劳动关系仍能完成本单位工作任务的,一般不能认定对完成本单位的工作任务造成了严重影响。

(2)经用人单位提出,拒不改正。即劳动者未经用人单位同意与其他用人单位建立劳动关系,用人单位提出改正后,劳动者拒不改正。

(二)劳动者的抗辩

用人单位以劳动者同时与其他用人单位建立劳动关系,对完成本单位的工作任务造成严重影响,或者经用人单位提出,拒不改正为由解除劳动合同的,劳动者只要将案件事实一一对应用人单位以劳动者同时与其他用人单位建立劳动关系,对完成本单位的工作任务造成严重影响,或者经用人单位提出,拒不改正为由解除劳动合同的构成要件即可提出有效的抗辩。

1. 看劳动者是否存在与其他用人单位建立劳动关系的情形,如劳动者未与其他用人单位建立劳动关系,可主张用人单位解除劳动合同没有事实依据。

2. 看是否存在因与其他用人单位建立劳动关系对完成本单位的工作任务造成严重影响,或经用人单位提出,拒不改正的情形,不存在,可主张用人单位解除劳动合同没有事实依据。

3. 用人单位解除劳动合同时未事先将理由通知工会的,可主张用人单位解除劳动合同程序违法。

案例10-22

大连龙威客运集团有限公司与张某劳动争议纠纷案

[(2018)辽02民终4165号]

大连龙威客运集团有限公司(以下简称龙威公司)与张某于2013年10月28日签订固定期限劳动合同,约定:合同期限为2013年11月1日至2014年10月31日;张某在龙威公司处担任司机,从事班车服务工作;张某所在岗位实行以年为周期综合计算工时工作制。上述劳动合同期满后,双方经三次续签至2017年10月31日。2016年11月24日,张某、龙威公司签订劳动合同补充条款,其中第五条约定:"乙方(张某)保证在甲方(龙威公司)工作期间,不得从事其他兼职工作,否则甲方有权解除劳动关系且不承担任何经济补偿。"庭审中,龙威公司辩称其于2017年4月28

日发现张某存在兼职行为,并提供照片及情况说明予以证实,此后龙威公司要求张某到公司参加停班学习,但张某未再到龙威公司单位上班。张某则主张其不存在兼职行为,是龙威公司单位领导不让其上班,但未提供证据证明。2017 年 6 月 9 日,龙威公司向张某身份证记载的住址"辽宁省大连市某小区"邮寄送达关于解除劳动合同的通知,快递跟踪查询记录显示该通知已于 2017 年 6 月 11 日签收。2017 年 9 月 18 日,张某通过劳动监察部门收到龙威公司出具的解除劳动合同证明书,载明解除劳动合同原因为:"劳动者同时与其他用人单位建立劳动关系,对完成本单位的工作任务造成严重影响,或者经用人单位提出拒不改正。"

一审法院认为,张某自 2017 年 5 月 1 日后未再到龙威公司处上班,后龙威公司向张某身份证记载的地址邮寄送达解除劳动合同通知书,龙威公司提供的快递跟踪查询记录显示上述邮件已于 2017 年 6 月 11 日签收,可以推定张某收到了龙威公司发出的解除劳动合同通知书,故本院认定张某、龙威公司解除劳动合同的时间为 2017 年 6 月 11 日。张某未举证证明 2017 年 6 月 12 日至 9 月 18 日其仍在龙威公司处工作,根据《劳动争议调解仲裁法》第六条之规定:"发生劳动争议,当事人对自己提出的主张,有责任提供证据。与争议事项有关的证据属于用人单位掌握管理的,用人单位应当提供;用人单位不提供的,应当承担不利后果。"张某应承担不利后果。故本院认定张某、龙威公司 2017 年 6 月 1 日至 11 日存在劳动关系,张某关于 2017 年 6 月 12 日至 9 月 18 日双方存在劳动关系的诉称意见,因无证据证明,本院不予支持。关于张某要求龙威公司支付违法解除劳动合同赔偿金 32,000 元的诉讼请求。根据《劳动合同法》第三十九条之规定:"劳动者有下列情形之一的,用人单位可以解除劳动合同:(一)在试用期间被证明不符合录用条件的;(二)严重违反用人单位的规章制度的;(三)严重失职,营私舞弊,给用人单位造成重大损害的;(四)劳动者同时与其他用人单位建立劳动关系,对完成本单位的工作任务造成严重影响,或者经用人单位提出,拒不改正的;(五)因本法第二十六条第一款第一项规定的情形致使劳动合同无效的;(六)被依法追究刑事责任的。"本案中,龙威公司提供的照片及情况说明能够证明系因张某在其他用人单位兼职且不接受整改,龙威公司才提出与张某解除劳动合同。龙威公司提出与张某解除劳动合同的事由符合上述法律的规定,并非违法解除行为,故无须向张某支付违法解除劳动合同赔偿金。

二审法院认为,龙威公司提供的证据能够证明张某已于 2017 年 6 月 11 日签收龙威公司发出的解除劳动合同通知书,故一审法院认定双方解除劳动合同的时间为 2017 年 6 月 11 日,并无不当,本院予以确认。张某自 2017 年 5 月 1 日后未再向龙威公司提供劳动,且张某亦无证据证明系龙威公司原因造成其无法提供劳动,故龙威公司无须向张某支付相应的劳动报酬。张某在其他用人单位兼职,龙威公司发现后提出,张某不接受整改。据此,龙威公司与张某解除劳动合同,符合《劳动合同法》第三十九条第(四)项规定,并非违法解除劳动合同,无须向张某支付违法解除劳动合同赔偿金。

案例分析

根据《劳动合同法》第三十九条第(四)项的规定,劳动者同时与其他用人单位建立劳动关系,对完成本单位的工作任务造成严重影响,或者经用人单位提出,拒不改正的,用人单位可以解除劳动合同。本案中,龙威公司发现张某与其他单位建立劳动关系以后,要求张某整改,张某不接受整改,故龙威公司解除劳动合同符合法律规定。如龙威公司发现张某与其他单位建立劳动关系以后直接解除劳动合同,则需要提供证据证明因郑某与其他单位建立劳动关系对完成本单位的工作任务造成严重影响,否则构成违法解除劳动合同。

八、以劳动合同无效为由解除劳动合同

(一)用人单位以劳动合同无效为由解除劳动合同的构成要件

《劳动合同法》第三十九条第(五)项规定,劳动者存在因本法第二十六条第一款第(一)项规定的情形致使劳动合同无效的,用人单位可以解除劳动合同。《劳动合同法》第二十六条第一款第(一)项规定,以欺诈、胁迫的手段或者乘人之危,使对方在违背真实意思的情况下订立或者变更劳动合同的,劳动合同无效。根据上述规定,用人单位解除劳动合同合法的构成要件包括:第一,劳动者在订立劳动合同时存在欺诈、胁迫或者乘人之危的行为;第二,用人单位因劳动者欺诈、胁迫或者乘人之危作出了不真实或不自由的意思表示;第三,用人单位事先将理由通知工会,理由详见本书关于用人单位单方解除劳动合同违反法定程序部分的内容。

1.劳动者在订立劳动合同时存在欺诈、胁迫或者乘人之危的行为

欺诈、胁迫或者乘人之危都相对容易理解,其中,劳动者胁迫或者乘人之危的情形几乎遇不到,常见的是欺诈行为,如做虚假陈述,故意隐瞒真实情况,提供虚假材料等。需要特别注意的是,欺诈、胁迫的手段或者乘人之危应当是发生在订立劳动合同之时,订立劳动合同之后,劳动者存在欺诈、胁迫或者乘人之危的行为的,并不导致劳动合同无效。

2. 用人单位因劳动者欺诈、胁迫或者乘人之危作出了不真实或不自由的意思表示

尽管劳动者存在欺诈、胁迫或者乘人之危的行为,但用人单位没有因此产生认识错误,或者作出不真实、不自由的意思表示的,不导致劳动合同无效。如劳动者在婚姻状况、生育情况等方面存在欺诈行为,用人单位即便因此产生了认识错误,但也不得以劳动者的婚姻状况、生育情况等拒绝录用劳动者,故劳动合同并不因劳动者的欺诈行为而无效。

(二)劳动者的抗辩

用人单位以劳动合同无效为由解除劳动合同的,劳动者只要将案件事实一一对应用人单位以劳动合同无效为由解除劳动合同的构成要件即可提出有效的抗辩。

1. 看劳动者是否存在用人单位主张的欺诈、胁迫或者乘人之危的行为,如无上述行为,可主张用人单位解除劳动合同没有事实依据。

2. 看欺诈、胁迫或者乘人之危的行为是否是发生在订立劳动合同时,即便存在用人单位主张的欺诈、胁迫或者乘人之危的行为,但上述行为并不是发生在订立劳动合同时的,并不导致劳动合同无效,用人单位解除劳动合同没有事实依据。

3. 看用人单位是否因劳动者欺诈、胁迫或者乘人之危作出了不真实或不自由的意思表示,即便存在用人单位主张的欺诈、胁迫或者乘人之危的行为,但上述行为并未导致用人单位作出不真实、不自由的意思表示与劳动者订立劳动合同的,那么并不导致劳动合同无效,用人单位解除劳动合同没有事实依据。如劳动者在与工作无关的方面存在欺诈行为,可主张劳动合同并不因此无效。

4. 用人单位解除劳动合同时未事先将理由通知工会的,可主张用人单位解除劳动合同程序违法。

案例 10－23

海南金手指房地产开发有限公司与王某劳动争议纠纷案

[(2014)海中法民一终字第 382 号]

2012 年 3 月 30 日,王某到海南金手指房地产开发有限公司(以下简称金手指公司)应聘时,在金手指公司发给的应聘表的婚姻状况一栏填写为"未婚";在员工

登记表的婚否一栏填写“否”。2012 年 4 月 16 日，金手指公司、王某签订劳动合同书，约定：王某应聘到金手指公司担任预算员工作；工资实行基本工资和绩效工资相结合的工资分配方法，绩效工资年底考核发放，按金手指公司制定的相关规定执行；合同期限从 2012 年 4 月 16 日起至 2014 年 4 月 15 日止，试用期从 2012 年 4 月 16 日起至 6 月 15 日止。合同签订后，王某一直在金手指公司处担任预算员工作，平均工资为 4784.9 元。2012 年 11 月，金手指公司发现王某于 2011 年 7 月 15 日已结婚，并怀孕，遂于 2013 年 1 月 25 日向王某发出解除劳动合同关系的通知，解除了与王某的劳动合同关系。

一审法院为，王某应聘入职时，双方未约定未婚为入职条件，因此，王某隐瞒已婚事实行为虽有不当，尚不能构成欺诈行为。双方签订劳动合同后，王某也实际入职工作，金手指公司支付劳动报酬，双方就存在劳动合同关系。在劳动关系存续期间，金手指公司明知道王某怀孕而解除与王某的劳动合同关系违反了《劳动合同法》第四十二条关于女职工在孕期不得解除劳动合同的禁止性规定，应当支付王某经济赔偿金 9569.8 元(4784.9 元 ×2)。

二审法院认为，首先，金手指公司并未提供证据证明当初招聘员工时以未婚为入职条件。其次，金手指公司解除与王某之间的劳动合同，系以其怀孕后无法胜任工作为由，而非以其隐瞒婚姻状况为由。婚姻状况属于个人信息，在不影响王某之履职行为的情况下，未如实披露婚姻状况并不构成对金手指公司的欺诈。因此，金手指公司以王某欺诈为由要求认定劳动合同无效，没有事实和法律依据，本院依法不予采信。金手指公司在王某怀孕期间解除劳动合同，违反了法律禁止性规定，属违法解除劳动合同，依法应支付违法解除劳动合同经济赔偿金。

案例分析

《劳动合同法》第二十六条第一款第(一)项规定，以欺诈、胁迫的手段或者乘人之危，使对方在违背真实意思的情况下订立或者变更劳动合同的，劳动合同无效。第三十九条第(五)项规定，劳动者存在因《劳动合同法》第二十六条第一款第(一)项规定的情形致使劳动合同无效的，用人单位可以解除劳动合同。本案中，王某在订立劳动合同时就其婚姻状况作出了虚假陈述，属于欺诈行为，但该欺诈行为并不导致劳动合同无效，理由如下：

(1)用人单位因劳动者的婚姻状况拒绝录用劳动者的，属于就业歧视，违反了法律规定，故婚姻状况不能成为用人单位拒绝录用劳动者的理由。

(2)因婚姻状况不能成为用人单位拒绝录用劳动者的理由，故劳动者在婚姻状况方面存在欺诈并未使用人单位作出不真实的意思表示，劳动合同并不因此无效。

因不存在劳动合同无效的情形,故金手指公司依据《劳动合同法》第三十九条第(五)项的规定解除与王某之间的劳动合同没有事实依据,属于违法解除劳动合同。

九、以劳动者被依法追究刑事责任为由解除劳动合同

(一)用人单位以劳动者被依法追究刑事责任为由解除劳动合同的构成要件

《劳动合同法》第三十九条第(六)项规定,劳动者被依法追究刑事责任的,用人单位可以解除劳动合同。根据上述规定,用人单位解除劳动合同合法的构成要件为:(1)劳动者被依法追究刑事责任;(2)用人单位事先将理由通知工会,理由详见本书关于用人单位单方解除劳动合同违反法定程序部分的内容。

劳动部办公厅《关于印发〈劳动法〉若干条文的说明》规定,被依法追究刑事责任具体指:(1)被人民检察院免予起诉的;(2)被人民法院判处刑罚(刑罚包括:主刑:管制、拘役、有期徒刑、无期徒刑、死刑;附加刑:罚金、剥夺政治权利、没收财产)的;(3)被人民法院依据《刑法》第三十二条免予刑事处分的。需要注意的是,是否要求用人单位解除劳动合同时满足劳动者已经被依法追究刑事责任,司法实务中存在不同的观点。

一种观点认为,应当要求用人单位解除劳动合同时劳动者已经被依法追究刑事责任,如劳动者涉嫌犯罪,但还未被依法追究刑事责任,或追究刑事责任的法律文书还未生效的,用人单位不能解除劳动合同。

另一种观点认为,不应当要求用人单位解除劳动合同时劳动者已经被依法追究刑事责任,应以劳动者最终是否被依法追究刑事责任的结果作为依据。若劳动者最终被依法追究刑事责任,而仅因用人单位在劳动者被追究刑事责任的裁判生效之前与其解除劳动合同,就认定用人单位违法解除,不但与事实不符,亦对用人单位不公平,有违公平原则。

案例 10－24

深圳市坪山区保安服务公司与潘某劳动争议纠纷案

[(2019)粤03民终31891号]

2003年12月1日潘某与深圳市龙岗区坪山保安公司巡防大队建立劳动关系,

2010 年 1 月 1 日转入深圳市坪山区保安服务公司(以下简称坪山保安公司)处。2019 年 1 月 15 日,深圳市坪山区作出(2019)粤 0310 刑初 3 号刑事判决书,判决结果第五项为:“被告人潘某犯开设赌场罪,判处有期徒刑九个月,并处罚金 2000 元(刑期从判决执行之日起计算。判决执行以前先行羁押的,羁押一日折抵刑期一日,即自 2018 年 4 月 27 日起至 2019 年 1 月 26 日止。罚金应于判决生效之次日起十日内一次性向本院缴纳)。”涉案另外两名被告人上诉,潘某未提起上诉。2019 年 1 月 26 日,潘某经取保候审后被释放。2019 年 3 月 21 日,深圳市中级人民法院作出(2019)粤 03 刑终 376 号刑事裁定书,裁定:驳回上诉,维持原判。该裁定于 2019 年 3 月 27 日生效。2019 年 3 月 4 日,潘某到深圳市公安局申请开具无犯罪记录证明书,该证明书备注提示载明“本证明书仅限于保安工作用途”。2019 年 3 月 8 日,潘某向坪山保安公司发出通知,要求坪山保安公司在收到通知书后三日内为潘某安排工作,如没有安排工作,请坪山保安公司以书面形式回复原因,同时视为坪山保安公司于 2018 年 5 月 14 日和潘某解除劳动合同关系。2019 年 3 月 11 日,坪山保安公司作出用人单位解除劳动合同通知书并送达潘某。用人单位解除劳动合同通知书内容为“潘某(职工)鉴于你被(2019)粤 0310 刑初 3 号刑事判决书判决犯开设赌场罪,判处有期徒刑九个月,并处罚金人民币 2000 元等(原因),根据《劳动合同法》第三十九条第(六)项的规定,本单位现定于 2018 年 4 月 27 日与你解除劳动合同。请你尽快办理解除劳动合同的相关手续”。双方争议焦点为:针对坪山保安公司作出的用人单位解除劳动合同通知书载明的依据及事实理由,潘某主张(2019)粤 0310 刑初 3 号刑事判决尚未生效,坪山保安公司属于违法解除双方劳动合同关系;坪山保安公司主张系依法解除双方劳动合同关系。

一审法院认为,首先,潘某作为(2019)粤 0310 刑初 3 号刑事案件的被告人之一,对(2019)粤 0310 刑初 3 号刑事判决中其他被告人上诉情况及(2019)粤 0310 刑初 3 号刑事判决是否生效有充分的了解。在此情况下,潘某于 2019 年 3 月 8 日向坪山保安公司发出通知书,要求潘某安排工作或书面回复不安排工作原因;但同时,潘某又未向坪山保安公司提交无犯罪记录证明书、未告知坪山保安公司(2019)粤 0310 刑初 3 号刑事判决认定的潘某犯罪事实及对潘某的刑罚结果、未告知坪山保安公司(2019)粤 0310 刑初 3 号刑事判决未生效情况,其行为存在隐瞒、欺诈。坪山保安公司从公安机关复印(2019)粤 0310 刑初 3 号刑事判决且合理认为该判决生效,依据该判决中认定的潘某犯罪事实及对潘某刑罚结果,针对潘某书面回复的要求作出用人单位解除劳动合同通知书并送到潘某,其行为具有合理性。其次,本院作出(2019)粤 0310 刑初 3 号刑事判决后,潘某并未提起上诉,足以证明其对涉及其本人的刑事判决结果予以认可;本院作出(2019)粤0310刑初3号刑事判决后,检察机关未提起抗诉,涉案其他被告人提起上诉并不会影响潘某犯罪事实的成立及改变对潘某的刑罚结果,潘某被依法追究刑事责任的结果不会改变。坪山保安公司作出用人单位解除劳动合同通知书的行为并未侵犯潘某合法权益。最后,潘某于2018年4月27日开始被羁押,停止履行劳动义务,坪山保安公司通知潘某自2018年4月27日解除双方劳动关系,符合客观情况。综上,坪山保安公司在(2019)粤0310刑初3号刑事判决生效前通知潘某解除劳动合同关系,导致此情形发生的过错方在于潘某,不在于坪山保安公司,坪山保安公司无须向潘某支付违法解除劳动合同赔偿金。

二审法院认为,首先,潘某是坪山保安公司派遣至坪山派出所的巡防员,坪山保安公司是用人单位,坪山派出所是用工单位,故潘某提交的2018年8月14日与坪山派出所相关人员的通话记录并不足以证明坪山保安公司与其解除了劳动合同。潘某提交的2018年5月28日坪山保安公司行政经理的通话记录也并未显示其有明确与潘某解除劳动合同的意思表示,坪山保安公司在潘某被羁押期间停止向其发放工资及停缴社保并未违反法律规定。其次,《广东省保安服务管理条例实施细则》(已废止)第十九条的规定,有卖淫嫖娼、赌博、吸毒行为的保安员,由县级以上公安机关注销其资格证;被注销资格证的人员,不得再担任保安员。潘某开设赌场的事实清楚,已违反了相关行业规定,已丧失了担任保安员的资格,即便坪山保安公司在潘某被羁押期间即作出与其解除劳动合同的意思表示,亦不违反法律规定。最后,认定用人单位在劳动者被羁押期间,以劳动者被追究刑事责任为由作出解除劳动合同的决定是否违反法律规定,应以劳动者最终是否被依法追究刑事责任的结果作为依据。若劳动者最终被依法追究刑事责任,而仅因用人单位在劳动者被追究刑事责任的裁判生效之前与其解除劳动合同,就认定用人单位违法解除,不但与事实不符,亦对用人单位不公平,有违公平原则。本案中,(2019)粤0310刑初3号刑事判决书,(2019)粤03刑终376号刑事判决书已认定潘某犯开设赌场罪,判处有期徒刑九个月,并处罚金2000元。潘某已被追究刑事责任,故即便坪山保安公司在潘某羁押期间就明确与其解除劳动合同亦未违反法律规定。

案例分析

根据《劳动合同法》第三十九条第(六)项的规定,劳动者被依法追究刑事责任的,用人单位可以解除劳动合同。本案中,2019年1月15日,深圳市坪山区人民法院作出(2019)粤0310刑初3号刑事判决书,判决结果第五项为被告人潘某犯开设赌场罪,判处有期徒刑9个月,并处罚金2000元。后因另外两名被告人上诉,

(2019)粤0310刑初3号刑事判决书未生效。2019年3月11日,坪山保安公司作出用人单位解除劳动合同通知书并送达潘某,解除与潘某的劳动合同。也就是说,坪山保安公司依据《劳动合同法》第三十九条第(六)项的规定解除与潘某的劳动合同时,(2019)粤0310刑初3号刑事判决书未生效。如认为用人单位依据《劳动合同法》第三十九条第(六)项的规定解除劳动合同应当要求用人单位解除劳动合同时劳动者已经被依法追究刑事责任,则应当认定坪山保安公司解除劳动合同违法。如认为用人单位依据《劳动合同法》第三十九条第(六)项的规定解除劳动合同不应当要求用人单位解除劳动合同时劳动者已经被依法追究刑事责任,只要劳动者最终被依法追究刑事责任即可,则应当认定坪山保安公司解除劳动合同不违反法律规定。显然,本案一审、二审法院均持后一种观点。

(二)劳动者的抗辩

用人单位以劳动者被依法追究刑事责任为由解除劳动合同的,劳动者只要将案件事实一一对应用人单位以劳动者被依法追究刑事责任为由解除劳动合同的构成要件即可提出有效的抗辩。

1. 看劳动者在用人单位解除劳动合同时是否已经被追究刑事责任,如劳动者在用人单位解除劳动合同时仅是因涉嫌犯罪被采取强制措施,劳动者可主张用人单位解除劳动合同没有法律(事实)依据。

2. 看劳动者在用人单位解除劳动合同时,劳动者被追究刑事责任的法律文书是否已经生效,如一审判决作出后,用人单位在判决生效前解除劳动合同,劳动者可主张用人单位解除劳动合同没有事实依据。

3. 用人单位解除劳动合同时未事先将理由通知工会的,劳动者可主张用人单位解除劳动合同程序违法。

案例 10-25

大连万象地产有限公司、鼎建房地产开发(大连)有限公司与吕某劳动争议纠纷案

[(2019)辽0203民初3011号]

2009年7月1日,吕某到大连万象地产有限公司(以下简称万象公司)工作,

2009年11月17日被聘为公司总经理,2010年1月1日吕某与万象公司签订劳动合同书,合同期限为2010年1月1日至2011年12月31日。2010年3月31日,吕某被该公司聘为执行董事,同时任职总经理兼法定代表人。双方劳动合同期满后,续签合同至2013年12月31日。吕某在万象公司工作至2013年3月30日。2015年4月13日,万象公司免去吕某执行董事及法定代表人职务。2013年4月15日,吕某到鼎建房地产开发(大连)有限公司(以下简称鼎建公司)工作,工作岗位为董事长兼总经理,双方签订了劳动合同书。2016年6月30日,鼎建公司以吕某损害公司利益为由与吕某解除劳动合同关系,未出具书面解除合同证明书。

2014年3月21日,吕某作为法定代表人,通过鼎建公司支票向本人账户转款1,600,000元。大连市甘井子区人民检察院以甘检公诉刑诉〔2018〕1053号起诉书,指控吕某及万象公司等涉嫌虚开发票罪。2019年5月27日大连市甘井子人民检察院以甘检公诉刑补诉〔2019〕1号补充起诉决定书指控吕某涉嫌职务侵占罪。本案审理时,该案正在审理中。

一审法院认为,关于吕某要求鼎建公司向其支付违法解除劳动合同赔偿金2,333,300元一节。鼎建公司提出2016年6月30日其与吕某解除劳动合同关系是发现吕某存在损害公司利益、涉嫌刑事犯罪的相关事实,并提供了2019年大连市甘井子区人民检察院补充起诉决定书,该案现尚在审理中,该证据不足以证明鼎建公司主张的该节事实,故认定鼎建公司单方解除与吕某的劳动关系,属违反解除劳动合同。吕某要求鼎建公司支付违法解除劳动合同的赔偿金符合法律规定,一审法院予以支持。根据最高人民法院《关于审理劳动争议案件适用法律若干问题的解释(四)》(已废止)第五条的规定,劳动者非因本人原因从原用人单位被安排到新用人单位工作,原用人单位未支付经济补偿,新用人单位向劳动者提出解除、终止劳动合同,在计算支付经济补偿金或赔偿金的工作年限时,劳动者请求把在原用人单位的工作年限合并计算为新用人单位工作年限的,人民法院应予支持。二被告系关联企业,吕某在2010年至2013年轮流与二被告订立劳动合同,并在鼎建公司工作至2016年6月,属于法律规定的劳动者非基于本人原因从原用人单位被安排到新用人单位工作的情形,故吕某在鼎建公司处的工作年限应当合并计算为六年六个月。吕某在鼎建公司的工资标准为每月20,000元,该工资标准高于大连市2015年度社会平均月工资的三倍17,064元(5688元×3),应当按照大连市2015年度社会平均月工资的三倍17,064元计算。故鼎建公司应向吕某支付违法解除劳动合同赔偿金238,896元(17,064元×7个月×2倍)。吕某主张中超出的部分,一审法院不予支持。

二审过程中,万象公司提交大连市甘井子区人民法院(2018)辽0211刑初1010号刑事判决书,证明吕某因犯职务侵占罪被判处有期徒刑。

二审法院认为,2016年6月30日,鼎建公司以发现吕某存在损害公司利益、涉嫌刑事犯罪的相关事实提出解除劳动合同关系。劳动者涉嫌违法犯罪被有关机关拘留或逮捕的,用人单位在劳动者被限制人身自由期间,可与其暂时停止劳动合同的履行。劳动者被依法追究刑事责任的,用人单位可依据《劳动法》第二十五条解除劳动合同。鼎建公司提供的大连市甘井子区人民法院(2018)辽0211刑初1010号刑事判决书,本案审理时,该案现尚未生效,鼎建公司以吕某涉嫌刑事犯罪为由提出解除劳动合同不符合法律规定,一审法院认定鼎建公司解除劳动合同违法应当支付违法解除劳动合同赔偿金并无不妥,本院予以维持。

案例分析

根据《劳动合同法》第三十九条第(六)项的规定,劳动者被依法追究刑事责任的,用人单位可以解除劳动合同。本案中,鼎建公司以吕某存在损害公司利益、涉嫌刑事犯罪的相关事实为由提出解除劳动合同关系,于2016年6月30日解除与吕某的劳动合同,并提供了大连市甘井子区人民法院(2018)辽0211刑初1010号刑事判决书,证明李某被依法追究刑事责任。但鼎建公司解除劳动合同的时间为2016年6月30日,当时吕某并未被依法追究刑事责任,故法院认定鼎建公司解除劳动合同违反法律规定。

十、以劳动者患病或者非因工负伤,在规定的医疗期满后不能从事原工作,也不能从事由用人单位另行安排的工作为由解除劳动合同

(一)用人单位以劳动者患病或者非因工负伤,在规定的医疗期满后不能从事原工作,也不能从事由用人单位另行安排的工作为由解除劳动合同的构成要件

《劳动合同法》第四十条第(一)项规定,劳动者患病或者非因工负伤,在规定的医疗期满后不能从事原工作,也不能从事由用人单位另行安排的工作的,用人单位提前三十日以书面形式通知劳动者本人或者额外支付劳动者一个月工资后,可以解除劳动合同。结合《劳动合同法》第四十二条、第四十三条的规定,用人单位解除劳动合同合法的构成要件为:第一,劳动者医疗期届满;第二,劳动者不能从事原工作;第三,用人单位另行安排工作;第四,劳动者不能从事由用人单位另行安排的工作;第五,劳动者不存在《劳动合同法》第四十二条规定的情形;第六,用人单位事先

将理由通知工会,理由详见本书关于用人单位单方解除劳动合同违反法定程序部分的内容。

1. 劳动者医疗期届满

根据《劳动合同法》第四十二条第(三)项的规定,劳动者患病或者非因工负伤,在规定的医疗期内的,用人单位不得依照《劳动合同法》第四十条、第四十一条的规定解除劳动合同。确定医疗期是否届满比较复杂,首先应当确定医疗期期限,医疗期最少为三个月,其次根据医疗期期限确定计算医疗期的周期,最后再统计周期内劳动者请病假的时间是否达到医疗期期限。如果一个周期内劳动者病假时间未达到医疗期期限的,医疗期从下一个周期开始重新计算。具体确定方式如下(见表10－1):

第一步:确定医疗期期限。根据《企业职工患病或非因工负伤医疗期规定》的规定,企业职工因患病或非因工负伤,需要停止工作医疗时,根据本人实际参加工作年限和在本单位工作年限,给予三个月到二十四个月的医疗期。实际工作年限十年以下的,在本单位工作年限五年以下的为三个月;五年以上的为六个月;实际工作年限十年以上的,在本单位工作年限五年以下的为六个月;五年以上十年以下的为九个月;十年以上十五年以下的为十二个月;十五年以上二十年以下的为十八个月;二十年以上的为二十四个月。对某些患特殊疾病(如癌症、精神病、瘫痪等)的职工,在二十四个月内尚不能痊愈的,经企业和劳动主管部门批准,可以适当延长医疗期。一些地方对医疗期有特殊的规定,如上海市的规定为劳动者在本单位工作第一年,医疗期为三个月;以后工作每满一年,医疗期增加一个月,但不超过二十四个月。

第二步:确定医疗期计算周期。根据《企业职工患病或非因工负伤医疗期规定》的规定,医疗期三个月的按六个月内累计病休时间计算;六个月的按十二个月内累计病休时间计算;九个月的按十五个月内累计病休时间计算;十二个月的按十八个月内累计病休时间计算;十八个月的按二十四个月内累计病休时间计算;二十四个月的按三十个月内累计病休时间计算。从劳动者第一次病休开始计算医疗期计算周期,确定一个计算周期的具体时间。

第三步:确定医疗期是否届满。从劳动者第一次病休开始累计计算劳动者病休天数(病休期间,公休、假日和法定节日包括在内),周期内累计天数达到医疗期天数的,医疗期满;如周期内累计病休天数未达到医疗期天数,医疗期从下一个周期开始重新计算。

表10-1 医疗期

实际工作年限(a)	本单位工作年限(b)	医疗期(月)	医疗期计算周期(月)
a<10	b<5	3	6
	b≥5	6	12
a≥10	b<5	6	12
	5≤b<10	9	15
	10≤b<15	12	18
	15≤b<20	18	24
	b≥20	24	30

2.劳动者不能从事原工作

劳动者医疗期届满后,能够从事原工作的,并不影响劳动合同的履行,用人单位不能解除劳动合同。如何认定劳动者不能从事原工作呢?可参照不能胜任工作的认定标准。劳动部办公厅《关于印发〈劳动法〉若干条文的说明》规定,"不能胜任工作",是指不能按要求完成劳动合同中约定的任务或者同工种,同岗位人员的工作量。用人单位不得故意提高定额标准,使劳动者无法完成。也就是说,认定劳动者能否胜任工作要根据劳动合同约定的任务和同工种,同岗位人员的工作量来认定,劳动者只要不能达到其中任何一项要求的,即属于不能胜任工作。相应地,劳动者不能按要求完成劳动合同中约定的任务或者同工种,同岗位人员的工作量的,可以认定劳动者不能从事原工作。

3.用人单位另行安排工作

劳动者医疗期届满后不能从事原工作的,用人单位不能立即解除劳动合同,应当先根据实际情况另行安排适合劳动者的工作,否则属于违法解除劳动合同。关于另行安排的工作,尽管用人单位具有调整劳动者工作岗位的用工自主权,但在另行安排工作时也应当注意合理性问题,恶意调岗可能会被认定为无效,从而被认定为用人单位解除劳动合同违法,如故意安排劳动者身体状况不能胜任的工作,带有侮辱性的调岗等。

4.劳动者不能从事由用人单位另行安排的工作

用人单位另行安排工作后,如劳动者能从事用人单位另行安排的工作,用人单位不能依据《劳动合同法》第四十条第(一)项的规定解除劳动合同。

5.劳动者不存在《劳动合同法》第四十二条规定的情形

根据《劳动合同法》第四十二条的规定,劳动者有下列情形之一的,用人单位不得依照本法第四十条、第四十一条的规定解除劳动合同:(1)从事接触职业病危害作业的劳动者未进行离岗前职业健康检查,或者疑似职业病病人在诊断或者医学观察期间的;(2)在本单位患职业病或者因工负伤并被确认丧失或者部分丧失劳动能力的;(3)患病或者非因工负伤,在规定的医疗期内的;(4)女职工在孕期、产期、哺乳期的;(5)在本单位连续工作满十五年,且距法定退休年龄不足五年的;(6)法律、行政法规规定的其他情形。如存在上述情形,用人单位依据《劳动合同法》第四十条、第四十一条的规定解除劳动合同的,属于违法解除劳动合同。

(二)劳动者的抗辩

用人单位以劳动者患病或者非因工负伤,在规定的医疗期满后不能从事原工作,也不能从事由用人单位另行安排的工作为由解除劳动合同的,劳动者只要将案件事实一一对应用人单位以劳动者患病或者非因工负伤,在规定的医疗期满后不能从事原工作,也不能从事由用人单位另行安排的工作为由解除劳动合同的构成要件即可提出有效的抗辩。

1. 看劳动者是否存在《劳动合同法》第四十二条规定的情形,如存在《劳动合同法》第四十二条规定的情形之一,用人单位依据《劳动合同法》第四十条、第四十一条的规定解除劳动合同违法。

2. 看劳动者医疗期届满后能不能从事原工作,如劳动者医疗期届满后不影响劳动合同履行,用人单位解除劳动合同违法。

3. 看用人单位是否另行安排合理的工作,劳动者医疗期届满后不能从事原工作,但用人单位未另行安排工作,直接解除劳动合同,或恶意安排不合理的工作使劳动者不能从事该工作的,用人单位解除劳动合同违法。

4. 看劳动者能不能从事由用人单位另行安排的工作,用人单位另行安排合理的工作后,如劳动者能够从事该工作,用人单位解除劳动合同违法。

5. 用人单位解除劳动合同时未事先将理由通知工会的,可主张用人单位解除劳动合同程序违法。

案例10-26

上海某汽车服务有限公司与耿某劳动争议纠纷案

[(2013)浦民一(民)初字第17145号]

2000年1月20日,耿某至上海某汽车服务有限公司(以下简称汽车公司)处从事出租车驾驶员工作。2010年9月9日,双方签订从2010年9月27日开始的无固定期限劳动合同。2013年1月24日,汽车公司向耿某寄出通知书,载明:你自2011年1月起,病休已满二年,车队于2013年1月6日已与你当面沟通,告知相关事项,你明确不能胜任出租车运营工作。我们在协商解除劳动关系上,又无法达成一致。现根据劳动合同第九条第四款"医疗期满后不能上班工作的,可解除劳动关系"并依照相关规定给予适当的经济补偿。你如有争议,可向区劳动仲裁,申请仲裁。2013年1月31日,汽车公司开具退工证明,载明耿某自2000年1月20日进我单位工作,现于2013年1月31日合同解除。

法院认为,根据相关法律规定,劳动者患病或非因公负伤,在规定的医疗期满后不能从事原工作,也不能从事由用人单位另行安排的工作的,用人单位提前三十日以书面形式通知劳动者本人或额外支付劳动者一个月工资后,可以解除劳动合同。本案中,汽车公司未提供充分证据证明耿某不能从事汽车公司另行安排的工作,故汽车公司解除与耿某的劳动关系违反法律规定的程序,耿某要求汽车公司支付违法解除劳动关系赔偿金的请求,本院予以准许。审理中,汽车公司为证明己方主张,提供如下证据:第一,证人许某伟、徐某友(二人均系汽车公司员工)的证言,证明耿某医疗期满后,汽车公司于2013年1月6日与耿某协商,安排耿某作为驾驶员顶班或门卫等工作,遭到耿某拒绝;第二,汽车公司工会提供的证明,证明因耿某不服从汽车公司安排的新工作,汽车公司工会同意汽车公司解除与耿某的劳动关系。耿某对上述证据均不予认可。汽车公司提供证人证言证明其曾与耿某协商过另行安排工作岗位,因证人系汽车公司员工,与汽车公司存在利害关系,其证言无法认定汽车公司证明内容,故汽车公司的上述意见,本院不予采信。

案例分析

根据《劳动合同法》第四十条第(一)项的规定,劳动者以劳动者患病或者非因工负伤,在规定的医疗期满后不能从事原工作,也不能从事由用人单位另行安排的工作的,用人单位提前三十日以书面形式通知劳动者本人或者额外支付劳动者一个月工资后,可以解除劳动合同。本案中,耿某2000年1月20日入职汽车公司,截至2011年1月,耿某在汽车公司的工作年限为十年以上十五年以下,故耿某的医疗期至少为十二个月。截至2013年1月24日,耿某病休超过2年,医疗期已经届满。根据上述规定,医疗期届满后,如耿某不能从事原工作,汽车公司应当另行安排工作,耿某仍不能从事另行安排后的工作的,汽车公司才可以解除劳动合同。但汽车公司未提供证据证明其已经为耿某另行安排工作,且耿某不能从事汽车公司另行安排的工作,故汽车公司依据《劳动合同法》第四十条第(一)项的规定解除与耿某的劳动合同违法。

十一、以劳动者不能胜任工作,经过培训或者调整工作岗位,仍不能胜任工作为由解除劳动合同

(一)用人单位以劳动者不能胜任工作,经过培训或者调整工作岗位,仍不能胜任工作为由解除劳动合同的构成要件

《劳动合同法》第四十条第(二)项规定,劳动者不能胜任工作,经过培训或者调整工作岗位,仍不能胜任工作的,用人单位提前三十日以书面形式通知劳动者本人或者额外支付劳动者一个月工资后,可以解除劳动合同。结合《劳动合同法》第四十二条、第四十三条的规定,用人单位解除劳动合同合法的构成要件为:第一,劳动者不能胜任工作;第二,用人单位对劳动者进行培训或调整工作岗位;第三,劳动者仍不能胜任工作;第四,劳动者不存在《劳动合同法》第四十二条规定的情形;第五,用人单位事先将理由通知工会,理由详见本书关于用人单位单方解除劳动合同违反法定程序部分的内容。

1. 劳动者不能胜任工作

劳动部办公厅《关于印发〈劳动法〉若干条文的说明》规定,"不能胜任工作",是指不能按要求完成劳动合同中约定的任务或者同工种、同岗位人员的工作量。用人单位不得故意提高定额标准,使劳动者无法完成。也就是说,认定劳动者能否胜任工作要根据劳动合同约定的任务和同工种、同岗位人员的工作量来认定,劳动者只要不能达到其中任何一项要求的,即属于不能胜任工作。需要特别注意的是,绩效考核处于末位并不等同于不胜任工作。

2. 用人单位对劳动者进行培训或调整工作岗位

劳动者不能胜任工作的,用人单位不能直接解除与劳动者的劳动合同,应当先对劳动者进行培训,或者调整劳动者的工作岗位。如未对劳动者进行培训,或者合理调整劳动者的工作岗位,直接解除与劳动者的劳动合同,属于违法解除劳动

合同。

3. 劳动者仍不能胜任工作

劳动者在经过培训后能够胜任工作或调整工作岗位后能够胜任新的工作的,用人单位不得依据《劳动合同法》第四十条第(二)项的规定解除劳动合同。

4. 劳动者不存在《劳动合同法》第四十二条规定的情形

根据《劳动合同法》第四十二条的规定,劳动者有下列情形之一的,用人单位不得依照《劳动合同法》第四十条、第四十一条的规定解除劳动合同:第一,从事接触职业病危害作业的劳动者未进行离岗前职业健康检查,或者疑似职业病病人在诊断或者医学观察期间的;第二,在本单位患职业病或者因工负伤并被确认丧失或者部分丧失劳动能力的;第三,患病或者非因工负伤,在规定的医疗期内的;第四,女职工在孕期、产期、哺乳期的;第五,在本单位连续工作满十五年,且距法定退休年龄不足五年的;第六,法律、行政法规规定的其他情形。如存在上述情形,用人单位依据《劳动合同法》第四十条、第四十一条的规定解除劳动合同,则属于违法解除劳动合同。

(二)劳动者的抗辩

用人单位以劳动者不能胜任工作,经过培训或者调整工作岗位,仍不能胜任工作为由解除劳动合同的,劳动者只要将案件事实一一对应用人单位以劳动者不能胜任工作,经过培训或者调整工作岗位,仍不能胜任工作为由解除劳动合同的构成要件即可提出有效的抗辩。

1. 看劳动者是否存在《劳动合同法》第四十二条规定的情形,如存在《劳动合同法》第四十二条规定的情形之一,用人单位可依据《劳动合同法》第四十条、第四十一条的规定解除劳动合同违法。

2. 看劳动者是否存在不能胜任工作的情形,如用人单位不能证明劳动者不能胜任工作,则其依据《劳动合同法》第四十条第(二)项的规定解除劳动合同没有事实依据。

3. 看用人单位是否对劳动者进行培训或合理调整工作岗位,即便劳动者不能胜任工作,但用人单位未对劳动者进行培训,也未对劳动者进行合理调岗,直接解除劳动合同,或恶意调岗使劳动者不能胜任工作的,用人单位依据《劳动合同法》第四十条第(二)项的规定解除劳动合同没有事实依据。

4. 看劳动者在经过培训或合理调岗后是否仍不能胜任工作,用人单位不能证明劳动者在经过培训或合理调岗后仍不能胜任工作的,则其依据《劳动合同法》第四十条第(二)项的规定解除劳动合同没有事实依据。

5. 用人单位解除劳动合同时未事先将理由通知工会的,可主张用人单位解除劳动合同程序违法。

案例 10－27

北京链家房地产经纪有限公司与张某劳动争议纠纷案

[(2015)二中民终字第 05307 号]

张某与北京链家房地产经纪有限公司(以下简称链家公司)签订了劳动合同书,合同期限为 2011 年 7 月 1 日至 2014 年 6 月 30 日,随后双方签订了补充协议,约定张某执行不定时工时制,在运营部门推销岗位工作。

张某主张链家公司 2014 年 4 月 25 日强行关闭其人事系统及业务系统,违法解除与其的劳动关系。链家公司则主张张某 2014 年 4 月 23 日自行离职,其公司未对张某的自行离职行为进行处理,并主张经了解,其公司大兴区运营部门关闭了张某的人事系统及业务系统,其公司总部对此不知情也不同意,当天晚些时候才得知此事,但未将其系统进行恢复处理。

张某提交的其 2014 年 4 月 28 日与葛某的通话录音显示,张某问:"我们这边那个总监,把我系统给封了……我想问咱们公司怎么给我办理手续啊?"对方答:"办理什么手续,您那个淘汰没签离职单吗?"张某问:"这几天我没有作出业绩来,你不能说就说我同意了,我就应该立马走人,那不可能啊?"对方答:"那有什么的,咱们公司现在有这个淘汰制度,这个淘汰制之前也是公布过的,你也知道得对吗?大区也讲了这么久的,那你既然符合这个条件的话,那也就是淘汰了。……不满足公司的绩效要求被淘汰的话,肯定我们是没有什么补偿金的。"

张某提交的其 2014 年 4 月 25 日与王某的通话录音显示:张某问:"我的系统上不去了,我想问一下是什么原因?"对方答:"那应该是封了应该是。"张某问:"包括人事还有销售系统全封了是吗?"对方答:"应该是。"对方说:"咱们大区根据规定,零业绩的已经全部淘汰完毕了,就剩您自个儿了。"张某答:"恩,那公司现在就是彻底淘汰了呗?也就是说这系统彻底查封了是吧?"对方说:"恩,对,这个事儿对于我们来说,我们不纠结这事儿了,因为我们本身统一规定的,大家都这么执行,就你不这么执行的情况下,后期我们没办法做这事儿呀。"对方说:"咱们刚开始谈的是您自己主动办离职,我们就别费力怎么着了,对吧?……您不是不同意吗?……但您不同意我们的方法,只能是说那我就强行封闭系统了。”张某说:“那你们现在已经不是劝退了,你们已经是直接给我辞退了是吧?我连人事系统都没有体现了,我在公司没有任何记录了。”对方答:“对,您要这么说,我只能认可你说的这个现状,对于您的人事系统确实被我们封掉了。”

北京市大兴区人民法院经审理认为,王某以张某三个月零业绩为由,封闭了张某的销售系统以及人事系统,使张某不再具备继续为链家公司提供劳动的条件;葛某作为链家公司的人事总监,在知悉张某的销售系统及人事系统被封闭的情况下,称其公司存在淘汰制度,如张某符合该条件,就是被淘汰了。用人单位应为劳动者提供必要的劳动条件,虽然链家公司未正式出具文件解除与张某的劳动关系,但王某作为链家公司大兴区的业务总监,葛某作为链家公司的人事总监,其二人的行为可以视为是链家公司的行为;结合链家公司在2014年4月25日以后未再支付张某工资的事实,法院认定链家公司于2014年4月25日解除与张某的劳动关系,且解除原因为末位淘汰,故链家公司的解除行为属于违法解除,应按照法律规定支付张某违法解除劳动关系的赔偿金。

北京市第二中级人民法院认为,链家公司的大兴区业务总监王某与链家公司总部的人事总监葛某均在通话中确认,张某的销售系统与人事系统之所以被封闭,是因为张某的销售业绩已符合链家公司的淘汰条件。链家公司主张,张某的工作系统被封闭属于链家公司相关运营区域的自身行为,链家公司总部对此不知情亦不同意,但双方劳动关系存续期间,用人单位应当为劳动者提供必要的劳动条件,王某、葛某作为链家公司相关部门的负责人,其二人履行职务的行为应当视为链家公司的行为。因链家公司在知晓张某的工作系统被封闭后并未进行恢复亦未再向其支付工资,本院据此认定,链家公司于2014年4月25日解除了与张某的劳动关系。链家公司以张某的销售零业绩对其进行末位淘汰,属于违法解除劳动关系,应当依照法律规定向张某支付违法解除劳动关系的赔偿金,原审法院核定的赔偿金数额并无不当,本院予以确认。

案例分析

根据《劳动合同法》第四十条第(二)项的规定,劳动者不能胜任工作,经过培训或者调整工作岗位,仍不能胜任工作的,用人单位提前三十日以书面形式通知劳动者本人或者额外支付劳动者一个月工资后,可以解除劳动合同。

本案中,链家公司依据该公司的淘汰制度解除与张某的劳动合同属于违法解除劳动合同,理由如下:

(1)即便链家公司的该制度制定程序合法且已经向张某公示,但因该规章制度的内容违反了《劳动合同法》第四十条第(二)项的规定,应属无效,不能对劳动者适用,故链家公司不能依据规章制度的规定解除与张某的劳动合同。

(2)根据《劳动合同法》第四十条第(二)项的规定,即便张某考核处于末尾,并不能证明其不能胜任工作;而且即便其不胜任工作,链家公司仍需对其进行培训或者调整工作岗位,如果张某仍然不能胜任的工作,链家公司才能单方解除劳动合同。因此,链家公司以张某考核处于末位为由直接解除劳动合同当然属于违法解除劳动合同。

十二、以劳动合同订立时所依据的客观情况发生重大变化,致使劳动合同无法履行,经与劳动者协商,未能就变更劳动合同内容达成协议为由解除劳动合同

(一)用人单位以劳动合同订立时所依据的客观情况发生重大变化,致使劳动合同无法履行,经与劳动者协商,未能就变更劳动合同内容达成协议为由解除劳动合同的构成要件

《劳动合同法》第四十条第(三)项规定,劳动合同订立时所依据的客观情况发生重大变化,致使劳动合同无法履行,经与劳动者协商,未能就变更劳动合同内容达成协议的,用人单位提前三十日以书面形式通知劳动者本人或者额外支付劳动者一个月工资后,可以解除劳动合同。结合《劳动合同法》第四十二条、第四十三条的规定,用人单位解除劳动合同合法的构成要件为:第一,劳动合同订立时所依据的客观情况发生重大变化;第二,劳动合同不能继续履行;第三,经与劳动者协商,未能就变更劳动合同内容达成协议;第四,劳动者不存在《劳动合同法》第四十二条规定的情形;第五,用人单位事先将理由通知工会,理由详见本书关于用人单位单方解除劳动合同违反法定程序部分的内容。

1. 劳动合同订立时所依据的客观情况发生重大变化

劳动部办公厅《关于印发〈劳动法〉若干条文的说明》规定,“客观情况”指“发生不可抗力或出现致使劳动合同全部或部分条款无法履行的其他情况,如企业迁移、被兼并、企业资产转移等,并且排除本法第二十七条所列的客观情况。”《劳动法》第二十七条所列的情况是指用人单位濒临破产进行法定整顿期间或者生产经营状况发生严重困难,需要裁减人员。另外需要注意的是,客观情况发生重大变化是以劳动合同订立时的客观情况为参照。

2. 劳动合同不能继续履行

劳动合同不能继续履行是用人单位依据《劳动合同法》第四十条第(三)项的规定解除劳动合同的前提条件,即便劳动合同订立时所依据的客观情况发生重大变化,但劳动合同能够继续履行的,用人单位不得解除劳动合同。

3. 经与劳动者协商,未能就变更劳动合同内容达成协议

劳动合同订立时所依据的客观情况发生重大变化,导致劳动合同不能继续履行的,用人单位应当先与劳动者协商变更劳动合同,如果能够协商变更劳动合同内容的,变更劳动合同的内容后继续履行。用人单位未与劳动者协商变更劳动合同且直接解除劳动合同的,属于违法解除劳动合同。

4. 劳动者不存在《劳动合同法》第四十二条规定的情形且不在试用期内

根据《劳动合同法》第四十二条的规定,劳动者有下列情形之一的,用人单位不得依照本法第四十条、第四十一条的规定解除劳动合同:第一,从事接触职业病危害作业的劳动者未进行离岗前职业健康检查,或者疑似职业病病人在诊断或者医学观察期间的;第二,在本单位患职业病或者因工负伤并被确认丧失或者部分丧失劳动能力的;第三,患病或者非因工负伤,在规定的医疗期内的;第四,女职工在孕期、产期、哺乳期的;第五,在本单位连续工作满十五年,且距法定退休年龄不足五年的;第六,法律、行政法规规定的其他情形。如存在上述情形,用人单位依据《劳动合同法》第四十条、第四十一条的规定解除劳动合同,则属于违法解除劳动合同。

此外,《劳动合同法》第二十一条规定,在试用期中,除劳动者有《劳动合同法》第三十九条和第四十条第(一)项、第(二)项规定的情形外,用人单位不得解除劳动合同。用人单位在试用期解除劳动合同的,应当向劳动者说明理由。因此,用人单位依据《劳动合同法》第四十条第(三)项的规定解除劳动合同的,属于违法解除劳动合同。

(二)劳动者的抗辩

用人单位以劳动合同订立时所依据的客观情况发生重大变化,致使劳动合同无法履行,经与劳动者协商,未能就变更劳动合同内容达成协议为由解除劳动合同的,劳动者只要将案件事实一一对应用人单位以劳动合同订立时所依据的客观情况发生重大变化,致使劳动合同无法履行,经与劳动者协商,未能就变更劳动合同内容达成协议为由解除劳动合同的构成要件即可提出有效的抗辩。

1. 看劳动者是否存在《劳动合同法》第四十二条规定的情形,存在《劳动合同法》第四十二条规定的情形之一的,用人单位依据《劳动合同法》第四十条、第四十

一条的规定解除劳动合同违法。

2. 看劳动合同订立时所依据的客观情况是否发生重大变化,如不存在劳动合同订立时所依据的客观情况发生重大变化情形,用人单位依据《劳动合同法》第四十条第(三)项的规定解除劳动合同没有事实依据。

3. 看劳动合同是否因劳动合同订立时所依据的客观情况发生重大变化造成不能继续履行,即便劳动合同订立时所依据的客观情况发生重大变化,但劳动合同能够继续履行的,用人单位不得依据《劳动合同法》第四十条第(三)项的规定解除劳动合同。

4. 看用人单位是否与劳动者协商变更劳动合同,且未能就变更劳动合同内容达成协议,用人单位未与劳动者协商变更劳动合同,或经协商后,劳动者同意变更劳动合同的,用人单位依据《劳动合同法》第四十条、第四十一条的规定解除劳动合同违法。

5. 用人单位解除劳动合同时未事先将理由通知工会的,可主张用人单位解除劳动合同程序违法。

案例 10－28

上海今世多服饰企业有限公司与陈某劳动争议纠纷案

[(2021)沪01民终8728号]

陈某于2001年4月2日进入上海今世多服饰企业有限公司(以下简称今世多公司)工作,双方签订有期限自2013年3月1日起的无固定期限劳动合同,约定陈某的岗位为会计。2020年8月25日,今世多公司出具解除劳动合同通知书,内载:"……由于公司在连续两年的财务审计过程中,发现公司会计账目存在固定资产账目不清等相关财务问题,并且财务部在收到会计师事务所发出的整改意见后,仍未予整改。因此,公司决定,对公司财务部门进行改革,将整个财务部门托管于专业的会计师事务所。鉴于疫情蔓延,整体大环境萧条,公司业务急剧下滑,深受甚大影响,公司采取精简措施,上海生产结束,配套人员也都精简。鉴于此,公司与你多次协商,未果。现公司郑重发函通知你,即日起本司将单方与你解除劳动合同,公司将按照《劳动合同法》的相关规定,给予你相应的经济补偿金……"陈某于2020年8月26日收到该解除劳动合同通知书。

一审中,第一,今世多公司提供2020年7月至同年9月利润表、2020年9月纳税申报表、2020 年 9 月工资汇总表、今世多公司生产厂区照片、解除劳动合同协议书及财务托管服务合同,以证明今世多公司连续亏损,处于停工停产状态,公司已无陈某岗位。经质证,陈某对 2020 年 7 月至 9 月利润表、2020 年 9 月纳税申报表、2020 年 9 月工资汇总表及解除劳动合同协议书真实性无异议,但对证明内容不予认可;对今世多公司生产厂区照片、财务托管服务合同真实性、关联性均不予认可。第二,今世多公司提供协商解除劳动合同协议及 2020 年 8 月协商解除劳动合同的过程说明,以证明今世多公司多次与陈某协商解除劳动合同未果。经质证,陈某对该证据真实性无异议,但表示仅与其协商解除劳动合同,并非协商变更劳动合同。第三,陈某提供今世多公司工商信息、厂区照片、陈某 2020 年 9 月及 10 月个税明细、交接清单,以证明今世多公司仍在经营,陈某岗位仍然存续,并未出现劳动合同订立时所依据的客观情况发生重大变化致使劳动合同无法继续履行的情形。经质证,今世多公司对陈某 2020 年 9 月及 10 月个税明细真实性不予认可,对其余证据真实性无异议,但对证明内容不予认可。第四,今世多公司表示:解除陈某时,财务部门仍然存续;今世多公司曾与陈某协商变更劳动合同,协商内容为希望陈某去今世多公司在江苏省连云港市东海县的关联公司工作,但陈某因为孩子读高三问题,没有继续协商下去;今世多公司存在工会,解除之前曾口头通知过工会,但无书面依据。陈某表示今世多公司从未与其协商去今世多公司的关联公司工作的事宜,双方仅协商过解除劳动合同事宜。

一审法院认为,根据法律规定,因用人单位作出开除、辞退、解除劳动合同等决定而发生争议的,由用人单位负举证责任。本案中,今世多公司表示系根据《劳动合同法》第四十条第(三)项解除与陈某的劳动合同。对此,用人单位依据《劳动合同法》第四十条第(三)项解除与劳动者的劳动合同,必须满足以下条件:劳动合同订立时所依据的客观情况发生重大变化;原劳动合同无法继续履行;用人单位与劳动者就变更劳动合同内容进行协商未能达成协议。根据前述查明的事实以及双方陈述,首先,今世多公司解除通知书所述的企业受外部环境影响、业绩下滑等系企业正常经营风险,今世多公司对所述停工停产并未提供充分的证据证明,且与在案证据以及双方陈述不符;同时,今世多公司解除陈某之时,今世多公司财务部门以及陈某原工作内容仍然存在;故今世多公司所述情形并不构成劳动合同订立时所依据的客观情况发生重大变化,导致原劳动合同无法继续履行。至于今世多公司提供的财务托管服务合同,因是否采取财务托管是今世多公司企业自身主观行为,且托管时间为 2020 年 10 月至 12 月,故该证据亦无法证明今世多公司所欲证明之目的。其次,今世多公司所述曾与陈某协商,希望陈某至该公司外地关联公司工作,一则陈某对此予以否认,今世多公司对此也未提供证据予以证明;二则陈某至今世多公司关联公司工作,涉及劳动合同主体变更及劳动转移之事宜,今世多公司对此也并未给予明确说明;基于此,认定今世多公司并未依法履行协商变更劳动合同内容的程序。最后,根据法律规定,用人单位单方解除劳动合同,应当事先将理由通知工会。现今世多公司并未提供证据证明在解除劳动合同之前曾履行过通知义务或起诉之前补正了有关程序。至于今世多公司提供的工会参与劳动合同协商解除的过程说明,该证据仅能反映今世多公司工会主席曾参与过与陈某协商解除劳动合同,此时今世多公司并未作出解除劳动合同的意思表示,故该节事实并不能直接视为今世多公司在单方解除劳动合同前已履行了通知工会义务。据此,认定今世多公司解除劳动合同程序违法。综上,今世多公司解除与陈某劳动合同缺乏事实和法律依据,且程序违法,构成违法解除,应支付陈某违法解除劳动合同赔偿金。

二审另查明,一审中,今世多公司陈述,解除陈某劳动合同时,财务部门仍然存续,签订托管协议之后撤销。

二审法院认为,本案争议焦点为:第一,今世多公司是否存在客观情况发生重大变化致使劳动合同无法履行之情形;第二,今世多公司是否就变更劳动合同内容依法与陈某进行过诚信协商。关于争议焦点一,今世多公司主张受疫情影响和中美贸易摩擦的影响,其公司停产停业,导致其公司客观情况发生重大变化。然而,一则今世多公司提供的证据尚不足以证明该公司所述的因客观情况导致停工停产,且今世多公司陈述解除陈某劳动合同时,财务部门仍然存在;二则财务托管服务合同等发生在解除劳动合同之后的证据,亦无法反映在解除与陈某的劳动合同时,今世多公司已然发生客观情况重大变化致使劳动合同无法履行之情形,故对今世多公司的解除理由难以采纳。关于争议焦点二,今世多公司提供的协商解除劳动合同协议和解除过程的证明只能反映出该公司与陈某就解除劳动合同进行过协商。今世多公司并未提供证据证明其公司就变更劳动合同内容以便维系劳动关系与陈某进行了诚信协商。在此情况下,今世多公司单方解除劳动合同显然违反了法律规定,应依法向陈某支付赔偿金。

案例分析

根据《劳动合同法》第四十条第(三)项的规定,劳动合同订立时所依据的客观情况发生重大变化,致使劳动合同无法履行,经用人单位与劳动者协商,未能就变更劳动合同内容达成协议的,用人单位提前三十日以书面形式通知劳动者本人或者额外支付劳动者一个月工资后,可以解除劳动合同。因此,用人单位依据《劳动合同法》第四十条第(三)项的规定解除劳动合同的,应当举证证明:(1)劳动合同订立时所依据的客观情况发生重大变化;(2)劳动合同不能继续履行;(3)经与劳动者协商,未能就变更劳动合同内容达成协议;(4)成立工会的,用人单位已经事先将理由通知工会。本案中,首先,今世多公司主张系受疫情影响和中美贸易摩擦的影响,其公司停产停业,导致其公司客观情况发生重大变化,但今世多公司提供的证据尚不足以证明该公司所述的因客观情况造成停工停产。其次,今世多公司陈述解除陈某劳动合同时,财务部门仍然存在,而陈某的工作岗位为会计,故双方劳动合同可以继续履行。最后,今世多公司提供的证据仅能证明其就解除劳动合同与陈某进行协商,但不能证明其与陈某协商变更劳动合同。综上,今世多公司依据《劳动合同法》第四十条第(三)项的规定解除与陈某的劳动合同没有事实依据,属于违法解除劳动合同。另外,今世多公司未按照《劳动合同法》第四十三条的规定事先将理由通知工会,那么,即便今世多公司依据《劳动合同法》第四十条第(三)项的规定解除与陈某的劳动合同具有事实依据,也将因此被认定解除劳动合同违法。

十三、经济性裁员

(一)经济性裁员的构成要件

《劳动合同法》第四十一条规定:"有下列情形之一,需要裁减人员二十人以上或者裁减不足二十人但占企业职工总数百分之十以上的,用人单位提前三十日向工会或者全体职工说明情况,听取工会或者职工的意见后,裁减人员方案经向劳动行政部门报告,可以裁减人员:(一)依照企业破产法规定进行重整的;(二)生产经营发生严重困难的;(三)企业转产、重大技术革新或者经营方式调整,经变更劳动合同后,仍需裁减人员的;(四)其他因劳动合同订立时所依据的客观经济情况发生重大变化,致使劳动合同无法履行的。裁减人员时,应当优先留用下列人员:(一)与本单位订立较长期限的固定期限劳动合同的;(二)与本单位订立无固定期限劳动合同的;(三)家庭无其他就业人员,有需要扶养的老人或者未成年人的。用人单位依照本条第一款规定裁减人员,在六个月内重新招用人员的,应当通知被裁减的人员,并在同等条件下优先招用被裁减的人员。"结合《劳动合同法》第四十二条、第四十三条的规定,用人单位解除劳动合同合法的构成要件为:第一,用人单位自身生产经营发生变化需要大量裁减人员;第二,裁减人数必须达到法定标准;第三,劳动者不存在《劳动合同法》第四十二条规定的情形;第四,未裁减应当留用的人员;第五,用人单位事先将理由通知工会,理由详见本书关于用人单位单方解除劳动合同违反法定程序部分的内容。

1. 用人单位自身生产经营发生变化需要大量裁减人员

根据《劳动合同法》第四十一条的规定,用人单位必须满足以下条件的情况下才能进行经济性裁员:①依照《企业破产法》规定进行重整的;②生产经营发生严重困难的;③企业转产、重大技术革新或者经营方式调整,经变更劳动合同后,仍需裁减人员的;④其他因劳动合同订立时所依据的客观经济情况发生重大变化,致使劳动合同无法履行的。

应当注意的是,上述第④点的要求是客观经济情况发生重大变化而不是客观条件发生重大变化,而重整、生产经营发生严重困难、转产、重大技术革新、经营方式调整等都涉及用人单位需要降低经营成本的问题,因此,用人单位进行经济性裁员必须是基于经济情况的需要,故第④点规定的其他情形应当满足同样的条件。

2. 裁减人数必须达到法定标准

根据《劳动合同法》第四十一条的规定,用人单位进行经济性裁员必须满足需要裁减人员数量上达到需要裁减人员 20 人以上或裁减人数不足 20 人但占企业职工总数的 10% 以上这一要求。否则,用人单位依据《劳动合同法》第四十一条的规定解除与劳动者的劳动合同属于违法解除劳动合同。

3. 劳动者不存在《劳动合同法》第四十二条规定的情形

根据《劳动合同法》第四十二条的规定,劳动者有下列情形之一的,用人单位不得依照本法第四十条、第四十一条的规定解除劳动合同:(1)从事接触职业病危害作业的劳动者未进行离岗前职业健康检查,或者疑似职业病病人在诊断或者医学观察期间的;(2)在本单位患职业病或者因工负伤并被确认丧失或者部分丧失劳动能力的;(3)患病或者非因工负伤,在规定的医疗期内的;(4)女职工在孕期、产期、哺乳期的;(5)在本单位连续工作满十五年,且距法定退休年龄不足五年的;(6)法律、行政法规规定的其他情形。存在上述情形,用人单位依据《劳动合同法》第四十条、第四十一条的规定解除劳动合同的,属于违法解除劳动合同。

4. 未裁减应当留用的人员和不得裁减的人员

根据《劳动合同法》第四十一条第二款的规定,裁减人员时,应当优先留用下列人员:(1)与本单位订立较长期限的固定期限劳动合同的;(2)与本单位订立无固定期限劳动合同的;(3)家庭无其他就业人员,有需要扶养的老人或者未成年人的。用人单位裁减人员时,同等条件下,未优先留用上述人员的,则用人单位裁减上述人员属于违法解除劳动合同。

此外,《劳动合同法》第二十一条规定,在试用期中,除劳动者有《劳动合同法》第三十九条和第四十条第(一)项、第(二)项规定的情形外,用人单位不得解除劳动合同。用人单位在试用期解除劳动合同的,应当向劳动者说明理由。因此,用人单位依据《劳动合同法》第四十一条的规定裁减试用期员工的,属于违法解除劳动合同。

需要注意的是,除了《劳动合同法》的规定以外,一些地方性的规定中也规定了一些不得裁减的人员。如《北京市企业经济性裁减人员规定》中还规定了以下不得裁减的人员:(1)男职工年满50周岁,女职工年满45周岁的;(2)残疾职工;(3)夫妻双方在同一企业的,只允许裁减一人等。

5. 用人单位事先将理由通知工会

需要注意的是,尽管一般不因用人单位裁员程序违法认定用人单位解除劳动合同违法,但应当将用人单位未事先将理由通知工会这一情形除外。

案例 10 – 29

东江米巷花园(北京)餐饮有限公司与王某劳动争议纠纷案

[(2014)二中民终字第08363号]

王某于2011年8月31日入职东江米巷花园(北京)餐饮有限公司布鲁宫法餐厅(以下简称餐饮公司),双方签订了三年期书面劳动合同,约定王某在餐饮公司管事部担任服务员。北京鸿嘉会计师事务所有限责任公司出具的餐饮公司财务报表审计报告显示,该公司在2012年、2013年的亏损额分别为22,825,579.43元、5,799,682.26元。2013年11月22日,餐饮公司召开全体员工大会并张贴公司因经营不善关闭布鲁宫法餐厅的通知,称"餐饮公司自2007年成立以来,一直经营布鲁宫法餐厅,但因布鲁宫法餐厅一直处于亏损状态,截至2012年12月31日,公司累计亏损2.45亿元。即使在2012年年底关闭意餐,也未能改善公司的亏损状态。至2013年11月,公司的亏损额已经积累得越来越大,公司的各项成本远超于经营的收入,长期处于资不抵债的状态。鉴于餐厅亏损严重,无法继续经营,因此公司别无选择唯有向全体员工告知餐厅将于2013年12月8日关闭"。2013年11月23日,餐饮公司与王某协商解除劳动合同补偿问题,王某认为餐饮公司系单方违法解除劳动合同关系,双方未能达成一致意见。2013年12月8日,餐饮公司向王某送达解除劳动合同通知书,内容为:"我公司于2013年11月22日召开的员工大会上公布了布鲁宫法餐厅长期经营困难,严重亏损,经公司研究,决定于2013年12月8日关闭布鲁宫法餐厅。现通知自2013年12月9日起解除与王某的劳动合同关系,公司将按有关规定计算并支付代通知金及经济补偿金。”

2014年4月,王某起诉至原审法院称:我于2011年8月31日入职某餐饮有限公司布鲁宫法餐厅。双方签订了三年期书面劳动合同,约定甲方(餐饮公司)根据乙方(王某)的工作态度、劳动表现和实际贡献,分别给予不同的荣誉奖励和物质奖励。我的岗位初为服务员,于2012年5月20日调整到后厨部门,负责择菜、洗碗等工作,但是餐饮公司未及时调整我的岗位工资,我认为调岗后月工资至少为2500元,其中基本工资1720元。2013年11月22日,餐饮公司召开全体员工大会并张贴公司因经营不善关闭法餐厅的通知。2013年12月8日,餐饮公司向我送达解除劳动合同通知书,以布鲁宫法餐厅长期经营困难、严重亏损为由,自2013年12月9日解除劳动合同关系,公司将按有关规定计算并支付代通知金及经济补偿金。餐饮公司单方以经营困难,严重亏损为由关闭布鲁宫法餐厅,不属于《劳动合同法》第四十条第(三)项规定的“劳动合同订立时所依据的客观情况发生重大变化,致使劳动合同无法履行”的法定情形,应属于违法解除劳动合同关系。

餐饮公司辩称:王某所述的入职时间、岗位工资、双方签订书面劳动合同、召开全体员工大会、张贴关闭布鲁宫法餐厅通知、送达解除劳动合同通知书情况均属实。王某的岗位从前厅服务员调整到后厨洗碗工,均属于管事部员工,岗位工资数额没有变化;如果王某认为岗位工资应调整,应及时提出。根据规定,双方若已实际履行了口头变更的劳动合同超过一个月,王某主张劳动合同变更无效的请求不应得到支持,故王某主张应调整岗位工资数额的请求没有事实依据。我公司因长期经营不善,亏损严重,无法继续经营,属于《劳动合同法》第四十条第(三)项规定的“劳动合同订立时所依据的客观情况发生重大变化,致使劳动合同无法履行”的法定情形。我公司不得已关闭餐厅后,没有岗位可向王某提供。我公司关闭布鲁宫法餐厅前召开全体员工大会说明情况,张贴书面通知公示,王某参会并签到。会后我公司与员工逐一谈话进行协商补偿方案,系合法解除与王某的劳动合同关系。我公司因关闭餐厅,共计与57名员工解除劳动关系,绝大多数员工均接受了我公司的补偿方案。

一审法院认为,所谓客观情况,是指除劳动者和用人单位主动采取行为之外的、不以双方主观意志为转移的情况。根据已查明的事实,餐饮公司解除劳动合同的直接原因系餐饮公司亏损严重,长期处于资不抵债的状况,导致餐饮公司经营困难,餐饮公司不得已决定关闭布鲁宫法餐厅,随之解除与王某的劳动合同关系。该行为系餐饮公司主观自主决定的行为,显然不属于法律规定的“客观情况”情形范畴。根据法律规定,用人单位因生产经营发生严重困难、经营方式调整,需要裁减人员 20 人以上的，用人单位应提前 30 日向工会或者全体职工说明情况，听取工会或者职工的意见后，裁减人员方案需向劳动行政部门报告。餐饮公司因客观经济情况发生重大变化，决定关闭布鲁宫法餐厅，并将原场地对外出租，系餐饮公司作出的调整经营方式行为。餐饮公司虽未成立工会，但通过召开全体员工大会告知、张贴书面通知公示、会后分别与员工面谈等方式已履行了与劳动者的协商；餐饮公司解除与王某劳动关系的行为虽未向劳动行政部门履行报告手续，存在程序上瑕疵，但法律未明确规定此种报告程序系用人单位进行经济性裁员的必要生效条件；另外，餐饮公司同意支付经济补偿金及代通知金，并未实际侵害王某的合法权益，故不应认定为餐饮公司解除与王某的劳动合同关系的行为违法。

二审法院认为，北京鸿嘉会计师事务所有限责任公司出具的餐饮公司财务报表审计报告显示该公司在 2012 年、2013 年存在严重亏损情形，餐饮公司据此通过裁员等方式调整经营范围是用人单位自主经营管理权和用工自主权的适当行使，且其公司虽未成立工会，但通过大会告知、与员工面谈等方式与劳动者进行了必要协商，已经尽到向劳动者作出说明的法定义务。另外，餐饮公司在对王某进行裁减前虽未向有关劳动行政部门报告，但考虑到向劳动行政部门报告裁减人员方案主要是便于行政管理，而非用人单位裁员的法定生效条件，并不直接影响用人单位与劳动者之间解除劳动合同的效力，不宜因此认定餐饮公司系与王某违法解除劳动合同关系。综上，原审法院对王某关于要求餐饮公司支付其违法解除劳动合同赔偿金的请求未予支持，并无不当。

案例分析

根据《劳动合同法》第四十一条以及《企业经济性裁减人员规定》的规定，用人单位进行经济性裁员应当履行以下程序：

(1)提前 30 日向工会或者全体职工说明情况，并提供有关生产经营状况的资料。

(2)提出裁减人员方案，内容包括：被裁减人员名单，裁减时间及实施步骤，符合法律、法规规定和集体合同约定的被裁减人员经济补偿办法。

(3)将裁减人员方案征求工会或者全体职工的意见，并对方案进行修改和完善。

(4)向当地劳动行政部门报告裁减人员方案以及听取工会或者全体职工的意见，并听取劳动行政部门的意见。

(5)由用人单位正式公布裁减人员方案，与被裁减人员办理解除劳动合同手续，按照有关规定向被裁减人员本人支付经济补偿金，出具裁减人员证明书。

本案中，餐饮公司在进行裁员时，仅是通过大会告知、与员工面谈等方式与劳动者进行了必要协商，并未向当地劳动行政部门报告裁减人员方案以及听取工会或者全体职工的意见，并听取劳动行政部门的意见。存在程序瑕疵，违反了《劳动合同法》及《企业经济性裁减人员规定》的规定。但该程序瑕疵并未实际给劳动者造成损害，故法院认为，向劳动行政部门报告裁减人员方案主要是便于行政管理，而非用人单位裁员的法定生效条件，并不直接影响用人单位与劳动者之间解除劳动合同的效力，不宜因此认定餐饮公司系与王某违法解除劳动合同关系。

（二）劳动者的抗辩

用人单位以进行经济性裁员为由解除劳动合同的，劳动者只要将案件事实一一对应用人单位经济性裁员的构成要件即可提出有效的抗辩。

1. 看劳动者是否存在《劳动合同法》第四十二条规定的情形，如存在《劳动合同法》第四十二条规定的情形之一，用人单位依据《劳动合同法》第四十一条的规定解除劳动合同违法。

2. 看用人单位是否存在因自身生产经营发生变化需要大量裁减人员的情形，用人单位不存在上述情形的，则用人单位进行经济性裁员违法。

3. 看裁减人数是否达到法定标准，如裁减人数不足 20 人，且未达到企业职工总数的 10%，则不满足经济性裁员的条件，用人单位依据《劳动合同法》第四十一条的规定解除与劳动者的劳动合同属于违法解除劳动合同。

4. 看劳动者是否属于应当优先留用的人员或不得裁减的人员，若劳动者属于应当优先留用的人员，用人单位未在同等条件下优先留用劳动者，即用人单位留用不属于应当优先留用的人员，裁减应当优先留用的人员，属于违法解除劳动合同。劳动者为不得裁减的人员的，用人单位裁减劳动者属于违法解除劳动合同。

5. 用人单位解除劳动合同时未事先将理由通知工会的，可主张用人单位解除劳动合同程序违法。

案例 10－30

广东联友办公家具有限公司与粟某劳动争议纠纷案

［（2021）粤 01 民终 8957 号］

粟某于 2007 年 3 月 5 日入职广东联友办公家具有限公司（以下简称联友公司）

处任生产工(扶手组装员),双方于2016年12月29日续签了自2017年1月1日起的无固定期限劳动合同。2020年2月21日,因自2020年年初受新冠肺炎疫情影响,订单持续显著下降,企业营业额大幅下降,生产产能不饱和,人员结构及数量过剩,大批人员闲置,公司经营已发生严重亏损,联友公司董事会作出关于经济性裁员的决议,决议内容为公司为了克服和渡过难关,必须依法依规实行经济性裁员。2020年2月22日,联友公司向公司工会发出《广东联友办公家具有限公司关于经济性裁员的征询函》,就公司经济性裁员事宜通知工会并听取工会意见,并向工会提交了经济性裁员方案。2020年3月23日,联友公司工会委员会组织工会委员及职工代表组成协商小组,就上述《广东联友办公家具有限公司关于经济性裁员的征询函》进行协商,到会的30名职工代表均同意公司实行经济性裁员。2020年3月24日,联友公司工会委员会就上述征询函结果进行了公示并书面回复联友公司同意上述经济性裁员方案并要求联友公司根据法律规定向劳动行政部门报告,依法操作,保护员工合法权益。同日,联友公司向工会委员会提交了裁减人员情况报告表、因受疫情影响经营严重亏损裁员报备情况说明、被裁减人员名单及经济补偿方案等材料。上述裁减人员情况报告表主要记载了以下内容:现有职工人数646人,裁减人员95人(其中男性44人、女性51人,占职工比例14.71%,目前亏损额281.55万元),联友公司工会委员会在上述报告表中盖章表示同意裁员。2020年3月30日,广州市南沙区人力资源和社会保障局根据联友公司提交的经济性裁员的备案材料(包括公司经营情况及附件、裁员报告及补偿方案、提前30日给工会的书面材料、工会意见及公示情况说明等)向联友公司发出关于经济性裁员备案的告知书,要求联友公司按照相关的法律法规执行。2020年4月27日,联友公司以《劳动合同法》第四十一条的规定,公司决定实施经济性裁员并已向广州市南沙区人力资源和社会保障局进行经济性裁员备案为由,向粟某发出解除劳动合同通知书,通知粟某于2020年4月30日解除双方劳动合同关系,经济补偿金为30,220.29元。2020年4月30日,联友公司向粟某发放了2020年4月至5月3日的工资2782.34元及经济补偿金30,220.29元。

一审法院认为,《劳动合同法》第四十一条规定:"有下列情形之一,需要裁减人员二十人以上或者裁减不足二十人但占企业职工总数百分之十以上的,用人单位提前三十日向工会或者全体职工说明情况,听取工会或者职工的意见后,裁减人员方案经向劳动行政部门报告,可以裁减人员:(一)依照企业破产法规定进行重整的;(二)生产经营发生严重困难的;(三)企业转产、重大技术革新或者经营方式调整,经变更劳动合同后,仍需裁减人员的;(四)其他因劳动合同订立时所依据的客观经济情况发生重大变化,致使劳动合同无法履行的。"本案中,联友公司因受新冠肺炎疫情影响,订单不足以满足现有人力配置而作出裁员的决定,符合上述"其他因劳动合同订立时所依据的客观经济情况发生重大变化,致使劳动合同无法履行"的情形,联友公司已提前三十日向工会说明情况并已向广州市南沙区人力资源和社会保障局进行经济性裁员备案,故联友公司解除与粟某的劳动关系符合《劳动合同法》第四十一条第一款的规定。粟某不存在《劳动合同法》第四十二条规定的用人单位不得依照本法第四十条、第四十一条规定解除劳动合同的情形,故粟某主张联友公司违法解除劳动关系并要求联友公司支付赔偿金,缺乏事实和法律依据,一审法院不予支持。

二审法院认为,联友公司上诉主张其属于经济性裁员,依法只需支付经济补偿金,经济补偿金的计算基数应为2491.32元/月,故其仅需向粟某支付解除劳动关系的经济补偿金差额3412.53元;粟某则主张其属于应当优先留用人员,联友公司对其进行裁员属于违法解除劳动合同,故联友公司应当向其支付违法解除劳动合同的赔偿金差额65,861.81元。对于双方争议的联友公司实施经济性裁员解除与粟某的劳动关系是否合法问题,本院具体分析如下:《劳动合同法》第四十一条第二款规定:"裁减人员时,应当优先留用下列人员:……(二)与本单位订立无固定期限劳动合同的……"第四十二条第一款规定:"劳动者有下列情形之一的,用人单位不得依照本法第四十条、第四十一条的规定解除劳动合同:……(五)在本单位连续工作满十五年,且距法定退休年龄不足五年的……"根据上述法律规定,用人单位在符合可以进行经济性裁员的法定情形下,依法需要保障相关劳动者的优先留用权利。因此,在联友公司与粟某已经签订了无固定期限劳动合同的情况下,结合粟某在联友公司裁员时距离其退休年龄不足五年的事实,粟某理应属于上述法律条款中规定的联友公司实施经济性裁员中的优先留用人员。最高人民法院《关于审理劳动争议案件适用法律问题的解释(一)》(法释〔2020〕26号)第四十四条规定:"因用人单位作出的开除、除名、辞退、解除劳动合同、减少劳动报酬、计算劳动者工作年限等决定而发生的劳动争议,用人单位负举证责任。"对于裁员粟某的原因,根据联友公司一审期间提交的裁员粟某的原因说明,本院认为该裁员原因系针对一般员工作出的,用人单位可以根据工作内容及员工表现决定是否对该员工进行裁员;但在本案中,粟某属于法律规定裁减人员时应当优先留用的人员,联友公司未能举证证实其没有优先留用粟某的合理性,应视为其对粟某实施经济性裁员构成违法解除,故联友公司应当向粟某支付违法解除劳动合同的赔偿金。

案例分析

《劳动合同法》第四十一条规定:“有下列情形之一,需要裁减人员二十人以上或者裁减不足二十人但占企业职工总数百分之十以上的,用人单位提前三十日向工会或者全体职工说明情况,听取工会或者职工的意见后,裁减人员方案经向劳动行政部门报告,可以裁减人员:(一)依照企业破产法规定进行重整的;(二)生产经营发生严重困难的;(三)企业转产、重大技术革新或者经营方式调整,经变更劳动合同后,仍需裁减人员的;(四)其他因劳动合同订立时所依据的客观经济情况发生重大变化,致使劳动合同无法履行的。裁减人员时,应当优先留用下列人员:(一)与本单位订立较长期限的固定期限劳动合同的;(二)与本单位订立无固定期限劳动合同的;(三)家庭无其他就业人员,有需要扶养的老人或者未成年人的。用人单位依照本条第一款规定裁减人员,在六个月内重新招用人员的,应当通知被裁减的人员,并在同等条件下优先招用被裁减的人员。”根据该规定,用人单位依据《劳动合同法》第四十一条的规定解除劳动合同的,应当提供证据证明:(1)用人单位自身生产经营发生变化需要大量裁减人员;(2)裁减人数必须达到法定标准;(3)未裁减应当留用的人员。本案中:(1)联友公司受新冠肺炎疫情影响,订单不足以满足现有人力配置而作出裁员的决定,符合其他基于劳动合同订立时所依据的客观经济情况发生重大变化,致使劳动合同无法履行的情形。(2)联友公司裁减人员为95人,达到法定标准。(3)联友公司与粟某已经签订了无固定期限劳动合同,属于应当优先留用的人员,但联友公司未能提供证据证明留用的人员中,均为应当优先留用的人员,即与留用的人员相比,粟某不具有被优先留用的事由。

因此,联友公司因裁减应当留用的粟某,违反了《劳动合同法》第四十一条第二款的规定,构成违法解除劳动合同。

十四、因劳动者违法解除劳动合同造成的损失

(一)劳动者承担赔偿责任的构成要件

《劳动合同法》第九十条规定,劳动者违反本法规定解除劳动合同,或者违反劳动合同中约定的保密义务或者竞业限制,给用人单位造成损失的,应当承担赔偿责任。根据该规定,劳动者承担因违法解除劳动合同的赔偿责任的构成要件包括:第一,劳动者违法解除劳动合同;第二,因劳动者违法解除劳动合同给用人单位造成损失。

1. 劳动者违法解除劳动合同

劳动者单方解除劳动合同的情形包括:(1)依据《劳动合同法》第三十七条的规

定解除劳动合同;(2)依据《劳动合同法》第三十八条的规定解除劳动合同。

《劳动合同法》第三十七条规定,劳动者提前三十日以书面形式通知用人单位,可以解除劳动合同。劳动者在试用期内提前三日通知用人单位,可以解除劳动合同。根据该规定,劳动者享有任意解除权,不需要任何理由即可单方面通知用人单位解除劳动合同,但需要按照规定履行提前通知的义务,即试用期内提前三日通知用人单位,非试用期内提前三十日以书面形式通知用人单位。劳动者依据《劳动合同法》第三十七条的规定解除劳动合同,但未按照规定履行提前通知的义务,即为违法解除劳动合同。

《劳动合同法》第三十八条规定:"用人单位有下列情形之一的,劳动者可以解除劳动合同:(一)未按照劳动合同约定提供劳动保护或者劳动条件的;(二)未及时足额支付劳动报酬的;(三)未依法为劳动者缴纳社会保险费的;(四)用人单位的规章制度违反法律、法规的规定,损害劳动者权益的;(五)因本法第二十六条第一款规定的情形致使劳动合同无效的;(六)法律、行政法规规定劳动者可以解除劳动合同的其他情形。用人单位以暴力、威胁或者非法限制人身自由的手段强迫劳动者劳动的,或者用人单位违章指挥、强令冒险作业危及劳动者人身安全的,劳动者可以立即解除劳动合同,不需事先告知用人单位。"劳动者依据《劳动合同法》第三十八条的规定解除劳动合同,但所依据的事实不能成立的,即为违法解除劳动合同。

2. 因劳动者违法解除劳动合同给用人单位造成损失

劳动者违法解除劳动合同的,用人单位可以要求其赔偿因解除劳动合同给用人单位造成的损失。但需要注意的是,损失的认定与一般的侵权责任不同。《违反〈劳动法〉有关劳动合同规定的赔偿办法》第四条规定,劳动者违反规定或劳动合同的约定解除劳动合同,对用人单位造成损失的,劳动者应赔偿用人单位下列损失:(1)用人单位招收录用其所支付的费用;(2)用人单位为其支付的培训费用,双方另有约定的按约定办理;(3)对生产、经营和工作造成的直接经济损失;(4)劳动合同约定的其他赔偿费用。这表明用人单位招收录用劳动者所支付的费用以及用人单位为劳动者支付的培训费用也属于赔偿的范围。

(二)损失的计算

根据《违反〈劳动法〉有关劳动合同规定的赔偿办法》第四条的规定,劳动者因违法解除劳动合同需要承担赔偿损失的责任,损失的范围包括:(1)用人单位招收录用其所支付的费用;(2)用人单位为其支付的培训费用,双方另有约定的按约定办理;(3)对生产、经营和工作造成的直接经济损失;(4)劳动合同约定的其他赔偿费用。

因此,用人单位主张劳动者赔偿因违法解除劳动合同给用人单位造成的损失的,计算损失时,可分别计算上述损失后再相加。

(三)劳动者的抗辩

根据劳动者承担赔偿责任的构成要件,针对用人单位关于要求劳动者赔偿因违法解除劳动合同给用人单位造成的损失的主张,可从以下几个方面进行抗辩:(1)劳动者未解除劳动合同;(2)劳动者解除劳动合同不违反法律规定;(3)损失计算错误;(4)仲裁时效期间经过。

1. 劳动者未解除劳动合同

劳动未解除劳动合同的,自然不存在劳动者解除劳动合同违反法律规定的问题;用人单位不能提供证据证明劳动者单方解除劳动合同的,则劳动者可主张用人单位的主张没有事实依据。实践中,劳动者未提供劳动并不当然认定为系劳动者单方解除劳动合同,也可能认定劳动者仅是单纯的旷工,甚至将用人单位与劳动者长期两不找的情形认定是双方中止了劳动合同的履行,双方在两不找期间无须承担各自的责任。

2. 劳动者解除劳动合同不违反法律规定

用人单位主张劳动者违法解除劳动合同的,劳动者可主张其解除劳动合同不违反法律规定。如其已经按照法律规定履行了提前通知的义务,或用人单位确实存在《劳动合同法》第三十八条规定的情形。

3. 损失计算错误

劳动者违法解除劳动合同成立的,还可以对用人单位主张的损失的计算进行抗辩。具体来看:

(1)可主张用人单位主张的招收录用劳动者所支付的费用、培训费用等并未实际产生,或用人单位支付该笔费用并不是为了招收录用劳动者本人或对劳动者本人进行培训。实践中,招收录用、培训费用可能都是因招收录用多名劳动者、对多名劳动者培训而产生的。

(2)可主张用人单位主张的损失与劳动者违法解除劳动合同之间不存在因果关系,不属于对生产、经营和工作造成的直接经济损失。实践中,用人单位主张将支付给新招员工的劳动报酬计算为损失,但支付给新招员工的劳动报酬本就属于用人单位的用工成本,未超过正常用工成本的,不属于给用人单位造成的损失。

4. 仲裁时效期间经过

用人单位主张劳动者赔偿损失的仲裁时效期间为自损失实际发生之日起开始计算一年,仲裁时效期间经过后用人单位才申请劳动仲裁的,劳动者可主张仲裁时效期间经过的抗辩。

(四)用人单位主张劳动者承担赔偿责任的举证

1. 待证事实

根据劳动者承担赔偿责任的构成要件以及劳动者的抗辩内容,用人单位主张劳动者赔偿因违法解除劳动合同给用人单位造成的损失可能涉及的待证事实包括:(1)劳动者是否单方解除了劳动合同;(2)劳动者解除劳动合同是否符合法律规定;(3)因劳动者违法解除劳动合同给用人单位造成的损失。

2. 举证责任分配

用人单位主张劳动者赔偿因违法解除劳动合同给用人单位造成损失的,应当提供证据证明劳动者单方解除了劳动合同,并就其主张的劳动者违法解除劳动合同给其造成的损失,招收录用劳动者所支付的费用以及为劳动者支付的培训费用等承担举证责任。

相应地,劳动者应当就其抗辩主张所依据的积极事实承担举证责任。劳动者主张其解除劳动合同不违反法律规定的,应当提供证据证明其已经按照法律规定履行了提前通知的义务,或用人单位确实存在《劳动合同法》第三十八条规定的情形。

3. 证据

(1)证明劳动者解除劳动合同的证据主张包括解除劳动合同通知书、聊天记录、录音、考勤记录等。

(2)证明劳动者履行提前通知义务的证据主要包括解除劳动合同通知书签收记录、聊天记录、录音等。

(3)证明直接损失的证据要根据损失的实际情况进行收集和固定,如一些支付凭证等。

(4)证明用人单位支付招收录用、培训费用的证据主要包括与第三方签订的合同、支付凭证、发票等。

案例 10－31

漯河市夏威夷酒店管理有限公司与王某劳动争议纠纷案

[(2018)豫 11 民终 1796 号]

王某自 2017 年 10 月开始到漯河市夏威夷酒店管理有限公司(酒店管理公司)工作,任前台收银,双方于 2017 年 10 月 23 日签订劳动合同书,内容为:第一条　甲(酒店管理公司)、乙(王某)双方的合同期限自 2017 年 10 月 23 日起至 2018 年 10 月 23 日止,合同期满后,双方同意继续履行的、合同自动顺延一年,达到无固定期限合同条件的,自动转为无固定期限合同;双方如需重新约定劳动合同期限的,在合同到期前的三十日内订立。第二条　乙方同意根据甲方工作需要,从事前厅收银工作,乙方工作地点为夏威夷假日酒店。第三条　乙方应认真履行甲方制定的岗位职责,按时、按质、按量完成其本职工作,未经甲方允许,乙方不得在其他单位兼职……第十条　乙方违反劳动纪律和规章制度的,甲方有权按国家和本单位规定对乙方给予纪律处分或者经济处罚,直至通知解除本合同。第十一条　乙方在正常出勤并付出正常劳动后,有权获得相应的劳动报酬,乙方所在岗位执行下述工资计发形式:甲方每月(20 日)以货币或转账形式支付乙方工资,每月基本工资为 2650 元。另效益工资部分随用工单位效益情况及薪酬计发标准进行调整……第十九条　乙方有下列情形之一的,甲方可立即解除合同,辞退乙方,并有权扣罚不超过一个月的余发工资……B. 乙方未办理任何离职手续,或办理手续没有批准擅自离职。5 天内没有返回岗位的……2018 年 1 月 25 日,王某在未通知酒店管理公司的情况下,擅自离开工作岗位,一直未归。后酒店管理公司的法律顾问向王某发短信,短信内容为:"王某你好,我是夏威夷酒店公司的法律顾问赵律师,你前天未到工作岗位突发短信离职,给酒店经营带来重大恶劣影响。这种擅自离职行为将面临单位的索赔并要求赔偿单位各种经济损失并承担相应法律责任,请接到短信通知后及时与我或与公司联系,逾期公司将通过法律途径解决。"但王某一直没有与酒店管理公司联系,因王某从事的是前台收银工作,酒店管理公司为了正常经营,临时聘用杨某做前台接待工作,杨某的工资按天计算,每天 350 元。杨某工作共计 31 天,酒店管理公司共向杨某支付 11,200 元。2018 年 1 月 29 日,酒店管理公司对王某进行了除名决定,并作出解除劳动关系通知书。王某月平均工资为 2427 元。前厅经理黄某月平均工资为 3162 元,办公室主任王小某月平均工资为 3100 元。

一审法院认为,王某系酒店管理公司员工,双方签订有劳动合同书,在合同期限内王某没有提前三十日以书面形式通知酒店管理公司，擅自离职，违反了《劳动合同法》第三十七条的规定，即劳动者解除劳动合同，应当提前30日内以书面形式通知用人单位。酒店管理公司要求王某赔偿因王某擅自离职而给酒店管理公司造成的经济损失，根据劳动部《关于发布〈违反《劳动法》有关劳动合同规定的赔偿办法〉》（劳部发〔1995〕223号）第四条规定："劳动者违反规定或劳动合同的约定解除劳动合同，对用人单位造成损失的，劳动者应赔偿用人单位下列损失：（一）用人单位招收录用其所支付的费用；（二）用人单位为其支付的培训费用，双方另有约定的按约定办理；（三）对生产、经营和工作造成的直接经济损失；（四）劳动合同约定的其他赔偿费用。"在该案中，王某擅自离职，因王某从事的是前台收银工作，且又面临春节，酒店管理公司临时找人替代王某的工作，符合常理。因此，酒店管理公司的诉请于法有据，对其合理的损失本院应予支持。酒店管理公司要求王某赔偿经济损失9000元，虽然酒店管理公司的证人杨某没有出庭作证，但有杨某出具的证人证言和收到条以及酒店管理公司提供的2018年1～2月的工资表及财务报表等证据，证据之间能够相互印证，对此本院应予采信。但结合本案的具体情况，酒店管理公司按每天350元支付杨某的工资，高于前厅经理及办公室主任的工资，明显过高。根据公平原则，杨某的工资应按每天150元计算。杨某共计工作31天，工资应为4650元，故因王某擅自离职而给酒店管理公司造成的经济损失应为2223元（4650元－2427元）。综上所述，判决王某于本判决书生效后10日内支付酒店管理公司经济损失2223元。

二审法院认为，《劳动合同法》第三十七条规定："劳动者提前三十日以书面形式通知用人单位，可以解除劳动合同……"《劳动合同法》第九十条规定："劳动者违反本法规定解除劳动合同，或者违反劳动合同中约定的保密义务或者竞业限制，给用人单位造成损失的，应当承担赔偿责任。"在合同期限内，王某未提前三十日通知用人单位，属擅自离开工作岗位，给用人单位造成了一定的经济损失，应承担赔偿责任。原审法院依据公平原则认定用人单位的相关损失金额并无不当，本院予以支持。

案例分析

《劳动合同法》第九十条规定："劳动者违反本法规定解除劳动合同，或者违反劳动合同中约定的保密义务或者竞业限制，给用人单位造成损失的，应当承担赔偿责任。"用人单位主张劳动者赔偿因违反解除劳动合同给用人单位造成的损失的，应当提供证据证明劳动者单方解除劳动合同，还要提供证据证明其所主张的损失已经实际发生。本案中，2018年1月25日，王某在未通知酒店管理公司的情况下，擅自离开工作岗位,一直未归,且拒绝与酒店管理公司联系,可以认定为王某以其实际行为作出了解除与酒店管理公司的劳动合同的意思表示。王某未能提供证据证明其系依据《劳动合同法》第三十八条的规定解除劳动合同,应当认定系王某依据《劳动合同法》第三十七条的规定解除劳动合同,王某又不能提供证据证明其已经履行了提前通知的义务,故王某解除劳动合同违法。

在已经认定劳动者违法解除劳动合同的解除上,根据劳动部《违反〈劳动法〉有关劳动合同规定的赔偿办法》第四条的规定,劳动者因违法解除劳动合同需要赔偿以下损失:(1)用人单位招收录用其所支付的费用;(2)用人单位为其支付的培训费用,双方另有约定的按约定办理;(3)对生产、经营和工作造成的直接经济损失;(4)劳动合同约定的其他赔偿费用。本案中,酒店管理公司主张王某赔偿对生产、经营和工作造成的直接经济损失,应当提供证据证明实际发生的损失。王某从事的是前台收银工作,酒店管理公司为了正常经营,临时聘用杨某做前台接待工作,杨某的工资按天计算,每天350元。杨某工作共计31天,酒店管理公司共向杨某支付11,200元。法院先是认定酒店管理公司按照每天350元支付杨某工资过高,按照公平原则,杨某的工资应按每天150元计算;后认定杨某共计工作31天,工资应为4650元,将支付给杨某的4650元认定为酒店管理公司的损失。关于损失的确定,笔者认为,王某违法的具体情形是未提前30日通知酒店管理公司解除劳动合同,导致酒店管理公司未能提前进行工作安排,需临时聘请杨某顶替王某的工作。首先,临时聘请杨某顶替王某的工作具有紧迫性,支付给杨某的工资较王某更高具有一定的合理性;其次,如王某提前30日通知酒店管理公司,在王某正常提供劳动后,酒店管理公司仍应支付王某工资,故酒店管理公司支出的相当于王某30日工资的劳动报酬应属于其正常的用工成本,超出王某30日工资的才应当属于酒店管理公司的损失。

作者简介

刘祖雷

毕业于南昌航空大学，江西秦风律师事务所执业律师，风控猫劳动用工法律体检平台特聘讲师、风控狮劳动用工法律管控平台特聘顾问，高级劳动关系管理师、高级人力资源管理师、高级企业法律顾问。

专业领域：劳动争议、劳动用工法律风险与合规管理专项、企业法律顾问。

作者简介

陈锐

北京盈科律师事务所专职律师，注册会计师（非执业会员），注册税务师（非执业会员），风控猫劳动用工法律体检平台特聘讲师，风控狮劳动用工法律管控平台特聘顾问，高级人力资源法务师，基金、证券从业资格工科背景+10年“500强”外企管理经验，高级工程师、注册电气工程师、一级注册消防工程师、项目管理专业人士(PMP)。

专业领域：劳动用工、财税合规及风险管理、企业法律顾问。

何志霞

四川天责律师事务所律师，四川省劳动争议仲裁调解员，风控猫劳动用工法律体检平台特聘讲师、风控狮劳动用工法律管控平台特聘顾问，高级人力资源法务师、高级劳动关系管理师、高级人力资源管理师、高级企业法律顾问。

专业领域：劳动争议、劳动用工法律风险与合规管理专项、合同法律风险管理、企业法律顾问。

吕善红

浙江润杭律师事务所高级合伙人，风控猫劳动用工法律体检平台特聘讲师、风控狮劳动用工法律管控平台特聘顾问，高级人力资源法务师、高级人力资源管理师、高级劳动关系管理师。

专业领域：劳动争议、劳动用工法律风险与合规管理专项、法律顾问、民商事诉讼。

作者简介

赵金

北京盈科（昆明）律师事务所合伙人律师，中国政法大学研究生，风控猫劳动用工法律体检平台特聘讲师，风控狮劳动用工法律管控平台特聘顾问，工业和信息化部中小企业发展促进中心信息化公共服务平台法律咨询与服务平台法律服务专家，高级企业合规师，高级财务会计师，高级人力资源法务师，高级劳动关系管理师，高级人力资源管理师，高级企业法律顾问，高级心理咨询师，国家企业教练师（中级）。

专业领域：劳动争议、劳动用工法律风险与合规管理专项、合同法等民商事诉讼、民营企业常年法律顾问。

余扬

北京中银（昆明）律师事务所权益合伙人、高级人力资源法务师、高级劳动关系管理师、工信部中小企业法律咨询与服务平台专家律师、正胜中国律师联盟事业合伙人。

专业领域：重大疑难民商事诉讼、刑事辩护、劳动用工法律风险管理、用工模式设计、裁员方案设计。

林燕

浙江台温律师事务所副主任，台州市第五届、第六届政协委员，台州市律协公司与破产委员会主任，全国律协公司专业委员会干事。

专业领域：破产清算与重整、劳动用工法律风险与合规管理专项、企业法律顾问。

作者简介

范红枫

北京盈科（慈溪）律师事务所管委会主任，公司与企业法律顾问部主任，盈科全国首届百名大律师，盈科年度民商、行政优秀律师，先后担任过浙江省律师协会常务理事、宁波市律师协会副会长、宁波市律师协会慈溪分会会长等行业职务。曾获评全国优秀法律顾问，荣获三等功。

专业领域：公司治理、民商争议，劳动用工法律风险与合规管理专项。

方志新

北京市盈科（鄂尔多斯）律师事务所执行主任，内蒙古律师协会律所战略管理委员会、财税专业委员会、婚姻家庭专业委员会委员，呼和浩特市律师协会青年律师、女律师工作委员会委员，内蒙古经济调解中心人民调解员。

专业领域：企业法律顾问、公司治理、劳动争议、劳动用工法律风险与合规管理。

刘晓娟

河北顺斌律师事务所专职律师，风控猫劳动用工法律体检平台合伙人、风控狮劳动用工法律管控平台合伙人。

专业领域：劳动用工法律风险与合规管理专项、法律顾问、劳动争议、人身损害等。

作 者 简 介

李光

安徽省宿州市黄淮律师事务所律师、执业药师、健康管理师、心理咨询师。

专业领域：劳动争议、劳动用工法律风险与合规管理专项、医疗事故纠纷。

叶赛霞

中国共产党党员，台州党代表，台州市优秀青年律师。浙江台温律师事务所专职律师，家理中心主任，二级合伙人，从事律师工作10余年。

专业领域：婚姻家事、劳动争议、劳动用工法律风险与合规管理专项。

朱华

北京大成（南宁）律师事务所权益合伙人，管委会成员，劳动法专业律师，最高人民检察院民事行政案件咨询专家，第九届广西律师协会劳动与社会保障法专业委员会主任，广西人力资源和社会保障法学研究会理事，南宁仲裁委员会仲裁员。

专业领域： 劳动人事合规、公司并购和争议解决。

任宗林

云南滇东北（昆明）律师事务所主任，云南省十大律师法律服务团成员，云南省涉法涉诉专家律师库成员，昭通仲裁委员会仲裁员，曾在人社部门长期从事劳动保障监察、劳动争议仲裁以及工伤认定相关工作，办理了大量的劳动争议案件。

专业领域：劳动争议仲裁诉讼、劳动用工法律风险与合规管理专项、劳动用工成本管控。

第十一章　保密与竞业限制

一、因违反保密义务的法律责任

（一）劳动者承担因违反保密义务的法律责任的构成要件

《劳动合同法》第九十条规定，劳动者违反本法规定解除劳动合同，或者违反劳动合同中约定的保密义务或者竞业限制，给用人单位造成损失的，应当承担赔偿责任。劳动者承担因违反保密义务的法律责任的构成要件包括：第一，劳动者对用人单位负有保密义务；第二，劳动者违反了保密义务；第三，因劳动者违反保密义务给用人单位造成损失。

1. 劳动者对用人单位负有保密义务

用人单位主张劳动者违反保密义务，要求劳动者承担违约责任或者是侵权责任的，应当提供证据证明劳动者对用人单位负有保密义务。保密义务分为两种，一种是法定的保密义务，另一种是约定的保密义务。根据《公司法》第一百四十八条的规定，公司的董事、高级管理人员不得擅自披露公司秘密。对于高级管理人员，保密义务属于法定义务，来自法律的直接规定，不以双方约定为条件。另外，司法实务中有观点认为，《民法典》第五百零一条规定，当事人在订立合同过程中知悉的商业秘密或者其他应当保密的信息，无论合同是否成立，不得泄露或者不正当地使用；泄露、不正当地使用该商业秘密或者信息，造成对方损失的，应当承担赔偿责任。参照上述法律条款的精神，无论劳动合同是否明确约定劳动者需要保守商业秘密，劳动者作为劳动合同的当事人，均应对其知晓的用人单位的商业秘密承担保密义务。

《劳动合同法》第二十三条的规定，用人单位可以与劳动者就商业秘密和知识产权事项约定保密义务，可以看出，保密义务也可以由双方约定产生。

2. 劳动者违反了保密义务

保密义务是一种不作为义务，即负有保密义务的一方不得将其负有保密义务的秘密信息告知第三方。认定劳动者违反保密义务，需满足：（1）劳动者泄露特定信息给第三方或不正当地使用特定信息；（2）该特定信息属于秘密信息。

法定的保密义务的保密范围仅限于商业秘密,根据国家工商行政管理局[①]《关于禁止侵犯商业秘密行为的若干规定》的规定,商业秘密是指不为公众所知悉、能为权利人带来经济利益、具有实用性并经权利人采取保密措施的技术信息和经营信息。不为公众所知悉,是指该信息是不能从公开渠道直接获取;采取保密措施,包括订立保密协议,建立保密制度及采取其他合理的保密措施。如果企业没有采取保密措施,特定的信息将难以认定为保密信息。约定的保密义务,其中的保密信息应当满足不为公众所知悉这一条件。

3. 因劳动者违反保密义务给用人单位造成损失

因违反保密义务的法律责任包含支付违约金和赔偿损失两种,二者是竞合关系,权利人只能选择其一主张。劳动关系中,用人单位与劳动者约定由劳动者支付违反保密义务的违约金的,该约定的效力存在争议。

一种观点认为,《劳动合同法》第二十三条第一款仅是规定用人单位可以与劳动者约定劳动者应履行保密义务,但未规定可以约定劳动者违反保密义务的违约金条款。《劳动合同法》第二十二条、第二十三条明确规定的可以约定由劳动者支付违约金的情形仅包括违反服务期约定和违反竞业限制约定的情形,故用人单位与劳动者约定劳动者违反保密义务的违约金条款违反了《劳动合同法》第二十五条的规定,应属无效。如上海市高级人民法院《关于劳动争议案件最新观点汇总》中的倾向性意见认为,对于违反保密义务是否向用人单位支付违约金的问题,从《劳动合同法》第二十三条第二款、第二十五条规定来看,由劳动者承担违约金必须有法律的明确规定,不允许用人单位和劳动者随意约定,而现有法律仅规定劳动者离职后违反竞业限制协议约定,应按约定向用人单位支付违约金,但未明确规定在职期内劳动者违反约定的保密义务需要支付违约金,在法律无明文规定的情况下,不宜规定由劳动者承担违约金。同时,如果劳动者在职期内违反保密义务给用人单位造成损失,《劳动合同法》第九十条规定:"劳动者违反本法规定解除劳动合同,或者违反劳动合同中约定的保密义务或者竞业限制,给用人单位造成损失的,应当承担赔偿责任。"用人单位可通过赔偿实际损失的方式来获得救济。因此,劳动合同中关于在职期内劳动者违反保密义务需支付用人单位违约金的约定系无效约定,用人单位主张劳动者支付在职期间违反保密义务违约金的,应不予支持。

另一种观点认为,《劳动合同法》第二十五条规定,除《劳动合同法》第二十二条和第二十三条规定的情形外,用人单位不得与劳动者约定由劳动者承担违约金。

---

① 国家工商行政管理局已撤销,现为国家市场监督管理总局,后文不再赘述。

但从《劳动合同法》第二十三条第一款的规定来看,《劳动合同法》并未将劳动者违反保密义务的情形排除在外。因此,《劳动合同法》实际上并未禁止用人单位与劳动者约定劳动者违反保密义务由劳动者支付违约金。双方就此约定违约金的,如不存在其他无效事由,应当认定约定有效。

主张支付违约金与主张赔偿损失在举证责任的承担上存在较大不同。用人单位主张劳动者支付违约金的,仅需提供证据证明劳动者存在违约行为即可,但可能会因为违约金条款无效而导致其主张缺乏依据;而主张劳动者赔偿损失的,还应当提供证据证明因劳动者的违约行为给用人单位造成的损失。如劳动者的违约行为给用人单位造成损失,则劳动者无须承担赔偿责任。

案例 11 -1

昆明某科技有限公司与张某劳动争议纠纷案

[(2015)昆民二终字第 458 号]

张某于 2008 年 7 月进入昆明某科技有限公司工作,岗位为市场部经理。2010 年 9 月 7 日,双方签订《保密协议》,约定:张某在聘用期内及解除聘用期后两年内须对科技公司的商业秘密、技术秘密、客户资料等相关信息进行保密;解除聘用合同后,不得以任何方式转移、拷贝、盗取科技公司的科研成果、源代码、技术方案等,更不能以此获取利益,若在与公司生产同类且有竞争关系的产品的其他企业内就职的,不得采用与公司相同技术或方案进行生产,更不得直接应用科技公司的技术成果、源代码等;科技公司对张某的技术成果给予的奖励、奖金中含保密费,其奖金和其中保密费的数额,视技术成果的作用和其创造的经济效益按公司项目奖金制度执行;若张某违反协议约定,则公司有权解除聘用合同,并根据情节轻重进行相应处罚。给公司造成经济损失的,公司视情节轻重处以人民币 3 万元至 10 万元的罚金。2014 年 3 月 1 日,张某申请离职,科技公司于 2014 年 3 月 12 日批准了张某的离职申请,双方解除劳动关系。后科技公司认为张某离职后违反了双方的保密约定及竞业限制约定,给其造成了损失,于 2014 年 9 月 11 日向昆明市盘龙区劳动人事争议仲裁院申请仲裁,该院于同日作出盘劳人仲不字(2014)27 号不予受理案件通知书,认为科技公司的申请不属于劳动仲裁院的受理范围,故不予受理。后科技公司诉至法院,请求判令张某:(1)支付其违约金人民币 8 万元;(2)承担本案诉讼费。

另查明,科技公司主张张某盗取的系“易途”软件,且该软件并未取得相关知识产权。

昆明市中级人民法院认为,《劳动合同法》第二十三条规定:“用人单位与劳动者可以在劳动合同中约定保守用人单位的商业秘密和与知识产权相关的保密事项。对负有保密义务的劳动者,用人单位可以在劳动合同或者保密协议中与劳动者约定竞业限制条款,并约定在解除或者终止劳动合同后,在竞业限制期限内按月给予劳动者经济补偿。劳动者违反竞业限制约定的,应当按照约定向用人单位支付违约金。”第二十四条规定:“竞业限制的人员限于用人单位的高级管理人员、高级技术人员和其他负有保密义务的人员。竞业限制的范围、地域、期限由用人单位与劳动者约定,竞业限制的约定不得违反法律、法规的规定。在解除或者终止劳动合同后,前款规定的人员到与本单位生产或者经营同类产品、从事同类业务的有竞争关系的其他用人单位,或者自己开业生产或者经营同类产品、从事同类业务的竞业限制期限,不得超过二年。”上述第二十三条系对负有保密义务的劳动者,赋予用人单位可与劳动者约定在劳动关系终止或解除后,对劳动者设定竞业限制义务的权利。《劳动合同法》第二十四条系对竞业限制的范围和期限的规定。由上述规定可知,在劳动法范围内,劳动者保密义务的法律形式体现为双方可约定竞业限制条款,即劳动法调整的范围限于竞业限制约定的情形。同时,《劳动合同法》第二十五条规定:“除本法第二十二条和第二十三条规定的情形外,用人单位不得与劳动者约定由劳动者承担违约金。”由此可知,只有两种情形下,用人单位可与劳动者约定违约金,即《劳动合同法》第二十二条(违反服务期的约定)及第二十三条(违反竞业限制约定)。本案中,科技公司与张某签订过《保密协议》,约定张某在聘用期内及解除聘用期后两年内须对公司的商业秘密、技术秘密、客户资料等相关信息进行保密;解除聘用合同后,不得以任何方式转移、拷贝、盗取公司的科研成果、源代码、技术方案等,更不能以此获取利益。若在与科技公司生产同类且有竞争关系的产品的其他企业内就职,不得采用与科技公司相同技术或方案进行生产,更不得直接应用科技公司的技术成果、源代码等。由上述约定可看出,在双方劳动关系解除后,科技公司并未禁止张某到与公司有竞争关系的企业就职,即双方并无竞业限制约定,即不存在张某违反竞业限制约定的前提。在此情况之下,双方约定违约金不符合第二十五条之规定,即无约定违约金之法律条件。综上,科技公司向张某主张违约金所依据之事实与其法律依据,即《劳动合同法》第二十三条之规定不符,对于其诉请,予以驳回。

案例分析

科技公司与张某签订《保密协议》,约定张某在聘用期内及解除聘用期后两年内须对科技公司的商业秘密、技术秘密、客户资料等相关信息进行保密，若张某违反协议约定，则公司有权根据情节轻重进行相应处罚，给科技公司造成经济损失的，科技公司视情节轻重处以人民币3万元至10万元的罚金。该约定实际为劳动者违反保密义务的违约金条款。《劳动合同法》第二十五条规定，除《劳动合同法》第二十二条和第二十三条规定的情形外，用人单位不得与劳动者约定由劳动者承担违约金。根据该规定，用人单位不得与劳动者约定由劳动者支付违反保密义务的违约金，故《保密协议》中关于科技公司视情节轻重处以人民币3万元至10万元的罚金的约定无效，科技公司主张张某按照《保密协议》的约定支付违约金8万元的诉请缺乏依据。

（二）违约金或损失的计算

用人单位主张劳动者支付违约金的，按照违约金条款的约定确定违约金即可。用人单位主张劳动者赔偿损失的，根据《民法典》第五百八十四条的规定，损失赔偿额为因违约所造成的损失，包括合同履行后可以获得的利益；但是，不得超过违约一方订立合同时预见到或者应当预见到的因违约可能造成的损失。

（三）劳动者的抗辩

针对用人单位关于劳动者承担因违反保密义务的法律责任的主张，结合劳动者承担因违反保密义务的法律责任的构成要件，劳动者可根据实际情况提出如下抗辩主张：第一，劳动者不对用人单位负有保密义务；第二，劳动者不存在违约行为；第三，违约金条款无效；第四，未给用人单位造成损失；第五，仲裁时效期间经过。

1. 劳动者不对用人单位负有保密义务的情形包括未约定保密义务或该约定已经解除。

2. 劳动者不存在违约行为的抗辩包括劳动者不存在用人单位主张的违约行为，以及用人单位主张的秘密信息不属于保密信息，如不满足不为公众所知悉这一条件。

3. 违约金条款无效主要是指约定劳动者支付因违反保密义务的违约金违反《劳动合同法》第二十五条的规定，当然也包括存在《民法典》规定的其他导致合同无效的事由的情形。

4. 未给用人单位造成损失包括用人单位无法证明损失以及损失与违约行为之间不存在因果关系两个方面的抗辩。

5. 仲裁时效期间经过

用人单位主张劳动者支付因违反保密义务的违约责任的，仲裁时效期间自用人单位知道或应当知道劳动者存在违约行为之日开始计算,违约行为处于持续状态的,自违约行为终了之日开始计算。

(四)用人单位主张劳动者承担因违反保密义务的法律责任的举证

1. 待证事实

根据劳动者承担因违反保密义务的法律责任的构成要件,用人单位主张劳动者承担因违反保密义务的法律责任涉及的待证事实包括:(1)劳动者对用人单位负有保密义务;(2)劳动者违反了保密义务;(3)因劳动者违反保密义务给用人单位造成的损失。

2. 举证责任分配

根据“谁主张,谁举证”的原则,用人单位主张劳动者支付因违反保密义务的违约金的,应当就以下待证事实承担举证责任:

(1)劳动者对用人单位负有保密义务;

(2)劳动者违反了保密义务,包括特定信息属于秘密信息。

用人单位主张劳动者赔偿因劳动者违反保密义务给用人单位造成的损失的,还应当提供证据证明因劳动者违反保密义务给用人单位造成的损失。

劳动者提出抗辩主张的,应当就其抗辩主张所依据的积极事实承担举证责任。如主张减少违约金,应当提供证据证明因违约金过分高于劳动者违反保密义务给用人单位造成的损失。

3. 证据

(1)证明劳动者对用人单位负有保密义务的证据主要有保密协议。

(2)证明劳动者违反了保密义务的证据主要有各种聊天记录、电子邮件记录、文件上载记录、录音等。

(3)用人单位的损失一般难以证明,要结合实际情况对证据进行收集和固定。

案例 11-2

麻城市誉蝉科技股份有限公司与张某劳动争议纠纷案

[(2018)鄂11民终2204号]

张某于2015年12月被麻城市誉蝉科技股份有限公司(以下简称誉蝉科技公司)招用,在seo优化专员岗位工作。2017年3月,双方签订了一份为期三年的书面劳动合同,工作岗位仍为seo优化专员。合同中约定保守秘密,但未明确约定保守秘密的内容。2016年12月,誉蝉科技公司发现公司的信息被泄密,誉蝉科技公司于2017年10月20日以张某违反保密协议,泄露商业秘密为由向麻城市劳动人事争议仲裁委员会申请仲裁,麻城市劳动人事争议仲裁委员会认为张某在劳动期内泄露誉蝉科技公司商业秘密的事实存在,并作出裁决:"一、张某立即停止泄露誉蝉科技公司商业秘密等侵权行为;二、张某赔偿誉蝉科技公司的经济损失30万元;三、驳回誉蝉科技公司的其他请求事项。"

一审法院认为,本案争议焦点有:第一,张某与誉蝉科技公司之间是否签订了明确具体的保密协议,即誉蝉科技公司的举证与张某之间的保密协议书是否真实;第二,张某是否应该承担侵权责任。针对焦点一,张某与誉蝉科技公司之间是否签订了明确具体的保密协议。张某与誉蝉科技公司之间的劳动合同中没有明确约定保守商业秘密的内容,本案誉蝉科技公司向法庭提供的三份保密协议不真实、不合法、不具体,不具有证明效力,应认定张某与誉蝉科技公司之间没有签订约定明确具体的保密协议。针对焦点二,张某是否应该承担侵权责任。誉蝉科技公司提供单方在网上截取的相关电子介质和损失评估的审计资料不具备真实性、合法性,鉴定机构和鉴定人不具备相关资质,无权鉴定,故誉蝉科技公司主张张某侵权和造成公司损失无事实依据,张某不应承担侵权责任。

二审法院认为,本案存在以下两个争议焦点:第一,张某是否负有保守誉蝉科技公司商业秘密的义务。结合已经查明的事实可知,张某于2017年3月与誉蝉科技公司签订了一份为期三年的劳动合同,其工作岗位是seo优化专员。虽誉蝉科技公司在一审提交的劳动合同、保密协议存在证据瑕疵,难以凭借上述证据认定张某负有保守誉蝉科技公司商业秘密和技术秘密的义务,但在张某与誉蝉科技公司劳动关系存续期间,劳动者与用人单位均负有依据诚实信用原则所产生的义务。《合同法》(已废止)第四十三条规定:"当事人在订立合同过程中知悉的商业秘密,无论合同是否成立,不得泄露或者不正当地使用。泄露或者不正当地使用该商业秘密给对方造成损失的,应当承担损害赔偿责任。"上述条款虽主要指向商业合同订立过程,但参照上述法律条款的精神,无论劳动合同是否明确约定劳动者需要保守商业秘密,张某作为劳动合同的当事人,均负有保守其掌握的誉蝉科技公司商业秘密的义务。一审法院以张某与誉蝉科技公司未签订明确的保密协议为由否定张某的保密义务,明显不当,二审予以纠正,本案应当认定张某负有保守誉蝉科技公司商业秘密的法定义务。第二,张某是否侵犯了誉蝉科技公司的商业秘密,应否承担侵权责任。经审查誉蝉科技公司提供的证据材料,其主张张某侵犯其商业秘密的证据主要是一些网络截图、qq 聊天记录、视听资料等,上述证据来自网络虚拟空间,对话当事人身份无法准确认定,聊天记录在何种语境下形成难以判断,即使聊天记录中户名为 berry、小兰的人实际为张某,但张某对外兜售的信息资源是否来自誉蝉科技公司亦不得而知。在誉蝉科技公司没有提供充分证据证明张某对外兜售的信息资源权属属于誉蝉科技公司的情况下,根据举证规则,誉蝉科技公司应当承担举证不能的法律后果,本案难以认定张某侵犯誉蝉科技公司的商业秘密和技术秘密,誉蝉科技公司主张张某构成侵权并承担损害赔偿责任的诉求不能得到支持。

案例分析

用人单位主张劳动者承担因违反保密义务的法律责任的,应当提供证据证明:(1)劳动者对用人单位负有保密义务;(2)劳动者违反了保密义务,包括特定信息属于秘密信息;(3)因劳动者违反保密义务给用人单位造成的损失。本案中,张某作为誉蝉科技公司的员工,尽管没有证据证明双方约定了保密条款,亦可认定张某作为誉蝉科技公司的员工,负有保密义务。但誉蝉科技公司不能提供证据张某泄露或不正当使用了属于誉蝉科技公司的商业秘密,故誉蝉科技公司主张张某违反保密义务没有事实依据,其关于要求张某承担因违反保密义务的法律责任自然不能得到支持。

二、竞业限制经济补偿

(一)用人单位支付竞业限制经济补偿的构成要件

《劳动合同法》第二十三条第二款规定,对负有保密义务的劳动者,用人单位可以在劳动合同或者保密协议中与劳动者约定竞业限制条款,并约定在解除或者终止劳动合同后,在竞业限制期限内按月给予劳动者经济补偿。劳动者违反竞业限制约定的,应当按照约定向用人单位支付违约金。最高人民法院《关于审理劳动争议案件适用法律问题的解释(一)》(法释〔2020〕26 号)第三十七条规定,当事人在劳动合同或者保密协议中约定了竞业限制和经济补偿,当事人解除劳动合同时,除另有约定外,用人单位要求劳动者履行竞业限制义务,或者劳动者履行了竞业限制义务后要求用人单位支付经济补偿的,人民法院应予支持。根据上述规定,用人单位支付竞业限制经济补偿的构成要件包括:第一,用人单位与劳动者约定了有效的竞业限制条款;第二,劳动者按照竞业限制条款的约定履行了竞业限制义务;第三,用人单位与劳动者的劳动合同解除或终止。

1. 用人单位与劳动者约定了有效的竞业限制条款

劳动者主张用人单位支付竞业限制经济补偿的基础是双方的竞业限制约定,

如双方未约定竞业限制条款或该约定无效,则劳动者的主张缺乏依据。

2. 劳动者按照竞业限制条款的约定履行了竞业限制义务

竞业限制经济补偿是对劳动者因履行竞业限制义务对其择业自由造成影响的一种补偿,如劳动者未履行竞业限制义务,其择业自由未受到影响,则用人单位无须支付其经济补偿。相应地,用人单位已经支付了竞业限制经济补偿,但劳动者在对应期间内并未履行竞业限制义务的,用人单位可要求劳动者返还已经支付的竞业限制经济补偿。需要注意的是,司法实务中有观点认为,在没有约定返还竞业限制经济补偿的情况下,用人单位主张劳动者支付违约金后,又要求劳动者返还已经支付的竞业限制经济补偿的,没有依据。

3. 用人单位与劳动者的劳动合同解除或终止

劳动者在职期间履行竞业限制义务是劳动者忠诚义务的体现,其择业自由并未因此受到较大影响,故用人单位无须对其进行补偿。根据《劳动合同法》第二十三条第二款规定,竞业限制经济补偿在解除或者终止劳动合同后,在竞业限制期限内按月给予劳动者。

(二)竞业限制经济补偿的计算

竞业限制经济补偿的计算要看竞业限制条款是否对竞业限制经济补偿的标准进行了约定,以及约定的竞业限制经济补偿。

1. 约定了合理的竞业限制经济补偿

竞业限制经济补偿原则上按照约定支付,如用人单位与劳动者约定了合理的竞业限制经济补偿标准,则按照约定支付。

2. 未约定竞业限制经济补偿

最高人民法院《关于审理劳动争议案件适用法律问题的解释(一)》(法释〔2020〕26号)第三十六条规定,当事人在劳动合同或者保密协议中约定了竞业限制,但未约定解除或者终止劳动合同后给予劳动者经济补偿,劳动者履行了竞业限制义务,要求用人单位按照劳动者在劳动合同解除或者终止前十二个月平均工资的30%按月支付经济补偿的,人民法院应予支持。前款规定的月平均工资的30%低于劳动合同履行地最低工资标准的,按照劳动合同履行地最低工资标准支付。根据该规定,用人单位与劳动者仅约定了劳动者的竞业限制义务,未约定竞业限制经济补偿的,用人单位仍需要向劳动者支付竞业限制经济补偿,标准为每月支付劳动者在劳动合同解除或者终止前十二个月平均工资的30%。如劳动者在劳动合同解除或者终止前十二个月平均工资的30%低于当地最低工资标准,按照最低工资标准支付。

3. 约定的竞业限制经济补偿标准过低

认定竞业限制经济补偿标准过低一般以当地最低生活标准为参照,低于当地最低生活标准的,可认定约定的竞业限制经济补偿标准过低。针对约定的竞业限制经济补偿标准过低的情形,实践中存在不同的观点。

一种观点认为,用人单位与劳动者约定经济补偿的数额明显过低、不足以维持劳动者在当地的最低生活标准的,属于《劳动合同法》第二十六条第(二)项规定的用人单位免除自己的法定责任、排除劳动者权利的情形,该竞业限制条款无效。

另一种观点认为,用人单位与劳动者约定的竞业限制经济补偿过低的,不影响竞业限制条款的效力,经济补偿的数额根据其他标准确定。如浙江省高级人民法院民事审判第一庭、浙江省劳动人事争议仲裁院《关于审理劳动争议案件若干问题的解答(三)》规定,用人单位与劳动者约定了竞业限制,但未约定经济补偿或约定的经济补偿过低的,不影响竞业限制条款或协议的效力。用人单位可按照劳动者在劳动合同解除或者终止前 12 个月平均工资的 30% 按月支付或补足经济补偿。该标准低于劳动合同履行地最低工资标准的,按照劳动合同履行地最低工资标准支付。

(三)用人单位的抗辩

针对劳动者关于用人单位支付竞业限制经济补偿的主张,结合用人单位支付竞业限制经济补偿的构成要件,用人单位可根据实际情况提出如下抗辩主张:第一,用人单位未与劳动者约定由劳动者履行竞业限制义务;第二,劳动合同尚未解除或终止;第三,劳动者违反了竞业限制义务;第四,竞业限制条款无效;第五,竞业限制条款已经解除;第六,仲裁时效期间经过。

1. 用人单位未与劳动者约定由劳动者履行竞业限制义务的抗辩主张是指劳动者未提供证据证明用人单位与劳动者约定由劳动者履行竞业限制义务。

2. 劳动合同尚未解除或终止的抗辩主张是指劳动者在职期间,用人单位无须支付劳动者竞业限制经济补偿,劳动者的主张没有法律依据。

3. 劳动者违反了竞业限制义务的抗辩是指劳动者未履行竞业限制义务,用人单位无须支付劳动者竞业限制经济补偿,劳动者的主张没有法律依据。

4. 竞业限制条款无效的抗辩主张主要是针对竞业限制经济补偿约定过低的情形,当然也包括存在《民法典》规定的其他导致合同无效的事由的情形。劳动者主张的竞业限制经济补偿所对应的竞业限制期间为自劳动合同解除或终止之日起超过两年部分的，可主张该部分竞业限制约定无效，用人单位无须支付竞业限制经济补偿。

5. 竞业限制条款已经解除的抗辩主张是指竞业限制条款已经解除，用人单位无须支付劳动者竞业限制经济补偿，劳动者的主张没有法律依据。

6. 根据《劳动合同法》第二十三条的规定，对负有保密义务的劳动者，用人单位可以在劳动合同或者保密协议中与劳动者约定竞业限制条款，并约定在解除或者终止劳动合同后，在竞业限制期限内按月给予劳动者经济补偿。属于《民法典》第一百八十九条规定的，当事人约定同一债务分期履行的情形，根据《民法典》第一百八十九条的规定，仲裁时效期间应当自最后一期履行期限届满之日起计算一年。

（四）劳动者主张用人单位支付竞业限制经济补偿的举证

1. 待证事实

根据用人单位支付竞业限制经济补偿的构成要件，劳动者主张用人单位支付竞业限制经济补偿涉及的待证事实包括：(1)用人单位与劳动者约定了竞业限制条款；(2)劳动合同已经解除或终止；(3)劳动者履行了竞业限制义务。

2. 举证责任分配

根据“谁主张，谁举证”的原则，劳动者主张用人单位支付竞业限制经济补偿的，应当就以下待证事实承担举证责任：①用人单位与劳动者约定了竞业限制条款；②劳动合同已经解除或终止。

竞业限制义务属于不作为义务，故劳动者履行了竞业限制义务属于消极事实，劳动者无须提供证据予以证明。用人单位主张劳动者未履行竞业限制义务的，由用人单位提供证据证明劳动者违反了竞业限制义务。

另外，一方主张竞业限制约定无效的，应当就其主张所依据的积极事实承担举证责任。

3. 举证

(1)证明用人单位与劳动者约定了竞业限制条款的证据主要有保密协议、竞业限制协议等。

(2)证明劳动合同已经解除或终止的证据在第十章“解除（终止）劳动合同的责任”中做了说明，在此不做赘述。

(3)证明劳动者违反竞业限制义务的证据包括工商登记信息，劳动者与其他单位订立的劳动合同、工资支付凭证、社会保险参保证明等。

案例 11 - 3

蚂蚁金服(杭州)网络技术有限公司与祝某劳动争议纠纷案

[(2020)浙 01 民终 3600 号]

2015 年 11 月 24 日,祝某与支付宝(杭州)信息技术有限公司(以下简称支付宝公司)签订工号为 107193 的劳动合同和保密及竞业限制协议,约定祝某从事技术专家工作,合同期限为 2015 年 11 月 24 日起至 2018 年 11 月 30 日止。支付宝公司于 2016 年 12 月 23 日更名为蚂蚁金服(杭州)网络技术有限公司(以下简称蚂蚁金服公司),并进行了工商名称变更登记。

保密及竞业限制协议第一条约定,祝某应当保守蚂蚁金服公司的商业秘密,不从事任何不正当使用、泄露等侵害蚂蚁金服公司商业秘密的行为。蚂蚁金服公司商业秘密的主要内容包括……祝某同意本协议项下保密义务在劳动合同有效期及合同终止、解除后持续有效,直至该等商业秘密已通过合法手段进入公开领域而不再属于商业秘密。祝某如违反本协议保密义务约定,应支付蚂蚁金服公司相当于其离职前 12 个月基本工资金额的违约金,如不足以赔偿由此给蚂蚁金服公司造成的损失,还应就差额部分继续赔偿。

保密及竞业限制协议第二条第一款约定,竞业限制的期间:为保护蚂蚁金服公司的商业秘密、营业利益及(或)维持蚂蚁金服公司的竞争优势,祝某在受聘期间及(或)符合本协议第二条"竞业限制"下第三款的期限内均附有竞业限制义务。第二款约定了竞业限制的范围或内容。第三款约定,蚂蚁金服公司有权在祝某基于任何原因离职时告知祝某,其在自离职之日起最长 12 个月内应当继续履行竞业限制义务,则祝某应当在此期间继续遵守本协议项下的竞业限制义务。蚂蚁金服公司需就此按月向祝某支付相当于其离职前月基本工资 50% 金额的竞业限制补偿金(如前述标准低于法定最低标准的,按法定最低标准支付),并由蚂蚁金服公司代扣代缴个人所得税……祝某应在确定离职后的选择或去向后及时通知蚂蚁金服公司,以便蚂蚁金服公司核实是否有违祝某应履行的义务。第五款约定,蚂蚁金服公司有权对祝某离职后履行竞业限制义务的情况进行监督与检查,祝某应当配合支付宝公司的监督与检查,包括提供其人事档案存档机关出具的证明其劳动关系的证明文件;或提供证明其任职单位为其交纳社会保险的证明文件及(或)交纳个人所得税的证明文件。第七款约定,祝某如违反竞业限制约定,应向蚂蚁金服公司支付相当于其离职前 12 个月基本工资金额的违约金,如该违约金不足以赔偿由此给蚂蚁金服公司造成的损失,还应就差额部分进行赔偿。

保密及竞业限制协议第三条约定,禁止不正当竞争的期间为祝某在受聘期间及劳动关系终止或解除之日后12个月内均负有禁止不正当竞争的义务,以及祝某负有禁止不正当竞争义务的内容及违约责任。

保密及竞业限制协议第四条约定知识产权保护的范围及违约责任等内容。

2017年7月,祝某的工资由25,000元/月调整为20,000元/月。2017年9月25日,蚂蚁金服公司提前解除了与祝某的劳动合同,发送了解除劳动合同通知及离职须知,离职须知约定了祝某在离职后仍需遵守商业秘密的保护、禁止不正当竞争行为、知识产权保护义务,如有违反应按保密协议约定承担相应的违约责任。解除劳动合同通知载明,因祝某违反公司规章制度,蚂蚁金服公司决定提前解除与祝某的劳动合同,祝某在蚂蚁金服公司处的最后工作日为2017年9月25日。蚂蚁金服公司特别提醒,祝某需要在离职后继续履行其签署的有关协议中关于商业秘密的保护、禁止不正当竞争及知识产权保护等事项的约定。

2019年1月11日,祝某向浙江省杭州市西湖区劳动人事争议仲裁委员会提请仲裁,要求蚂蚁金服公司支付竞业限制经济补偿金150,000元。

一审法院认为,《劳动合同法》第二十三条规定,用人单位与劳动者可以在劳动合同中约定保守用人单位的商业秘密和与知识产权相关的保密事项。对负有保密义务的劳动者,用人单位可以在劳动合同或者保密协议中与劳动者约定竞业限制条款,并约定在解除或者终止劳动合同后,在竞业限制期限内按月给予劳动者经济补偿。劳动者违反竞业限制约定的,应当按照约定向用人单位支付违约金。第二十四条第一款规定,竞业限制的人员限于用人单位的高级管理人员、高级技术人员和其他负有保密义务的人员。竞业限制的范围、地域、期限由用人单位与劳动者约定,竞业限制的约定不得违反法律、法规的规定。最高人民法院《关于审理劳动争议案件适用法律若干问题的解释(四)》(已废止)第七条规定,当事人在劳动合同或者保密协议中约定了竞业限制和经济补偿,当事人解除劳动合同时,除另有约定外,用人单位要求劳动者履行竞业限制义务,或者劳动者履行了竞业限制义务后要求用人单位支付经济补偿的,人民法院应予支持。蚂蚁金服公司、祝某双方也在保密及竞业限制协议第二条中对祝某的竞业限制义务范围(内容)、蚂蚁金服公司在祝某遵守竞业限制义务时应支付的竞业限制补偿金标准及祝某违反竞业限制约定应承担的违约责任等内容作出了约定。但在本案中,蚂蚁金服公司、祝某签订的保密及竞业限制协议中有关竞业限制的内容约定是否属于前述法律规定的"约定了竞业限制",进而祝某有权依法依约要求蚂蚁金服公司竞业限制补偿金?一审法院认为,蚂蚁金服公司、祝某在保密及竞业限制协议中并未约定我国《劳动合同法》中关于竞业限制的全部或主要条款,在双方未通过其他协议对祝某的竞业限制义务进一步约定时,应认定为双方未成立祝某离职后的竞业限制法律关系,祝某也无权要求蚂蚁金服公司支付竞业限制补偿金。理由为:第一,保密及竞业限制协议第三条第三款约定:“蚂蚁金服公司有权在祝某因任何原因离职时告知祝某,其在自离职之日起最长 12 个月内应当继续履行竞业限制义务,则祝某应当在此期间继续遵守本协议项下的竞业限制义务。蚂蚁金服公司需就此按月向祝某支付相当于其离职前月基本工资 50% 金额的竞业限制补偿金。”该协议的表述为“蚂蚁金服公司有权在祝某离职时告知其应当继续履行竞业限制义务,则祝某应继续遵守协议项下的竞业限制义务。蚂蚁金服公司需就此按月向祝某支付竞业限制补偿金”,该约定不仅赋予蚂蚁金服公司在祝某离职时告知其应当继续履行竞业限制义务的权利,更重要的是该约定同时也是蚂蚁金服公司的一种选择权(蚂蚁金服公司有权……则祝某应……),双方在祝某离职后是否继续履行竞业限制义务存在或然性而非必然性,如需继续履行竞业限制义务,则需要蚂蚁金服公司在祝某离职时对其进行告知。相反,保密及竞业限制协议中对于祝某履行商业秘密保护、禁止不正当竞争及知识产权保护义务的表述,均使用了“应当”“不得”等词语,且对该三项义务均有完整的约定。第二,在离职须知、解除劳动合同通知中,蚂蚁金服公司仅仅对祝某应继续履行关于商业秘密保护、禁止不正当竞争及知识产权保护等三项义务作出特别提醒。也即在祝某离职时,双方未在离职须知、解除劳动合同通知等材料中对祝某应当继续履行竞业限制义务作出约定,双方对于祝某离职后继续履行竞业限制义务并未达成合意。第三,双方对于祝某离职后继续履行竞业限制义务的期限也并未作出明确和具体的约定。因此祝某等离职,双方并未成立祝某离职后双方竞业限制法律关系。第四,祝某也未按保密及竞业限制协议约定在确定离职后的选择或去向后及时通知蚂蚁金服公司,蚂蚁金服公司无法核实祝某的就业情况,也无法对祝某进行监督与制约。第五,祝某于 2017 年 9 月离职,如其认为蚂蚁金服公司应支付竞业限制补偿金,根据保密及竞业限制协议约定也系按月支付,但祝某于 2019 年 1 月申请劳动争议仲裁前并未要求蚂蚁金服公司支付竞业限制补偿金。综上,双方并未达成关于祝某离职后继续履行竞业限制义务的合意,也未在祝某离职后建立竞业限制法律关系,即便保密及竞业限制协议中对于祝某继续履行离职后竞业限制义务有部分约定,祝某也不能仅就此约定而向蚂蚁金服公司主张竞业限制补偿金。祝某要求蚂蚁金服公司支付竞业限制补偿金的主张并无事实依据。

二审法院认为,《劳动合同法》第二十三条规定,用人单位与劳动者可以在劳动合同中约定保守用人单位的商业秘密和知识产权相关的保密事项。对负有保密义务的劳动者,用人单位可以在劳动合同或者保密协议中与劳动者约定竞业限制条款,并约定在解除或者终止劳动合同后,在竞业限制期限内按月给予劳动者经济补偿。劳动者违反竞业限制约定的,应当按照约定向用人单位支付违约金。最高人民法院《关于审理劳动争议案件适用法律若干问题的解释(四)》(已废止)第七条规定,当事人在劳动合同或者保密协议中约定了竞业限制和经济补偿,当事人解除合同时,除另有约定外,用人单位要求劳动者履行竞业限制协议,或者劳动者履行了竞业限制义务后要求用人单位支付经济补偿的,人民法院应当予以支持。第九条规定,在竞业限制期限内,用人单位请求解除竞业限制协议时,人民法院应予支持。在解除竞业限制协议时,劳动者请求用人单位额外支付劳动者三个月的竞业限制经济补偿的,人民法院应予支持。本案中,双方签订有保密及竞业限制协议,其中第三款约定,蚂蚁金服公司有权在祝某基于任何原因离职时告知祝某,其在离职之日起最长12个月内应当继续履行竞业限制义务,则祝某应当在此期间继续遵守本协议项下的竞业限制义务。对于此条约定,蚂蚁金服公司认为系赋予蚂蚁金服公司选择是否要求祝某履行竞业限制义务的权利,并认为其在解除劳动合同通知中仅通知祝某履行商业秘密的保护、禁止不正当竞争及知识产权保护事项,不包括要求祝某履行竞业限制义务,原审法院对此观点予以采信,祝某因此提出上诉。本院认为,该通知中蚂蚁金服公司虽未明确要求祝某履行竞业限制,但也未明确表示放弃要求祝某在竞业限制期限内遵守竞业限制义务的权利。事实上,本院进一步认为,即使上述保密及竞业限制协议中的约定可以认定为赋予蚂蚁金服公司选择是否要求劳动者履行竞业限制义务的权利,蚂蚁金服公司亦负有以明示的方式予以告知的义务;况且,蚂蚁金服公司发出的解除劳动合同通知中特别提醒祝某需要在离职后继续履行签署的有关协议中关于商业秘密的保护、禁止不正当竞争及知识产权保护"等"事项的约定。因此,本院认为,在蚂蚁金服公司未提交证据证实祝某存在违反竞业限制义务行为的情形下,依照上述司法解释第七条的规定,蚂蚁金服公司应当支付经济补偿。按照双方的约定,祝某竞业限制经济补偿的计算基数为其离职前月的基本工资,现经查明的事实是,祝某离职前月的工资为20,000元,故应当以20,000元作为经济补偿的计算基数。祝某于2017年9月25日离职,按照双方约定,其竞业限制期限为2017年9月26日至2018年9月25日,蚂蚁金服公司支付经济补偿的期限亦同,故仲裁时效应从2018年9月26日起算,未超过一年的仲裁时效。

案例分析

本案中,蚂蚁金服公司与祝某签订的保密及竞业限制协议第二条第一款约定,竞业限制的期间:为保护蚂蚁金服公司的商业秘密、营业利益及(或)维持蚂蚁金服公司的竞争优势,祝某在受聘期间及(或)符合本协议第二条“竞业限制”下第三款的期限内均负有竞业限制义务。第三款约定,蚂蚁金服公司有权在祝某基于任何原因离职时告知祝某,其在自离职之日起最长12个月内应当继续履行竞业限制义务,则祝某应当在此期间继续遵守本协议项下的竞业限制义务。根据上述约定,可以确定双方已经约定了祝某应当履行竞业限制义务,竞业限制期间至少包含祝某在职期间。

至于竞业限制期间是否包含祝某离职后12个月,笔者认为,最高人民法院《关于审理劳动争议案件适用法律问题的解释(一)》(法释〔2020〕26号)第三十九条规定,在竞业限制期限内,用人单位请求解除竞业限制协议的,人民法院应予支持。在解除竞业限制协议时,劳动者请求用人单位额外支付劳动者三个月的竞业限制经济补偿的,人民法院应予支持。根据该规定,用人单位享有任意解除竞业限制约定的权利,但应当额外支付劳动者三个月的竞业限制经济补偿。竞业限制期间应当由双方协商确认,如将保密及竞业限制协议第二条第三款的约定解释为蚂蚁金服公司有权选择竞业限制的期间,则该约定属于用人单位免除自己支付因解除竞业限制约定的竞业限制经济补偿的法定责任,排除劳动者主张竞业限制经济补偿的权利,该约定应属无效,不宜做上述解释。因此,保密及竞业限制协议第二条第三款应解释为竞业限制期间包含祝某离职后12个月,蚂蚁金服公司可以在祝某离职时解除竞业限制约定。由此,在祝某履行竞业限制义务后,蚂蚁金服公司应按照约定支付祝某竞业限制经济补偿。

关于劳动者主张用人单位支付竞业限制经济补偿的仲裁时效期间的计算,《民法典》第一百八十九条规定,当事人约定同一债务分期履行的,诉讼时效期间应当自最后一期履行期限届满之日起计算一年。根据该规定,仲裁时效期间应当自最后一期竞业限制经济补偿支付期限届满之日开始计算一年。祝某于2017年9月25日离职,竞业限制期间至2018年9月25日,即最后一期竞业限制经济补偿支付的时间为2018年9月25日,一年的仲裁时效期间应当计算至2019年9月25日。

三、因解除竞业限制约定的经济补偿

(一)用人单位支付因解除竞业限制约定的经济补偿的构成要件

最高人民法院《关于审理劳动争议案件适用法律问题的解释(一)》(法释〔2020〕26号)第三十九条规定,在竞业限制期限内,用人单位请求解除竞业限制协议的,人民法院应予支持。在解除竞业限制协议时,劳动者请求用人单位额外支付劳动者三个月的竞业限制经济补偿的,人民法院应予支持。根据该规定,用人单位支付因解除竞业限制约定的经济补偿的构成要件包括:第一,用人单位与劳动者约定了竞业限制义务;第二,用人单位在竞业限制期限内解除竞业限制约定。

1. 用人单位与劳动者约定了竞业限制义务

无论是按月支付的竞业限制经济补偿还是因解除竞业限制约定额外支付的经济补偿,均以用人单位与劳动者约定了竞业限制义务为前提。若未约定竞业限制义务,则不存在解除竞业限制约定的问题,劳动者主张用人单位支付因解除竞业限制约定的经济补偿没有依据。

2. 用人单位在竞业限制期限内解除竞业限制约定

根据最高人民法院《关于审理劳动争议案件适用法律问题的解释(一)》(法释〔2020〕26 号)第三十九条的规定,用人单位在竞业限制期限内可以随时解除竞业限制约定,但应当额外支付劳动者三个月的竞业限制经济补偿。但要注意的是,用人单位额外支付劳动者三个月的竞业限制经济补偿所对应的情形应当是用人单位行使任意解除权,如因劳动者违反竞业限制约定,用人单位解除竞业限制约定,用人单位除无须额外支付劳动者三个月的竞业限制经济补偿外,还可以要求劳动者返还劳动者违反竞业限制义务期间用人单位已经支付的竞业限制经济补偿。

(二)因解除竞业限制约定的经济补偿的计算

根据最高人民法院《关于审理劳动争议案件适用法律问题的解释(一)》(法释〔2020〕26 号)第三十九条的规定,因解除竞业限制约定的经济补偿为三个月竞业限制经济补偿。如存在未约定竞业限制经济补偿或约定的竞业限制经济补偿过低,应先确定出竞业限制经济补偿的标准,再计算因解除竞业限制约定的经济补偿。

(三)用人单位的抗辩

针对劳动者关于用人单位支付因解除竞业限制约定的经济补偿的主张,结合用人单位支付因解除竞业限制约定的经济补偿的构成要件,用人单位可根据实际情况提出如下抗辩主张:第一,用人单位未与劳动者约定竞业限制义务;第二,用人单位未解除竞业限制约定;第三,劳动者违反了竞业限制义务;第四,竞业限制条款无效;第五,仲裁时效期间经过。

1. 用人单位未与劳动者约定竞业限制义务的抗辩主张是指劳动者未提供证据证明用人单位与劳动者约定由劳动者履行竞业限制义务,劳动者主张用人单位支付因解除竞业限制约定的经济补偿缺乏依据。

2. 用人单位未解除竞业限制约定的抗辩主张是指劳动者没有证据证明用人单位解除了竞业限制约定,即劳动者的主张没有事实依据。另外,如用人单位系自劳动合同解除或终止之日起超过两年后解除竞业限制约定,因超过两年部分的约定无效,竞业限制约定自满两年之日已经终止,故不属于用人单位解除竞业限制约定。

3. 劳动者违反了竞业限制义务的抗辩是指用人单位解除竞业限制约定系因劳动者构成违约,用人单位并不是行使任意解除权,故无须支付劳动者竞业限制经济补偿。

4. 竞业限制条款无效的抗辩主张主要是针对竞业限制经济补偿约定过低的情形,当然也包括存在《民法典》规定的其他导致合同无效的事由的情形。

5. 劳动者主张用人单位支付因解除竞业限制约定的经济补偿的仲裁时效期间自用人单位解除竞业限制约定之日起开始计算一年。

(四)劳动者主张用人单位支付因解除竞业限制约定的经济补偿的举证

1. 待证事实

根据用人单位支付因解除竞业限制约定的经济补偿的构成要件,劳动者主张用人单位支付因解除竞业限制约定的经济补偿涉及的待证事实包括:(1)用人单位与劳动者约定了竞业限制义务;(2)用人单位在竞业限制期限内行使任意解除权解除了竞业限制约定。

2. 举证责任分配

根据"谁主张,谁举证"的原则,劳动者主张用人单位支付因解除竞业限制约定的经济补偿的,应当就以下待证事实承担举证责任:(1)用人单位与劳动者约定了竞业限制义务;(2)用人单位在竞业限制期限内行使任意解除权解除了竞业限制约定。

用人单位应当对其提出的抗辩主张所依据的积极事实承担举证责任。如用人单位主张系劳动者违反竞业限制约定,用人单位解除竞业限制约定不应支付竞业限制经济补偿,应当提供证据证明劳动者违反了竞业限制义务。

3. 举证

(1)证明用人单位与劳动者约定了竞业限制条款的证据主要有保密协议、竞业限制协议等。

(2)证明用人单位解除竞业限制约定的证据包括解除通知书、各种聊天记录、录音等。

(3)证明劳动者违反竞业限制义务的证据包括工商登记信息,劳动者与其他单位订立的劳动合同、工资支付凭证、社会保险参保证明等。

案例 11 -4

杭州华新科技有限公司与刘某劳动争议纠纷案

[(2017)浙01民终8406号]

刘某自2006年6月进入杭州华新科技有限公司(以下简称华新公司)从事装配调试工作,双方陆续签订了三份劳动合同。其中2012年6月4日签订的劳动合同约定:合同期限自2012年6月4日至2016年6月3日;乙方(刘某)从事装配调试工作,工作地点为杭州;乙方与甲方(华新公司)因故在解除劳动合同后,乙方需遵守的竞业限制期限为八十四个月,在竞业限制期限内,乙方不得到与甲方经营同类产品或者从事同类业务的有竞争性关系的其他用人单位工作,也不得自己开业生产或者经营同类产品,从事同类业务,否则需承担法律诉讼责任和支付甲方经济损失、罚金。2016年6月3日,刘某劳动合同期满离职,双方劳动关系终止。2017年5月29日,华新公司向刘某邮寄通知一份,载明:你的岗位不符合竞业限制范围,在你离职以后至今,公司从未干涉你的任何职业选择,竞业限制条约实际上也从未履行;明确公司对你放弃在解除劳动合同后竞业限制条款的内容要求。2017年5月10日,刘某向杭州市西湖区劳动争议仲裁委员会申请仲裁,要求华新公司支付刘某二十四个月竞业限制补偿金44,640元。

一审法院认为,劳动合同是确定劳资双方权利义务关系的依据,但合同约定的内容不能违反法律、行政法规的强制性规定。《劳动合同法》第二十四条规定:竞业限制的人员限于用人单位的高级管理人员、高级技术人员和其他负有保密义务的人员。竞业限制的范围、地域、期限由用人单位与劳动者约定,竞业限制的约定不得违反法律、法规的规定。从上述法律规定看,适用竞业限制的主体应限制为公司董事、监事、高级管理人员或者其他掌握企业商业秘密的人员,而不是任何员工,而用人单位则应给符合主体条件的人员合理数额的经济补偿。反观本案刘某、华新公司订立的劳动合同中的竞业限制条款,并没有对经济补偿作出约定;且刘某系仅具有高中文化的装配调试工人,既非公司高级管理人员,也没有证据证明其系掌握公司商业秘密的职工,故双方劳动合同中的竞业禁止条款,是对刘某的就业选择权的不适当限制,应属于无效。因此刘某依据该条款要求支付竞业限制补偿金 27,579 元的诉讼请求,该院不予支持。

二审法院认为,华新公司与刘某在 2012 年 6 月 4 日签订的最后一份劳动合同是双方真实意思表示,对双方当事人均具有约束力。刘某虽不是华新公司的高级管理人员、高级技术人员,但是其系在华新公司工作近十年的老员工,华新公司与刘某在最后一份劳动合同中约定有竞业限制条款,表明华新公司认可刘某属于禁业限制人员,原审法院认为刘某没有举证证明其系掌握公司商业秘密的职工,竞业限制条款应属无效,没有明确法律依据。当事人在劳动合同中约定了竞业限制,但未约定解除或者终止劳动合同后给予劳动者经济补偿,劳动者履行了竞业限制义务,有权要求用人单位支付竞业限制经济补偿金,故双方当事人没有约定经济补偿,亦不能成为竞业限制条款无效的理由。综上,原审法院认定案涉竞业禁止条款无效,缺乏法律依据,本院予以纠正。

在双方当事人未约定竞业限制补偿金的情况下,劳动者履行了竞业限制义务,有权要求用人单位按照劳动者在劳动合同解除或者终止前十二个月平均工资的 30% 按月支付经济补偿,月平均工资的 30% 低于劳动合同履行地最低工资标准的,按照劳动合同履行地最低工资标准支付。在竞业限制期限内,用人单位请求解除竞业限制协议时,应予以支持。在解除竞业限制协议时,劳动者请求用人单位额外支付劳动者三个月的竞业限制经济补偿的,应予以支持。本案中刘某于 2016 年 6 月 4 日开始履行竞业限制义务,2017 年 5 月 29 日,华新公司明确要求解除竞业限制协议,2015 年杭州的最低月工资标准是 1860 元。据此,经计算,华新公司应向刘某支付竞业限制补偿金 27,494 元[1860 × 14(2016 年 6 月 4 日至 2017 年 5 月 4 日为 11 个月,2017 年 5 月 29 日开始再计算 3 个月) + 1860/21.75 × 17(2017 年 5 月 5 日至 5 月 29 日为 17 个工作日)]。

案例分析

劳动者主张用人单位支付竞业限制经济补偿的,应当提供证据证明用人单位与劳动者约定了有效的竞业限制条款。本案中,华新公司与刘某在 2012 年 6 月 4 日签订的劳动合同约定,乙方与甲方(华新公司)因故在解除劳动合同后,乙方需遵守的竞业限制期限为八十四个月,在竞业限制期限内,乙方不得到与甲方经营同类产品或者从事同类业务的有竞争性关系的其他用人单位工作,也不得自己开业生产或者经营同类产品,从事同类业务,否则需承担法律诉讼责任和支付甲方经济损失、罚金。该约定属于竞业限制条款。本案最主要的争议焦点在于,刘某不对华新公司负有保密义务这一事实的举证责任应当由谁来承担。对此,一审法院与二审法院持完全不同的观点。

一审法院认为,华新公司主张刘某不对华新公司负有保密义务所依据的事实属于消极事实,无须就此承担举证责任,应当由刘某提供证据证明其对华新公司负有保密义务。刘某未能提供证据证明其系掌握公司商业秘密的职工,应当承担不利后果,故认定华新公司与刘某约定的竞业限制条款无效,华新公司无须支付刘某竞业限制经济补偿。

二审法院则认为,华新公司与刘某约定竞业限制条款,表明华新公司认可刘某属于竞业限制人员,故华新公司又主张刘某不属于竞业限制人员的理由不能成立。

笔者认为,原则上,劳动者不负有保密义务属于消极事实,提出该主张一方无须提供证据加以证明;但在没有签订保密协议的情况下,由劳动者证明其对用人单位负有保密义务难度较大,且一般是用人单位主动提出与劳动者约定竞业限制条款,劳动者仅是应用人单位的要求才与用人单位约定竞业限制条款。因此,在已经约定了竞业限制条款的情况下,认定用人单位认可劳动者属于法律规定的可以约定竞业限制条款的人员也具有一定的合理性。司法实务中,用人单位或劳动者可根据情况提出对己方有利的主张。

四、因违反竞业限制义务的违约金

(一)劳动者支付因违反竞业限制义务的违约金的构成要件

支付因违反竞业限制义务的违约金属于违约责任,违约责任成立的前提是存在有效的约定。因此,劳动者支付因违反竞业限制义务的违约金的构成要件包括:第一,用人单位与劳动者约定了有效的竞业限制条款及违反竞业限制义务的违约金条款;第二,劳动者违反了竞业限制义务。

1. 用人单位与劳动者约定了有效的竞业限制条款及违反竞业限制义务的违约金条款

(1)有效的竞业限制条款

《劳动合同法》第二十三条规定,对负有保密义务的劳动者,用人单位可以在劳动合同或者保密协议中与劳动者约定竞业限制条款,并约定在解除或者终止劳动合同后,在竞业限制期限内按月给予劳动者经济补偿。劳动者违反竞业限制约定的,应当按照约定向用人单位支付违约金。第二十四条规定,竞业限制的人员限于用人单位的高级管理人员、高级技术人员和其他负有保密义务的人员。竞业限制的范围、地域、期限由用人单位与劳动者约定,竞业限制的约定不得违反法律、法规的规定。在解除或者终止劳动合同后,前款规定的人员到与本单位生产或者经营同类产品、从事同类业务的有竞争关系的其他用人单位,或者自己开业生产或者经营同类产品、从事同类业务的竞业限制期限,不得超过二年。

根据上述规定,我们除了对竞业限制条款整体是否有效进行评价外,还要注意竞业限制约定的时间效力和空间效力。

①竞业限制的人员限于用人单位的高级管理人员、高级技术人员和其他负有保密义务的人员。也就是说,约定竞业限制条款的员工是单位的高级管理人员、高级技术人员以外的人员,也不对单位负有保密义务的,竞业限制条款无效。

②劳动合同解除或者终止后,竞业限制的期限不得超过二年。

《劳动合同法》规定劳动合同解除或者终止后,竞业限制的期限不得超过二年。固有观点认为竞业限制期限应当自劳动合同解除或者终止之日开始计算,且最长不得超过两年;实际不然,《劳动合同法》仅是对劳动合同解除或者终止后的竞业限制期限进行了限制,并未规定竞业限制期限的起算时间为劳动合同解除或终止之日。因此,竞业限制期限应当以双方约定为准,没有约定的,从约定竞业限制条款之日开始计算。

③竞业限制的地域范围应具有合理性。关于竞业限制地域范围的约定,法律并无其他限制性规定,但并不是意味着用人单位可以任意与劳动者约定竞业限制的范围。实践中,如双方约定的竞业限制地域范围具有明显的不合理性,一般会认定超出合理范围的约定无效,即劳动者在合理地域范围以外有竞业限制协议禁止的行为的,也不认为劳动者违反了竞业限制约定。

另外,用人单位与劳动者约定经济补偿的数额明显过低、不足以维持劳动者在当地的最低生活标准的,可能被认定属于《劳动合同法》第二十六条第(二)项规定的用人单位免除自己的法定责任、排除劳动者权利的情形,导致竞业限制条款无效。

(2)有效的违约金条款

根据《劳动合同法》第二十三条的规定,劳动者违反竞业限制约定的,应当按照约定向用人单位支付违约金。用人单位主张劳动者支付违约金的,应以双方约定了违约金条款为前提;否则,用人单位只能主张劳动者承担赔偿损失的违约责任。

2. 劳动者违反了竞业限制义务

劳动者违反了竞业限制义务是劳动者支付违约金的前提。竞业限制义务的内容是在竞业限制期限内,负有竞业限制义务的人员不得到在竞业限制区域内与用人单位生产或者经营同类产品、从事同类业务的有竞争关系的其他用人单位,或者在竞业限制区域内自己开业生产或者经营同类产品、从事同类业务。竞业限制义务属于不作为义务，违反竞业限制义务的行为包括：(1)劳动者在竞业限制期限内，到在竞业限制区域内的与用人单位生产或者经营同类产品、从事同类业务的有竞争关系的其他用人单位生产或者经营同类产品、从事同类业务。(2)劳动者在竞业限制期限内，在竞业限制区域内自己开业生产或者经营同类产品、从事同类业务。

(二)因违反竞业限制义务的违约金的计算

违约金应当按照违约金条款的约定标准进行计算，《劳动合同法》并未对违反竞业限制义务的违约金的标准进行限制，故在计算因违反竞业限制义务的违约金时，按照约定的标准进行计算即可。违约金标准过低的，可根据用人单位的损失进行主张。

(三)劳动者的抗辩

针对用人单位关于支付因违反竞业限制义务的违约金的主张，结合劳动者支付违约金的构成要件，劳动者可根据实际情况提出如下抗辩：第一，没有约定竞业限制条款或竞业限制条款约定无效；第二，未约定违约金或违约金约定过高；第三，劳动者未违反竞业限制义务；第四，仲裁时效期间已经过。

1. 没有约定竞业限制条款或竞业限制条款约定无效

支付因违反竞业限制义务的违约金是一种违约责任，以用人单位与劳动者约定了有效的服务期条款为前提。如用人单位不能提供证据证明双方约定了竞业限制条款，或约定的竞业限制条款无效，则用人单位关于支付因违反服务期约定的违约金的主张没有依据。导致竞业限制条款无效的事由包括：(1)劳动者并非用人单位的高级管理人员、高级技术人员和其他负有保密义务的人员；(2)用人单位与劳动者约定的竞业限制经济补偿过低；(3)《民法典》规定的其他导致合同无效的事由。

2. 未约定违约金或违约金约定过高

没有约定违约金的，用人单位不能主张适用违约金条款要求劳动者支付违约金。违约金约定过高的，劳动者可主张依据《民法典》第五百八十五条第二款的规定予以适当减少。

3. 劳动者未违反竞业限制义务

竞业限制义务属于不作为义务，用人单位未提供证据证明劳动者存在以下违反竞业限制义务的情形的，由用人单位承担不利后果：(1)劳动者在竞业限制期限内，到在竞业限制区域内的与用人单位生产或者经营同类产品、从事同类业务的有竞争关系的其他用人单位生产或者经营同类产品、从事同类业务。(2)劳动者在竞业限制期限内,在竞业限制区域内自己开业生产或者经营同类产品、从事同类业务。

除了是否存在特定的行为外,还要注意特定行为是否在竞业限制期限内,以及特定行为发生的地点是否在竞业限制区域内。

另外,劳动者能够证明系经用人单位同意存在上述行为的,可主张双方协商一致变更了竞业限制条款的部分内容,劳动者的行为不构成违约。

4. 仲裁时效期间经过

用人单位主张劳动者支付因违反竞业限制义务的违约金的,仲裁时效期间自用人单位知道或应当知道劳动者存在违约行为之日开始计算,违约行为处于持续状态的,自违约行为终了之日开始计算。

案例 11-5

江门市源晟五金制品有限公司与陆某劳动争议纠纷案

[(2021)粤07民终617号]

陆某此前曾是江门市源晟五金制品有限公司(以下简称源晟公司)的员工,双方签订了劳动合同及保密竞业禁止协议,后陆某于2018年5月31日离职。惠匠公司成立于2018年4月27日,法定代表人为陆某;2019年1月17日,该公司法定代表人变更为陆某欢,股东由陆某、陆某欢变更为陆某欢。

一审法院认为,经审查,根据源晟公司与江门市惠匠家具用品有限公司(以下简称惠匠公司)的登记资料显示,两公司的经营范围存在重叠,但惠匠公司在2019年1月17日将原来的法定代表人陆某变更为陆某欢,股东也由陆某、陆某欢变更为陆某欢,即自该日起,陆某已不是惠匠公司的法定代表人和股东。因本案现有证据不足以认定陆某在2019年1月17日后存在违反竞业限制协议的行为,同时源晟公司也没有证据证明在2020年4月30日源晟公司申请仲裁前一年内有对陆某2019年1月17日前的行为要求支付违约金等存在仲裁时效中断、中止的情形,故源晟公司的请求已超过一年的仲裁时效。

二院法院认为,陆某虽然违反涉案竞业限制协议,但最高人民法院《关于适用〈中华人民共和国民事诉讼法〉的解释》第二百一十九条规定:“当事人超过诉讼时效期间起诉的,人民法院应予受理。受理后对方当事人提出诉讼时效抗辩,人民法院经审理认为抗辩事由成立的,判决驳回原告的诉讼请求。”《劳动争议调解仲裁法》第二十七条规定:“劳动争议申请仲裁的时效期间为一年。仲裁时效期间从当事人知道或者应当知道其权利被侵害之日起计算。前款规定的仲裁时效,因当事人一方向对方当事人主张权利,或者向有关部门请求权利救济,或者对方当事人同意履行义务中断。从中断时起,仲裁时效期间重新计算。因不可抗力或者其他正当理由,当事人不能在本条第一款规定的仲裁时效区间申请仲裁的,仲裁时效中止。从中止时效的原因消除之日起,仲裁时效继续计算。劳动关系存续期间因拖欠劳动报酬发生争议的,劳动者申请仲裁不受本条第一款规定的仲裁时效期间限制;但是劳动关系终止的,应当自劳动关系终止之日起一年内提出。”源晟公司自认2018年年底发现陆某有违约行为并与其进行多次协商,可见该公司自始知道其权利被侵害,由于惠匠公司在2019年1月17日已将股东变更为陆某欢一人并由其担任法定代表人,而源晟公司的举证也不足以证明陆某在2019年1月17日后存在违反竞业限制协议的行为,因此,源晟公司对陆某违法竞业限制的赔偿请求权的仲裁时效自2019年1月17日开始计算。由于源晟公司没有证据证明在其申请仲裁前一年内(2020年4月30日前一年)有对陆某2019年1月17日前的行为要求支付违约金等仲裁时效中断、中止的情形,故源晟公司的请求已超过一年仲裁时效的规定,在陆某提出超过仲裁时效的抗辩主张的情况下,一审法院依法驳回源晟公司要求陆某支付违反竞业限制协议违约金的诉请,并无不当。

案例分析

用人单位主张劳动者支付违约金的,仲裁时效期间自用人单位知道或应当知道劳动者存在违约行为之日开始计算,违约行为处于持续状态的,自违约行为终了之日开始计算。本案中,源晟公司自认2018年年底发现陆某有违约行为,而陆某在2019年1月17日退出惠匠公司,源晟公司未提供证据证明陆某在2019年1月17日后仍存在违反竞业限制协议的行为,故源晟公司主张陆某支付因其违反竞业限制义务的违约金的仲裁时效期间应当从2019年1月17日开始计算一年,如不存在仲裁时效期间中断、中止的事由的,至2020年1月17日,仲裁时效期间经过。

(四)用人单位主张劳动者支付因违反竞业限制义务的违约金的举证

1. 待证事实

根据劳动者支付因违反竞业限制义务的违约金的构成要件,用人单位主张劳动者支付因违反竞业限制义务的违约金涉及的待证事实包括:(1)用人单位与劳动者约定了竞业限制条款及违反竞业限制义务的违约金条款;(2)劳动者违反了竞业限制义务;(3)因劳动者违反竞业限制义务给用人单位造成的损失。

2. 举证责任分配

根据“谁主张,谁举证”的原则,用人单位主张劳动者支付因违反竞业限制义务的违约金的,应当就以下待证事实承担举证责任:

(1)用人单位与劳动者约定了竞业限制条款及违反竞业限制义务的违约金条款;

(2)劳动者违反了竞业限制义务。

如用人单位主张增加违约金或减少违约金,用人单位应当提供证据证明因劳动者违反竞业限制义务给用人单位造成的损失。

劳动者提出抗辩主张的,应当就其抗辩主张所依据的积极事实承担举证责任;如劳动者主张其行为系经过用人单位同意,不属于违约,应当就此承担举证责任。

3. 证据

(1)证明用人单位与劳动者约定了竞业限制条款及违反竞业限制义务的违约金条款的证据主要有保密协议、竞业限制协议等。

(2)证明劳动者违反竞业限制义务的证据包括工商登记信息,劳动者与其他单位订立的劳动合同、工资支付凭证、社会保险参保证明等。

(3)用人单位的损失一般难以证明,要结合实际情况对证据进行收集和固定。

案例11-6

北京高途云集教育科技有限公司与茅某劳动争议纠纷案

[(2021)京01民终8793号]

茅某于2019年2月14日入职北京高途云集教育科技有限公司(以下简称高途云集公司)担任资深讲师,双方签订有书面劳动合同及竞业限制协议。2020年5月20日茅某与高途云集公司解除劳动合同,茅某在离职次日入职乐学创想公司。茅某离职前12个月的平均应发工资为108,205.77元,离职前12个月的平均实发工资为83,932.25元。2020年7月28日高途云集公司向茅某支付竞业限制补偿金税前25,180元。

高途云集公司以茅某与本公司签订有竞业限制协议,但其离职后即入职了乐学创想公司,且乐学创想公司与其公司存在竞争关系为由要求茅某支付违反竞业限制义务违约金、返还竞业限制补偿金并继续履行竞业限制义务。高途云集公司就其主张提交了以下证据。

第一，保密、竞业限制及知识产权保护协议，其中约定：3.1 除公司与员工另有书面约定外，在受聘于公司期间以及员工与公司的劳动关系终止后的两年内，员工不得直接或间接设立、经营、参与任何与公司或任何关联公司直接或间接竞争的实体，不得直接或间接地为该实体或个人工作、担任顾问、专家、投资、提供财务支持、担保或任何咨询、建议，亦不得直接或间接地从事任何与公司或其任何关联公司业务相类似的活动……3.6 在员工与公司的劳动关系终止或解除之后，公司有权向员工明示是否履行竞业约定以及履行竞业约定的期限，公司要求员工履行竞业约定的，在签署本协议约定的竞业限制期限内，公司应按月向员工支付竞业补偿金，每月的补偿金数额为员工与公司的劳动关系终止或解除前税前十二个月平均工资的30%……3.7尽管有上述规定，在员工与公司劳动关系终止或解除时，公司有权自行/单方选择免除员工的不竞争义务，员工兹此同意，公司有权不支付上述补偿金。3.8 公司向员工明示履行本竞业协议以及支付竞业补偿金后，公司有权提前终止履行竞业协议并免除员工的竞业义务……3.9 如果乙方违反本协议竞业限制规定，乙方应当向甲方支付全部竞业限制补偿金十倍的违约金；员工违反竞业限制约定，向公司支付违约金后，公司仍有权要求员工按照约定继续履行竞业限制的业务……5.1若一方违反其在本协议项下的任何声明、保证或承诺，或未能履行其在本协议项下的任何义务，在法律允许的范围内，守约方有权请求违约方承担包括但不限于改正违约行为、支付违约金、停止侵权、损害赔偿等法律责任。茅某认可该证据的真实性，不认可其证明目的，主张根据协议约定，高途云集公司应在茅某离职时向其明示要求履行竞业限制义务并按月支付补偿金，但高途云集公司在2020 年 7 月才向茅某支付第一笔竞业限制补偿金，故茅某不应负有竞业限制义务；此外，关于协议对于违约金的约定，应理解为已经发放的全部竞业限制补偿金的十倍，且即便要支付违约金，违约金的数额也约定过高，应予酌减。

第二，电子邮件，2020 年 5 月 12 日茅某向高途云集公司董某某等人发送邮件："上次我向刘某总经理提出了两个问题：一是按照劳动合同和劳动法规定，我在提前 30 天通知的前提下可以解除劳动合同……二是我很难理解和认可关于竞业限制的约定，要求公司明确解除，因为我作为一个平台主讲老师，授课是我赖以谋生的方式，授课内容都是公开的，也不涉及什么商业秘密，更何况，教材绝大部分也是我自己参与编写的。虽然明白公司可能会有一些顾虑，但是如何达成一个对双方都公平的解决方案，这是一个很专业的问题，需要理性处理，我只是一个普通老师，担心自己应付不了……"2020 年 5 月 13 日董某某回复邮件："自从你提出离职申请，公司方面，尤其是我一直想与你面对面沟通……公司所在的行业竞争非常激烈，而公司的商业秘密、知识产权以及公司认为需要保守的其他保密信息,都是公司核心竞争力的组成部分,而你作为行业的从业者,公司的重要员工,必然知晓并掌握着公司的保密信息,是《劳动合同法》规定的负有其他保密义务的人员,你主观认为不接触保密信息,可能是你认识不足或者是故意忽略,而事实并非如此,需要你加强学习或者勇敢面对。你与公司签订的劳动合同和保密、竞业限制及知识产权保护协议均对保密义务和竞业限制义务进行约定,作为成年人,你应当对自己的签字负责,严格履行保密和竞业限制义务……"茅某认可该证据的真实性,不认可其证明目的。

第三,"茅豆英语"微信公众号截图,截图内容载有"茅豆没有离开大家,本周就开始在新平台上课了,先把剩下的 4 次课免费上完,让老学员有个好的体验,4、5、6 年级时间不变,实现承诺,所谓的真相就是一定要把课上完,不能辜负孩子们!"文字配图显示茅某为小学英语资深主讲,左上方有"乐学在线""lexue. com"标识。茅某认可该证据的真实性,不认可其证明目的。

第四,微信聊天记录,高途云集公司主张系茅某及其公司客户家长之间的对话记录,其中显示茅某向对方发送微信消息:"高途拖欠我工资,而且答应的很多事情不履行,我会及时开出本学期最后五次免费课给到大家,保证本学期的课可以上完,同时也会给大家配好辅导老师,大家随时关注我的公众号×××和我的朋友圈哈,看不到我朋友圈的学员和家长可以加我 131××××××××这个号码的微信,我会一直带着大家前进的,对高途不负责任的解释,我本人感到很遗憾也很难过,但我会坚持把大家带下去的。"茅某不认可该证据的真实性及证明目的。

茅某主张其在高途云集公司从事英语教学工作,授课内容均为其个人工作经验的累积,其并不掌握高途云集公司的商业秘密,不属于应负有竞业限制义务的人员;且根据双方签署的保密、竞业限制及知识产权保护协议,高途云集公司若要求其履行竞业限制义务应进行明示并按月向其支付竞业限制补偿金,故其虽认可乐学创想公司与高途云集公司存在竞争关系,但并不认可其应履行竞业限制义务。茅某就其主张提交了其与高途云集公司副总裁刘某的微信聊天记录,其中显示 2020 年 4 月 24 日刘某向茅某发送语音消息"那我觉得,就是,因为我这两天听到大家跟我说嘛,反正可能感觉上也有一些变化啊,我是这么想的啊,就是说如果确实有特别好的机会啊,我其实还是理解的啊,我觉得这事挺正常的吧,就是可以理解的……我觉得咱高途的人都有更好的发展,我觉得本身是一个好事情……"茅某回复:"谢谢您的理解并愿意花时间和我谈谈,只是提出离职也是我经过慎重考虑的决定,不会改变了,如果我没有思考清楚,无论对自己还是对公司都是不负责任,我不是想借此要公司提高待遇什么的，我也一再承诺在通知期内会认真负责完成正常上课等工作。我并不想浪费您或者团队的时间在我是否离职一事上，而是希望能够就离职后的安排达成各方较为满意的方案……”茅某主张刘某知晓其离职并未提出要求履行竞业限制义务。高途云集公司不认可该证据的真实性及证明目的。

高途云集公司已要求茅某支付违反竞业限制义务违约金、返还竞业限制补偿金并继续履行竞业限制义务。

一审法院认为，茅某及高途云集公司均认可茅某在从高途云集公司离职后即入职乐学创想公司，且乐学创想公司与高途云集公司存在竞争关系，本案争议焦点为茅某是否负有竞业限制义务。

根据茅某与高途云集公司签署的保密、竞业限制及知识产权保护协议，其中明确约定茅某在从高途云集公司离职后两年内负有竞业限制义务，不得直接或间接为高途云集公司的竞争公司提供劳动或服务。茅某作为完全民事行为能力人，应清楚知晓其签署该协议的法律后果，且茅某系高途云集公司的资深讲师，其势必会在工作中了解到该公司的教材内容、授课方式、客户信息等资料，故茅某主张其不掌握高途云集公司的商业秘密从而不应负有竞业限制义务的抗辩理由，法院不予采信。此外，根据该协议约定，高途云集公司在与茅某解除劳动关系后，有权明示是否要求茅某履行竞业约定以及履行竞业约定的期限，若要求履行，则需在竞业限制期限内按月向茅某支付竞业限制补偿金。在双方已经签订有竞业限制相关协议的情况下，茅某离职时，高途云集公司并未明确免除其竞业限制义务，且根据高途云集公司提交的电子邮件，在茅某询问竞业限制情况时，高途云集公司亦回复其要严格履行保密和竞业限制义务。虽然高途云集公司并未在茅某竞业限制期限开始当月及时支付竞业限制补偿金，但茅某的竞业限制义务并不因此而免除。综上，茅某应按照其与高途云集公司签署的保密、竞业限制及知识产权保护协议履行竞业限制义务。

茅某在离职后即入职与高途云集公司明显存在竞争关系的公司，且在两家公司的所任职务及工作内容均相同，确系违反了竞业限制义务，高途云集公司要求茅某支付违约金、继续履行竞业限制义务并无不当，法院予以支持。关于违约金数额，根据保密、竞业限制及知识产权保护协议第3.9款约定，违约金数额为“乙方应当向甲方支付全部竞业限制补偿金十倍的违约金”，并未约定为乙方实际支付的竞业限制补偿金十倍，故法院对茅某关于违约金数额之主张不予采信。关于茅某要求酌减违约金的主张，鉴于双方约定的违约金数额远超过茅某在高途云集公司所获得的全部收入,且高途云集公司未举证证明其公司因茅某违反竞业限制义务行为所产生的实际损失达到违约金约定数额,故法院对茅某要求酌减违约金之主张予以采纳。法院考虑到茅某在高途云集公司的工作时间、工资标准、违反竞业限制义务的情节等情况,综合酌定茅某向高途云集公司支付违反竞业限制义务违约金1,500,000元。高途云集公司与茅某签订的保密、竞业限制及知识产权保护协议并未对竞业限制补偿金的返还有明确约定,且高途云集公司已就违约金进行主张,故其公司要求茅某返还已支付的竞业限制补偿金无充分事实及法律依据,法院不予支持。

二审法认为,首先,关于茅某是否属于竞业限制人员的范围。《劳动合同法》第二十四条规定:"竞业限制的人员限于用人单位的高级管理人员、高级技术人员和其他负有保密义务的人员。"本案中,茅某作为高途云集公司的资深讲师,从事小学英语教学工作,其工作内容涉及该公司核心业务,必然涉及高途云集公司教材内容、授课体系、客户资源等与该公司商业竞争力密切相关的内容;且茅某作为具有完全民事行为能力的自然人,其签署保密、竞业限制及知识产权保护协议是基于对自身工作内容的充分认知而作出的真实意思表示,本院对双方的意思自治予以认可。因此双方签订保密、竞业限制及知识产权保护协议对茅某作出竞业限制约定并无不当。

其次,关于茅某是否应当履行保密、竞业限制及知识产权保护协议。根据该协议约定,高途云集公司在与茅某解除劳动关系后,有权明示是否要求茅某履行竞业约定以及履行竞业约定的期限,若要求履行,则需在竞业限制期限内按月向茅某支付竞业限制补偿金。茅某据此主张高途云集公司未明确要求其履行竞业限制约定且未及时支付补偿金,故其不负有履行竞业限制的义务。对此本院认为,其一,双方竞业限制协议并没有如果高途云集公司不明确告知茅某履行竞业限制约定即可无须履行的相关约定;其二,在双方已经签订有竞业限制协议的情况下,茅某离职时,高途云集公司并未明确免除其竞业限制义务,且根据高途云集公司提交的电子邮件,在茅某询问竞业限制情况时,高途云集公司亦回复茅某要严格履行保密和竞业限制义务;其三,最高人民法院《关于审理劳动争议案件适用法律若干问题的解释(四)》(已废止)第八条规定:"当事人在劳动合同或者保密协议中约定了竞业限制和经济补偿,劳动合同解除或者终止后,因用人单位的原因导致三个月未支付经济补偿,劳动者请求解除竞业限制约定的,人民法院应予支持。"本案中,虽然高途云集公司并未在茅某竞业限制期限开始当月及时支付竞业限制补偿金,但高途云集公司在茅某离职后三个月内支付了竞业限制补偿金,故茅某的竞业限制义务并不因此而免除。综上,茅某应按照其与高途云集公司签署的保密、竞业限制及知识产权保护协议履行竞业限制义务。

最后，关于茅某是否违反保密、竞业限制及知识产权保护协议及违约金数额。根据茅某与高途云集公司签署的保密、竞业限制及知识产权保护协议，其中明确约定茅某在从高途云集公司离职后两年内负有竞业限制义务，不得直接或间接为高途云集公司的竞争公司提供劳动或服务。茅某在离职后即入职与高途云集公司明显存在竞争关系的乐学创想公司，且在两家公司的所任职务及工作内容均相同，确系违反了竞业限制义务，高途云集公司要求茅某支付违约金、继续履行竞业限制义务并无不当。茅某另持在国家出台“双减”政策后两家公司即不存在竞争关系的主张，缺乏相应依据，本院不予采信。关于违约金数额，保密、竞业限制及知识产权保护协议第3.9款约定，违约金数额为“乙方应当向甲方支付全部竞业限制补偿金十倍的违约金”，并未约定为乙方实际支付的竞业限制补偿金十倍，按照通常理解该条款并无歧义。对茅某主张上述条款应理解为“全部已支付的竞业限制补偿金的十倍的违约金”，本院不予采信。关于茅某要求酌减违约金的主张，高途云集公司未能举证证明茅某的违约行为造成的实际经济损失，因此综合考虑茅某的违约情节、主观过错程度、工资收入水平、在职时间和职务、补偿金数额等因素，一审法院酌定茅某向高途云集公司支付违反竞业限制义务违约金1,500,000元并无不当。关于返还竞业限制补偿金，高途云集公司与茅某签订《保密、竞业限制及知识产权保护协议》并未对竞业限制补偿金的返还有明确约定，且高途公司已就违约金进行主张，故高途云集公司要求茅某返还已支付的竞业限制补偿金缺乏事实及法律依据，本院不予支持。

案例分析

劳动者支付因违反竞业限制义务的违约金的构成要件包括：(1)用人单位与劳动者约定了有效的竞业限制条款及违反竞业限制义务的违约金条款；(2)劳动者违反了竞业限制义务。

本案中，高途云集公司与茅某签订《保密、竞业限制及知识产权保护协议》约定，除公司与员工另有书面约定外，在受聘于公司期间以及员工与公司的劳动关系终止后的两年内，员工不得直接或间接设立、经营、参与任何与公司或任何关联公司直接或间接竞争的实体，不得直接或间接地为该实体或个人工作、担任顾问、专家、投资、提供财务支持、担保或任何咨询、建议，亦不得直接或间接地从事任何与公司或其任何关联公司业务相类似的活动。如果乙方违反本协议竞业限制规定，乙方应当向甲方支付全部竞业限制补偿金十倍的违约金，员工违反竞业限制约定，向公司支付违约金后，公司仍有权要求员工按照约定继续履行竞业限制的业务。茅某作为高途云集公司的资深讲师，从事小学英语教学工作，其工作内容涉及该公司核心业务,必然涉及高途云集公司教材内容、授课体系、客户资源等与该公司商业竞争力密切相关的内容,双方约定竞业限制条款不违反《劳动合同法》第二十四条的规定,不存在其他致使合同无效的事由的,竞业限制条款有效。关于高途云集公司在与茅某解除劳动关系后,有权明示是否要求茅某履行竞业约定以及履行竞业约定的期限,若要求履行,则需在竞业限制期限内按月向茅某支付竞业限制补偿金的约定,在之前的案例分析中已经对该约定应当如何解释做了详细说明,在此不做赘述。茅某在离职后即入职与高途云集公司明显存在竞争关系的乐学创想公司,且在两家公司的所任职务及工作内容均相同,明显违反了竞业限制义务,应当按照约定向高途云集公司支付违约金。

关于违约金数额,保密、竞业限制及知识产权保护协议约定的违约金标准为全部竞业限制补偿金的十倍,故违约金的计算与竞业限制经济补偿的标准以及竞业限制期间有关。保密、竞业限制及知识产权保护协议约定的竞业限制经济补偿的标准为每个月支付员工与公司的劳动关系终止或解除前税前十二个月平均工资的30%,茅某离职前十二个月的平均应发工资为108,205.77元。竞业限制期间为受聘期间以及劳动关系终止后的两年内,故应当支付的全部竞业限制补偿金为779,081.54元,违约金为7,790,815.40元。又根据《民法典》第五百八十五条第二款规定,约定的违约金低于造成的损失的,人民法院或者仲裁机构可以根据当事人的请求予以增加;约定的违约金过分高于造成的损失的,人民法院或者仲裁机构可以根据当事人的请求予以适当减少。茅某主张减少违约金,高途云集公司未能举证证明茅某的违约行为造成的实际经济损失,故法院综合考虑茅某的违约情节、主观过错程度、工资收入水平、在职时间和职务、补偿金数额等因素,酌定茅某向高途云集公司支付违反竞业限制义务违约金1,500,000元。

作者简介

刘洋

曾就职于世界“500强”公司及美资公司,拾壹浩瀚教育咨询有限公司CEO,一级人力资源管理师,人力资源专业课程讲师,企业管理顾问,正保会计网校认证讲师。

专业领域:劳动争议、劳动用工法律风险与合规管理专项、企业管理内训、人力资源实操类课程、HR个人技能提升私教、经济师课程等。

作者简介

范红枫

北京盈科（慈溪）律师事务所管委会主任，公司与企业法律顾问部主任，盈科全国首届百名大律师，盈科年度民商、行政优秀律师，先后担任过浙江省律师协会常务理事、宁波市律师协会副会长、宁波市律师协会慈溪分会会长等行业职务。曾获评全国优秀法律顾问，荣获三等功。

专业领域：公司治理、民商争议，劳动用工法律风险与合规管理专项。

杨兴艺

昆明市就业促进会会长，昆明玄同人力资源服务有限责任公司总经理，国家一级人力资源管理师，高级劳动关系协调员，担任上百家企业管理顾问。

专业领域：企业人力资源管理，企业劳资风险管控，政府就业创业优惠政策。

嵇小函

毕业于南京大学，1997年开始从事法律服务工作，江苏苏辰律师事务所专职律师，风控猫劳动用工法律体检平台特聘高级讲师、风控狮劳动用工法律管控平台特聘高级讲师、高级婚姻家庭咨询师、劳动关系管理师、人力资源法务师、企业合规师、合同管理合规师。

专业领域：婚姻家事、劳动工伤、劳动用工法律风险与合规管理专项、交通事故、合同与经济等诉讼和非诉讼法律事务。

第十二章　服务期与社会保险待遇

一、因违反服务期约定的违约金

（一）劳动者支付因违反服务期约定的违约金的构成要件

支付因违反服务期约定的违约金属于违约责任，违约责任成立的前提是存在有效的约定。因此劳动者支付因违反服务期约定的违约金的构成要件包括：第一，用人单位与劳动者约定了有效的服务期条款及违反服务期约定的违约金条款；第二，劳动者违反了服务期约定。

1. 用人单位与劳动者约定了有效的服务期条款及违反服务期约定的违约金条款

（1）有效的服务期条款

《劳动合同法》第三十七条规定，劳动者提前三十日以书面形式通知用人单位，可以解除劳动合同。根据该规定，劳动者享有任意解除劳动合同的权利。《劳动合同法》第二十二条规定，用人单位为劳动者提供专项培训费用，对其进行专业技术培训的，可以与该劳动者订立协议，约定服务期。劳动者违反服务期约定的，应当按照约定向用人单位支付违约金。违约金的数额不得超过用人单位提供的培训费用。用人单位要求劳动者支付的违约金不得超过服务期尚未履行部分所应分摊的培训费用。服务期是指劳动者在用人单位的最低服务年限，实际上是限制了劳动者任意解除劳动合同的权利。综上，《劳动合同法》第三十七条和第二十二条之间是一般条款与特殊条款之间的关系，即原则上，劳动者享有任意解除劳动合同的权利，但用人单位与劳动者依据《劳动合同法》第二十二条的规定约定服务期的除外。因此，约定服务期应当严格受到《劳动合同法》第二十二条的限制，即用人单位提供了专项培训费用对劳动者进行专业技术培训。若对劳动者进行的培训不属于专项技术培训，或用人单位未提供专项培训费用，则不符合《劳动合同法》第二十二条规定的可以约定服务期的条件。

何为“专业技术培训”呢？《劳动合同法》等全国性的规范文件都没有明确作出

解释,但一些地方性的规定中对此进行了解释。如2013年《江西省劳动人事争议裁审衔接工作座谈会纪要》第十三条明确,“专业技术培训”是指为提高劳动者特定技能而提供的培训,不包括上岗前的培训和日常业务培训。江苏省高级人民法院、省劳动争议仲裁委员会关于印发《关于审理劳动人事争议案件的指导意见》的通知第十二条明确,用人单位对劳动者进行的上岗前培训和日常业务培训,不应认定为专业技术培训。参照上述规定,可以得出:(1)专业技术培训是指为提高劳动者特定技能而提供的培训;(2)上岗前的培训和日常业务培训不属于专业技术培训。

实践中,一些用人单位为劳动者提供一些特殊福利待遇,如办理本地户口,然后据此和劳动者约定服务期,并约定了约定金。司法实务中,对该约定的效力问题存在不同的观点。

一种观点认为,约定服务期应当严格受到《劳动合同法》第二十二条的限制,即用人单位提供了专项培训费用对劳动者进行专业技术培训。办理本地户口等显然不属于用人单位提供了专项培训费用对劳动者进行专业技术培训,故用人单位与劳动者关于服务期的约定排除劳动者权利,应属无效。

另一种观点认为,用人单位提供特殊待遇与劳动者约定服务期以及违约金的,该约定并未违反法律规定,应当认定为有效。劳动者违反服务期约定的,应当按照约定承担违约责任。

(2)有效的违约金条款

《劳动合同法》第二十五条规定,除本法第二十二条和第二十三条规定的情形外,用人单位不得与劳动者约定由劳动者承担违约金。其中,第二十二条规定的情形为劳动者违反服务期约定的情形;第二十三条规定的情形为劳动者违反竞业限制约定的情形。劳动关系中,用人单位与劳动者在上述两种情形外约定由劳动者承担违约金的,该约定无效。

另外,根据《劳动合同法》第二十二条的规定,用人单位可以与劳动者约定,劳动者违反服务期约定的,应当按照约定向用人单位支付违约金。违约金的数额不得超过用人单位提供的培训费用。用人单位要求劳动者支付的违约金不得超过服务期尚未履行部分所应分摊的培训费用。可见,违反服务期的违约金金额受到培训费用的限制,约定的违约金超出法定标准的部分无效。

那“培训费用”又如何确定呢?员工培训过程中可能会发生培训费、交通费、住宿费、伙食费、培训期间工资等。哪些属于培训费用呢?根据《劳动合同法实施条例》第十六条的规定,《劳动合同法》第二十二条第二款规定的培训费用,包括用人单位为了对劳动者进行专业技术培训而支付的有凭证的培训费用、培训期间的差旅费用以及因培训产生的用于该劳动者的其他直接费用。需要注意的是,培训期间的工资不属于培训费。如江苏省高级人民法院、省劳动争议仲裁委员会关于印发《关于审理劳动人事争议案件的指导意见》的通知、2013 年《江西省劳动人事争议裁审衔接工作座谈会纪要》中都有明确的规定。

案例 12 -1

北京爱奇艺科技有限公司与彭某劳动争议案纠纷

[(2021)京 01 民终 818 号]

彭某 2018 年 7 月 8 日入职爱奇艺公司,2018 年 7 月 13 日,双方签订的非京籍员工落户协议中约定:因甲方享有非京籍员工落户北京的指标,乙方符合非京籍员工落户北京政策的初步要求,乙方申请将户口迁移至北京市,甲方同意使用甲方的北京市户口落户指标为乙方办理落户事宜……二、由于北京市户口落户指标为甲方十分重要的稀缺资源,甲方为乙方办理北京市户籍会占用甲方的重要稀缺资源,甲方也会为此付出很大的代价、时间成本及人力,因此,乙方自愿承诺将不间断地在甲方工作 5 年(以下简称服务期,服务期自劳动关系建立之日开始计算)……六、如乙方在服务期内自行提出辞职、不同意续签劳动合同、因违反《劳动合同法》第三十九条、第四十条规定等原因停止为甲方提供服务的,乙方自愿依照诚实守信的原则承诺向甲方支付如下补偿金:乙方知晓计算甲方为乙方办理北京市户籍的资源价值和其他隐性投入的具体金额比较困难,因此同意事先确定一个补偿金标准是公平合理的,补偿金标准为人民币 50,000 元乘以未服务年限,未满一年的按月计算。2019 年 12 月,彭某的户籍进京手续由爱奇艺公司办理完成。2020 年 2 月 28 日,彭某基于个人原因辞职,工作至 2021 年 3 月 27 日。爱奇艺公司的诉讼请求为要求彭某赔偿 166,000 元。

一审法院认为,《劳动合同法》第二十五条规定:"除本法第二十二条和第二十三条规定的情形外,用人单位不得与劳动者约定由劳动者承担违约金。"劳动争议案件中,用人单位为其招用的劳动者办理了本市户口,双方据此约定了服务期和违约金,用人单位以双方约定为依据要求劳动者支付违约金的,不应予以支持。确因劳动者违反了诚实信用原则,给用人单位造成损失的,劳动者应当予以赔偿。本案中,其一,彭某与爱奇艺公司签订了非京籍员工落户协议,协议中约定爱奇艺公司为彭某办理户籍进京手续并付出代价与成本,彭某应在爱奇艺公司服务满五年,上述条款并未违反法律法规的强制性规定,且双方均确认协议系自愿签订,爱奇艺公司亦履行协议约定为彭某办理了户籍进京手续,彭某作为完全民事行为能力人,理应知晓并须承担其签字行为所产生的相应法律后果。其二,“补偿金”条款明确载明“彭某知晓计算爱奇艺公司为彭某办理北京市户籍的资源价值和其他隐性投入的具体金额比较困难,因此同意事先确定一个补偿金标准是公平合理的”,可见系对爱奇艺公司办理落户手续中付出投入的补偿,在措辞与文意上不存在歧义,属于损失赔偿条款,并非彭某主张的违约金条款,一审法院对其主张不予采纳。其三,依据爱奇艺公司为彭某办理户籍进京手续之时的社会现状,户籍进京指标具备稀缺性及吸引力。考虑到以下因素:(1)彭某明知其签署的协议中约定了五年的服务期,在户籍进京手续办理完成两个月后即提出辞职,有违诚实信用原则;(2)彼时彭某尚未履行满服务期,其辞职行为势必给爱奇艺公司在人才引进及招用同岗位人员方面带来一定损失,且导致爱奇艺公司为其办理落户手续所付出的人力与费用无法实现目的。另结合未满约定工作年限的实际情况及实际损失情况,酌情判定彭某应向爱奇艺公司赔偿损失100,000元。

二审法院认为,用人单位为其招用的劳动者办理了本市户口,双方据此约定了服务期,确因劳动者违反了诚实信用原则,给用人单位造成损失的,劳动者应当予以赔偿。本案中,彭某与爱奇艺公司在非京籍员工落户协议中约定爱奇艺公司为彭某办理户籍进京手续并付出代价与成本,彭某承诺在爱奇艺公司服务满五年,上述约定未违反法律法规的强制性规定,符合自愿公平原则。彭某在知晓北京市户口落户指标为重要的稀缺资源,亦知晓其服务期未满的情况下,在户籍进京手续办理完成两个月后即提出辞职,该行为违反了诚实信用原则,给爱奇艺公司在人才引进及招录同岗位人员等方面带来一定损失。一审法院根据彭某未满约定工作年限的实际情况及爱奇艺公司实际损失情况,酌定彭某向爱奇艺公司赔偿损失100,000元并无不当。判决驳回上诉,维持原判。

案例分析

根据《劳动合同法》第二十二条的规定,用人单位为劳动者提供专项培训费用,对其进行专业技术培训的,可以与该劳动者订立协议,约定服务期。本案中,爱奇艺公司为彭某提供北京市户口落户指标为乙方办理落户,与彭某签订非京籍员工落户协议约定五年的服务期。向劳动者提供北京市户口落户指标并为劳动者办理落户并不属于《劳动合同法》第二十二条规定的可以约定服务期的情形。因此,爱奇艺公司与彭某关于服务期的约定应属无效。

另外,双方约定彭某违反服务约定的,应当向爱奇艺公司支付补偿金,补偿金标准为人民币 50,000 元乘以未服务年限,未满一年的按月计算。该约定实际为违约金条款,因服务期约定无效,且该约定违反了《劳动合同法》第二十五条的规定,应属无效。

但彭某为利用爱奇艺公司的落户指标,承诺在爱奇艺公司工作满五年,后在户籍进京手续办理完成两个月后,在承诺的服务期限届满前提出辞职,违反了诚实信用原则,且彭某提前辞职给爱奇艺公司在人才引进及招用同岗位人员方面带来一定损失,故彭某应当赔偿爱奇艺公司的损失。因损失难以计算,故法院根据实际情况酌情确定。

2. 劳动者违反了服务期约定

服务期约定是指劳动者在用人单位的最低服务年限,相应地,违反服务期约定是指劳动者在双方约定的服务期期限届满前离职。当然,提前离职并不必然就违反服务期约定,比如用人单位提出与劳动者协商解除劳动合同的情形。《劳动合同法实施条例》第二十六条规定,用人单位与劳动者约定了服务期,劳动者依照《劳动合同法》第三十八条的规定解除劳动合同的,不属于违反服务期的约定,用人单位不得要求劳动者支付违约金。有下列情形之一,用人单位与劳动者解除约定服务期的劳动合同的,劳动者应当按照劳动合同的约定向用人单位支付违约金:第一,劳动者严重违反用人单位的规章制度的;第二,劳动者严重失职,营私舞弊,给用人单位造成重大损害的;第三,劳动者同时与其他用人单位建立劳动关系,对完成本单位的工作任务造成严重影响,或经用人单位提出,拒不改正的;第四,劳动者以欺诈、胁迫的手段或者乘人之危,使用人单位在违背真实意思的情况下订立或者变更劳动合同的;第五,劳动者被依法追究刑事责任的。

根据该规定,判断劳动者是否属于违反服务期的约定遵循以下规则:(1)服务期届满前,劳动者因个人原因提前三十日通知用人单位解除劳动合同的,属于违反服务期的约定;(2)服务期届满前,劳动者依照《劳动合同法》第三十八条的规定解除劳动合同的,不属于违反服务期的约定;(3)服务期届满前,用人单位依照《劳动合同法》第三十九条的规定解除劳动合同的,属于劳动者违反服务期的约定;(4)服务期届满前,用人单位依照《劳动合同法》第四十条、第四十一条的规定解除劳动合同,是否属于劳动者违反服务期的约定没有明确的规定,但该种情况下,因劳动者不存在过错,且劳动合同解除系用人单位单方解除,不属于劳动者违反服务期的约定;(5)服务期届满前,用人单位违法解除劳动合同的,不属于劳动者违反服务期的约定;(6)服务期届满前,劳动者违法解除或终止劳动合同的,属于违反服务期的约定。

（二）因违反服务期约定的违约金的计算

违约金应当按照违约金条款的约定标准进行计算，但需要注意的是，如违约金条款的约定违反法律规定的，超出法定标准部分无效。根据《劳动合同法》第二十二条的规定，在计算因违反服务期约定的违约金时，应当按照以下步骤进行：

违约金的数额不得超过用人单位提供的培训费用。用人单位要求劳动者支付的违约金不得超过服务期尚未履行部分所应分摊的培训费用。

1. 确定培训费用金额。

2. 确定服务期期间，并计算出服务期尚未履行部分占总服务期的比例，即需要确定服务期的期限与服务期的开始时间。

3. 计算违约金。根据违约金条款的约定，可以主张劳动者支付的违约金超过服务期尚未履行部分所应分摊的培训费用的，违约金按照服务期尚未履行部分所应分摊的培训费用确定；如根据违约金条款的约定，可以主张劳动者支付的违约金不超过服务期尚未履行部分所应分摊的培训费用，按照约定计算违约金。

（三）劳动者的抗辩

针对用人单位关于支付因违反服务期约定的违约金的主张，结合劳动者支付违约金的构成要件，劳动者可根据实际情况提出如下抗辩主张：第一，没有约定服务期或服务期约定无效；第二，未约定违约金或违约金约定无效；第三，劳动者未违反服务期约定；第四，仲裁时效期间经过；第五，违约金计算错误。

1. 没有约定服务期或服务期约定无效

支付违反服务期约定的违约金是一种违约责任，以用人单位与劳动者约定了有效的服务期条款为前提，如用人单位不能提供证据证明双方约定了服务期，或约定的服务期无效，则用人单位关于支付因违反服务期约定的违约金的主张没有依据。导致服务期约定无效的事由包括用人单位未为劳动者提供专项培训费用，对劳动者进行专业技术培训或《民法典》规定的其他导致合同无效的情形。

2. 未约定违约金或违约金约定无效

没有约定违约金或违约金条款无效或部分无效的，用人单位不能主张适用违约金条款并要求劳动者支付违约金。

3. 劳动者未违反服务期约定

在约定了有效的服务期条款的情况下，劳动者违反服务期约定的情形包括：第一,服务期届满前,劳动者基于个人原因提前三十日通知用人单位解除劳动合同;第二,服务期届满前,用人单位依照《劳动合同法》第三十九条的规定解除劳动合同;第三,服务期届满前,劳动者违法解除劳动合同。劳动者可根据以下事由提出未违反服务期约定的抗辩主张:(1)劳动合同未解除或终止;(2)劳动合同解除或终止的原因不属于劳动者提出辞职,不属于用人单位依照《劳动合同法》第三十九条的规定解除劳动合同,也不属于劳动者违法解除或终止劳动合同;(3)劳动合同解除或终止时,服务期已经届满。

4. 仲裁时效期间经过

用人单位主张劳动者支付因违反服务期约定的违约金的,仲裁时效期间自用人单位知道或应当知道劳动者存在违约行为之日开始计算,即劳动合同解除之日开始计算。

5. 违约金计算错误

违约金的计算与用人单位支出的培训费用、尚未履行的服务期限有关,故劳动者可根据实际情况提出以下抗辩:(1)培训费用计算错误。如培训期间的工资不属于培训费,用人单位主张的培训费用不是用于劳动者进行专业技术培训。(2)尚未履行的服务期限计算错误。这涉及服务期开始时间的确定,如服务期开始时间确定有误,会影响劳动者是否构成违约的认定以及违约金的计算。

(四)用人单位主张劳动者支付因违反服务期约定的违约金的举证

1. 待证事实

根据劳动者支付因违反服务期约定的违约金的构成要件及违约金的计算方式,用人单位主张劳动者支付因违反服务期约定的违约金涉及的待证事实包括:(1)用人单位与劳动者约定了服务期条款及违反服务期约定的违约金条款;(2)用人单位提供了专项培训费用对劳动者进行专业技术培训;(3)用人单位支出的专项培训费用金额;(4)劳动者违反了服务期约定。

2. 举证责任分配

根据"谁主张,谁举证"的原则,用人单位主张劳动者支付因违反服务期约定的违约金的,应当就以下待证事实承担举证责任:(1)用人单位与劳动者约定了服务期条款及违反服务期约定的违约金条款;(2)用人单位提供了专项培训费用对劳动者进行专业技术培训;(3)用人单位支出的专项培训费用金额;(4)劳动者与用人单位的劳动合同在服务期届满前解除或终止。

劳动者提出抗辩主张的,应当就其抗辩主张所依据的积极事实承担举证责任。

如劳动者主张劳动解除的依据是《劳动合同法》第三十八条，应当提供证据证明：(1)劳动者依据《劳动合同法》第三十八条的规定通知用人单位解除劳动合同；(2)用人单位存在《劳动合同法》第三十八条规定的情形。

3. 证据

用人单位主张劳动者支付因违反服务期约定的违约金涉及的证据主要包括：(1)约定服务期及违约金的协议；(2)专项培训费用的支付凭证；(3)证明劳动合同解除或终止的证据材料，如解除(终止)劳动合同通知书、辞退通知书、离职证明等。

案例 12－2

峨山彝族自治县医院与王某劳动争议纠纷案

[(2014)玉中民一终字第 346 号]

王某 2010 年 7 月毕业于昆明医学院临床医学专业，2010 年 10 月通过峨山彝族自治县人力资源与社会保障局组织的事业单位公开招聘考试录用为事业单位工作人员，被聘用为峨山彝族自治县医院专业技术人员。2010 年 11 月 19 日，王某与峨山彝族自治县医院双方签订云南省事业单位聘用合同书，合同期限为 2010 年 11 月 10 日至 2013 年 6 月 30 日。合同到期后，双方又于 2013 年续订合同，期限自 2013 年 7 月 1 日起至 2016 年 6 月 30 日止。在双方签订的云南省事业单位聘用合同书第六条聘用合同的变更、终止、续订和解除中第八项约定："属于下列情形之一，乙方提出解除聘用合同，聘用合同立即解除，但必须以书面形式通知甲方……4. 乙方被招考或选调到国家机关工作的……"2011 年 2 月 14 日，峨山彝族自治县医院选派王某至玉溪市人民医院参加云南省卫生厅组织的住院医师规范化培训，培训时间为三年。根据《云南省卫生厅关于开展住院医师规范化培训的通知》(云卫发〔2010〕1319 号)中第五项培训经费中载明："……培训基地承担培训费、住宿费和学员的生活补助，派员单位承担学员的工资福利……"2013 年 7 月 9 日，峨山彝族自治县医院同意王某参加云南省公务员考试，王某通过参加公务员考试，被云南省监狱管理局中心医院录用，于 2013 年 9 月 10 日提前终止住院医师规范化培训，并于 2013 年 10 月 11 日向峨山彝族自治县医院提出解除聘用合同的书面申请，峨山彝族自治县医院同意王某的申请，但并未向王某出具解除或者终止劳动合同的证明也未为其办理档案和社会保险关系的转移手续。王某在参加住院医师规范化培训期间，云南省卫生厅共补助其生活补贴 8480 元，玉溪市人民医院发放其奖励性绩效工资总计33,836元。2011年2月至2013年12月(培训期间),峨山彝族自治县医院共向王某发放工资、福利费、工会费共计105,044元。

2014年2月25日,峨山彝族自治县医院提起诉讼,请求判决王某向峨山彝族自治县医院支付违约金106,944元,退还峨山彝族自治县医院费用115,404元,两项共计222,348元。

一审法院认为,本案中,王某受峨山彝族自治县医院的选派,参加云南省住院医师规范化培训,培训期间由"培训基地承担培训费、住宿费和学员的生活补助,派员单位承担学员的工资福利",王某参加培训的专项培训费用并非由峨山彝族自治县医院提供,王某提前终止了住院医师规范化培训,根据《劳动合同法》第二十五条的规定,王某不应承担违约金……在王某培训期间,峨山彝族自治县医院向其发放工资、工会费及相关福利共计105,404元,现峨山彝族自治县医院要求王某退还培训期间的工资和相关福利费115,404元,于法无据,不予支持。但峨山彝族自治县医院选派王某参加为期三年的云南省住院医师规范化培训(培训期间为2011年2月15日至2014年2月14日),王某在2013年9月10日提前终止培训,未履行完培训任务,其行为在一定程度上损害了峨山彝族自治县医院的权益,应给予医院一定的经济补偿;考虑诉辩双方意见,酌情确定由王某补偿峨山彝族自治县医院费用39,500元。

二审法院认为,王某受峨山彝族自治县医院选派,参加云南省住院医师规范化培训,该培训系省卫生厅安排的在岗培训,并非《劳动合同法》第二十三条规定的由用人单位提供专项培训费用,对劳动者进行的专业技术培训,峨山彝族自治县医院并未提供王某参加培训的费用。另王某提出解除聘用合同系因其经过必要程序,被招考到国家机关工作,在此情况下,其提出解除聘用合同,聘用合同立即解除,并不需要向峨山彝族自治县医院支付违约金。对于峨山彝族自治县医院上诉要求王某退还培训期间医院向其发放的工资、工会费及相关福利共计105,404元的主张,因王某系在岗培训,上述款项属于其应得的劳动报酬,故峨山彝族自治县医院的该项主张于法无据,不予支持。

案例分析

《劳动合同法》第二十二条规定,用人单位为劳动者提供专项培训费用,对其进行专业技术培训的,可以与该劳动者订立协议,约定服务期。劳动者违反服务期约定的,应当按照约定向用人单位支付违约金。违约金的数额不得超过用人单位提供的培训费用。用人单位要求劳动者支付的违约金不得超过服务期尚未履行部分所应分摊的培训费用。劳动者支付因违反服务期约定的违约金的前提是服务期约定有效。本案中，王某参加培训的费用并不是由峨山彝族自治县医院支付的，故双方之间的服务期约定无效，峨山彝族自治县医院主张王某支付因违反服务期约定的违约金缺乏依据。

二、社会保险待遇损失

(一)用人单位赔偿社会保险待遇损失的构成要件

最高人民法院《关于审理劳动争议案件适用法律问题的解释(一)》(法释〔2020〕26号)第一条规定，劳动者与用人单位之间发生的下列纠纷，属于劳动争议：劳动者以用人单位未为其办理社会保险手续，且社会保险经办机构不能补办导致其无法享受社会保险待遇为由，要求用人单位赔偿损失发生的纠纷。根据该规定，因用人单位未为劳动者办理社会保险手续，给劳动者造成损失的，用人单位应当承担赔偿责任。用人单位赔偿社会保险待遇损失的构成要件包括：第一，用人单位与劳动者存在劳动关系；第二，用人单位未为劳动者办理社会保险手续且社会保险经办机构不能补办；第三，导致劳动者无法享受社会保险待遇。

1. 用人单位与劳动者存在劳动关系

赔偿社会保险待遇损失属于损害赔偿责任，用人单位承担赔偿责任的前提是用人单位存在违法或违约行为，即未履行为劳动者缴纳社会保险费的义务。如用人单位本就没有为劳动者缴纳社会保险费的义务，则不存在违法或违约行为，也无须承担赔偿责任。《劳动法》第七十二条规定，用人单位和劳动者必须依法参加社会保险，缴纳社会保险费。《社会保险法》第五十八条规定，自愿参加社会保险的无雇工的个体工商户、未在用人单位参加社会保险的非全日制从业人员以及其他灵活就业人员，应当向社会保险经办机构申请办理社会保险登记。劳动和社会保障部《关于非全日制用工若干问题的意见》第十二条规定，用人单位应当按照国家有关规定为建立劳动关系的非全日制劳动者缴纳工伤保险费。根据上述规定，可以得出以下结论：①劳动关系中，用人单位和劳动者负有参加社会保险的法定义务。②自愿参加社会保险的人员包括三类，分别是无雇工的个体工商户、未在用人单位参加社会保险的非全日制从业人员以及其他灵活就业人员。也就是说，全日制用工关系中，劳动者应当由用人单位参加社会保险，非全日制用工关系中，劳动者可以不在用人单位参加社会保险，但用人单位应当为劳动者缴纳工伤保险费。

2. 用人单位未为劳动者办理社会保险手续且社会保险经办机构不能补办

《社会保险法》第五十八条规定，用人单位应当自用工之日起三十日内为其职工向社会保险经办机构申请办理社会保险登记。未办理社会保险登记的,由社会保险经办机构核定其应当缴纳的社会保险费。未依法缴纳社会保险费的情形可以分为未为劳动者办理社会保险手续和已经为劳动者办理社会保险手续但未依法缴纳社会保险费两种情形。

已经为劳动者办理社会保险手续但未依法缴纳社会保险费的情况,实践中是可以补缴社会保险费的,补缴社会保险费后,劳动者可以享受社会保险待遇;未为劳动者办理社会保险手续的,大部分地区都难以补办社会保险手续,劳动者不能享受社会保险待遇。因此在司法实务中,如已经为劳动者办理社会保险手续,劳动者的社会保险问题一般通过社会保险行政部门解决,劳动者主张用人单位赔偿社会保险待遇损失的,人民法院一般不予支持。

最高人民法院在(2018)最高法行申 330 号裁定书中就特别说明,劳动者要求用人单位赔偿损失的前提是用人单位没有为劳动者办理社会保险手续,且社会保险经办机构不能补办。能否补办社会保险手续,需要劳动者向社会保险经办机构提出申请。劳动者和社会保险经办机构就是否能够补办社会保险手续发生争议,属于行政诉讼受案范围。本案中,沙某在原 × × 县教师进修学校工作期间,用人单位没有为其办理社会保险手续一节事实清楚,但能否予以补办,需要沙某向社会保险经办机构提出申请,由社会保险经办机构予以解决。

3. 导致劳动者无法享受社会保险待遇

用人单位依法为劳动者缴纳社会保险费以后,劳动者也不必然能够享受社会保险待遇。以失业保险为例,劳动者因本人意愿中断就业的,即便其已经缴纳了失业保险费且缴费年限达到法定标准,其也不能享受失业保险待遇。因此,用人单位未为劳动者办理社会保险手续且社会保险经办机构不能补办的,并不必然导致给劳动者造成损失,劳动者需在损失实际发生后才能要求用人单位承担赔偿责任。

(二)社会保险待遇损失的计算

在计算社会保险待遇损失时,需要注意两点:第一,损失应当是已经实际产生的损失或必然发生的损失;第二,损失应当与用人单位未为劳动者缴纳社会保险费之间具有因果关系。

1. 损失应当是已经实际产生的损失或必然发生的损失

社会保险待遇损失包括养老保险待遇损失、医疗保险待遇损失、生育保险待遇损失、失业保险待遇损失以及工伤保险待遇损失。损失已经实际产生是指满足只要用人单位已经依法为劳动者缴纳社会保险费,劳动者即可享受社会待遇的条件。

必然发生的损失主要是针对养老保险待遇损失的情形，劳动者一旦满足领取养老金的条件，其养老金即可按月领取，至劳动者死亡之前的养老金即为劳动者必然发生的损失。

2. 损失应当与用人单位未为劳动者缴纳社会保险费之间具有因果关系

在认定损失时要注意，虽用人单位已经依法为劳动者缴纳社会保险费，但劳动者仍不能享受社会保险待遇，且其不能享受社会保险待遇与用人单位未为劳动者缴纳社会保险费之间不是一因一果的关系。劳动者不能享受社会保险待遇，可能是多因一果的关系，在多因一果的情况下，则应当参照共同侵权的情形处理，不应当由一家用人单位赔偿劳动者全部的损失。

例如，劳动者前后在两家用人单位工作，两家用人单位均未为劳动者缴纳社会保险费，且无论任何一家用人单位单独为劳动者缴纳社会保险费，劳动者均不满足享受社会保险待遇条件的，属于多因一果的情形，应当由两家单位根据实际情况分别承担赔偿责任。再如，劳动者仅在一家单位工作过，即使该单位为劳动者依法缴纳社会保险费，劳动者也不能享受社会保险待遇的，则应当认定劳动者并未受有损失。

（三）损失的计算公式

认定是否受有损失以及计算损失的金额，涉及社会保险待遇的享受条件以及社会保险待遇的计算公式如下：

1. 养老保险待遇的享受条件及计算公式

《社会保险法》第十六条规定，参加基本养老保险的个人，达到法定退休年龄时累计缴费满十五年的，按月领取基本养老金。根据该规定，养老保险待遇的享受条件包括：第一，劳动者达到法定退休年龄；第二，基本养老保险累计缴费满十五年。

还要注意的是，根据《社会保险法》第十七条的规定，参加基本养老保险的个人，因病或者非因工死亡的，其遗属可以领取丧葬补助金和抚恤金；在未达到法定退休年龄时因病或者非因工致残完全丧失劳动能力的，可以领取病残津贴。所需资金从基本养老保险基金中支付。用人单位未为劳动者缴纳养老保险费的，因病或者非因工死亡的丧葬补助金和抚恤金，因病或者非因工致残完全丧失劳动能力的病残津贴也可以要求用人单位赔偿。

养老保险待遇的计算公式较为复杂，司法实务中一般将当地平均养老金标准作为劳动者可以领取的养老金。

2. 医疗保险待遇的享受条件及计算公式

劳动者参加医疗保险后即可享受医疗保险待遇。另外，根据《社会保险法》第二十七条的规定,参加职工基本医疗保险的个人,达到法定退休年龄时累计缴费达到国家规定年限的,退休后不再缴纳基本医疗保险费,按照国家规定享受基本医疗保险待遇;未达到国家规定年限的,可以缴费至国家规定年限。因为地区差异,关于累计缴费年限的要求要根据当地社会保险部门的要求确定。

医疗保险待遇损失是指劳动者本应得到报销的医疗费用未能得到报销,故医疗保险待遇损失的金额即为劳动者应报销的金额。但要注意的是,劳动者已经通过其他保险报销的部分,不属于损失范围。

3. 工伤保险待遇的享受条件及计算公式

根据《工伤保险条例》的规定,劳动者享受工伤保险待遇的条件是患职业病或受到伤害被认定为工伤。工伤保险待遇按照《工伤保险条例》的规定及当地的有关规定确定。

4. 失业保险待遇的享受条件及计算公式

《社会保险法》第四十五条规定,失业人员符合下列条件的,从失业保险基金中领取失业保险金:第一,失业前用人单位和本人已经缴纳失业保险费满一年的;第二,非因本人意愿中断就业的;第三,已经进行失业登记,并有求职要求的。

根据该上述规定,失业保险待遇的享受条件包括:第一,失业前用人单位和本人已经缴纳失业保险费满一年;第二,劳动者非因本人意愿中断就业;第三,已经进行失业登记,并有求职要求。根据人力资源和社会保障部《实施〈中华人民共和国社会保险法〉若干规定》第十三条的规定,非因本人意愿中断就业的情形包括:(1)依照《劳动合同法》第四十四条第(一)项、第(四)项、第(五)项规定终止劳动合同的;(2)由用人单位依照《劳动合同法》第三十九条、第四十条、第四十一条规定解除劳动合同的;(3)用人单位依照《劳动合同法》第三十六条规定向劳动者提出解除劳动合同并与劳动者协商一致解除劳动合同的;(4)由用人单位提出解除聘用合同或者被用人单位辞退、除名、开除的;(5)劳动者本人依照《劳动合同法》第三十八条规定解除劳动合同的;(6)法律、法规、规章规定的其他情形。

《社会保险法》第四十六条规定,失业人员失业前用人单位和本人累计缴费满一年不足五年的,领取失业保险金的期限最长为十二个月;累计缴费满五年不足十年的,领取失业保险金的期限最长为十八个月;累计缴费十年以上的,领取失业保险金的期限最长为二十四个月。重新就业后,再次失业的,缴费时间重新计算,领取失业保险金的期限与前次失业应当领取而尚未领取的失业保险金的期限合并计算,最长不超过二十四个月。第五十一条规定,失业人员在领取失业保险金期间有下列情形之一的,停止领取失业保险金,并同时停止享受其他失业保险待遇:重新就业的;应征服兵役的;移居境外的;享受基本养老保险待遇的;无正当理由,拒不接受当地人民政府指定部门或者机构介绍的适当工作或者提供的培训的。失业保险待遇主要为失业保险金,与失业保险金标准及领取期限有关。根据上述规定,劳动者在满足领取失业保险金条件后,在出现停止领取失业保险金情形前,按月领取失业保险金,根据劳动者失业前用人单位和劳动者的累计缴费年限确定最长领取期限。失业保险金标准每个地区存在差异,要根据当地失业保险金标准确定。

另外,《社会保险法》第四十九条规定,失业人员在领取失业保险金期间死亡的,参照当地对在职职工死亡的规定,向其遗属发给一次性丧葬补助金和抚恤金。所需资金从失业保险基金中支付。用人单位未为劳动者缴纳失业保险费的,一次性丧葬补助金和抚恤金也可以要求用人单位赔偿。

5. 生育保险待遇的享受条件及计算公式

《社会保险法》第五十四条规定,用人单位已经缴纳生育保险费的,其职工享受生育保险待遇;职工未就业配偶按照国家规定享受生育医疗费用待遇。所需资金从生育保险基金中支付。生育保险待遇包括生育医疗费用和生育津贴。《社会保险法》第五十六条规定,职工有下列情形之一的,可以按照国家规定享受生育津贴:第一,女职工生育享受产假;第二,享受计划生育手术休假;第三,法律、法规规定的其他情形。生育津贴按照职工所在用人单位上年度职工月平均工资计发。《女职工劳动保护特别规定》第八条规定,女职工产假期间的生育津贴,对已经参加生育保险的,按照用人单位上年度职工月平均工资的标准由生育保险基金支付;对未参加生育保险的,按照女职工产假前工资的标准由用人单位支付。实践中,享受生育保险待遇还与生育保险保险费的缴费年限有关,要结合当地的具体规定确定。

(四)用人单位的抗辩

根据用人单位赔偿社会保险待遇损失的构成要件,针对劳动者关于要求用人单位赔偿社会保险待遇损失的主张,用人单位可从以下几个方面进行抗辩:第一,用人单位与劳动者不存在劳动关系;第二,用人单位已经为劳动者办理社会保险手续;第三,社会保险经办机构能够补办社会保险手续;第四,劳动者未受有损失;第五,损失计算错误;第六,劳动者有过错;第七,仲裁时效期间经过。

1. 用人单位与劳动者不存在劳动关系

用人单位与劳动者存在劳动关系是用人单位为劳动者缴纳社会保险费的条件,如不存在劳动关系,则用人单位没有为劳动者缴纳社会保险费的义务。即便存在劳动关系,但劳动关系为非全日制用工关系的,用人单位仅需为劳动者缴纳工伤保险费。

2. 用人单位已经为劳动者办理社会保险手续

用人单位已经为劳动者办理社会保险手续的,应当由社会保险行政部门责令用人单位补缴社会保险费解决,用人单位可主张劳动者的主张没有法律依据。

3. 社会保险经办机构能够补办社会保险手续

劳动者不能提供证据社会保险经办机构不能补办社会保险手续的,用人单位可主张劳动者的主张没有法律依据。

4. 劳动者未受有损失

用人单位未为劳动者办理社会保险手续,但排除缴费条件外,劳动者仍不满足享受社会保险待遇条件的,则劳动者并未受有损失,其要求用人单位赔偿损失没有依据。

5. 损失计算错误

社会保险待遇的计算一般与缴费年限、缴费基数等有关,而且养老保险费应当由用人单位与劳动者共同缴纳,劳动关系存续的时间,劳动者的工资标准等决定了劳动者应享受的社会保险待遇,用人单位承担的责任应当与其缴费义务相当。因此用人单位可根据具体实际情况主张劳动者主张的社会保险待遇损失过高。

6. 劳动者有过错

赔偿社会保险待遇损失属于损害赔偿责任,即因用人单位未履行为劳动者缴纳社会保险费的义务,从而给劳动者造成损失的赔偿责任。《民法典》第五百九十二条规定,当事人都违反合同的,应当各自承担相应的责任。当事人一方违约造成对方损失,对方对损失的发生有过错的,可以减少相应的损失赔偿额。《民法典》第一千一百七十三条规定,被侵权人对同一损害的发生或者扩大有过错的,可以减轻侵权人的责任。根据上述规定,如劳动者对其受有损失存在过错,应当减少用人单位的赔偿责任。

7. 仲裁时效期间经过

劳动者主张用人单位赔偿社会保险待遇损失的仲裁时效期间自损失实际发生之日起开始计算一年。仲裁时效期间经过后劳动者才申请劳动仲裁的,用人单位可主张仲裁时效期间经过的抗辩。

(五)劳动者主张用人单位赔偿社会保险待遇损失的举证

1. 待证事实

根据用人单位赔偿社会保险待遇损失的构成要件以及劳动者的抗辩内容,劳动者主张用人单位赔偿社会保险待遇损失可能涉及的待证事实包括:(1)是否存在劳动关系;(2)用人单位是否为劳动者办理社会保险手续;(3)社会保险经办机构是否能够补办社会保险手续;(4)劳动者是否满足除缴费因素外的享受社会保险待遇的其他条件。

2. 举证责任分配

劳动者主张用人单位赔偿社会保险待遇损失的,应当提供证据证明:(1)双方存在劳动关系;(2)社会保险经办机构不能补办社会保险手续;(3)劳动者满足除缴费因素外的其他享受社会保险待遇的条件。

相应地,用人单位应当就其抗辩主张所依据的积极事实承担举证责任。若用人单位主张已经为劳动者办理社会保险手续,用人单位应当对此承担举证责任。

3. 证据

(1)证明存在劳动关系的证据在此不做赘述。

(2)证明办理社会保险手续的证据主要是社会保险参保证明等。

(3)社会保险经办机构不能补办社会保险手续可通过社会保险经办机构出具的证明材料证明。

(4)劳动者除缴费因素外满足享受社会保险待遇的其他条件主要包括:①达到法定退休年龄,可通过身份证证明;②缴费年限,可通过社会保险参保证明等证实;③医疗费用,可通过医疗费用支付凭证等证明;④生育,可通过医疗机构出具的相关证明材料证明;⑤劳动合同解除或终止,在此不做赘述;⑥患职业病或受工伤,可通过工伤认定决定书证明。

案例 12－3

长春维鸿东光电子器材有限公司与王某劳动争议

[(2021)吉01民终4803号]

王某于2017年11月入职长春维鸿东光电子器材有限公司(以下简称维鸿公司),维鸿公司为王某办理医保至2021年3月。王某于2021年3月17日基于个人原因与维鸿公司解除劳动合同,当日维鸿公司为王某办理医保停保手续。2021年4月王某因病入院治疗,产生医疗费用77,704.2元。

一审法院认为,关于王某要求维鸿公司赔偿因医保中断产生的医疗费损失77,704.2元的诉讼请求,由于维鸿公司已经为王某办理医保至2021年3月,且王某于2021年3月17日因个人原因与维鸿公司解除劳动合同,故当日维鸿公司为王某办理医保停保手续,符合相关法律规定。2021年4月王某因病入院治疗时,王某与维鸿公司双方已经不存在事实及合同的劳动关系,王某应当在与维鸿公司解除劳动合同后,自行办理医保的续保,且根据最高人民法院《关于审理劳动争议案件适用法律问题的解释(一)》第一条第(五)项"劳动者以用人单位未为其办理社会保险手续,且社会保险经办机构不能补办导致其无法享受社会保险待遇为由,要求用人单位赔偿损失发生的纠纷"应予受理的规定,因王某提供不出社会保险经办机构出具的相应证据证明不能补办,而王某要求赔偿损失77,704.2元的数额是其全部医疗费用,没有社会保险经办机构予以证明其医保损失的具体数额,王某主张的损失数额依据不足。因此王某的诉讼请求,没有充分有效证据加以证明,缺乏事实和法律依据,法院不予支持。

二审法院认为,王某于2021年3月离职,维鸿公司于当月为其办理了医疗保险停保手续并无不当。王某主张维鸿公司应在2021年3月为其缴纳2021年4月医疗保险费,但王某与维鸿公司的劳动关系已于2021年3月解除,2021年4月双方已不存在劳动关系,维鸿公司没有为其缴纳2021年4月医疗保险费的义务,因此王某要求维鸿公司赔偿2021年4月的医疗费损失无事实及法律依据,原审判决未予支持并无不当。

案例分析

根据最高人民法院《关于审理劳动争议案件适用法律问题的解释(一)》(法释〔2020〕26号)第一条第(五)项的规定,劳动者以用人单位未为其办理社会保险手续,且社会保险经办机构不能补办导致其无法享受社会保险待遇为由,要求用人单位赔偿损失,人民法院应当受理。赔偿社会保险待遇损失属于损害赔偿责任,如用人单位本就没有为劳动者缴纳社会保险费的义务,则无须承担赔偿责任。本案中,王某要求维鸿公司赔偿其2021年4月的医疗费损失,即王某在2021年4月因未参加医疗保险导致其未能享受医疗保险待遇。但在2021年4月,王某与维鸿公司已不存在劳动关系,维鸿公司没有为王某缴纳医疗保险费的义务,不满足承担赔偿责任的构成要件,故无须承担赔偿责任。

作者简介

柳洪强

中南财经政法大学法律硕士，原国家二级法官，在法院曾先后担任刑庭、民庭审判员及执行局相关工作。

现为北京市京师(武汉)律师事务所合伙人律师，执行主任，北海国际仲裁院、赣江新区国际仲裁院仲裁员。著有《企业法律风险解读：企业法律陷阱66例》一书。

专业领域：企业法律顾问、公司治理、劳动争议、劳动用工法律风险与合规管理专项、企业法律风险管理。

李群

致力于企业劳动关系风险管控及企业合规管理。1989年硕士毕业于中南政法学院后，留校任教4年。1993年工作调动至海南省，1997年开始在海南信达律师事务所任专职律师。20余年律师工作经历，获高级企业合规师、高级人力资源管理师、高级人力资源法务师、高级劳动关系管理师。风控猫劳动用工法律体检平台合伙人、风控狮劳动用工法律管控平台合伙人。

专业领域：企业劳动人事及刑事合规、刑事辩护、侵权责任、企业法律顾问。